Peter Ackroyd

Die Uhr in Gottes Händen

Roman

Aus dem Englischen von
Bernd Rullkötter

rororo

Rowohlt

Die Originalausgabe erschien 1989 unter dem Titel «First Light»
bei Hamish Hamilton Ltd, London
Umschlaggestaltung Barbara Hanke
(Foto Photosource / ZEFA)

Veröffentlicht im Rowohlt Taschenbuch Verlag GmbH,
Reinbek bei Hamburg, November 1995

Gesamtherstellung Clausen & Bosse, Leck
Printed in Germany
1690-ISBN 3 499 13695 3

Erster Teil

Aber wenn er spräche, würde diese Welt hier jetzt, augenblicklich, zu Ende sein, Ihnen überm Kopf zusammenfallen. Diese Dinge sind nicht statthaft, verstehen Sie. Wie ich sagte, die Tür ist verschlossen.

Die schönste Geschichte der Welt
Rudyard Kipling

I
Das Ungewißheitsprinzip

ZIEH MICH HINEIN in die Unendlichkeit. In die Dunkelheit, wo nichts bekannt ist. Einst gab es Lichtgeschöpfe, die über das Firmament huschten, und das Muster ihrer Bewegung erfüllte den Himmel. Aber die Geschöpfe flohen bald, und an ihrer Stelle erschienen große Kristallsphären, die sich ineinander drehten, und ihr Gesang vibrierte durch alle Saiten der Welt. Diese Harmonien waren zu schön, um von Dauer sein zu können. Eine Uhr tickte in Gottes bleichen Händen, und es war bereits zu spät. Ja. Die Räder des Mechanismus begannen sich zu drehen. Wie hieß das Gemälde von Joseph Wright aus Derby? Ich habe es einmal gesehen. Hieß es *Das Experiment*? Ich erinnere mich, wie das Licht durch eine Glasglocke glitt, nach oben ausbrach und den gesamten Himmel bedeckte. Aber dann ging es aus: Die Kerzenflamme wurde von einem Wind aus riesigen Schmelzöfen ausgeblasen, als die elektrischen Kräfte über das Firmament fegten.

Aber es gab stets Felder, Felder aus ebenmäßiger Zeit jenseits der Feuer. Leerer Raum, der in die Ewigkeit hineinreichte. Wenigstens glaubte ich das als Kind. Dann kam ein Beben der Ungewißheit. Keine Zeit war übriggeblieben. Kein Raum, in dem man schweben konnte. Und alles begann sich zu entfernen. Nichts als Wellen nun, und ihre Furchen folgen dem Pfad von Gegenständen, die nicht existieren. Hier ist ein Stern namens Seltsam. Hier ist ein Stern namens Bezaubert. Und dann, nachdem dieser Traum vorbei ist, was dann? Welche Gestalt wird die Dunkelheit annehmen? Ich... Damian Fall wandte sich an seinen Gefährten. «Sie wissen natürlich, was wir beobachten werden?»

«Aldebaran.»

«Ja. Dort oben.» Damian wies auf den Horizont, und beide Männer blickten zu dem großen Stern hinauf. «Einhundertzwanzigmal heller als die Sonne», sagte er. Und er legte die Hand über die Augen, als wolle er sie vor der Hitze schützen. Brennender Stern. Scheinbar rot, doch die Farben wechselten wie bei einer Halluzination. Im selben Stück Himmel sahen sie kleine Lichtkegel, Hyaden genannt und vermutlich weiter von der Erde entfernt – kühle rote Sterne, glühend innerhalb der Gaswolken, die um sie herumwirbelten. Und in deren Nähe die als Plejaden bekannten Lichter, umhüllt von einem blauen Nebel, der an jedem einzelnen Stern zu haften schien und dessen blaue Fasern und Fäden über die endlose Dunkelheit gewischt waren. Hinter diesen Konfigurationen konnten sie den gewaltigen Krebsnebel sehen, so weit von der Erde entfernt, daß er von hier aus nicht mehr als ein Hauch oder eine Wolke war, ein verschwommener Schleier im Auge, wie das Nachbild einer Explosion. Und doch konnte Damian weiter sehen. Er blickte auf und konnte sehen. Galaxien. Nebel. Wandernde Planeten. Rotierende Scheiben. Glühenden interstellaren Schutt. Spiralen. Fasern von Helligkeit, die Millionen Sonnen enthielten. Dunkelheit, wie dichte Pinselstriche auf einer bemalten Oberfläche. Bleiche Monde. Lichtpulse. Sie alle kamen aus der Vergangenheit, dunstumhüllte Geisterbilder, die Damian verwirrten. Ich bin in einem sturmgeschüttelten Boot auf dem Meer, umgeben von dunklen Wellen. So hatten die ersten Menschen den Himmel über sich gesehen – als ein unergründliches Meer, auf dem sie dahintrieben. Nun sprechen auch wir von einem Universum, das von Wellen erfüllt ist. Wir sind zu dem ersten Mythos zurückgekehrt. Und wenn die Sterne in Wirklichkeit Fackeln sind, die meinen Weg erhellen sollen? Ich sehe, was sie am Anfang sahen, noch bevor die Lichtgeschöpfe am Himmel erschienen. Ich kann den ersten menschlichen Himmel sehen.

«Ja», sagte er. «Aldebaran. Einst dachte man, daß dieses Gebiet den Umriß eines Gesichtes in der Stierkonstellation bildete...» Er warf einen Blick auf das Gesicht seines Gefährten, doch in der Dunkelheit konnte er nur eine Silhouette ausmachen. «Aber die Plejaden bestehen aus dreihundert Sternen, die kein wirkliches Muster bilden. Sie brennen nur, werden zerstört, rasen nach außen.» Die letzten Wolkenspuren waren nun fortgeweht, und es zeigte sich wieder der ganze Nachthimmel, so hell und so klar, daß Damian Fall die Hand nach ihm ausstreckte; dann drehte er das Handgelenk, als könne er den Himmel irgendwie auf einem großen Rad kreisen lassen. Und einen Moment lang, während er den Kopf bewegte, schien es tatsächlich, als bewegten sich die Sterne mit ihm. «Weshalb halten wir die Kreisbewegung für die vollkommenste?» fuhrt er fort. «Vielleicht deshalb, weil sie keinen Anfang und kein Ende hat?»

«Also das ist eine tiefgründige Frage.»

«Wie Kreise aus Stein. Sie wissen, daß ein Historiker einst über die Steinkreise schrieb, die hier um uns herum sind? Direkt im Moor. Er schreibt, daß der Gott alle neunzehn Jahre – die Zeit, in der die Sterne ihren Zyklus vollendeten – auf die Insel Britannien zurückkehren sollte. Während seines Besuches sang und tanzte der Gott unaufhörlich bei Nacht – in genau solchen Nächten wie dieser –, vom Frühlingsäquinoktium bis zum Aufstieg der Plejaden. Und damit natürlich bis zum Aufstieg Aldebarans.» Sein junger Gefährte trat von einem Fuß auf den anderen und sagte nichts. «Wissen Sie, was mir schon immer Kopfzerbrechen gemacht hat, Alec? Warum rotiert unsere Galaxis so und nicht anders? Die Masse der sichtbaren Sterne reicht nicht aus, um die Bewegung zu erklären. Es muß andere Arten von Massen geben. Andere Kraftfelder. Schwarze Löcher. Flecke aus Dunkelheit. Ungewißheiten. Verzeihung. Ich langweile Sie. Sie wissen das alles.»

«Ja. Ich hatte davon gehört. Es ist mein Beruf.» Alex errötete und bereute seinen Tonfall sofort.

«Einhunderttausend Millionen Galaxien. Einhunderttausend Millionen Sterne in jeder von ihnen.»

«Bedeutende Zahlen.»

«Ich wünschte, daß wir sie alle sehen könnten, aber dann würde das Licht uns wahrscheinlich blenden. Immerhin, wir tun unser Bestes.» Er wandte sich um und blickte zurück zum Observatorium, dessen weiße Kuppel im Sternenlicht glänzte. «Was ich sagen wollte», fuhr er nun heiterer fort: «Willkommen bei unserem Projekt. Willkommen im Holblack Moor.»

«Der Tee ist fertig.» Die beiden Männer wurden aus der Dunkelheit aufgeschreckt und traten auseinander, als sie den Ruf einer jungen Frau hörten. «Es dämmert bald. Zeit für eine schöne Tasse Tee.»

«Sofort, Brenda. Wir kommen.»

Dieser Stern heißt Seltsam. Und dieser heißt Bezaubert. Alles eilt davon. Damian trank seinen Tee und plauderte – unter dem Licht, das sich aus der Unendlichkeit ergoß – mit Alec und Brenda.

Er fuhr über das Pilgrin Valley zurück, und als er in den schmalen Weg einbog, der am Tal entlangführte, mußte er plötzlich bremsen, um einen braunen Wagen vorbeizulassen. Er blickte neugierig hinüber und sah einen Mann und eine Frau auf den Vordersitzen; sie sagten nichts zueinander, und die Frau hielt einen kleinen Spiegel hoch, um ihr Haar zurechtzuzupfen. Es war schon hell.

2
Nach dem Feuer

«ESCHE ZU ASCHE», sagte sie. «Wie wunderbar.»

«Und sehen Sie, wo das Feuer im Eschenwald erstarb? Dort. Dort drüben.» In seiner Erregung nahm er seinen grünen Jagdhut ab und deutete damit über das Tal.

«Sie meinen die beunruhigenden schwarzen Flecke?» Sie spähte abwesend in die Richtung, in die sein ausgestreckter Hut zeigte, und bemerkte große versengte Flächen, die sich aus dieser Entfernung wie Schatten auf dem Boden ausnahmen.

«Die verbrannten Bäume wurden nach dem Feuer weggeräumt. Und da haben wir es gesehen.» Er blickte sie mit immer noch aufgerissenen Augen an. «In dem Moment, Miss Tupper, machten wir die Entdeckung.»

«Das ist die ungewöhnlichste Geschichte, die ich in meinem ganzen Leben gehört habe.» Es war ein Frühlingsnachmittag, und ihre Worte durchbrachen einen riesigen Ring aus Vogelgesang, der sie umgab.

Evangeline Tupper und Mark Clare standen auf einem Weg neben dem Westhang des Pilgrin Valley, und vor ihnen, über dem Osthang, breitete sich das helle Gras aus, das aus dem Kalkboden dieser Gegend sproß. Es ist so hell, daß es zu lodern scheint, als folge seine Flammenlinie über viele Meilen hinweg der Krümmung des Kreidelandes, als fege sie über seine Vorsprünge und Hochebenen, fülle seine Senken und Niederungen, erhebe sich mit seinen Dünen und Hügeln. Aus der Luft wirkt das Gras wie ein gigantischer, vom Meer her landeinwärts strömender Fluß, doch wer darauf wandert, weiß, wie zart es sein kann, wie leicht zu entwurzeln, wie nahe an der harten Kreideschicht, so daß seine Helligkeit zu einer Art Delirium, sein Grün zu einem Fieber drohender Zerstörung wird.

Vom Westhang des Tals aus konnten sie sehen, daß eine Fläche des Kreidegrasbodens nach dem Feuer versengt und schwarz, die Landschaft zu beiden Seiten dieser Fläche jedoch unverändert war – die Felder hier waren von unterschiedlichen Farben, als glitten Wolken darüber hinweg und verwandelten das lebendige Grün in dunklere Smaragd- oder Jadeschattierungen. Hier und da waren Flecken mit Wacholdersträuchern und, dazwischengesprenkelt, dunkle Tannenbüsche, die sich aus dieser Entfernung gegen die unterschiedlichen Nuancen des Bodens fast schwarz ausnahmen. An diesem Punkt war über dem Tal ein Grat, auf dem sich eine junge Buchenschonung zusammenballte; zwischen den Buchen stand eine Gruppe junger Eschen, deren glatte, graue Rinden sich wie Lichtstreifen von dem dunklen Holz der älteren Bäume abhoben. Und dort, weiter unten, am Rande des verbrannten Waldes, war der alte Grabhügel selbst.

Das Gras oder der Rasen, der ihn bedeckte, war von dunklerem Grün als das aller angrenzenden Felder, und obwohl er sich auf den ersten Blick in die natürliche Landschaft einfügte – er hatte etwa die Form einer kleinen Erhebung oder einer Düne –, wurde bei genauerer Musterung klar, daß er mit dem übrigen Pilgrin Valley überhaupt nicht in Proportion stand. Er war an seiner höchsten Stelle zwölf Fuß hoch und insgesamt etwa achtzig oder neunzig Fuß lang; er wuchs gleichsam aus der Talseite heraus und stieg dann allmählich in die Höhe, bevor er jäh nach unten abfiel. Dieser lange, schmale Erdwall könnte das plötzliche Auftauchen eines nun ausgestorbenen Wesens markiert haben oder Zeichen einer alten und vergessenen Krankheit in der Landschaft gewesen sein – ein großer Auswuchs, der jahrhundertelang erfolgreich durch einen Bewuchs aus Eschen getarnt gewesen, nun jedoch in dem geschwärzten Kreis eines Waldbrandes enthüllt worden war.

Ein Windhauch erhob sich von Osten her und schnitt seltsame Gestalten in das Gras, bevor er Evangeline Tupper erreichte, die ausdrucksvoll erbebte und dann die Knoten ihres hellroten Schals fester unter dem Kinn zusammenzog. «Das ist alles zuviel für mich», sagte sie zu Mark Clare. «Mir läuft es eiskalt über den Rücken. Oder ist es eine Gänsehaut?»

Er streckte den Arm aus, da er glaubte, sie benötige jemanden, der sie stützte, doch sie trat rasch zurück. «Es war wohl der Wind», sagte er. «Wir sind hier oben starke Winde gewohnt.»

«Etwas absolut Ländliches, da bin ich sicher.» Es wurde kalt, und ihre Zehen krümmten sich in den braunen Wanderschuhen. «Etwas völlig Unwandelbares wie dieses...» Ihr fiel kein angemessenes Wort ein. «... Gebiet.»

«Nein. Es hat sich gewandelt.» Mark genoß es, seine tiefe Stimme einzusetzen, um alles, was er wußte, vorzutragen, während Evangeline düster über das Tal hinwegblickte, als sei sie eine Dryade, die im Begriff stand, zu einem Baum zu werden. «Es hat sich gewandelt», wiederholte er. «Dies alles muß einmal Wald gewesen sein, und ein Teil davon muß wohl gerodet worden sein, bevor sie das Grab bauten. Durch Feuer gerodet. Und dann wurden die Steine hierhergebracht. Dies muß ein heiliger Ort gewesen sein. Vielleicht hielten sie ihn für den Mittelpunkt der Erde.» Seine Augen glänzten angesichts dieser romantischen Vision der Vergangenheit, und der Wind, der durch das Gras und die Bäume fegte, hörte sich an, als ziehe eine Menschenmenge vorbei.

Seine Stimme verklang. Evangeline nahm an, er habe geendet, und murmelte: «Ich brauch eine Woody. Würde es Sie sehr stören?» Sie holte ein Päckchen Woodbines aus der Tasche ihrer Tweedjacke und steckte sich eine Zigarette in den Mund, ohne sie anzuzünden.

«Wollen wir unseren Ahnen folgen?» fragte er, denn es drängte ihn, sich der Stätte zu nähern. «Wollen wir hinuntersteigen?»

«Hinuntersteigen wohin?»

«Zum Grab.» Er zögerte. Prahlerei und Unsicherheit vereinten sich in ihm auf so merkwürdige Weise, daß es manchmal so schien, als ziehe eine Person in ihm sich zurück, während die andere vortrat. Er hatte lange Koteletten, die seine Wangen zur Hälfte bedeckten, und nun begann er, sie mit den Händen glattzustreichen. Er blickte Evangeline fast herausfordernd an, als sei sie im Begriff, ihm zu widersprechen. «Wir sind nämlich nahezu sicher, daß es ein Grab sein muß.»

«Ich kann's kaum abwarten. Wirklich nicht.» Aber sie folgte Mark Clare mit merklichem Widerstreben.

«Ho, ho!» rief er, da er ihr Zögern spürte, und rannte den Hang hinunter, wobei sich sein langer, weiter Mantel hinter ihm blähte.

«Warten Sie auf mich», rief sie mit viel schwächerer Stimme zurück. «Warten Sie auf das Füchslein!» Der Boden war nach einem kürzlichen Regenguß immer noch weich, und Evangeline hatte einige Mühe, sich einen Weg über die Kiesel und alten Steine zu bahnen, mit denen das Tal übersät war; sie hüpfte über einen Findling, rutschte dann jedoch in einer Schlammpfütze aus und landete schwer im feuchten Gras. «Scheiße!» kreischte sie und stand rasch auf. Und dann lachte sie, als habe sie Spaß an ihrem Sturz gehabt – ein lautes, langes Lachen, das durch das Pilgrin Valley hallte. Es erschreckte auch zwei Schafe auf einem angrenzenden Feld; sie rannten in einen Winkel der hohen Hecke und warteten dort. Ihre roten Brandzeichen waren deutlich auf der geschorenen Wolle erkennbar, weil sie die Köpfe vom Wind wegkehrten. Im selben Moment fuhren zwei kleine weiße Lieferwagen auf dem

Weg vorbei, von dem Mark und Evangeline gerade gekommen waren; sie hielten an und fuhren dann weiter durch das dunkle Laub, das über diesem Teil der alten Straße wuchs.

Evangeline suchte im nassen Gras nach ihrer Zigarette, förderte sie mit einer schwungvollen Geste zutage und folgte, nun in viel besserer Stimmung, Mark zu dem Bach hinunter, der durch das Pilgrin Valley floß und jetzt durch die Regenfälle angeschwollen war. Hier hielt sie es für nötig, einen Augenblick haltzumachen. Sie verbarg Mark, daß sie immer noch vor sich hinlächelte, drehte sich um und winkte mit einer großen Geste über das Tal hinweg. «Und wem», brachte sie nach ein paar Sekunden hervor, «und wem haben wir Naturliebhaber dies alles zu verdanken?»

«Bitte?»

«Wem gehört all dieses herrliche Gestrüpp?»

«Der Eschenwald und der Grabhügel gehören nun dem Amt für Forstwesen. Und der Rest gehört dem Bauern von hier. Farmer Mint. Da drüben können Sie sein Haus sehen.» Er deutete in die Richtung, aus der sie gekommen waren, und dort konnte sie an einem Pfad etwas erkennen, was wie eine Ansammlung von Wellblechhütten wirkte.

«Ah», sagte sie. «Das natürliche Leben. Meilenweit nichts anderes.»

«Nein, dort unten ist das Dorf Colcorum. Am anderen Talende.»

«Colcorum? Das muß ich mir auf der Zunge zergehen lassen.» Sie nahm die feuchte Zigarette aus dem Mund und warf sie in den Bach. «Colcorum. Was für ein herrlicher alter englischer Name. Wie Tower Bridge. Oder Teabread.» Dabei beobachtete sie ihre Woodbine, die in der trüben Strömung davontrieb. «Und woher dies alles wohl kommt?» Sie zeigte dramatisch auf das Wasser. Aber niemand hatte eine Antwort. Niemand konnte genau sagen, woher es kam, bevor es sich ins Meer ergoß, doch in dem Gebiet befanden sich eine Reihe unterirdischer Höhlen oder Spalten, die sich in die weiche Kreide gegraben hatten. Deshalb wurde gemeinhin angenommen, der Pilgrin sei der Arm eines mächtigen Flusses, welcher hier, wo sich Devon und Dorset treffen, unter der Erdoberfläche dahinströme. In der Umgebung waren viele Quellen und Sickergräben, gekennzeichnet durch feuchte oder binsenbestandene Flecke, und zweifellos drang der Bach aus einer von ihnen ans Tageslicht. «Und ob es wohl sehr lästig wäre, wenn ich versuchte, eine nette kleine Brücke ausfindig zu machen?» setzte Evangeline hinzu.

«Nicht nötig.» Marks Gesicht leuchtete auf bei dem Gedanken, ihr helfen zu können. «Gestatten Sie.»

Er wollte gerade den Mantel ausziehen und ihn über ein paar Steine legen, als Evangeline, von neuem lachend, an der schmalsten Stelle über den Bach sprang. «Sind wir nicht genau wie Lanzelot und Ginover?» fragte sie. «Ja, wirklich.» In Wirklichkeit waren sie ein seltsam ungleiches Paar. Evangeline Tupper war Ende Fünfzig, kleingewachsen und etwas schmal, mit dünnen Lippen und einer spitzen Nase, die sie aussehen ließen wie ein Papagei, auf dessen Gesicht man mit großer Wucht Make-up geschleudert hatte, weswegen er entgeistert und verdutzt war. Mark Clare war hochgewachsen, doch seine Größe war aufgrund seiner Rundlichkeit nicht so auffällig. Er war ein kräftiger, rotgesichtiger Mann, längst in mittleren Jahren, und mit seinen breiten Koteletten hätte er für einen Dorfmetzger gehalten werden können, doch seine Kleidung war zu hell, zu exzentrisch, und um seine Augen lag eine gewisse Vorsicht, die vermuten ließ, daß er ein Mann war, der sich zwingen mußte, Selbstzweifel zu überwinden. Er hatte seinen Jagdhut abgenommen, während er den Hang zu dem Erdwall hinaufkletterte, und in seiner plötzlichen Begeisterung strich er sich mit einer heftigen Geste das widerspenstige weiße Haar zurück. Evangeline hatte größere Mühe mit dem Aufstieg und schien sich seitlich vorwärtszubewegen, wobei ein Bein das andere in einem sonderbaren Winkel überkreuzte. Er wartete auf sie, bevor sie die letzten Meter gemeinsam zurücklegten. «Wie lange...» begann sie.

Sie deutete auf ihre Armbanduhr, doch Mark blickte auf den Grabhügel. «Tausende von Jahren», erwiderte er mit lauter Stimme. «Mindestens viertausend.» Er seufzte vor Vergnügen und streckte die Arme in Richtung Hügel aus.

«Steinalt also! Darf ich?» Sie drängte sich an ihm vorbei und stach mit der Spitze eines ihrer lackierten Fingernägel in den Erdwall. «Etwas sehr Altes ist in mich eingedrungen. Etwas Altes und Wertvolles ist nun in meinem Inneren.» Sie schickte sich an, ihren Finger abzulecken, entschied sich jedoch in letzter Sekunde dagegen. «Sie haben wirklich Glück, hier zu arbeiten.»

«Wir hätten ihn niemals gefunden, wenn das Feuer nicht gewesen wäre. Die Eschen hatten ihn bedeckt – ich weiß nicht, wie lange...»

«Wirklich jahrhundertelang?»

«Eine sehr lange Zeit. Und dann, als das Feuer sie zerstörte und der Boden abgeholzt war, sahen wir ihn. Niemand hatte ihn vorher bemerkt. Er war nichts als eine beliebige Neigung, ein beliebiges Oberflächenmerkmal gewesen.» Er hatte den Hügel geradezu dankbar angeschaut, aber dann drehte er sich ruckartig zu ihr um und fuhr mit leiserer Stimme fort: «Wenn wir ihn erst einmal öffnen, werden wir ihn natürlich zerstören. Wir werden ihn bei den Ausgrabungen kaputtmachen müssen. In der Archäologie ruinieren wir das Beweismaterial immer vom

Moment an, in dem wir es entdecken, aber wenn wir ihn so bewahren könnten...»

«Nein, nein, nein.» Evangeline wedelte mit dem Finger. «Seien Sie nicht ungezogen. Das Ministerium würde mich umbringen. Und Sie dazu.» Evangeline war eine hohe Beamtin im Umweltministerium; sie war aus London angereist, nachdem ihr unmittelbarer Vorgesetzter ihr Marks Bericht über einen der möglicherweise bedeutendsten archäologischen «Funde» der letzten Jahre übergeben hatte. «Und wo ist dieser faszinierende Steinkreis, den Sie erwähnt haben?» Sie legte die Hand an die Stirn und suchte den Horizont ab. «Ich sehe nichts.»

«Ich bin ein Dummkopf», rief er und schlug sich – zu ihrem Entsetzen – mit der geballten Faust an die Brust. Er tat alles zu dramatisch, als wolle er sich stets selbst überzeugen. «Natürlich möchten Sie die Fotos sehen. Und ich habe sie im Wagen gelassen! Moment.» Bevor sie etwas entgegnen konnte, marschierte er den Hang hinunter, sprang über den Bach und rannte die andere Talseite hinauf, auf den Weg zu, wo er seinen braunen Ford Cortina geparkt hatte.

Aus irgendeinem Grunde behagte Evangeline der Gedanke nicht, allein neben dem Grabhügel zurückgelassen zu werden. Sie beschloß, ihm den Rücken zuzuwenden, und lehnte sich dann ganz behutsam gegen ihn; aber er fühlte sich zu feucht, zu weich an, und der Gedanke hineinzufallen – oder von ihm eingesogen zu werden – entsetzte sie. Evangeline zog eine weitere Woodbine hervor und versuchte, sie mit immer noch zitternden Händen anzuzünden. Aber der Wind war hier in dem ungeschützten Tal zu stark. Sie konnte ihn durch die Zweige der Eschen und Buchen heulen hören, die sich auf dem Kamm über ihr zusammenballten, doch selbst hier, in dem offenen Gelände neben dem Erdwall, meinte sie das gleiche Geräusch zu vernehmen.

Aber sie konnte nicht auf die Zigarette verzichten. «Ich brauch jetzt eine», flüsterte sie vor sich hin. «Ich brauch jetzt dringend eine Woody.» Sie blickte sich nach einer Deckung um und bemerkte einen kleinen Felsvorsprung ein paar Meter weiter oben am Hang. Mit ihren sonderbaren Seitwärtsbewegungen schaffte sie es irgendwie, den Vorsprung zu erreichen, und dann bückte sie sich dahinter, so daß nur ihr tweedbedecktes Gesäß hinter dem Stein hervorragte. Aber es gelang ihr, sich die Woody anzustecken, und sie erhob sich mit einem leisen Seufzer der Befriedigung, strich sich den Rock glatt und setzte sich auf den Stein.

Evangeline schaute sich gleichgültig in der Landschaft um und paffte wie wild an ihrer Zigarette. Die beiden Schafe drängten sich in einem Winkel des angrenzenden Feldes immer noch eng aneinander, und sie blies einen Rauchkringel zu ihnen hinüber. «Euch hätte ich gern gut gebraten», sagte sie, «euch hätte ich gern auf meinem Teller.» Sie betrachtete das Tal mit seinen Bäumen, Hekken und unregelmäßig angeordneten Feldern, doch sie bemerkte nicht, daß sich weiße Kreideflecke unter dem lebendigen Gras abzeichneten wie die Knochen unter der Haut einer liegenden Gestalt. Dann hörte sie hinter sich einen Laut. Sie drehte sich um und starrte zum Grabhügel hinüber. Nichts bewegte sich. Es mußte der Wind gewesen sein. Nun kroch etwas über ihr Bein. Als sie sich vorbeugte, um es zu untersuchen, entdeckte sie eine kleine grüne Klette, die an ihrem Nylonstrumpf klebte und eine deutlich sichtbare Laufmasche hinterlassen hatte. «Dieser Ort», sagte Evangeline, «dieser Ort ist nicht gerade anheimelnd.» Sie sprach laut vor sich hin, wie sie es oft tat, und auf dem Kamm hinter ihr war ein Lachen oder aber das Echo ihrer eigenen Worte zu hören. Sie drehte sich blitzartig um und musterte die Buchen- und Eschengruppen oberhalb des Tals; und einen Moment lang glaubte sie zu sehen, daß sich zwischen den Bäumen etwas bewegte.

3
Auf dem Grabhügel

«MISS TUPPER?»

«O mein Gott!» Evangeline kreischte auf, als Mark Clare ihre Schulter berührte.

Er antwortete mit einem solidarischen Kreischen. «Ich wollte Ihnen nur das hier zeigen», sagte er verwirrt und hielt ihr die Fotos hin, die er aus seinem Wagen geholt hatte.

Evangeline bedachte ihn mit einem besonders freundlichen Lächeln. «Es gab gar keinen Grund zu schreien. Mir geht's einfach prächtig. All die frische Luft.» Sie drückte ihre Zigarette im Gras aus und zermalmte sie mit dem Absatz, doch als sie Marks unwillkürlichen Ausdruck des Entsetzens bemerkte, hob sie den Stummel auf und steckte ihn sich in die Tasche. «Ist es nicht großartig hier, in der absoluten Wildnis?» fuhr sie fort.

«Es war einmal viel wilder. Schauen Sie.» Das erste Foto zeigte die ganze Gegend aus der Luft, und in der linken oberen Ecke war der Grabhügel mit den ihn umgebenden Brandflecken klar zu erkennen; er mußte das Tal einst beherrscht haben, und aus dieser Perspektive sah er aus wie ein einzelnes, zum Himmel starrendes Auge. Das zweite Bild war aus einem anderen Winkel aufgenommen worden und zeigte den Grabhügel in der linken unteren Ecke mit dem von Bäumen bewachsenen Kamm darüber. «Und hier», sagte Mark, «ist der alte Kreis.» Mit dem Finger folgte er einer Linie dunklerer Erde, die sich um den Grabhügel zog; sie hatte nicht die Form eines Kreises, sondern einer Ellipse und reichte in das Feld jenseits des Pilgrin Valley hinein. «Hier kommen wir näher heran», fuhr er fort und gab ihr mit ausgestrecktem Arm das dritte Foto. «Dies sind die Zeichen der stehenden Steine. Mindestens acht sind eingegraben, aber fünf sind noch über der Erdoberfläche. Sie haben gerade auf einem gesessen.»

«Das brauchen Sie mir nicht zu sagen. Ich habe es gespürt. Ich fühlte ganz Dorset unter mir. Alles stieg in mir auf.»

«Und dies wurde unmittelbar über dem Grabhügel aufgenommen.» Auf dem vierten Bild wuchs das Grab seitlich aus dem Tal hervor, doch ein Schatten lag quer darüber. «Alles deutet darauf hin, daß dies eine wichtige Begräbnisstätte war. Die Größe des Hügels. Der Steinkreis. Der Ort selbst. Ich kann sehen, wie sie durch das Tal ziehen.»

«O Gott. Wo?» Wenn sich jemand näherte, um sie zu begrüßen, wollte sie sich von ihrer besten Seite zeigen.

Mark hatte sie nicht gehört. Der Hügel war immer noch heilig, denn er hatte sich nicht gewandelt. Und er schien heller zu werden, während Mark ihn betrachtete, als glühten all die Jahrhunderte in seinem Inneren. Ein Ort der Macht. Ein Ort der Rituale.

Er drehte sich um, als Evangeline ihren Mund gerade mit einer neuen Schicht pfirsichroten Lippenstifts zierte. «Ich sehe keine Menschenseele», sagte sie und schloß ihren Taschenspiegel mit einem resoluten Klicken.

«Sie sind überall um uns herum», erwiderte er und stampfte auf den Boden wie ein Kind, das in einer Pfütze herumtrampelt. «Überall.»

«Das hätte ich Ihnen auch sagen können.» Mit einer dramatischen Geste löste sie ihr rotes Tuch, so daß sich ihr blondiertes Haar langsam an der Luft entwirrte. «Der Boden über uns», murmelte sie und schaute mit verzückter

Miene zum Himmel empor, «das Firmament unter uns. Also, das nenne ich Poesie.» Er nickte, ohne sie darauf hinzuweisen, daß sie die Position von Erde und Himmel verwechselt hatte. «Ich könnte den ganzen Tag hierbleiben und das alles aufsaugen.»

«Ich könnte auch den ganzen Tag hierbleiben.» Seine Begeisterung hatte sich durch ihre Reaktion verdoppelt.

«Na ja. Vielleicht nicht gerade heute.» Er schien sie ernst zu nehmen, was sie beunruhigte. «Aber sehr, sehr bald.» Sie betupfte ihren Mundwinkel mit einem Papiertaschentuch und ließ es dann, schmutzig wie es war, in ihre Handtasche fallen.

«Ich bin sicher, daß Sie genug gesehen haben.» Er spürte ihre Stimmung und begann, in matterem Rhythmus mit den Füßen aufzustampfen. «Ich will Sie nicht aufhalten.» Es hätte ihm nichts ausgemacht, hierzubleiben und ihr ausführlich die Merkmale der Stätte zu erklären, die er und sein Team ausgraben würden, doch Evangeline sagte nichts und schien ihre stille Betrachtung des Himmels fortzusetzen. «Sollen wir», fragte er, «sollen wir zum Auto zurückgehen?»

Sie seufzte. «Wir *könnten* zum Auto zurückgehen. Aber nur, wenn Sie darauf bestehen.»

«Nein, eigentlich nicht...»

«Natürlich würde ich am liebsten ewig hierbleiben. Aber wenn Sie darauf *bestehen.*» Sie begann, ihr Tuch umzubinden.

«Ich wollte nicht...»

«Und es ist recht kühl, nicht wahr?» Sie ging rasch vor ihm her, durch ihre seitliche Bewegung einige Grade nach links geneigt, bis sie den Rand des Baches erreichte. Als er sie einholte, balancierte sie einen Fuß über dem Wasser. «War dieser Bach auch schon immer hier?»

«Ja. Wahrscheinlich.» Er half ihr über vier weiße Steine

hinweg, die von einem Ufer zum anderen führten. «Grabhügel wurden oft an fließendem Wasser angelegt.»

«Und niemand weiß, weshalb?» Er schüttelte den Kopf. «Natürlich nicht. Niemand weiß es jemals.» Nach diesem etwas rätselhaften Kommentar überquerte sie den Bach und stieg den westlichen Hang zu Marks Auto hinauf.

«Es könnte etwas mit Geistern zu tun haben», sagte er, nachdem er ihr wiederum hastig nachgeeilt war.

Sie lachte und rief ihm über die Schulter hinweg zu: «Das erinnert mich an eine schrecklich komische Geschichte.»

Ihre Stimme verklang in der Ferne. Die Ruhe um den Grabhügel kehrte zurück. Das Pilgrin Valley war still.

4
Das Tal

MARK FUHR EVANGELINE zum Bahnhof von Axminster, und kaum hatte sie ihr Erster-Klasse-Abteil betreten, begann er zu winken – wobei er den Arm hoch in die Luft reckte, als sei sie Hunderte von Metern entfernt. «Leben Sie wohl», brüllte er. «Leben Sie wohl, Miss Tupper!» In einem plötzlichen Anflug von Galanterie nahm er den Jagdhut ab und fing an, auch damit zu winken.

Evangeline ihrerseits machte aus ihrem Abteil überschwengliche kleine Zeichen, aber an ihrer Miene ließ sich schwer ablesen, ob sie vor Freude außer sich war oder schreckliche Qualen durchlitt. Mit pantomimischen Gesten formte sie ein paar Worte, und Mark glaubte, «Herrlich» zu verstehen, als sie plötzlich, ohne jede Warnung, die orangefarbenen Vorhänge hinter dem Fenster zuzog. Der Intercity-Expreß rollte aus dem Bahnhof, um seine kostbare Fracht wieder nach London zu befördern, während

Evangeline eine Woodbine hervorholte, seufzte und wieder die für sie typische mürrische Miene aufsetzte.

Mark hatte sein ganzes Leben in Lyme Regis verbracht, doch nun kehrte er nicht nach Hause zurück, sondern bog von der Hauptstraße zwischen Axminster und Bridport ab und fuhr über die schmalen Wege und steilen Pfade, die ihn wieder ins Pilgrin Valley bringen würden. Vielleicht sind es die hohen Hecken, die dieser Gegend ihre Aura der Abgeschiedenheit und gar der Heimlichkeit verleihen; jedenfalls gab es keine Wegweiser zum Tal, und manchmal mußte sogar Mark das Tempo an einem Tor oder an einem Heckendurchbruch verringern, um sich zu vergewissern, wo er war: Er erkannte die Umrisse der unregelmäßig angeordneten Felder, der Hügel, der alten Steintürme und Dämme, die zu seinen vertrauten Führern geworden waren. Nun kletterte er höher. Die hellroten Feuernelken und die Hundsveilchen wurden von Strauchwerk abgelöst; die Heckenreihen wurden karger und wilder; das Kreideland selbst schien dem Himmel entgegenzustreben. Zuweilen hatte Mark, wenn er hier spazierenging, den Eindruck, er brauche nur an der Krümmung dieser Kreide entlangzulaufen, um gleichfalls zum Himmel aufsteigen zu können, nach oben getragen von dem klaren Licht dieses Hochlandes. Aber dann bekam er stets Angst vor seiner eigenen Begeisterung und grub die Absätze in das Gras und den Lehm.

Er fuhr am Haus von Farmer Mint vorbei. Es war ein kleines Bauernhaus aus getünchtem Stein, umgeben von verfallenen Ställen und Scheunen, die aus Wellblechplatten, Brettern, altem Dachstroh, Stoffetzen und einer ganzen Reihe anderer Materialien gebaut waren. Alles wurde von meterlangen, dicken Tauen zusammengehalten, die, verschlungen und verknotet, wie Drapierungen über die ruinierten Gebäude hingen. Auf den ersten Blick hätte man es für ein Zigeunerlager halten können, doch Mark wußte, daß Farmer Mint immer hier gewohnt hatte und daß diese wackligen Hütten und Ställe ein Zeichen dafür waren, daß er sich hier wohl fühlte. Es handelte sich um provisorische Behausungen, aber nur in gewissem Sinne, denn Farmer Mint wußte, daß das Tal und die Grundmauern des Mintschen Hauses sein Hinscheiden überleben würden, genau wie sie auch den Tod seiner Vorfahren überlebt hatten.

Er fuhr noch ein paar Meter den Pfad hinunter und parkte dann seinen Ford Cortina neben einer steilen Böschung, bevor er ins Pilgrin Valley hinabstieg. Von hier aus konnte er sehen, wie sich die Landschaft unter ihm dahinzog, als hätte sie sich eben erst zu seinen Füßen entrollt, doch an diesem kühlen Frühlingstag bildete sich Nebel am fernen Südende des Tals, und die Felder dort bebten, bevor sie aus dem Blickfeld verschwanden. Er schritt rasch über den Kieselboden hinweg und überquerte den Bach. Als er den Grabhügel erreichte, legte er die Hände an dessen grasbewachsene Seite und dann, langsamer, sein Gesicht. Er atmete die Feuchtigkeit der kalten Erde ein und glaubte in seiner Hochstimmung, unvorstellbare Räume verlorener Zeit überbrücken zu können. Er war dort. Bei ihnen.

Mark machte einen Schritt zurück und musterte den Grabhügel nahezu mit Besitzerstolz. Nun war der Hügel genauso, wie er immer gewesen war, aber Mark wußte, daß er in ein paar Tagen zerstört werden mußte. Wenn sein Archäologen-Team und er an dieser Stelle zusammenkamen, um ihre Arbeit zu beginnen, würden sie den Grabhügel systematisch zerlegen; während sie sich nach unten vorarbeiteten, würden die Baustadien umgekehrt werden, bis man die ersten Geheimnisse seiner Erbauer endlich enthüllte. Und in diesem großen Wandel würde er seine Heiligkeit gewiß einbüßen. Als Mark ihn zum erstenmal gesehen hatte, als er, nachdem der Waldbrand den Hügel preisgegeben hatte, zum erstenmal hierhergebracht worden war und die ihn umringenden Steine gemustert hatte, war er von einer an Übermut grenzenden Erregung gepackt worden. Er hatte sich diese Erregung bewahrt, aber während er sich nun an der Stätte umsah, war er auch von Mitleid erfüllt – Mitleid nicht nur mit denen, die hier begraben sein mußten, sondern auch mit dem Hügel selbst, der nun einen so schwerwiegenden Wandel durchmachen würde.

Mark wandte sich ab und rieb sich das Gesicht mit den Händen. Seine Bewegungen waren so jäh, daß sie etwas in dem Gehölz hinter dem Hügel aufgeschreckt haben mußten. Er glaubte gesehen zu haben, wie sich zwischen den schmalen Eschenzweigen etwas bewegte, aber als er zu ihnen hinaufkletterte, sah er nur Girlanden von in der Luft schwebenden kleinen Fliegen. Dann bemerkte er, wie die Sonne die langen Schatten der Bäume über den Boden warf, und er beschloß weiterzugehen, sich von den Schatten zu entfernen. Er kannte das Land hinter dem Westhang des Tals aus den Luftaufnahmen, denn auf diesen Feldern verlief die Begrenzung des Steinkreises, aber er selbst war noch nie über die Fläche gegangen. Deshalb schritt er nun zwischen den Bäumen hindurch, stieg auf einen Felsvorsprung, der den obersten Kamm des Tals markierte, erreichte das Plateau darüber und blickte über die Landschaft hinweg. Die sanft wogenden Felder waren ihm vertraut, doch nun bemerkte er ein kleines, strohgedecktes Häuschen, das sich in einer Feldecke zu verbergen schien. Es war von einer hohen Ahornhecke umgeben und wurde zum Teil von zwei alten Pflaumenbäumen verdeckt, die sich seinem Strohdach entgegenneigten. Marks Interesse war geweckt. «Komm schon», sagte er vor sich hin. «Komm schon, Mark Clare.» Er wanderte gern, ihm gefielen Spaziergänge «an der frischen Luft», wie er es nannte, und mit einem Lächeln marschierte er auf das Häuschen zu. Er war in einer anderen Zeit. Er war wieder ein Junge.

Nach ein paar Minuten erreichte er eine weiße Pforte, die sich in den Garten des Häuschens öffnete, aber als er aufblickte, sah er zu seiner Beunruhigung eine dunkle Gestalt, die sich rasch an einem Fenster hin und her bewegte. Und in diesen schnellen Bewegungen vor dem Hintergrund des Lichts war ein undefinierbares Gefühl der Furcht oder Besorgnis, das sich Mark, noch während er auf dem leuchtenden Feld stand, mitteilte. Er kehrte um und ging denselben Weg durch das Tal zurück.

5
Einige Bewohner

ER HATTE DEN PFAD wieder erreicht, aber er war so in Gedanken versunken, daß er fast gegen eine Reihe von Kühen gestolpert wäre, die heimwärts geführt wurden; sie boten den üblichen Anblick schlurfenden Trotzes und reckten die Köpfe, als seien sie vor kurzem geblendet worden und verspürten immer noch Schmerz – die uralte Prozession des Tierreiches der Schande und dem Tod entgegen. Ein Hund bellte in regelmäßigen Abständen, und zugleich konnte Mark das leise Murmeln von zwei Stimmen hören, die sich ihm näherten. Er blieb stehen und wartete, bis Farmer Mint und Boy Mint auftauchten.

«Hier ist er, Boy», sagte der Bauer. Es war fast, als habe er mit Mark gerechnet.

«Ja», antwortete Mark lauter und herausfordernder, als er beabsichtigt hatte. «Hier bin ich.»

«Nein. Er.» Farmer Mint zeigte in die Höhe, und Mark begriff, daß er eine dunkle Sturmwolke gemeint hatte, die sich über dem Pilgrin Valley zusammenballte. «Er hat den richtigen Moment abgewartet.» Und er hob die rechte Handfläche, als begrüße er die Wolke.

Mark trat auf die beiden zu, und er bemerkte, daß Farmer Mint das gewohnte Sortiment zusammengewürfelter Kleidungsstücke trug: alte, dunkelblaue Wanderschuhe, eine geflickte braune Hose, die an den Knöcheln fest zugeschnürt war, und einen dicken schwarzen Mantel, der seinerseits von einem grünen Synthetik-Mackintosh bedeckt wurde. Er trug eine alte, flache Mütze, doch nichts konnte das viele Haar verbergen, das über sein Gesicht und seinen Kopf zu sprießen schien: Haar, das sich unter der Mütze hervorarbeitete, Haar, das sich in Strömen von seinem Hals ergoß, Haar, das sich aus seinen Ohren kringelte, Haar, das von seinen Augenbrauen bis zur Stirn kroch. Boy Mint dagegen war fast völlig unbehaart, und man hätte meinen können, daß er unter seiner flachen Mütze kahl wäre. Aber auch er trug blaue Stiefel, eine geflickte braune Hose, einen schwarzen Mantel und einen grünen Synthetik-Mackintosh, so daß die beiden einem Paar großer Gartenzwerge ähnelten, das plötzlich zum Leben erwacht war. In einer Hinsicht unterschied Boy Mint sich jedoch von seinem Vater: Er wirkte älter, sein Benehmen war ehrwürdiger, seine Antworten gemessener als die von Farmer Mint.

«Hier kommt er», sagte Farmer Mint. «Hier ist das erste Stück von ihm.» Und er hielt seinem Sohn auf der Handfläche drei Regentropfen hin. «Leck dran, Boy, und laß deinen mächtigen Geist ein paar Schlüsse ziehen.»

Boy leckte die dargebotenen Tropfen auf und meditierte ein paar Sekunden lang. «Es ist Regen», sagte er.

Farmer Mint war entzückt. «Er hat den Nagel wieder einmal auf den Kopf getroffen! Dem Jungen entgeht einfach nichts!»

«Und wie lange», wagte Mark sich zu erkundigen, «wie

lange wird es regnen?» Er machte sich Sorgen um den Beginn der Ausgrabungen.

«Laß uns noch ein bißchen mehr an deinem Wissen teilhaben, Boy. Wie lange wird es dauern?»

Boy Mint betrachtete mehrere Sekunden lang den oberen Teil der Mütze seines Vaters, bevor er seine endgültige Meinung äußerte. «Es wird aufhören», sagte er. «Es wird irgendwann aufhören.»

«Hat man so einen Burschen schon mal gesehen?» Vater und Sohn schauten einander bewundernd an und zogen sich, im selben Moment, die Mütze tiefer in die Stirn.

Sie schickten sich an weiterzugehen, und die Kühe, die ihre Bewegung instinktiv vorausahnten, wiegten sich bereits hin und her, doch Mark wollte den beiden über die Ausgrabungen berichten. «Wir fangen nächste Woche mit der Arbeit an», sagte er. «Auf dem Hügel.»

Farmer Mint lachte, wobei er die Stümpfe seiner verfaulten Backenzähne entblößte. «Und was erwarten Sie wohl dort zu finden?»

Die beiden Mints wandten sich einander zu und starrten sich in die Augen, und Boy Mint richtete eine Antwort an seinen Vater: «Schafsknochen und Kaninchenzähne.»

«Sag es noch mal, Boy. Nimm dir Zeit dabei.»

«Schafsknochen. Kaninchenzähne. Skelette von toten Vögeln.» Boy Mint hatte Spaß an dieser Litanei und lächelte. «Kuhscheiße. Tote Füchse. Maulwürfe.»

«Nun ist er nicht mehr zu stoppen.» Farmer Mint streckte beide Hände in den Regen, als flehe er ihn an zuzuhören. «Er weiß eben Bescheid.»

Mark Clare war im selben Maße überzeugt davon, daß Boy Mint nichts über die Bedeutung des Grabhügels wußte, und diese augenscheinliche Gleichgültigkeit erleichterte Mark ein wenig, denn früher hatte er unter der Neugier und den Störungen von seiten benachbarter

Bauern gelitten, und er zog es vor, in Ruhe gelassen zu werden. Zwar hatte den Mints das Land, in dem der Hügel aufgeschichtet worden war, gehört, bis es ihnen vor ungefähr sechs Jahren vom Amt für Forstwesen abgekauft worden war, aber ihr Verhalten ließ Mark vermuten, daß sie über den Verkauf froh waren. Jedenfalls schienen sie die Entdeckung des Grabhügels nach dem Feuer nur als eine Art Schabernack zu empfinden. Und doch, wenn dieses Tal überhaupt jemandem gehörte, dann den Mints.

Der Regen fiel schwer auf sie herab, und in der zunehmenden Dunkelheit trieb der Nebel vom fernen Ende des Tals herunter. Einen Moment lang blickten die drei Männer schweigend zum Grabhügel. «Schafsknochen», murmelte Boy Mint und freute sich von neuem an seinem Scherz. «Schafsknochen.» Dann bewegten sich die beiden Männer und ihre Tiere im gleichen Rhythmus den Pfad entlang. Mark beobachtete sie, bis sie in die Felder abgebogen waren, und fragte sich nicht zum erstenmal, ob sie ihm etwas vorgespielt, ob sie seinetwegen ein Schauspiel inszeniert hatten.

6
Londoner Flieder

EVANGELINE TUPPER NAHM ein Taxi von der Waterloo Station, aber sie gab dem Fahrer nicht ihre eigene Adresse an. Statt dessen sah man sie in einem ganz anderen Teil Londons ankommen. Sie bog auf einen weißen Platz ein, der an diesem Frühlingsnachmittag leer war, abgesehen von zwei oder drei schlanken und blattlosen Pappeln. Eine kleine Reihe von Häusern aus der Mitte des 19. Jahrhunderts begrenzte das ferne Ende des Platzes, und auf diese Reihe ging sie nun langsameren Schrittes zu. Ein kleiner, betagter Mann winkte an einem Fenster; mit einem Seufzer kletterte sie die Steinstufen hinauf und nahm einen Schlüssel aus ihrer Handtasche, um die Haustür zu öffnen.

«Du siehst gut aus», sagte er, als sie den schmalen Flur betrat. «Du siehst sehr gesund aus.»

«Hallo, Vater.»

«Soll ich Wasser aufsetzen?»

«Nein. Laß mich das machen.» Jeder, der Evangeline kannte, wie sie sonst war, wäre erstaunt über ihre plötzliche Mattigkeit und ihre resignierte, tonlose Stimme gewesen. Aber ihr Vater war daran gewöhnt.

«Dein Essen ist fertig», sagte er. «Du magst doch rote Bete?» Seine Frage war besorgt, als habe er es vorher gewußt und nun vergessen oder als kenne er den Geschmack seiner Tochter überhaupt nicht mehr.

«Ja. Natürlich. Was du willst.»

In dem kleinen Vorderzimmer war alles vorbereitet, und während ihrer gemeinsamen Mahlzeit schaute Evangeline ihren Vater von Zeit zu Zeit an: In seinen hastigen Bewegungen und Gesten sah sie stets ihre eigenen, und sogar in seinem nun eingefallenen Gesicht erkannte sie ihre eigenen Züge. Und doch bin ich jetzt so fern, dachte sie, so fern. So weit entfernt von meinen Wurzeln. Sie merkte, daß sie ihn betrachtet hatte, als sei er ein beliebiger alter Mann, nicht ihr Vater. Und es war, als habe sie sich selbst wie eine Fremde betrachtet.

«Was macht die Arbeit?» fragte er mit vollem Mund. Er aß mit der gleichen nervösen Hast wie seine Tochter.

«Wie üblich.»

«Nichts Besonderes?»

«Nein. Nichts.» Und in diesem Moment schien für Evangeline überhaupt nichts besonders zu sein. Sie wollte ohnehin nicht über ihr Leben sprechen. «Genauso wie immer.»

«Du mußt es in dem Amt inzwischen weit gebracht haben. Wie heißt es noch?»

«Umwelt. Das Umweltministerium.»

«Du müßtest ganz oben auf der Karriereleiter sein.»

«Ja, Vater.» Evangeline wußte, daß sie ihn liebte, aber sie konnte ihre Gefühle für ihn nicht zeigen. Sie hätte zu ihm gehen und ihn küssen sollen, diesen gebrechlichen Mann, der dem Tod so nahe war, aber sie behandelte ihn mit verlegener Zurückhaltung.

Und er merkte das natürlich. «Ich bin stolz auf dich», sagte er, um sie zu trösten, um ihr zu vermitteln, daß es in Ordnung sei, daß alles in Ordnung sei. «Deine Mutter wäre auch stolz auf dich gewesen.»

«Ja, Vater. Ich weiß.» Sie liebte ihn mehr als jeden anderen Mann – genaugenommen hatte sie nie einen anderen Mann geliebt –, und doch wollte ihr nichts einfallen, was sie ihm hätte sagen können. Wenn sie ihm ihre wirklichen Gefühle erklärt hätte, wären sie beide unter ihnen zusammengebrochen. Wenn sie angefangen hätte zu sprechen, wäre sie nie ans Ende gelangt. Deshalb gab es nichts zu sagen. Ich bin so fern von mir selbst, dachte sie.

«Wie geht's deiner Freundin?» fragte er.

«Sehr gut.» Evangeline errötete und rieb mit dem Finger über einen Fleck auf der Tischdecke. «Sie ist eigentlich nicht meine Freundin», fuhr sie fort, «sondern meine Assistentin.» Noch immer wurde sie rot, als sei sie wieder ein Kind, das bei einer Lüge ertappt worden war. Sie wechselte rasch das Thema und bemerkte mit ihrer tonlosen, neutralen Stimme: «Was für ein kalter Tag. Findest du nicht, daß es ein kalter Tag ist. Dafür, daß Frühling ist?» Er antwortete nicht, sondern schaute aus dem Fenster auf den verlassenen Platz. «Kann ich den Fernseher anstellen?» Sie konnte das Schweigen zwischen ihnen nicht ertragen. «Kommt irgend etwas Gutes?»

Bald wurde es Zeit aufzubrechen, und mit unausgesprochener Einwilligung stand er unsicher auf und brachte sie zur Haustür. «Es war schön, dich zu sehen», sagte er. «Es ist immer schön, dich zu sehen.»

Impulsiv küßte er sie auf die Wange, als sie auf der Schwelle standen, und Evangeline mußte sich Mühe geben, um nicht zusammenzuzucken. Aber sie fühlte sich sofort schuldig. «Ich bin immer gern hier.»

«Es ist eine lange Fahrt», erwiderte er und blickte sie mit einer Art Mitleid an. «Du weißt, daß ich jederzeit zu dir kommen könnte.»

«Nein.» Das Wort entschlüpfte ihr zu rasch. «Ich komme gern hierher. Zur Abwechslung.»

«Auf Wiedersehen, Liebling. Bis bald.»

Nun, da sie sich verabschiedete, fühlte sie sich plötzlich frei. «Auf Wiedersehen, Vater. Ja. Bis bald.»

Während sie sich entfernte, verfiel sie sofort wieder in matte Resignation. Beim Verlassen des weißen Platzes kam ihr der Gedanke, daß sie deshalb niemandem ihre wahren Gefühle offenbaren konnte, weil es auch ihrem Vater gegenüber unmöglich war. Sie schritt zwischen den blattlosen Pappeln dahin, und als eine Frau ihren Weg kreuzte, blickte Evangeline instinktiv zur Seite. Sie schaute auf den Boden. Ich habe also keine Verbindung mit der Welt, dachte sie. Dieser weiße Platz könnte genausogut in einem Traum vorkommen.

Der orangefarbene Arm einer zerbrochenen Puppe lag in der Gosse vor ihr, und als sie sich vorbeugte, um ihn zu mustern, geriet ihr der Duft frühen Flieders von irgendwo auf der vor ihr liegenden Straße in die Nase. Londoner Flieder. Die kleine, dünne Frau hatte diesen Geruch ihr ganzes Leben lang gekannt, und nun richtete sie sich wieder auf und ging beklommen davon.

7
Warten

ES REGNETE NOCH HEFTIGER, und es war noch dunkler, als Mark Clare von Pilgrin Valley nach Lyme Regis kam. Als er in die Stadt hineinfuhr, strich das Licht seiner Scheinwerfer über die Hausfassaden aus dem 18. Jahrhundert, das Zeitungsgeschäft und die Apotheke rechts und links von einem kleinen viktorianischen Torbogen aus roten Ziegeln, den Supermarkt, die Steinsäulen des georgianischen Versammlungsgebäudes und den Parkplatz, bevor er von der Broad Street in die Crooked Alley einbog. Er stellte den Motor ab und lauschte ein paar Sekunden lang dem Rauschen des Meeres – wie immer fiel ihm auf, daß es jeden Abend anders klang. Und wenn das Meer wirklich die Hoffnungen und Träume der Menschheit in sich barg, wie manche Schriftsteller behauptet hatten, war es dann nicht möglich, daß es sich mit ihnen in einem ewigen stürmischen Echo wandelte?

Er hatte eine Wohnung über einem Antiquitätengeschäft, in einem Gebäude aus dem späten 18. Jahrhundert, das auch nach diversen Renovierungen seine ursprünglichen Proportionen bewahrt hatte, und während er sich in seinem geparkten Wagen ausruhte, sah er ein Licht in einem Fenster im ersten Stock. Er wußte, daß seine Frau dort gesessen hatte; sie hatte gewartet, bis sie das Geräusch seines Autos hörte, und nun würde sie im Flur stehen, um ihn zu begrüßen.

«Du bist müde», sagte sie und musterte besorgt sein Gesicht, während er die letzten Stufen hinaufstieg.

«Kathleen!» Er ignorierte ihre Bemerkung und streckte die Arme aus, als er näher kam. «Meine liebe Kathleen!» Er lächelte ihr zu und hoffte, daß sie ebenfalls lächeln würde. «Entschuldige die Verspätung. Ich mußte Miss

Tupper noch zum Bahnhof bringen.» Er umarmte sie und sprach über ihre Schulter hinweg. «Dann bin ich zur Ausgrabungsstätte zurückgefahren, um sie noch einmal zu sehen.»

«Ich wußte nicht...» Sie löste sich sanft von ihm und führte ihn an der Hand ins Wohnzimmer. «Ich dachte, daß vielleicht etwas passiert ist.»

«Du mußt dir keine Sorgen machen, Kathleen. Du mußt dir nie Sorgen machen.»

«Das tue ich ja auch nicht. Nicht, wenn du hier bist.» Sie hielt noch immer seine Hand, als sie das Zimmer betraten. An ihrem verkümmerten linken Bein war eine Metallschiene, und sie lehnte sich nach alter Gewohnheit an ihn, damit ihr deutliches Hinken weniger auffiel.

«Du rechnest immer mit dem Schlimmsten», sagte er. «Aber dazu gibt es keinen Grund. Überhaupt keinen.»

«Natürlich nicht.» Sie umklammerte ihn einen Moment lang noch fester und legte das Gesicht an seine Schulter.

«Wieder zu Hause», fuhr er fort.

«Ich weiß. Wieder zu Hause.» Kathleen wiederholte seine Worte, als seien sie ein Zauberspruch. Sie verbarg das Gesicht im Ärmel seines Mantels und riß sich dann mit einer merklichen Willensanstrengung los, die Mark selbst noch spürte. Sie zitterte ein wenig, als sie versuchte, sich aufzurichten, und dann ging sie hinüber zu dem marmornen Kaminsims. «Hier. Das habe ich gelesen, bevor du kamst.»

«Laß mal sehen.» Er war in ihrer Gegenwart immer guter Laune. «Laß mich einen Blick hineinwerfen.» Sie hielt ihm ein Exemplar von *New Archaeology* hin, und er beäugte es kurz, bevor er seine Brille aus der Manteltasche zog. Er las gern laut vor, und Kathleen hörte ihm stets gern zu. Sie zeigte eifrig auf die Seite, und er begann:

Es gibt eine Theorie, nach der im späten Neolithikum ein Berufsorden von weisen Männern – oder Astronomen – existierte, die in ihrer Arbeit von der Landbevölkerung unterstützt wurden und ihre Erkenntnisse in Gedichten und Balladen tradierten. Es ist undenkbar, daß der Bau so großer Ringstrukturen wie jener vor Lyon und Krakau ohne aktive Überwachung durch eine zentrale, organisierende Kraft bewerkstelligt wurde, und da diese Denkmäler charakteristischerweise nach den Sternen ausgerichtet sind, ist anzunehmen, daß nur ausgebildete Astronomen die genaue Position der Steine und Grabhügel errechnet haben können. Damit kommen wir zu dem zwingenden Schluß, daß Astronomen die Führer oder zumindest die Priester der spätneolithischen Gesellschaft waren – und da es Beispiele für ähnliche Grabhügel und rituelle Steine, alle ungefähr zur selben Zeit errichtet, in vielen Teilen Europas gibt, gelangen wir außerdem zu der Überzeugung, daß dieser Orden von Astronomen international verbreitet war.

Kathleen beobachtete ihren Mann aufmerksam, während er den Text las. Seit sie ihn kannte, war sie zu einer begeisterten Amateurarchäologin geworden und hatte all ihre früheren Interessen aufgegeben, als sei sie irgendwie erneuert oder vielleicht von den Banden befreit worden, die sie zuvor gefesselt hatten. Sie begriff, wie bedeutsam die Entdeckung im Pilgrin Valley war, und sie war nicht weniger aufgeregt deswegen als Mark selbst. Trotzdem besuchte sie die Stätte nie; sie ließ es niemals zu, daß seine Kollegen sie sahen.

Er hatte die Seite umgeblättert und kam nun zu

der augenscheinlichen Tatsache, daß diese Ringdenkmäler sämtlich etwa um 1400 v. Chr. außer Gebrauch kamen und daß ein Korpus astronomischer und mathematischer Theorien zur selben Zeit verlorenging oder aufgegeben wurde. Unsere Hypothese ist, daß dieses gesamte Wissen infolge einer Klimaveränderung verschwand, in deren Verlauf die warme, stille und trockene Luft, die astronomische Beobachtungen ermöglicht hatte, über ein oder zwei Jahrhunderte hinweg zunehmend durch Nebel, Regen und fast ständige Bewölkung verdrängt wurde.

Mark schaute kurz zu seiner Frau auf. Sie war viel jünger als er, nicht einmal halb so alt, doch in dem gedämpften Licht schien ihr Gesicht, von langem schwarzem Haar umrahmt, müde und abgezehrt.

Da sie also weitgehend unsichtbar waren, wurden die Sterne natürlich zu einem weniger wichtigen Element der Gemeinschaftsrituale, und während der frühen Bronzezeit vollzieht sich ein erheblicher Wandel in den religiösen Praktiken. Die religiösen Praktiken, die heute mit Ringdenkmälern und unterirdischen Beisetzungen assoziiert werden, gerieten in Vergessenheit und mit ihnen die Justierungen, die Ringe, die Steinkreise und die Ganggräber.

«Wo ist Juda?» fragte er und ließ die *New Archaeology* mit einem Seufzen sinken. Juda war der Name ihres kleinen Drahthaarterriers.

«Er schläft in deinem Arbeitszimmer. Aber was meinst du?» Kathleen nahm ihm die Zeitschrift aus den Händen und sah ihn erwartungsvoll an. «Was hältst du von der Theorie?» Sie schien sich in den Bildern von der fernen Vergangenheit zu verlieren, als könnten sie irgendwie das Leben erleichtern, das sie tagtäglich bewältigte.

«Es ist halt eine Theorie», sagte Mark. Er bemerkte ihre enttäuschte Miene und setzte heiterer hinzu: «Aber sie könnte natürlich zutreffen. Wer weiß? Soll ich nach Juda sehen?» Er ging zu seinem Arbeitszimmer, einem kleinen Raum im hinteren Teil der Wohnung, der auf den Hof des Antiquitätengeschäftes hinausging. Und als er Juda schlafend auf dem Boden vorfand, mit untergeschlagenen Pfoten und leicht gewölbtem Rücken, kam ihm der Gedanke, daß Hunde immer so geschlafen hatten – sogar damals schon, als die großen Steindenkmäler errichtet wurden. Kaum daß er das Zimmer betrat, wurde der Hund wach, gähnte, sprang auf die Hinterbeine und lehnte sich mit den Pfoten an Mark. «Braver Junge», sagte er. «So ein braver Junge.» Und der Hund bellte zur Antwort.

Mark trat ans Fenster und blickte hinunter auf die Antiquitäten im Hof: die abgeschlagenen Plastiken, die schimmelbedeckten Vasen, die anderen dort herumliegenden, mit der Zeit verwitterten Relikte. Ihre tatsächlichen Formen waren in der unnatürlichen Dunkelheit des Sturms nicht zu erkennen, doch schienen sie in der heraufziehenden Dämmerung zu glühen.

8
Frühere Zeit

EINE ANDERE ZEIT. In einer anderen Zeit. Sie ist ein Kind, ein verkrüppeltes Kind. Sie steht an der Küste bei Lyme und schaut auf das Meer hinaus. Ihre Eltern sitzen in einem Strandhäuschen hinter ihr, essen ihre Sandwiches, und sie dreht sich um, um sich zu vergewissern, daß sie noch da sind. Daß sie sie nicht verlassen haben. Und dann blickt sie wieder auf das Meer hinaus, und das Licht der Wellen spielt auf ihrem Gesicht. Es ist unmöglich zu erraten, was sie denkt. Und tatsächlich denkt sie an nichts. Kathleen ist mit dem Meer verschmolzen.

Er beobachtet sie. Er geht mit einem Gefährten am Strand entlang, aber er beobachtet das verkrüppelte Mädchen. Empfindet er Mitleid mit ihr? Nein, das nicht. Nicht nur Mitleid. Er hat das Gefühl einer Chance. Das Gefühl eines Abenteuers. Er würde sie gern hochheben, auf seine Schultern setzen und nach oben auf die Klippe tragen, wo sie mehr sehen könnte. Mehr Wasser. Mehr Licht. Es war schwer, mit anderen Menschen zu reden, aber er wußte, daß es nicht schwer sein würde, mit ihr zu reden. Anerkannt. Anerkannt und anerkennend. Marks Gefährte betrachtet das Mädchen und sagt: «Irgend jemand wird immer am Strand zurückgelassen, stimmt's?» Aber niemand braucht zurückgelassen zu werden. Nicht Mark. Nicht das verkrüppelte Mädchen.

Eine andere Zeit. Er kennt sie jetzt. Sie sind Freunde geworden, das Mädchen und der Mann. Sie wandern gemeinsam. Ihr Hinken scheint sie nie aufzuhalten. Sie geht voran, und die Kraft ihres Wesens durchströmt ihn. Neue frohe Erwartung. Denn ja, sie beschützt ihn auch. Mit ihr kann er ohne Zögern oder Verlegenheit über seine Arbeit sprechen, und in seiner Vision der Urzeit kann auch sie sich verlieren. Der Mann und das Mädchen, sie treffen sich jede Woche vor der alten Uhr auf dem Marktplatz, wandern am Strand entlang, wandern durch das Laubwerk der Felsstufen, sitzen auf den höchsten Felsen und blicken aufs Meer hinaus. Und er wird durch sie wieder zu einem Kind, einem Kind, das von alten Steinen träumt. Von alten Geschichten.

Eine andere Zeit. Noch später. Ein Zyklus des Himmels ist vollendet. Ihre Mutter ist tot, und sie leidet wieder unter dem alten Verlustgefühl, der schrecklichen Stille der Verlassenheit. Sie hat sie ihr ganzes Leben lang gekannt, diese Furcht, zurückgelassen zu werden, irgendwo außerhalb der Welt zurückgelassen zu werden. Aber sie versucht, sie zu bekämpfen, die Furcht zu verdrängen. Und nun ist er bei ihr. Damit er sie über ihre Stimmungen hinwegtragen kann, wie er sich einst gewünscht hat, sie auf den Schultern zu tragen. Und auch sie wird ihn nie verlassen. Jetzt weiß er es. Zusammen werden sie ihre Ängste besiegen.

Eine andere Zeit. Sie blickt ihn wachsam an. Sie blickt ihn mitleidig an. Aber was kann sie mit ihrem Bein tun? Was muß er von ihr denken? Dies ist das erste Mal – das erste Mal in all diesen Jahren –, daß es erwähnt wurde. Nein. Er sagt ihr, daß er es längst nicht mehr wahrnimmt. Es ist einfach ein Teil von ihr. Von ihr. Der Person, die er liebt.

Jetztzeit. Zeit, die sie umschließt. Verwaist in dieser stürmischen Nacht, bevor Mark heimkehrte. Er wird nie zurückkommen, denkt sie. Er ist gestorben, und ich bin wieder allein. Wie kann ich nach seinem Tode hier leben? Und wie kann ich Juda versorgen? Dies ist das Schicksal, das Kathleen stets fürchtet und sich immer wieder ausmalt.

Vergangene Zeit. Sie hatte immer gemeint, sie sei dazu verdammt zu leiden – nachdem sie Mark getroffen hatte, hatte sie Angst vor seiner Güte und seiner Gesellschaft. Sie hatte Angst vor ihrem Glück, weil es am Ende verschwinden mußte, wonach sie einsamer und verstörter sein würde als zuvor. Sogar nach ihrer Heirat konnte Kathleen sich ihre Freude nicht bewahren, ihr Hochgefühl darüber, nicht mehr allein zu sein. Alles schien immer von Auflösung bedroht, denn warum sonst war sie verkrüppelt, wenn nicht als besonderes Zeichen der Ungnade? Unter der Oberfläche ihrer Zufriedenheit war immer noch dieselbe geduckte, gebeugte Gestalt, die nur darauf wartete, zum Vorschein zu kommen. Deshalb hatte sie sogar dann, wenn sie sich geliebt fühlte, größte Angst. Dies war die Identität, unter der sie sich zuerst gekannt hatte, und sie fürchtete, daß die erste Identität auch die letzte sein müsse, denn diese war es, die erneuert, wiederentdeckt werden würde. Das verkrüppelte Mädchen. Eingekreist. Auf Zurückweisung wartend.

Jetztzeit. An jenem Morgen hatte sie gesehen, wie sich das Sonnenlicht langsam durch das Zimmer bewegte – und diese Bewegung, dachte sie, entspricht der Rotation des Planeten. So können wir die großen in den kleinen Dingen erkennen. Genauso spiegelt mein eigenes Leben die Bewegung des Lebens selbst wider. Aber ich bin nur ein Teil seines Schattens, während es voranschreitet. Und dann, o dann, kam der Regen und löschte die Sonne aus. Sogar die Schatten verschwanden.

Dies war Kathleen, wie sie war und immer sein würde: brütend, melancholisch, ängstlich. Dies war der Sinn ihrer Zeit auf der Erde.

9
Ein Kind

KATHLEEN GING IHM NACH, lehnte sich an den Türrahmen des Arbeitszimmers und beobachtete ihn aufmerksam, während er auf die zerbrochenen Antiquitäten im Hof hinunterschaute. Sie bewegte sich nicht. «Ich habe die Agentur angerufen», sagte sie schließlich. «Ich habe mit jemandem gesprochen. Einer Mrs. Lipp.»

Mark rieb sich mit der Hand die Stirn. «Bist du sicher, daß du es immer noch willst?»

«Natürlich.» Langsam ließ sie die Arme sinken und richtete sich auf. «Ich denke dauernd daran. Es gibt so viele einsame Kinder, Mark. So viele unglückliche Kinder. Warum können wir ihnen nicht helfen?»

«Immer diese Besessenheit von Dingen, die unmöglich

sind.» Sie rang hörbar nach Luft, und er drehte sich zu ihr um. «Es tut mir leid, Kathleen. Ich habe es nicht so gemeint. Aber genügt es nicht, daß wir einander haben?» Doch nein, sie brauchte noch eine Rückversicherung; sie brauchte eine andere Verbindung mit der Welt; sie brauchte noch jemanden, an den sie sich klammern konnte. Es gab Zeiten, da er sie immer noch als das verkrüppelte Mädchen am Strand ansah, und nun nahm er ihre Finger und küßte sie. «Genügt das nicht?» wiederholte er und versteckte sein Gesicht in ihren Händen.

«Wie kannst du so etwas sagen, obwohl du von der gleichen – was war das Wort – Besessenheit erfüllt bist? Ist Besessenheit nicht das gleiche wie Besitz? Und wollen wir das denn nicht? Daß uns ein Kind besitzt?» Beide sprachen sehr ruhig, hielten einander und schaukelten hin und her. «Und wie können wir wissen, was *unmöglich* ist? Wer könnte uns das sagen?»

«Ich weiß.» Er blickte auf und sah das verzweifelte Gesicht seiner Frau. «Ich weiß. Ich will doch nur das Beste. Das Beste für dich.»

«Wieso für mich?» Der Gedanke schien Kathleen zu erschrecken, als wolle sie nicht, daß ihr besondere Aufmerksamkeit zuteil wurde, nicht einmal durch ihren Mann. Sie löste sich sanft von ihm. «Wir möchten beide ein Kind», flüsterte sie. «Du hast immer gesagt, daß du ein Kind möchtest.»

Er rieb sich beim Sprechen wieder mit der Hand über die Stirn, als wolle er dort ein Zeichen auslöschen. Etwas an der Intensität ihrer Beziehung verwirrte ihn. In Gesellschaft anderer war Mark genauso wie früher, aber mit Kathleen zusammen fühlte er sich isoliert, verletzlich, anfälliger für die dunklere Musik der Welt. Das Gefühl war untrennbar mit seiner Liebe für sie verbunden, aber es erschreckte ihn trotzdem. «Laß uns essen», sagte er. «Gibt es etwas zu essen?» Erst in diesem Moment merkte er, daß Juda in der zunehmenden Dämmerung still zu ihren Füßen gelegen hatte.

Sie gingen in die Küche, wo sie beim Abendessen über die Möglichkeiten einer Adoption sprachen, und als sie sich schließlich einigten, das erste Stadium eines Prozesses auf sich zu nehmen, dessen Ende keiner von beiden absehen konnte, klatschte Kathleen in die Hände. «Ich wußte es!» sagte sie. «Alles wird wahr!» Und ihr schmales, bleiches Gesicht war von Licht überflutet.

Nach dem Essen kehrte Mark in sein Arbeitszimmer zurück und setzte sich zwischen seine Bücher. Um ihn herum lagen Stöße seiner eigenen Papiere, Schaubilder, Computerausdrucke und Zeichnungen sowie alte Ausgaben archäologischer Zeitschriften und archäologische Forschungsbände. Auch auf seinen Regalen lagen alte Studien der Gegend. Denn Dorset war seine Leidenschaft. Er glaubte, daß es ein eigenes Geräusch – er hatte immer eine für diese Gegend typische Sanftheit des Vogelgesangs herauszuhören geglaubt – und eigene Gerüche besaß. Und wenn er die Schafe und Rinder sah, die friedlich auf den Feldern grasten, konnte er den Druck der Wohltat spüren, die von diesem Land ausging, seine Krümmungen und Windungen, in denen sich das Leben wiegte, das von ihm ausgegangen zu sein schien. Dorset hatte eine fast menschliche Präsenz, als hätten die Generationen derjenigen, die auf dem Land lebten, ein schwaches Echo hinterlassen – so schwer auszumachen wie der Gesang eines bestimmten Vogels, doch ein gedämpfter, hartnäckiger Ton unter allen anderen Geräuschen. Oder war es eher eine Farbe als ein Ton – das tiefe Grün, so kräftig wie Blut, so sanft wie ein Hauch, der ständig erneuert wurde. Wenn er im Gras Dorsets lag, hatte er das Gefühl, von den Händen all jener, die vor ihm dort gewesen waren, emporgehoben zu werden.

Sie waren der Boden, auf dem er ruhte. Ja, dies war ein gespenstischer Ort. Er barg Geheimnisse.

Er nahm einen Band *Dorset Antiqua* herunter. Schon der Titel ließ ihn an die offenen Felder, die Mulden und Winkel des Grüns, die bewaldeten Horizonte, die sich krümmenden Kreidegrenzen, die weiche Erde denken. Und er war wieder von Frieden erfüllt. Er wollte den Band nicht lesen, sondern ihn nur in den Händen halten, ihn betrachten, seine muffigen und leicht klammen Seiten umblättern und sich wieder die Stiche der alten Landschaft mit ihren ehrwürdigen Hügeln und seit langem verlassenen Pfaden ansehen. Er hielt auf einer Seite inne, auf der ein Grabhügel irgendwo in der Gegend skizziert war. Der Grabhügel war unrealistisch groß, zweifelsohne von einem Altertumsforscher des 18. Jahrhunderts gezeichnet, und er beherrschte die wogende Landschaft wie ein Koloß. Und doch schien er Mark andererseits richtig perspektiviert zu sein, da die Landschaft selbst bis zur Unkenntlichkeit verändert worden war – mit dem Finger folgte er auf dem Stich den Umrissen der wilden Bäume, deren Äste so kräftig eingefärbt waren, daß sie sich angstvoll von dem Hügel fortzubiegen schienen, fort von den Schluchten unter ihnen, fort von den fernen Klippen, die kein bißchen an die beruhigende Gegenwart einer menschlichen Gemeinschaft gemahnten. All diese Merkmale hätten aus dem Grabhügel selbst hervorgegangen sein können, und über ihnen hatte der Altertumsforscher einen bleifarbenen, stürmischen Himmel abgebildet. Aber vielleicht hatte die Landschaft damals so ausgesehen. Oder vielleicht war sie so geworden, nachdem der Stich vollendet war. Und unterdessen stand Kathleen vor der geschlossenen Tür des Arbeitszimmers und lauschte gespannt, als könne sie durch ein plötzliches Seufzen oder eine Bewegung ein Echo seiner wirklichen Gedanken erhaschen.

Mark legte das Buch hin und trat ans Fenster. Wir werden also ein Kind adoptieren, dachte er, wir werden ein Menschenleben nehmen und es mit unserem eigenen verknüpfen – so daß es uns alle ganz und gar verändert, unser Leben verändert, das Leben des Kindes verändert, das Leben derjenigen verändert, die nach uns kommen werden. Jetzt beginnt alles. Von nun an werden sich Beziehungen festigen, die auf ewig bestehen könnten und Echos von Kathleen und mir selbst über Generationen weitergeben werden; ein Wandel im menschlichen Beziehungsgeflecht, aber weshalb ist es so willkürlich, so unvorhersehbar, so dauerhaft? Ist alles so zerbrechlich und doch so unstillbar wie dieser eine Akt?

Er blickte zum Himmel auf. Der Sturm war vorübergezogen, und die Nacht war nun klar und ruhig – in genau so einer Nacht hütete Gabriel Oak in Thomas Hardys *Am Rand der grünen Welt* auf dem Norcombe Hill seine Schafe, und Hardy schreibt: «Das machtvolle Feuer des Sirius blendete das Auge mit stählernem Glitzern, Capella war gelb, Aldebaran und Beteigeuze leuchteten in glühendem Rot«, denn dies war eine Nacht, in der «das Funkeln all der Sterne wie der Rhythmus eines einzigen Körpers schien, im Takt eines allumfassenden Pulsschlags». Aber die Sterne pulsieren etwas anders. Sie jagen fort von einem unbekannten Entstehungspunkt, und dieser Planet jagt mit ihnen davon, getrieben von der Kraft eines Ereignisses, das die Zeit in demselben unvorstellbaren Moment schuf wie den Raum.

Mark Clare dachte nicht darüber nach. Er schaute zum Himmel empor, und für ihn verwandelten sich die Konstellationen in die Gesichter von Farmer Mint, Evangeline Tupper und seiner eigenen Frau. Dies war die über den Himmel geschriebene Geschichte. Und dann verblichen diese Gesichter, und er sah den Umriß eines unbekannten Kindergesichtes. «Ein Kind», sagte er. «Unser Kind.»

Kathleen konnte seine Worte nicht verstehen, aber sie hatte den seltsamen Ton in seiner Stimme gehört; sie klopfte leise an, betrat das Zimmer und sah nur seine Silhouette vor dem Himmel. Dann hörte sie, wie die Sammlung antiker Uhren in dem Geschäft unter ihnen die Stunde schlug – alle, groß und klein, erklangen gemeinsam. «Es ist hier so dunkel, Mark», sagte sie. «Mach das Licht an. Du solltest das Licht anmachen.»

10
An der Ausgrabungsstätte

«DIES WIRD EINE Art Untersuchung sein. Aber eine Untersuchung, bei der die Toten zu uns sprechen werden, wenn wir nur verstehen, sie zu hören. Sie alle haben gesehen, wie viele Gerätschaften wir benutzen müssen, aber es gibt noch andere Arten von Signalen. Sie gehen von den Menschen aus, die unter meinen Füßen begraben sind, und es sind diese Signale, deren Entschlüsselung wir lernen müssen.» Mark Clare stand oben auf dem Grabhügel, und die anderen Mitglieder des Archäologen-Teams hatten sich um ihn versammelt. Er hielt kurz inne, um den Rhythmus seiner Worte zu genießen, und sie konnten hören, wie der angeschwollene Bach durch die Segge und das triefende Farnkraut floß, bevor er wieder unterhalb des Pilgrin Valley verschwand. Es hatte von neuem geregnet, bis kurz nach der Morgendämmerung: ein dichter und stetiger Regen, der in der Luft zu schweben oder, besser gesagt, von der Erde aufzusteigen und in den Himmel zurückzufallen schien. Doch der Himmel selbst war nun von einem bleichen, durchscheinenden Blau, heller als die Erde, die in ihrer dumpfen Feuchtigkeit immer noch die Nacht abschüttelte. Und über die Geräusche des Baches hinweg trug der Wind das Muhen einer Kuh zu ihnen, der Farmer Mint im Schutz der Dunkelheit das Kalb weggenommen hatte.

«Unsere erste Aufgabe besteht darin, das gesamte Gebiet abzugehen, es zu vermessen und zu kartographieren.» Mark gestikulierte wie ein Volksredner und zeigte nachdrücklich auf die fernen Felder, als sei dort ein Stück von ihm selbst zurückgelassen worden. «Und das bedeutet, daß wir jedes einzelne Merkmal in der Landschaft genauestens beobachten müssen. Der Steinkreis um diese Stätte zeigt, wie wichtig sie einmal gewesen sein muß, aber wir müssen auch nach Randgräbern weiter draußen im Tal Ausschau halten. Und wir müssen versuchen, Spuren der Siedlung, so es eine gab, zu finden, aus der diese Menschen kamen. So still es heute hier ist, Hunderte könnten hier gewohnt und gearbeitet haben. Achten Sie also auf die kleinsten Kleinigkeiten. Ein zerbrochener Flint oder ein Steinsplitter könnten das Relikt einer Tätigkeit oder auch nur ein Zeichen sein, das uns hilft, diese vergessene Welt zu verstehen. Einer der Erbauer hat vielleicht im Zorn einen Flint fallengelassen, oder eines seiner Werkzeuge ging bei der Arbeit kaputt, und dieser kurze Moment hat hier geruht, bis wir kamen, um ihn wiederzubeleben. Ein paar Sekunden menschlicher Tätigkeit können sich die letzten fünftausend Jahre über bewahrt haben, und es ist unsere Pflicht, sie zu rekonstruieren.» Einige Mitglieder des Teams kannten Mark seit langem, doch sie waren immer wieder überrascht, wie flüssig und energisch er sprach. Es war, als beseele ihn die neue Aufgabe.

Der Wind blies jetzt heftig, und Mark erhob die Stimme, damit man ihn richtig verstehen konnte. «Sie alle müssen jede Einzelheit festhalten, die Sie sehen. Zeichnungen. Notizen. Sie wissen doch über die Systemtheorie Bescheid?» Einige nickten, andere schauten sich verlegen an. «Verzeichnen Sie alles der Reihe nach. Nichts darf verlorengehen, denn alle hier gesammelten Daten werden einer differenzierten Computeranalyse unterzogen. Unsere Ziele sind umfassende Ausgrabung, objektive Interpretation und schlüssige Erklärung. Wir stellen ein Datenarchiv her, denn nur so werden wir den wirklichen Charakter dieser Stätte verstehen können.» Von seinem Standpunkt aus konnte Mark ins Tal hinunterblicken, und er schaute einen Moment lang über das angrenzende Feld hinweg, wo eine Reihe von Schafen einen Kreis zu bilden, dann auseinanderzustreben und wieder einen Kreis zu bilden schienen, als würden sie von Impulsen einer nur ihnen eigenen Energie getrieben. «Aber wir müssen auch die Ereignisse begreifen, die hier nicht offensichtlich herzuleiten sind. Manchmal verraten das Schweigen, die Lücken uns mehr als alles andere. Warum zum Beispiel wurde der Grabhügel am Rande des Tals angelegt statt auf dem offenen Grasland…»

«Arschland!» Eine hohe Stimme ertönte irgendwo hinter ihm, und Mark drehte sich überrascht zu den verkohlten Überresten des alten Eschenwaldes um.

«He, Mister! Passen Sie auf den Alten auf! Sie stehen auf dem Alten!»

«Wecken Sie ihn bloß nicht auf!» Zwei kleine Kinder rannten über die verbrannte Lichtung und dann auf den Bach zu. Sie lachten und schreckten einen Schwarm Stare auf, die hochflatterten und kleine Muster in den Himmel zogen.

Auch die Archäologen lachten, und Mark rieb sich lächelnd mit der Handfläche das Auge. «Na ja», sagte er, «es gibt alle möglichen Theorien. Sogar die Kinder haben ihre Geschichten, wie Sie hören. Deshalb…» Und hier stockte er. «Deshalb ist es so wichtig, die Wahrheit herauszufinden. Bevor es zu spät ist.»

«Zu spät? Was in aller Welt meint er damit, zu spät?»

Owen Chard, der Landmesser der Ausgrabungsstätte, wandte sich mit finsterer Miene an seine Kollegin zur Linken.

«Du kennst doch den guten Mark. Manchmal meint er überhaupt nichts Bestimmtes.» Martha Temple, die «Fundkoordinatorin», sprach mit ihrer einschmeichelndsten Stimme, als mache sie Mark das allergrößte Kompliment. Sie war eine füllige Frau mit einer trügerisch leutseligen Art, und ihr rundes, strahlendes Gesicht flößte fast jedem Vertrauen ein. «Höchstwahrscheinlich», fuhr sie sehr freundlich fort, «hat er keinen Schimmer, was er meint. Ach, sieh an, da ist Julian, etwas spät, was? Meinst du, man hat ihm vielleicht die falsche Zeit genannt?» Und sie bedachte Julian Hill, den Standortexperten, mit einem mädchenhaften kurzen Wink; er kam keuchend den Abhang herauf.

Diese drei standen nun abseits, während Mark weiter zu der Schar freiwilliger Helfer sprach, die eigentlich arbeitslos waren und sich nun in ein großes Abenteuer verwickelt fühlten. Es waren zwanzig Helfer, meist noch jung, aber auch zwei oder drei Männer mittleren Alters, die sich, der Verzweiflung nahe, an den örtlichen Archäologenverband gewandt hatten. Nun arbeiteten sie wieder und bahnten sich, was genauso wichtig war, einen Weg zurück in eine Vergangenheit, die ihnen ebenso wie jedem anderen gehörte. Sie fühlten sich nicht mehr ausgeschlossen, und sie hörten Mark aufmerksam zu.

«Dies ist ein großer Glücksfall», sagte er. «Der Grabhügel war nicht zu sehen, bevor das Feuer den Eschenwald vernichtete, und deshalb wurde er nicht berührt, nicht aufgebrochen. Meiner Schätzung nach ist dies eine Grabstätte aus dem späten Neolithikum, und wenn wir hier eindringen, werden wir Material finden, das seit fast fünftausend Jahren von niemandem mehr angerührt worden ist...»

«Das hofft er», murmelte Owen Chard. «Erstaunlich, wie manche Leute voreilige Schlüsse ziehen.»

«Na komm, im Zweifel für den Angeklagten.» Während Martha sprach, lächelte und nickte sie Mark zu. «Er kann's gebrauchen.»

«Ich will ja nicht mein eigenes Loblied singen...» Julian Hill, der knapp hinter ihnen stand, schwitzte nach seiner verspäteten Ankunft noch immer und wischte sich die Stirn. Er war ein junger Mann, entschlossen und selbstbewußt, aber mit seltsamen, wilden Augen, als beobachte er dauernd irgend etwas in der Ferne. Er hatte zerzaustes, rotes Haar, das er nun geistesabwesend zurückstrich. «Ich will ja nicht prahlen...»

«Gut, dann laß es doch einfach.» Owen holte eine Pfeife aus seiner Brusttasche hervor und klemmte sie sich zwischen die Zähne; in dieser Haltung – mit seinem braunen Haar, dem festen Mund und den unerschütterlich ernsten Zügen – sah er aus wie ein Anwalt oder Schuldirektor. Er war bekannt für die Schärfe seiner Bemerkungen, doch wenn jemand ihm erklärt hätte, wie häufig er rücksichtslos wirkte, wäre er aufrichtig erstaunt gewesen. Er ahnte nicht, was er anrichtete; er sagte einfach nur, was er dachte.

«Es könnte sehr wichtig sein», fuhr Julian Hill fort, der nicht im geringsten aus der Fassung geraten war.

«Ja. Laß Julian weitersprechen, Owen. Schließlich haben wir alle unseren kleinen Beitrag zu leisten. Du solltest das am besten wissen.»

«Hat Mark meine Idee erwähnt: signifikante Gruppierungen?»

«Oh, armer Julian.» Martha hätte nicht teilnahmsvoller sein können. «Sieht nicht so aus.»

«Nicht einmal meinen wichtigen Gedanken über die multidimensionalen Faktoren hier?»

«Er muß ihm wohl» – sie hüstelte zart – «entfallen sein.»

«Na ja. Na ja.» Julian schüttelte ungeduldig den Kopf. «Jedenfalls habe ich *recht.*» Er lächelte vor sich hin. «Ihr kennt natürlich meine Theorie...»

«Ich bin sicher, daß beides viel für sich hat.» Martha hatte die Hand ausgestreckt, um Julian daran zu hindern, weiter über sich selbst zu reden. «Aber ich finde, wir sollten versuchen, Mark noch ein bißchen zuzuhören, oder? Schließlich gibt er sich so große Mühe.»

Doch Mark näherte sich bereits dem Ende seiner vorbereiteten Einführung. «Wir werden also bis zum Vorhof hinuntergraben.» Er schritt zum westlichen Ende des Grabhügels hinüber, der sich dort zu einer groben Keilform verbreiterte. «Und wenn dies ein Kammergrab ist, wie wir alle erwarten, dürfte der Eingang hier sein. Dann werden wir uns vom Eingang her zum Ostende des Grabes vorarbeiten.» Er deutete auf eine Stelle, wo der Grabhügel sich so stark verjüngte, daß er im Talrand zu verschwinden schien. «Aber denken Sie daran, daß es ein sehr langsamer Prozeß sein wird. Wir dürfen nie zu hastig oder zu tief graben. Während wir den Hügel freilegen, müssen wir phasengleich miteinander arbeiten, damit alle erkennbaren Ereignisse jeder Periode sofort aufgedeckt werden können. Wir müssen den Schichten folgen. Wir müssen den Bodenspuren folgen. Wir müssen ihren Geheimnissen lauschen, bevor wir entdecken, was, wenn überhaupt, noch innerhalb des Hügels ist.» Mark verfiel jäh in Schweigen, als wolle er noch das Echo seiner eigenen Beredsamkeit aufschnappen.

In diesem Moment stupste Martha Temple ihren Kollegen Julian Hill an und flüsterte, vielleicht ein wenig zu laut: «Er hat also doch darauf verzichtet, dich zu erwähnen.» Dann begann sie, Mark mit aufgeregten kleinen Klatschern zu applaudieren.

II
Begehung

ÜBER DAS GRAB gehen sie, den Planeten Schritt um Schritt verlassend, um dann zurückzukehren; aufrecht gehen sie, doch mit gebeugtem Kopf, Freiheit und Unterordnung als Bedingungen des irdischen Seins. Begehung. Sie suchen nach Spuren ihrer Vorfahren, die einst in derselben Haltung dahinwanderten. Köpfe gebeugt. Nach Samen und Wurzeln suchend. Und wenn es dieselbe Haltung war, dann nicht auch dieselbe Empfindung für die Welt und den Himmel über ihr? Hat es einen wesentlichen Wandel gegeben von der Zeit, da die Steine als Pfeilspitzen benutzt wurden, bis hin zu dieser Zeit jetzt, da die Steine von neuem gesammelt werden?

Einmütig gehen sie über das Gras, sieben von ihnen, in einer Reihe durch das Pilgrin Valley, den Druck der Schritte ihrer Nachbarn spürend wie kleine Änderungen der Schwerkraft um sie herum. Andere sind diesen Weg vor ihnen gegangen, und nun verändern auch sie die Oberfläche, tragen sie ab, hinterlassen ihre eigenen Spuren, die dann ihrerseits gefunden werden. Und deshalb waren die Wanderer Tänzern gleich, weil der Tanz unverändert bleibt, während die Tänzer wechseln und die Plätze tauschen.

Über den Kamm des Tals in die Felder der dahinterliegenden Ebene gehen sie, der Biegung der Kreide folgend, im Einklang mit einem gemeinsamen Ziel, über die Kaninchenhöhlen tretend, die alten Pfade untersuchend, die sich wie weiße Fäden durch das Gras ziehen, nach Feuersteinen, Knochenstücken, Samen, Schneckenhäusern Ausschau haltend. Über das Gras wandernd, das immer dasselbe ist, immer erneuert, so daß es bereits unter ihren Füßen die Vergangenheit verkörpert, nach der sie suchen.

Doch es wird noch andere Hinweise geben. Hinweise für diese Begeher, die wissen, daß aus den Küstenlinien dieser Gegend immer noch Fossilien hervorkommen, Belemniten und Ammoniten, die von den Felsen mit Wasserschüben oder durch plötzliche Spaltungen ins Freie befördert werden, weshalb es wahrscheinlich ist, daß auch das Inland Hinweise auf seine früheren Bewohner preisgeben wird. Spuren, die plötzlich gefunden werden, als seien sie über Nacht entstanden.

Martha Temple schreit entsetzt auf: Ein schwarzes Geschöpf ist aus einer der Höhlen aufgetaucht und zu dem getünchten Häuschen in der Ecke des Feldes hinübergeflohen. Es hatte die Gestaltlosigkeit eines Tieres, das sie vielleicht nur aus dem Augenwinkel gesehen hatte. Es muß eine Katze gewesen sein. Ja, eine Katze. Und sie blickt zu dem Häuschen hinüber und macht einen Schritt nach vorn, als sie glaubt, eine Gestalt am Fenster vorüberschreiten zu sehen. Und wieder zurück. Aber es muß eine Wolke gewesen sein, die über die Sonne glitt, oder der Schatten eines Astes, der über das Fenster fiel. Und sie nimmt ihre Begehung wieder auf. Schweigend wandernd, im Einklang mit der schweigenden Erde – das Schweigen von Staub, das Schweigen von Erde, das Schweigen von Spurenelementen, das Schweigen von Phosphaten, das Schweigen derjenigen, die nun ihre Schritte über die schweigenden Felder lenken.

Jetzt wird das Schweigen gebrochen, als Julian Hill und eine junge Frau einander Meßwerte zurufen. Das Tal wird in den Rahmen der euklidischen Geometrie gestellt, während man die verschiedenen Abstufungen und Konturen der Stätte auf Karten verzeichnet. Das Pilgrin Valley weicht einer Vision von Ziffern, während Koordinaten berechnet werden. Grade. Neigungen. Das Ablaufdiagramm. Die Matrix. Nur eine weitere Vision, während die Ziffern unter dem Himmel ausgerufen werden.

Gleichzeitig beaufsichtigt Mark Clare die Aushebung eines Probegrabens, etwa fünfzig Meter von dem Grabhügel entfernt, damit er einen Teil des Untergrunds freilegen kann. Die unmittelbare Oberfläche aus Lehm und Ton enthält winzige Kalkpartikel, doch die Grabenden gehen tiefer und tiefer, bis sie zu der weißen, verwitterten Kreide unter dem Ton und dem Lehm kommen. Noch tiefer, bis sie die härtere Kreide erreichen, die dem Land seine Gestalt gegeben hat. Und in diesen Kreide- und Erdschichten hoffen sie auf die Schichten menschlicher Besiedlung zu stoßen. Gruppierungen. Hypothetische Zeit.

Mark Clare und Owen Chard arbeiten nun in der Umgebung des Grabhügels selbst: Mark treibt Sonden in den Boden, während Owen eine kleine schwarze Box beobachtet und sich Notizen macht. Ihre Mienen zeigen, daß sie auf etwas völlig Unerwartetes gestoßen sind: Die Schwankungen des magnetischen Lärms lassen vermuten, daß sich im Vorhof des nicht freigelegten Grabes ein Halbkreismuster von Löchern befindet. Weshalb? Sie können nur annehmen, daß die Löcher den Zweck hatten, große Holzpfähle zu stützen. Alles mag mit der Zeit gelöst werden. Der Echtzeit.

Sie haben auch Schwankungen in der Elektrizität festgestellt – denn sogar Kreideboden hat weniger Widerstand als Steinmauern oder -fußböden –, und aufgrund der Daten nehmen sie an, daß das Grab selbst irgendeine Steinkonstruktion enthält. Aber dies ist vielleicht eine optimistische Vermutung, denn die meisten Signale, die aus dem Hügel dringen, sind so schwach und so komplex, daß sie noch nicht ausgewertet werden können. Es wird eine weitere Phase geben. Der Prozeß setzt sich fort. Hypothetische Zeit. Echtzeit. Sich aufeinander zukrümmend. Wie die Begehung, die beim Grab anfängt und dann zu ihm zurückführt; den alten Schritten folgend und sie zurückverfolgend; begreifend, wie die Toten die Lebenden umgeben. Alles berührt alles andere.

12
Eine Auseinandersetzung

«ZUR ZEIT DES Frühlingsäquinoktiums war das Grab genau auf die Plejaden ausgerichtet. Meine Theorie bleibt bestehen. Ich hatte von Anfang an recht.» Julian Hill triumphierte, und seine Stimme wurde schrill, während sie in dem Container an der Ausgrabungsstätte zusammensaßen.

«Dann kannst du ja jetzt deinen schönen Artikel schreiben.» Martha Temple hätte ihn nicht stärker unterstützen können. «Vergiß nicht, unsere Namen zu nennen. Uns gibt es schließlich auch noch.»

«Was für ein Glückstreffer für mich. Und für uns natürlich.»

«Natürlich.» Martha gab sich zuckersüß. «Du meinst also, dies ist das Grab eines Heiligen...» Als sie Julian das Stichwort gab, warf sie Owen Chard einen kurzen, aber vielsagenden Blick zu.

«Ja. Dies ist die Grabstätte von jemandem, der sich mit den Sternen auskannte. Im späten Neolithikum waren die Astronomen Könige. Sie waren die Sprecher der Gemeinschaft. Sie waren die Deuter. Und ich bin der erste, der...»

«Eine wunderbare Theorie, Julian.» Martha hatte ihn auf denkbar liebenswürdige Weise unterbrochen. «Und ich bin sicher, daß du recht hast. Ich kann mir nur nicht so ganz erklären, wieso bisher niemand Beweise dafür gefunden hat. Du?» Und wieder bedachte sie Owen mit einem vielsagenden Blick.

«Du bist ein sehr guter Geschichtenerzähler», sagte

Owen. Es war fast, als habe sie ihn angestachelt. «Man sollte dir einen Literaturpreis verleihen.»

Julian lachte – es war ein nervöses Lachen, ohne jede Belustigung. «Hier müssen sich Menschen versammelt haben, an diesem heiligen Ort. Daran besteht kein Zweifel.» Er bemühte sich, seine Stimme unter Kontrolle zu halten. «Und mich würde es nicht überraschen, *mich* wenigstens würde es nicht überraschen, wenn hier noch andere Astronomen begraben wären. Beigesetzt im Laufe der Jahrhunderte.»

Owen hatte den Kopf in die Hände gelegt und murmelte: «Meine Güte, meine Güte, meine Güte.»

«Was war das, Owen? Hast du etwas gesagt?» Martha schien aufrichtig wissen zu wollen, ob er Julian zustimmte.

«Wir haben das Grab noch nicht einmal geöffnet, und er erzählt uns schon, was wir darin finden werden. Könnten wir ein paar Fakten haben, bitte?»

Julian sah ihn wütend an. «Ich wünschte, du könntest mir erklären, was du mit *Fakten* meinst.»

«Und ich wünschte, daß ihr beiden nicht streiten würdet.» Martha schien vergessen zu haben, daß sie die Auseinandersetzung provoziert hatte. «Ihr wißt doch, daß ich jede Form von Meinungsverschiedenheit hasse. Jede Form von Unstimmigkeit.» Sie wartete gespannt darauf, daß der Streit sich fortsetzte, aber die beiden blieben stumm.

Mark Clare hatte der Unterhaltung zugehört; er hatte sich auf seinem Stuhl vorgebeugt, bis er fast völlig zusammengekrümmt war, und den Drang unterdrückt, sich einzuschalten. Aber nun glänzten seine Augen, und er sah sich veranlaßt zu sprechen. «Jemand hat eben von Geschichten geredet. Ich habe da eine Geschichte. Vielleicht war es auch eine Vision. Ich weiß nicht. Damals war ich viel jünger.»

Martha war nun, da die Auseinandersetzung beigelegt war, bereit hinauszugehen und verknotete die Bänder einer gelben Kunststoffhaube unter ihrem rundlichen Kinn. Dabei fand sie noch Zeit, einen offenen und enthusiastischen Gesichtsausdruck zur Schau zu stellen. «Erzähl sie uns.»

Zuerst sagte Mark nichts; er räusperte sich nur. Dann stand er auf, schob sich die Hände tief in die Taschen und wiegte sich hin und her. So bereitete er gewöhnlich seine Ansprachen vor, aber Martha konnte sich nicht enthalten, die anderen mit einem breiten, verschwörerischen Lächeln zu bedenken. Es verschwand, als sie merkte, daß Owen und Julian ihr keine Beachtung schenkten. Statt dessen sahen sie Mark an, der seine Geschichte begann.

13
Eine Vision

ICH WAR AUF einer Expedition in Peru. Jenseits des Regenwaldes war angeblich eine Inkasiedlung. Wir würden sie, so hieß es, im Laufe eines Morgens erreichen, wenn wir durch den Wald marschierten. Also brachen wir im Morgengrauen auf.

Es war, als seien wir in einen Traum eingetreten. Alles war zu groß – die moosbedeckten Stümpfe toter Bäume, die Lianen, die wie Schnüre gewaltiger Drachen herunterhingen, die Pflanzen, die nach oben und nach unten zu wachsen schienen, so daß wir uns kaum hindurchzwängen konnten, die schlanken Baumstämme, die ohne Ende in die Höhe zu ragen schienen, die Farnwedel, die sich vor uns ausbreiteten – und alles war zu grün, zu lebhaft. Es war, als seien wir in die Zeichnung eines Waldes in einem Märchenbuch hineingewandert und als würden Riesen jeden Moment die Blätter auseinanderbiegen und uns beäugen. Ihr wißt, wie man in einem englischen Wald die Friedlichkeit seines Alters spüren kann? Wie Jahrhunderte der Stille ihn wie ein Nebel durchdringen? Im Regenwald gab es nichts dergleichen. Er war so lebhaft, als wäre er gerade erst entstanden, und während man hindurchging, merkte man, daß er sich nie ändern, nie altern würde. Er würde immer zu hell sein. Und der Geruch – der Geruch war nicht beruhigend, nicht der Geruch von Verwesung, sondern der Gestank von Neugeborenem. Und der fortwährende Lärm, der Lärm von Insekten, der ständige Lärm von zwitschernden Vögeln, das Kreischen von Brüllaffen, die Geräusche anderer Tiere – all das war wie ein unaufhörlicher Karneval, eine unaufhörliche Feier. Und ich dachte, wie können an einem solchen Ort uralte Ruinen existieren? Natürlich irrte ich mich.

Wir waren den ganzen Morgen lang marschiert, der Führer ging voran und bahnte uns einen Weg durch das Dickicht. Es war kein schwieriges Gelände, aber es war tückisch – und die Feuchtigkeit, die Feuchtigkeit lastete auf uns allen. Sie lief uns übers Gesicht. Es war, als weinten wir unablässig. Aber trotz allem hatte diese süßliche, klebrige Atmosphäre etwas Anregendes; wir rannten fast in unserem Eifer, die Ruinen zu finden, und als ich nach unten blickte, sah ich, daß wir den Boden gar nicht berührten, weil wir auf einem Teppich aus toten Insekten und den kleinen, leichten Skeletten von Waldtieren gingen. Sie hatten unseren Schritten Schwung verliehen. Aber wenn ich an jenen Tag zurückdenke, wird mir klar, daß ich mich vielleicht geirrt habe, denn das Laubwerk über unseren Köpfen war so dicht, daß wir ständig in grünem Zwielicht marschierten, und ich kann nur sehr wenig gesehen haben. Der Wald diente als Baldachin, und wir waren dauernd im Schatten.

Doch dann begann ich das Flackern von Sonnenstrahlen auf dem Gesicht zu spüren, der Boden wurde fester,

Farne streiften mein Gesicht, und ganz plötzlich stand ich auf einer freien Fläche. Das blendende Licht schien mich ganz zu umgeben, als sei ich in einer Wolke, und ich rang nach Atem.

Als ich endlich sehen konnte, merkte ich, daß wir eine Art Plateau erreicht hatten, das sich buchstäblich in Luft aufzulösen schien, da vor uns nichts als Himmel war – ein gleißender, schillernder, leerer Himmel. Leer. Ohne Wolken. Ohne Vögel. Nichts als diese riesige leere Schüssel über meinem Kopf. Der Führer forderte mich auf vorzutreten, und ich ging über die Lichtung auf ihn zu. Er stand an der äußersten Kante, dort, wo der Himmel begann, und während ich mich näherte, hob er den linken Arm. Ich trat zu ihm, folgte seinem ausgestreckten Finger und stellte fest, daß wir auf einem Kamm über einem gewaltigen Tal standen. Unter mir sah ich Reihen über Reihen von dunkelgrünen Bäumen, die sich bis zu einem breiten Fluß in der Talsohle hinzogen; und das Blau des Flusses war so tief, daß ich nicht wußte, ob es die Farbe des Wassers oder die der Spiegelung des Himmels war. Dann schaute ich dort hinüber, wohin der Führer zeigte, und sah ein breites Felsplateau auf der anderen Seite des Tals. Hier waren keine Bäume, nur flacher Stein mit seinem eigenen komplizierten Muster aus Graten und Felsvorsprüngen.

«Können Sie sie jetzt erkennen?» fragte er mich, und als meine Augen sich an diese dunkelgrüne Weite gewöhnt hatten, sah ich jenseits des Plateaus hohe, aufrecht stehende Steine. Sie waren im Kreis angeordnet, und in der Mitte sah ich einen Erdwall. Es könnte ein Grabhügel gewesen sein wie der in unserem Tal, aber er war größer, viel größer, und sein Gipfel war wie von einer Riesenhand flachgeklopft. Ich konnte nicht sprechen und starrte einfach nur die Steine und den Hügel an. Der Führer trat neben mich und legte mir die Hand auf die Schulter. «Sehen Sie dort», sagte er. «Sehen Sie ihn nun deutlich?» Er zeigte auf den großen Erdwall. «Dies ist der Ort. Hier flogen Menschen in den heiligen Zeiten durch die Luft.» Ich fragte ihn, was er meine. «Ich dachte», sagte er, «Sie hätten alles deutlich gesehen.» Dann kicherte er. «Sie flogen von dem großen Hügel ab. Sie flogen aus dem Kreis in den Himmel hinauf.»

Wißt ihr, es war ein Kreis genau wie dieser. Genau wie der Kreis im Pilgrin Valley.

14
Die Vision verblaßt

AN JENEM ABEND klammerte Kathleen Clare sich an Mark, als er aus dem Pilgrin Valley zurückkehrte. «Hattest du einen guten Tag?» fragte sie. «Ich hoffe, es war ein guter Tag.»

«Gut? Ich glaube schon.» Die Erinnerung an seinen Marsch durch den Regenwald zu den Ruinen hatte ihn noch nicht losgelassen.

Sie löste sich von ihm, als rechne sie im stillen mit einer Abfuhr. «Woran denkst du?»

«An nichts. Ich war mit den Gedanken ganz woanders. Es tut mir leid.» Da er wußte, wie leicht sie immer noch zu kränken war, fuhr er fort: «Ich habe den anderen die Geschichte von Peru erzählt. Erinnerst du dich? Die, daß es dort einmal fliegende Menschen gab.»

«Erzähl», sagte sie und klatschte in die Hände.

«Aber du kennst die Geschichte doch.» Es war eines der ersten Dinge, die er ihr aus seiner Vergangenheit berichtet hatte.

«Erzähl sie noch mal.» Sie durchquerte das Zimmer und hielt sich an einer Stuhllehne fest, um sich zu stützen. «Weshalb erzählst du sie mir nicht?»

«Jetzt nicht. Jetzt nicht.»

«Sind sie wirklich davongeflogen?»

«Niemand weiß es. Niemand wird es je wissen.» Er wollte um Kathleens willen das Thema wechseln. «Komm schon. Erzähl mir, wie dein Tag war. Ich bin sicher, er war viel aufregender als meiner.» Es gelang ihm, zu seinem üblichen enthusiastischen Tonfall zurückzufinden. «Warst du bei der Adoptionsvermittlung?»

«Ich war heute morgen da, und sie haben mich zu einem Sozialarbeiter geschickt. So, wie sie reden, könnte man glauben, daß *ich* es bin, die adoptiert werden soll.» Fremden gegenüber war sie ihres Hinkens wegen immer sehr unsicher, und Mark konnte sich vorstellen, wie schwer ihr dieses Gespräch gefallen war. «Er war sehr nett. Er hat mir alle möglichen Fragen über dich gestellt. Über *uns*.» Ihr Gesicht erhellte sich. «Er sagte, daß er uns schreiben wird. Und weißt du», fuhr sie fort, wobei der Zusammenhang nur ihr selbst verständlich war, «ich habe gestern nacht von uns geträumt.» Wiederum betonte sie das Fürwort, als hänge ihre wahre Identität davon ab.

Von der Straße her war ein gedämpfter Schrei zu hören, und Mark trat ans Fenster. Er blickte hinunter und sah den Besitzer des Antiquitätengeschäftes auf dem Pflaster herumhüpfen. Vor ihm lagen die zerschmetterten Überreste eines Gipskopfes, den er beim Transport von seinem Auto ins Geschäft hatte fallen lassen, und nun bückte er sich, um ein Stück Auge und Stirn aufzuheben. Dann bemerkte er Mark am oberen Fenster, wedelte mit dem weißen Fragment durch die Luft und lächelte achselzuckend. «Göttin Nelly ist hinüber», rief er Mark zu.

«Was hast du geträumt?» fragte Mark und wandte sich vom Fenster ab.

Juda hatte bei dem plötzlichen Lärm angefangen zu bellen. Kathleen nahm ihn auf den Arm und streichelte sein

Fell, während sie sprach, sie streichelte es die ganze Zeit. «Ich träumte, daß wir eine staubige Straße entlanggingen, auf eine große Stadt zu. Es war ein sehr heißer Tag – wußtest du, daß man im Traum die Wärme spürt? –, und die weiße Straße glühte vor Hitze. Trotzdem hatte sie etwas Tröstliches an sich. Es war etwas Tröstliches an dem Staubgeruch.» Sie erwähnte nicht, daß sie in ihrem Traum ohne Behinderung hatte gehen können, obwohl dies ihre deutlichste Erinnerung war. «Und dann hielt ein Pferdewagen neben uns an. Er hatte hinten ein kleines quadratisches Fenster, und als ich hineinblickte, sah ich die Silhouetten einiger alter Frauen, die sich unterhielten. Und dann verblaßte der Traum.»

«Das klingt wie der Anfang einer interessanten Geschichte», sagte Mark.

«Ja.» Sie zögerte. «Was war das für ein Lärm da draußen?»

«Augustine hat eine Statue fallen lassen.»

«Schon wieder.» Sie lachte, doch mit den Gedanken war sie offenbar woanders. «Du hast recht. Es war wie eine Geschichte. Es war wie der Eintritt in die Handlung eines Romans. Und als ich jung war – habe ich dir das je erzählt? –, wollte ich mich immer in einem Buch verkriechen und nie mehr herauskommen. Ich las so gern, daß ich ein Teil davon sein wollte, und es gab ein paar Bücher, in denen ich ewig hätte bleiben können.» Mark betrachtete sie fast erschrocken. «Jetzt natürlich nicht mehr», setzte sie hinzu. «Jetzt sind wir doch glücklich, nicht wahr? Das ist sehr lange her.» Rasch setzte sie Juda ab, ging ans Fenster und wandte Mark den Rücken zu.

Da sie Bücher erwähnt hatte, erinnerte Mark sich an einen Vorfall in ihren ersten Ehemonaten. Sie hatten eine Reise nach London gemacht und an einer Führung durch das Britische Museum teilgenommen, und als sie unter der großen Kuppel die Bücher, die vielen sich von ihr fortwölbenden Bände sah, hatte sie zu weinen begonnen. Kathleen hatte ihm nie eine Erklärung gegeben, doch nun begriff Mark ihre Traurigkeit. Die Bücher waren Fluchtwelten gewesen, in denen sie sich verlieren konnte, Phantasielandschaften, in denen sie vielleicht zum erstenmal unbelastet würde gehen können, aber sie würde diese Welten nie betreten können. Sie war gleichsam ausgesperrt.

«Komm und sieh dir das an», sagte sie. «Augustine setzt die Stücke wieder zusammen.» Er stand neben ihr und beobachtete den Antiquitätenhändler, der auf dem Bürgersteig unter ihnen die Bruchstücke des geweißten Kopfes sorgfältig zusammenfügte. «Es sieht von hier oben so leicht aus», sagte sie. «Aber es wird nicht das gleiche sein. Es ist nie das gleiche.»

15
Die Ausgrabung

AM NÄCHSTEN MORGEN begannen die Archäologen mit der Arbeit im Pilgrin Valley. Sie entledigten die uralte Stätte all ihrer natürlichen Merkmale. Tagelang räumten sie um den Grabhügel herum systematisch eine Fläche frei, die sich bis zu dem Steinring erstreckte. Der Mutterboden wurde separat, fern von der eigentlichen Ausgrabungsstätte, aufgehäuft, so daß der «natürliche» Boden oder Untergrund zurückblieb. Mit jeder abgetragenen Schicht wurde die Erde dunkler; es war wie die Häutung eines noch lebenden Tieres.

Als Mark Clare zum erstenmal in die Oberfläche des Grabhügels einstach, tat er es fast widerwillig; denn für ihn war dies ein Beginn, für all jene anderen Arbeiter, die ihm vor Tausenden von Jahren zuvorgekommen waren, jedoch ein Ende. Er verspürte ihr Gefühl des Verlustes, während er und die anderen im strömenden Regen anfingen, die Grabdecke zu entfernen; in dem grauen Licht stachen sie die Soden und häuften sie, Grasfläche an Grasfläche, an einer anderen Stelle auf. So wurde die Wunde immer breiter.

«Der Schlußstein...»

«Schlußstein? Sagen Sie bloß nicht, daß Sie schon den letzten Stein gefunden haben. Ich halte es nicht aus.»

«Tut mir leid.» Aus irgendeinem Grunde entschuldigte Mark sich bei Evangeline Tupper für ihren Fehler, und er begann zu lachen. «Der Schlußstein ist das Dach. Ich würde sagen, daß das Steindach ungefähr einen Meter unterhalb der Oberfläche ist.»

«Es gibt keine Worte.» Evangeline steckte die Spitze ihres braunen Schuhs behutsam in den feuchten Boden. «Keine Worte, um so etwas Göttliches zu beschreiben.»

«Oh, es gibt Worte dafür. Man muß nur die richtigen wählen.» Trotzdem war er dankbar für ihre offensichtliche Begeisterung; er klatschte in die Hände, obwohl es nicht kalt war. «Und wir haben schon Spuren aus der Zeit gefunden. In dem Sodenstapel sind winzige Holzkohleteilchen, was vermuten läßt, daß die Fläche brandgerodet wurde, bevor man den Hügel baute.»

«Ich fühle mich sehr still und demütig.»

«Ach du liebe Zeit, nein.» Martha Temple hatte sich im Regen zu ihnen neben den Hügel gestellt. «Das glaube ich nicht eine Sekunde lang, Mrs. Tupper.»

«*Miss* Tupper übrigens.»

«Sie sind doch viel zu wichtig. *Wir* sind diejenigen, die sich demütig fühlen.» Wenn in Marthas Ton ein Hauch von Schroffheit mitklang, so war er gut verborgen.

«Zu freundlich von Ihnen.» Evangeline hatte eine sofortige Abneigung gegen diese füllige Frau mit ihrer zutraulichen, wenn nicht gar schmierigen Art gefaßt. «Und was genau tun Sie hier?»

«Ich wuchere mit den Funden.»

«Irgend jemand muß das ja wohl machen. Sagten Sie Pfunde?»

«Funde. Bolzen. Perlen. Tonwaren. Gegenstände von der Ausgrabungsstätte.» Martha sprach sehr langsam, als habe Evangeline einige Mühe, ihr zu folgen.

«Jetzt verstehe ich. Sie meinen alte Dinge. Zerbrochene Dinge. Wie Knochen.»

Martha lächelte süß und musterte Evangelines dunklen Tweedanzug mit fast professionellem Interesse. «Wie ich sehe, verstehen Sie etwas von unserer Arbeit», sagte sie. «Aber Knochen fallen eigentlich nicht in mein Ressort.»

«Ach nein?»

«Owen Chard kümmert sich um die Knochen. Wir haben nämlich eine recht verwickelte Arbeitsteilung. Knochen und andere organische Stoffe werden nicht als Funde klassifiziert. Nicht im eigentlichen Sinne. Sie gehören zu einer anderen Matrix. Aber ich langweile Sie. Archäologie ist sehr langweilig für Außenstehende.» Sie sagte das so sanft und so leichthin, daß sie keinesfalls einen Vorwurf beabsichtigt haben konnte.

«Ich langweile mich überhaupt nicht.» Evangeline hatte mit den Fingern in ihrer Handtasche nach einer Zigarette gestochert und dabei vor sich hin gesummt. «Aber müssen wir nicht abschwirren?»

Sie hatte die Frage an Mark Clare gerichtet, der belustigt zu sein schien. Er lachte laut heraus. «Abschwirren? Wohin?»

«Um Ihre Freunde zu treffen, die Flints. Sind sie alt? Ich liebe alte Männer.» Sie dachte für einen Moment an ihren Vater und steckte sich die unangezündete Woodbine zwischen die Lippen.

«Natürlich. Die Mints.» Evangeline hatte einmal ein flüchtiges Interesse daran ausgedrückt, Farmer Mint zu treffen, um ihm für seine Kooperation zu danken. Zu ihrer Bestürzung hatte Mark die Bitte ernst genommen und diese Begegnung arrangiert. Es war einer der Gründe dafür, daß sie aus London angereist war. «Ja, sie rechnen damit. Wahrscheinlich warten sie schon auf uns.»

«Nicht auf Godot?»

«Bitte?» Mark lächelte, aber nur, weil auch Evangeline lächelte.

«Ich glaube», sagte Martha Temple, «daß Mrs. Tupper...»

«Miss. Oder Ms.»

«Daß Miss Tupper einen Witz gerissen hat.»

«Genau. Einen meiner gräßlichen kleinen Witze. Kein Grund zur Besorgnis.» Aber sie legte den Kopf zurück und brüllte vor Lachen – so daß alle, die auf der Stätte arbeiteten, einen Moment lang innehielten und sie ansahen. Sie blickte sich um und erkundigte sich dann flüsternd: «Vermutlich sollte man an einem Grab nicht lachen, stimmt's?»

«Ach, so sollten Sie das nicht sehen», sagte Martha fröhlich. «Betrachten Sie es als einen Ort der Unterhaltung. Es macht uns nichts aus.»

Ihr Tonfall war so liebenswürdig, daß Evangeline ihr vielleicht hätte glauben können, doch nun schloß sie ihre Handtasche und wandte sich an Mark. «Dies war ein großartiger Besuch. Aber alle großartigen Dinge gehen irgendwann zu Ende.» Sie machte ein paar Schritte den Hang hinunter, blieb dann stehen, drehte sich um und lächelte Martha zu. «Meine Hunde mögen übrigens auch Knochen. Au revoir.» Und sie stieß wieder ein lautes Gelächter aus, das durch das Pilgrin Valley hallte.

Mark und Evangeline hatten kaum die andere Seite erreicht, als Owen zu stöhnen begann. «Es reicht. Ich habe genug. Ich gebe auf.»

«Was ist los, Owen, mein Guter?» Martha eilte besorgt zu ihm, da sie auf eine kleine Katastrophe gefaßt war. «Schließlich war ich es doch, die diese Tupper ertragen mußte.»

«Noch ein Spaten ist verschwunden. Ich habe ihn vor einer Minute hingelegt. Und nun ist er weg. Verschwunden.» Tatsächlich konnte Martha in diesem Winkel der Ausgrabungsstätte nichts anderes als die feuchte, entblößte Erde entdecken. Der Spaten war fort.

16
Besucher

FARMER MINT HATTE sie den Weg herunterkommen sehen und wartete auf der Schwelle. Er trug eine dunkle Arbeitsjacke über einem noch dunkleren Mantel, und wie er so mit locker herunterhängenden Armen dastand, erwog Evangeline die Möglichkeit, daß man eine Vogelscheuche vor die Tür gestellt hatte. Deshalb schrak sie kurz, aber merklich zusammen, als Farmer Mint grinste und sagte: «Ich warte auf die Kühe.»

«Na dann», erwiderte sie, offenbar die Fassung wiedergewinnend. «Hier sind wir endlich.»

Farmer Mint nickte sehr langsam. «Über Sie weiß ich Bescheid», sagte er. «Sie werden auch erwartet. Zusammen mit Mr. Clare hier.» Er schaukelte in seinen alten Gummistiefeln hin und her, da er sich auf eine plötzliche Bewegung vorbereitete. «Boy Mint ist drinnen», setzte er hinzu, als sei sein Sohn der wahre Grund ihres Besuches. «Er wartet mit seinem mächtigen Hirn.»

«Es ist zu aufregend.» Evangeline eilte bereits den

schmalen Pfad hinunter, während Farmer Mint sich zum Haus umdrehte. Sie hatte mit einem kleinen Flur gerechnet – oder wenigstens mit einer Nische, wo sie einen Augenblick lang hätte haltmachen und ihr Haar zurechtzupfen können –, weshalb sie ein wenig überrascht war, sich sofort in einem großen Zimmer wiederzufinden.

Boy Mint hatte sich vor einem breiten Kamin aufgebaut, in genau derselben Vogelscheuchenhaltung wie sein Vater, und er nahm seine flache Mütze ab, als Evangeline eintrat. «Boy.» Er stellte sich stolz, aber mit einer gewissen würdigen Zurückhaltung vor.

«Miss», erwiderte sie genauso würdevoll. Dann trat sie zurück und stieß einen kurzen Schrei aus. «Sie sind prachtvoll!» sagte sie. «Seht euch das an! Sie sind einfach prachtvoll!»

Sie wandte sich zu Mark um, um sich diese Ansicht bestätigen zu lassen, merkte jedoch zu ihrer Beunruhigung, daß Farmer Mint genau hinter ihr stand. Er schien Evangelines Gefühle zu teilen. «Das ist ein guter Junge, wirklich.» Und dann erklärte er vertraulicher: «Er kann in Null Komma nichts eine Kuh melken.»

«Sogar Kühe. Das ist ja unglaublich. Haben Sie viele davon auf dem Land?»

Boy Mint dachte über diese Frage nach, als hätte er sich eine Vorwarnung gewünscht. «Eine Menge Kühe», sagte er schließlich. «Ja. Und Schafe. Und Hühner. Und Ratten.»

«Oh, die haben wir in London auch.» Sie lächelte und bemühte sich, nicht loszuprusten. «Aber Sie haben wir nicht. Von Ihnen wären wir begeistert.»

«Alle sind vom Köpfchen dieses Jungen begeistert.» Farmer Mint wollte unbedingt in das Gespräch einbezogen werden. «Mit diesem Köpfchen würde er überall Höhenflüge machen. Aber er will nicht weg von hier. Hier fühlt er sich zu Hause.»

«Natürlich. Niemand würde Dorset je freiwillig verlassen.» Mark Clare hatte bis dahin geschwiegen, und Evangeline blickte ihn etwas erstaunt an.

Ihr Erstaunen war rasch vorüber, dauerte aber lange genug an, um sie das fesselnde Thema von Boy Mints Zerebellum vergessen zu lassen. Nun schaute sie sich mit halb offenem Mund in dem großen Zimmer um. «Ich kann es nicht glauben», sagte sie. «Ich kann es einfach nicht glauben. Schnappe ich über, oder bin ich in Tausendundeiner Nacht?»

Und wirklich war das Zimmer mit verschiedenartigen Gegenständen gefüllt, die wie eben hervorgezaubert wirkten: unterschiedlich weit abgebrannte Kerzen, alte Laternen, zwei Wärmpfannen, eine Holztruhe voller Stiefel, zwei kaputte Hocker, bauchige Glasgefäße mit Zeitungsfetzen, und in einer Ecke ein Blecheimer mit getrocknetem Gras. An der Wand über diesem Eimer hing eine Uhr, hergestellt aus schwerem Elfenbein, viele Jahre zuvor stehengeblieben; unter ihrem bewegungslosen Zifferblatt hatte man eine Metalltafel angebracht – ein Reklameschild für Bourneville-Kakao. Die Feuerstelle des breiten Kamins war von einem gußeisernen Herd mit zwei getrennten Backöfen ausgefüllt; auf dem einen stand ein uralter schwarzer Kessel und auf dem anderen eine Muschel, aus der ein paar Strohhalme ragten. An dem Herd lehnte ein Besen aus Reisig, der mit einer Haselrute zusammengebunden war; daneben hatte man einen Metallkasten, dessen Deckel mit Scharniergelenken befestigt war, einen Spaten und einen Blasebalg geworfen. Aber das wichtigste Merkmal dieses Zimmers befand sich über dem Kamin; hier war die stark gemusterte Tapete mit Unmengen von Fotos, Medaillons, Miniaturen und Zeichnungen bedeckt, und alle stellten sie Männer- und Frauengesichter dar, im Profil oder frontal.

«Jemand kneife mich», murmelte Evangeline. «Ich

glaube, ich träume.» Boy Mint, der immer alles recht wörtlich nahm, trat vor, um ihr den Gefallen zu tun. Evangeline wich ihm rasch aus, indem sie den Besen aufhob und hin und her schwenkte. «Ein frühes Fluggerät?» fragte sie.

«Nein», antwortete er. «Das ist ein Besen.»

«Wirklich?» Sie schien verdutzt und drehte sich hilfesuchend zu Mark um. Der aber schaute aus dem Hauptfenster; von hier aus konnte er den Grabhügel sehr deutlich sehen. «Dies alles ist Ekstase», fuhr sie fort. «Die reinste Ekstase. Ich bestehe darauf, daß Sie alles der Nation hinterlassen.»

Farmer Mint erwog ihr Angebot und schüttelte dann den Kopf. «Sie können jetzt nicht mehr von uns getrennt werden. Das Tal will sie. Habe ich recht, Boy?»

Er sah seinen Vater und dann Evangeline an, um zu entscheiden, wer in den vollen Genuß seiner nächsten Bemerkung kommen sollte. «Das Tal braucht sie», sagte er triumphierend.

Farmer Mint gluckste und nahm die Mütze ab, um dem Scharfsinn seines Sohns zu huldigen. «Einen solchen Gedanken hört man nicht jeden Tag, oder?»

«Nicht in London, nein.» Evangeline begann verzweifelt, die Porträts, Zeichnungen und Miniaturen über dem Kamin zu mustern. «Was für herrliche alte Gesichter», sagte sie. «Und sie sehen alle so ländlich aus, nicht? Aber das läßt sich wohl nicht ändern.» Vater und Sohn starrten sie an; immer wenn sie nichts zu sagen hatten, verfielen sie in eine «urtümliche Stille», wie Evangeline es später nannte. Doch zunächst brachte das Schweigen sie durcheinander, und sie wandte sich von den Lebenden wieder den Toten zu. Sie zeigte auf ein vergilbtes Foto. «Und wer ist dieses prächtige alte Paar, das aussieht wie von Holbein?»

Farmer Mint trat heran und berührte das Foto leicht mit

dem Finger. «Das», sagte er, «das ist das ergraute Paar.» Ein alter Mann und eine alte Frau standen vor der geschlossenen Tür eines Häuschens, dessen Strohdach nur ein paar Zoll über ihren Köpfen begann. Die Frau trug eine weiße Haube, deren Bänder ihr um den Hals hingen; sie hatte die Hände vor ihrer weißen Schürze gefaltet. Der alte Mann trug einen dunklen Kittel und beugte sich auf einem Stock vor, offenbar um dem Fotografen in die Linse zu starren. «Es sind Boys Urgroßeltern.»

«Unmöglich», erwiderte Evangeline. «In meinem ganzen *Leben* bin ich noch nicht so erstaunt gewesen.» Sie schüttelte mit einem reizenden Ausdruck von Verwirrung und Interesse den Kopf, aber wenn sie das Foto genauer betrachtet hätte, wäre ihr aufgefallen, daß das alte Paar vor dem Bauernhaus der Mints stand – und ihr wäre auch aufgefallen, daß das Haus mit seinem ausgetretenen Pfad, den getünchten Steinen und der rissigen grünen Tür sich überhaupt nicht verändert hatte. Vielleicht hatte es jahrhundertelang so dagestanden.

«Es sind alles seine», sagte Farmer Mint. «Boy Mints Vorfahren. Sie reichen weit zurück.» Und diese Bilder und Fotos, die eine ununterbrochene Linie von wenigstens drei Jahrhunderten darzustellen schienen, zeigten eine Abfolge von Gesichtern, die denen der heutigen Mints auffällig ähnelten. «Sie gehen ganz weit zurück.»

«Das glaube ich gern.» Diesmal meinte sie, was sie sagte. Evangeline dachte an ihre eigenen Eltern und deren Eltern vor ihnen; sie waren Fremde für sie. Doch irgendwie schlimmer als Fremde. Irgendwie waren sie ihre Feinde.

Mark blickte immer noch aus dem Fenster. Er war von einer Gestalt abgelenkt worden, die, wie ihm schien, auf dem Grabhügel stand und mit den Armen wedelte. Er hatte sie nur ganz kurz gesehen, überlegte aber immer noch, wer es gewesen sein könnte, als Evangeline herantrat. «Von hier aus hat man eine großartige Aussicht», sagte er eifrig. «Aber wissen Sie, ich könnte schwören, etwas gesehen zu haben...» Niemand zeigte großes Interesse, und er begann von neuem. «Miss Tupper...»

«Evangeline. Auf dem Land heiße ich einfach Evangeline.»

«Evangeline wollte Ihnen beiden für Ihre Hilfsbereitschaft danken. Wir machen jetzt stetige Fortschritte.» Farmer und Boy Mint schienen nicht zu verstehen, was er meinte. «Na», sagte er, «mit dem Ganggrab. Dem großen Hügel.»

«Absolut bildschön», warf Evangeline ein.

Farmer Mint hatte das Zimmer durchquert und musterte die Fotos und Miniaturen seiner Ahnen. Er schien dem Gespräch nicht sonderlich aufmerksam zu folgen, doch nun entgegnete er: «Da wäre ich mir nicht so sicher.» Er drehte sich um und sah Mark an. «Es hat keinen Zweck, in totem Boden herumzuscharren. Da werden Sie nicht viel finden.» Mark hatte dies alles bereits gehört und schüttelte nur den Kopf. «Sag ihm, was er finden *wird*, Boy. Laß deinen Geist diese Frage bewegen.»

Ausnahmsweise benötigte Boy Mint nicht mehrere Minuten, um seine Gedanken zu sammeln. «Schafsknochen», sagte er sofort. «Kaninchenzähne. Skelette von toten Vögeln.» Es war, als hätte er diese Litanei auswendig gelernt. «Kuhscheiße.»

Evangeline hob die Hand, um ihn zu unterbrechen. «Ich glaube nicht, daß ich je einen netteren und informativeren Nachmittag erlebt habe.» Boy setzte seine Liste im Flüsterton fort. «Ich bin angenehm gesättigt mit Wissen über das Landleben.»

Farmer Mint äußerte sich beifällig. «Das stimmt. Er wird Sie damit vollstopfen. Er macht ewig so weiter.»

«Und wir müssen auch weiter.» Dies schien Evangeline

ein sehr eleganter Abschied zu sein. Sie lächelte Mark triumphierend an, ging zur Tür, öffnete sie und trat hinaus auf den Pfad. Drei Hennen, die friedlich unter altem Stroh nach Eßbarem gepickt hatten, stimmten einen Protestchor an und huschten in die Hecke. «Was interessant wäre», fragte sie die Mints, die ihr den Pfad hinunter folgten. «Wenn Sie ihnen Hühnerfleisch zu fressen gäben, würden sie dann verwildern?» Sie wartete nicht auf eine Antwort. «Auf Wiedersehen. Bleiben Sie nur weiterhin so entzükkend. Wie Ihre reizenden Vorfahren. Auf Wiedersehen.»

Zweiter Teil

Die Schöpfung begann, als du geboren wurdest. Sie wird an dem Tag enden, da du stirbst.

Oscar Wilde

17
Am Strand

DER ALTE MANN mit dem Strohhut und dem hellroten Blazer saß auf einem dunkelgrauen Felsvorsprung und sang leise vor sich hin:

> Das alte Häuschen wiederzusehn!
> Wie wäre froh mein armes Herz,
> Zu sehn die Gesichter, die ich liebte,
> Und zu enden meiner Mutter Schmerz…

Seine Stimme verklang, und er begann zu summen, als eine betagte Frau mühsam über den steinigen Strand zu ihm kam. «Ehrlich, Joey», sagte sie. «Nie wieder. Nicht für alles Geld des Himmels.»

«Der Welt, Liebling.»

«Ist mir egal. Und meinen armen Füßen erst recht.» Auch sie trug Hellrot, diese etwas vertrocknete, kleine alte Frau mit ihrem weißen Haar, das sie sorgfältig zu festen, weißen Lockenbüscheln zusammengerollt hatte. Ihre Stimme war heiser, als habe sie eine chronisch rauhe Kehle.

«Aber Floey, macht dir unser Morgenspaziergang keinen Spaß? An einem so schönen Plätzchen wie diesem?» Er lächelte und schob seinen Strohhut keck zur Seite, doch auf seinem Gesicht blieb der etwas kummervolle Ausdruck.

Sie betrachtete hinter ihm die schiefergrauen Klippen des St. Gabriel's Shore, die durch Erdrutsche aufgebrochen und von den unterirdischen Quellen, die aus der Felswand sickerten, gespalten waren. Die alten Bodenschichten der Gegend hatten hier schräge Blöcke aus Kalkstein und abfallende Lehmdämme gebildet. Kleine Bäche aus Wasser, Kies und Lehm stürzten die Klippen herunter, und neben ihnen lagen, bis hinab ans Wasser, heruntergepurzelte Steine und Felsbrocken. «Darüber kann man entzweiter Meinung sein», sagte sie.

«Geteilter.»

«Darüber läßt sich streiten.» Sie streckte die Hand aus und half ihm, sich von dem Felsen zu erheben. «Wir haben hier sowieso nichts zu suchen. Banausen im Kopf.»

Er lachte. «Erinnerst du dich an das alte Lied, Floey, ‹Um der vergangenen Tage willen›?»

«Auf geheimnisvolle Weise gesungen?»

«Genau das ist es.» Sie gingen nun Arm in Arm am Strand entlang; das reflektierte Licht des Meeres ließ die Steine vor ihnen glänzen. «Ich bin hier um *meiner* vergangenen Tage willen. Ich bin ein Ding der Vergangenheit, altes Haus.»

«Ist ja gut, Joey.»

«Ich möchte nur wissen, was meine Vergangenheit ist. Oder war.» Er blieb stehen und schaute aufs Meer hinaus. Es war Ebbe, und von dem entblößten Strand aus erstreckten sich flache Vorsprünge dunklen Schiefers zum Wasser hinunter. Aus dieser Entfernung wirkten sie glatt, als seien sie von der endlosen Bewegung des Wassers poliert worden, doch als Joey Hanover näher kam, sah er, daß lauter kleine Löcher und Rinnen darin waren. Er war ein massiger und scheinbar ungelenker Mann, doch jetzt sprang er mit einem jähen, anmutigen Satz auf den Schiefer und schritt auf das Meer zu.

«Joey! Hals- und Beinbruch!» Floey lachte über die Silhouette ihres Mannes, der mit Strohhut und hellrotem Blazer lässig vor den leuchtenden Wellen stand. Zur Antwort warf er ein Bein in die Luft, versuchte eine Pirouette zu drehen, rutschte aus und fiel auf den Schiefer. Aber er konnte sich nicht ernsthaft verletzt haben, da er sein Augenmerk sofort auf etwas richtete, das neben ihm auf dem Felsen lag. Er hob es auf, schwenkte es über dem Kopf hin und her und rief etwas, doch das Rauschen des langsam näher kommenden Meeres übertönte seine Worte.

«Ich habe hier etwas», sagte er, als er ein wenig außer Atem zurückkehrte, «das Tausende von Jahren alt ist.»

«Einen deiner Witze?»

«Mach dich nicht lustig, Floey. Sieh's dir an.»

Er hielt ihr ein Felsfragment hin, und sie musterte – mit vor unübersehbarem Ekel gerümpfter Nase – die Spiralform eines schneckenartigen Wesens, das in den Stein eingebettet war. «Es ist also tot?»

«Natürlich ist es tot. Dinge, die so alt sind, erwachen nicht wieder zum Leben.»

«Da sei dir mal nicht so sicher.» Die Gestalt dieses Tieres, das sich zu seinem letzten, urzeitlichen Schlaf zusammengerollt hatte, erinnerte sie an das Bild eines Sterns, dessen verschiedene Gase in einer Spirale um einen winzigen Kern wirbeln. «Das ist so ein Mammonit», sagte sie schließlich.

«Ist das das richtige Wort? Mammonit?» Joey war an die kleinen sprachlichen Ausrutscher seiner Frau gewöhnt.

Sie warf ihm einen verachtungsvollen Blick zu. «Natürlich bin ich mir sicher. Ich habe davon gelesen.»

«Dann ist das Rätsel also gelöst. Die graben alle nach Mammoniten!» Die Hanovers hatten sich über fünf oder sechs Personen am St. Gabriel's Shore gewundert, die mit Eimern und kleinen Hämmern an der Felswand entlangkletterten. Aber dieses Küstengebiet war berühmt für die Fülle und Vielfalt seiner Ammonitfossilien, die sich nach langen Regenzeiten häufig aus dem bröckelnden Lehm und Kalkstein lösten oder einfach an den Strand gespült wurden. Teile der fossilhaltigen Schichten lagen also manchmal unter dem Schutt und den niedergestürzten Steinen am Grunde der Klippen, Überreste der zarten Geschöpfe, die sich hier 140 Millionen Jahre zuvor über die Erdoberfläche bewegt hatten.

Die Hanovers gingen weiter am Strand entlang; Floey hielt ein paar Sekunden an, um den Ammoniten in ihrer hellgelben Handtasche zu verstauen. Als sie Joey wieder eingeholt hatte, nahm sie das Thema ihres Gesprächs von vorher wieder auf. «Und was für einen Zweck hat es, nach all diesen Jahren zurückzukommen? Die Vergangenheit ist vergangen und begraben. Wozu willst du sie wieder ausgraben?»

«Ich muß die Wahrheit wissen. Bevor ich sterbe.» Sie wollte ihn unterbrechen, doch er hob die Hand, um ihr Einhalt zu gebieten. «Ich meine es ernst, Floey. Bevor ich sterbe.»

«Joey...»

«Wie würdest du dich fühlen? Würdest du es nicht auch wissen wollen? Du würdest es herausfinden wollen. In all diesen Jahren habe ich darüber nachgedacht, mir Fragen gestellt, Pläne gemacht...» Dann lachte er über sein eigenes Pathos, nahm den Strohhut ab und legte ihn mit einer theatralischen Geste an die Brust. «Oh, Floey, ich kann die Tage nicht vergessen, da ich jung war.»

«Und Kummer, nicht entäußerbar im Herzen, war dein eigen?» Sie kannte das Lied.

«Lyceum, Wolverhampton, 1946.»

«Gesungen mit ungeheurem Erfolg!»

«Das stimmt! Wir hatten Erfolg, nicht?» Joey seufzte. Sie gingen Hand in Hand weiter, und er kam wieder auf das Thema zurück, das nie aus seinen Gedanken geschwunden war. «Ich weiß, es war irgendwo hier in der Nähe. Gleich als wir hierherkamen, habe ich mich erinnert. Da war ein Häuschen mit einem Garten. Ich erinnere mich an purpurne Blumen. Und da waren auch Gesichter. Weiße Gesichter wie die von Engeln. Es ist ein Traum.

Weißt du, was ich meine? Nur daß dieser Traum nicht weit weg ist. Und ich habe so ein Gefühl, Flo. Ich habe so ein Gefühl, daß ich ihn bald finden werde.»

Dunst hatte sich über den Klippen zusammengeballt, und nun, da der Wind schwächer geworden war, begann er, in Girlanden abwärts zu sinken, auf den Schutt der Fossilschichten zu. Irgend jemand hatte am Strand ein Feuer angezündet, und der Rauch stieg zu dem Dunst empor, bis er mit ihm verschmolz. Das Meer war ruhig, und Joey Hanover hatte einen Augenblick lang Angst. «Komm», sagte er und nahm den Arm seiner Frau. Während sie zu ihrem Auto zurückkehrten, sang er mit lauter Stimme:

Oh, am Meer, da geht's hoch her,
Oh, am Meer, da geht's...

18
Der berühmte Mann

ES WAR SPÄTER MORGEN, als die Hanovers nach Lyme Regis zurückkehrten. Joey lächelte sanft, während sie die Broad Street hinauffuhren, bevor sie nach links in die Cobb Road einbogen; es war das Lächeln von jemandem, der es gewohnt ist, beobachtet zu werden. «Hier gibt es mehr alte Fossilien als am Strand», murmelte er. Er betrachtete mit kaum unterdrückter Genugtuung eine alte Frau, die vor ihnen die Straße überquerte. «Jetzt brauche ich nur noch einen Hammer und einen Eimer.»

Floey parkte ein paar Meter von der Crogg Lane entfernt, wo sie für drei Monate ein Haus gemietet hatten. «Du Riesendummkopf», sagte sie. «Wollen wir noch einen heben?»

«Aber nur einen einzigen.» Sie ließen ihren Rover 2000 zurück und gingen bergab zum «Hungrigen Esel». Das

Gasthaus war recht weit entfernt, doch Joey lächelte weiterhin – sogar als ein kleiner Junge auf ihn zukam, ihm ins Gesicht schaute, vor Erstaunen den Mund öffnete und dann vorbeihüpfte. Der Junge rannte rasch eine Seitenstraße hinunter, kehrte um, bog um die Ecke und schritt mit wunderbar vergnügter Miene wieder auf ihn zu. Joey war amüsiert, und als der Junge von neuem an ihm vorbeikam, flüsterte er: «Weiß deine Mutter, daß du abgehauen bist?» Dies war ein bekannter «Joeyismus». Der Junge brach in brüllendes Gelächter aus und ging rückwärts, so daß er mit den Hanovers Schritt halten konnte – und dabei betrachtete er unablässig Joeys kummervolle Züge. Dies erregte einige Aufmerksamkeit, und ein junger Mann rief von der anderen Straßenseite her: «Was machen deine armen Füße?» Das war eine weitere von Joeys berühmten Redensarten, aber er blickte sich nicht um; er lächelte, winkte vage zum Gruß und ging weiter.

Der «Hungrige Esel» war neben den Cobb hingesetzt worden, die alte Befestigung, welche die Stadt vor den Verwüstungen des Meeres schützte; sie konnten hören, wie sich die Wellen an dem Steindamm brachen. Joey tat so, als versetze er dem Jungen einen Tritt in den Hosenboden, und murmelte: «Flieg davon, Sorge.»

Floey war bereits in den Salon des Gasthauses gehuscht und versuchte, eine Bardame mittleren Alters auf sich aufmerksam zu machen, die sich gerade ein Haar aus der Nase zupfte. «Zwei Port und Zitrone», sagte sie. «Sachte mit der Zitrone.»

Joey trat neben sie. «Meine Frau ist nämlich ein bißchen eigen.»

Etwas an seiner Stimme kam der Bardame bekannt vor, und sie drehte sich ganz langsam zu den beiden Alten um. «Ich kenne Sie», sagte sie zu Joey. «Ich kenne Sie sehr gut.» Sie schüttelte den Kopf hin und her, als wolle sie ihn wegen eines geringfügigen Vergehens tadeln. «Joey. Joey Hanover.»

«So heiß ich und so bin ich.»

Genaugenommen gab es niemanden, der Joey nicht kannte. Unmittelbar nach dem Zweiten Weltkrieg hatte er in Varieté-Theatern und Arbeiterclubs als Komiker begonnen und sich mit seinem «Jargon» rasch einen Ruf erworben. 1948, während einer Tournee, hatte er im Gaiety Theatre in Huddersfield Floey kennengelernt; sie war dort Chorns-Girl gewesen, hatte dann, als Joey populärer wurde, aber ihre eigene Karriere aufgegeben. Er war den natürlichen Weg von den Clubs zu Rundfunk und Fernsehen gegangen und hatte gelegentlich eine Weihnachtsspielsaison eingelegt, um seine Bekanntschaft mit der Bühne aufzufrischen, bis er in den Sechzigern einer der beliebtesten zeitgenössischen Komiker geworden war. Aber seine Komik war von ganz besonderer Art: Obwohl seine Karriere mit dem Niedergang der Music-Hall zusammenfiel, wurde er immer noch mit dieser Theaterform in Verbindung gebracht, und ungeachtet der Tatsache, daß er ein Fernsehstar war, schien er immer noch etwas von der schillernden und sentimentalen Atmosphäre des Varietés zu verkörpern. Seine öffentliche Rolle war mit der Dan Lenos oder Max Millers verwandt: Auch Joey Hanover war der melancholische Cockney, getreten, aber nicht geschlagen, gebeugt, aber nicht gebrochen, ein Gegenstand sowohl des Mitleids als auch des Gelächters. Seine schlagfertigen Antworten waren häufig vulgär, doch er schien sich der Zweideutigkeiten, die sein Publikum unterhielten, nicht bewußt zu sein. Manchmal war er fröhlich, manchmal in Tränen aufgelöst, aber er brachte die Zuschauer stets zum Lachen. Seine Gesichtszüge waren nicht zu verkennen, selbst wenn er in Weihnachtsspielen den weiblichen Part übernahm; sein breiter Mund, seine Hängenase und seine großen Hände veranlaßten manche, ihn mit Clowns wie Mathews oder Grimaldi zu vergleichen. Zudem war er berühmt für seine «Joeyismen», seine Wortverwechslungen, die er in Wirklichkeit aus den alltäglichen Äußerungen seiner Frau bezog.

Die Bardame musterte ihn konzentriert und schien keine Eile zu haben, ihnen die Drinks zu servieren. Deshalb stützte Joey, von seiner Frau angestupst, das Kinn auf die Hände und lehnte sich vertraulich über den Tresen. «Ich wette, Port und Zitrone...»

«Sachte mit der Zitrone», warf Floey rasch ein.

«Ich wette, Port und Zitrone gehören in ein Glas. Meinen Sie nicht?»

Die Bardame kicherte, schien sich wachzuschütteln und bereitete die Drinks zu – wobei sie immer wieder verstohlen zu Joey Hanover hinüberblickte, um sich zu vergewissern, daß er ihr zusah. «Noch ein bißchen Zitrone, Joey?»

«Wie's beliebt, Schätzchen. Wie's beliebt, Hauptsache, es ist feucht.»

Ein Mann mittleren Alters saß auf einem Hocker an der Bar und schaute ihn nun von der Seite her an. «Entschuldigen Sie», sagte er. «Excusez-moi.» Der Mann hatte einen Strohhut auf seinem Knie abgelegt, und nun nahm er ihn auf und wirbelte ihn um den Finger, wobei er Joeys Kopfbedeckung betrachtete. «Schnapp», sagte er. «Schnappette.» Mit der freien Hand hob er sein Glas. «Ihre Gesundheit.»

«Freitags schlecht. An Wochenenden nicht so schlecht.»

«Fraicheur, Sir.»

«Ich hab's auch gern frischer.»

«Zum Schreien», erwiderte der Mann. «So heiße ich. Augustine Fraicheur. Mein Name steht überall in der Stadt in großen schwarzen Buchstaben.»

«Bestattungsunternehmer?»

«Nein, aber fast. Antiquitäten. Uhren die *spécialité de la maison.*»

Joey Hanover begann, Gefallen an diesem Mann mit den entzündeten Augen zu finden, der nun seine knallorangefarbene Krawatte glättete. Den Kontrast dazu bildeten ein mattes gestreiftes Hemd und eine Tweedjacke, die gute Dienste im kolonialen Indien geleistet haben könnte. «Hanover», antwortete Joey. «Wie das in Deutschland.»

«Oh, ich *kenne* Sie. *Jeder* kennt Sie.»

«Und das ist meine Frau. In der roten Ecke.» Floey hatte sich mit ihrem Port und Zitrone davongemacht, saß nun unter einer Dartscheibe und schien kein weiteres Interesse an den Geschehnissen zu haben.

«Ich war früher auch mal in der Branche», sagte Augustine. «Noch einen Gin Tonic, teure Betty.» Er gab der Bardame ein Zeichen. «Und etwas für Mr. Hanover.» Der plötzliche Wirbel eines hellroten Baumwollkleides, und Floey stand wie durch ein Wunder an der Bar. «Und natürlich für seine entzückende Lady.»

«Proust!» sagte sie, nahm das von neuem gefüllte Glas und kehrte an ihren abgelegenen Platz zurück.

«Ja, ich war groß im Geschäft. Aber das war während des Krieges.»

«Die Truppen unterhalten, was?»

Augustine kreischte vor Lachen. «Ich weiß nicht, was Sie meinen! Ich war nur im Hintergrund! Hab die Beine hochgeschleudert bis zum Gehtnichtmehr. Ich hatte hübsche Beine damals. Hübsche Glieder.»

Joey war daran gewöhnt, daß man ihn mit derartiger Nostalgie behelligte, und er hatte eine Reihe von Bermerkungen für solche Fälle vorbereitet. «Damals gab es noch richtige Theater», sagte er und blickte möglichst düster drein. «Richtige Darbietungen. Tennyson und O'Gorman, die Winzigen Websters. Clapham und Dwyer. Murgatroyd und Winterbottom...»

«Gladys Coopers Schwester.»

«Gladys Coopers Schwester?»

«Genau. Gladys Coopers Schwester.»

Stille trat ein, und Floey warf einen zögernden Blick zur Bar hinüber, um zu sehen, ob weitere Getränke angeboten wurden. Dann räusperte sie sich sehr laut, um Joey an ihre Anwesenheit zu erinnern. «Meine Frau arbeitete übrigens auch als Balletteuse. O ja. Du auch noch einen, mein Liebling?» Er brachte ihr einen großen Drink und flüsterte, als sie ihn böse anstarrte: «Vielleicht weiß er etwas. Vielleicht kann er uns helfen.»

«Im Grunde bin ich immer noch ein alter Thespisjünger», sagte Augustine, nachdem Joey an die Bar zurückgekehrt war. «Ich kann's nicht ändern. Man zeige mir eine Bühne, und ich sehne mich nach einem Trikot. Wissen Sie, ich leite eine kleine Laientruppe.» Plötzlich sah er Joey Hanover mit verstärktem Interesse an. «Wir geben in dieser Spielzeit den *Familientag.* Für die Sommertouristen. Ob Sie wohl...»

Joey kam ihm zuvor. «T. S. Eliot. Hab ich recht?»

«Schrecklich intellektuell, glaube ich. Besonders für Lyme Regis.» Augustine nahm einen großen Schluck. «Aber ich finde, das Stück sollte als Komödie gespielt werden, nicht? Diese tragischen Schwestern liegen mir überhaupt nicht.» Er betrachtete Joey und wiederholte: «Ob Sie wohl...» Joey setzte seine kummervollste Miene auf. «Nein. Natürlich nicht. Natürlich würden Sie nicht.»

«Ich bin im Ruhestand», sagte Joey. «Klappe zu, Joey tot.»

«Wie albern von mir. Klatsch, klatsch.» Und Augustine ohrfeigte sich tatsächlich auf beide Wangen; da er inzwischen recht betrunken war, schlug er fester zu, als er beabsichtigt hatte, und zuckte zusammen. «Aber ich hoffe, daß Sie sich unsere Vorstellung ansehen werden.»

Während des gesamten Gesprächs hatte die Bardame Joeys Gesicht angestarrt. Sie hatte nun einen ziemlich roten Kopf und schwankte leicht, als sei sie der Mühe, ihre Belustigung zu unterdrücken, nicht mehr gewachsen. Jetzt regte sich etwas in ihr, und sie platzte heraus: «Schön und gut, Mr. Hut, aber Sie können hier nicht schlafen.» Dies war ein weiterer von Joeys Sprüchen gewesen, doch die Bardame lachte so laut, als hätte sie ihn gerade selbst erfunden.

Joey war es gewohnt, zitiert zu werden. «Kein Dach über unseren müden Köpfen», erwiderte er. «Zum Wandern geboren, das ist unsere Natur.»

Augustine war nicht mehr nüchtern genug, um dieser Wendung des Gesprächs zu folgen. «Ich dachte, Sie seien Sommerbesucher.»

«Eigentlich suchen wir etwas», sagte Joey. «Wir suchen ein Häuschen.»

«Wie klug von Ihnen, aufs Land zu kommen. Wir haben hier eine Menge Häuschen. Wir sind berühmt dafür.»

«Nein. Wir wollen etwas ganz Bestimmtes.» Er schaute zu Floey hinüber, doch sie schwenkte den Rest ihres Ports und Zitrone im Glas hin und her. «Also hören Sie mir genau zu, einverstanden? Die Sache ist recht verzwickt.» Selbst wenn er etwas ernst meinte, fiel er instinktiv in den Text seiner alten Darbietungen zurück. «Wir – sie und ich – suchen ein Häuschen. Es muß ein besonderes Häuschen sein. In einem Tal. In der Nähe muß ein Wald sein. Und ich glaube, im Garten sollten purpurne Blumen stehen.»

«Blumen sind auch *sehr* verbreitet. Danke, Schätzchen.» Ein weiterer Gin war vor ihm aufgetaucht, und er wurde sofort vertraulicher. «Was Täler betrifft, mein Lieber, die gibt's hier überall. Die sind nicht aufzuhalten. Hoch und runter. Hoch und runter. So was von gräßlich, kaum zu beschreiben.»

«Aber ich erinnere mich...» Joey unterbrach sich einen Moment lang und schluckte die letzten Tropfen seines Drinks hinunter. «Verzeihung. Mir war eine Sekunde lang ganz komisch im Mund. Ich wollte sagen, daß wir ein sehr abgeschiedenes Tal suchen. Sehr ruhig.»

Augustine schürzte die Lippen. «Ich fürchte, auf dem Land ist es tendenziell ziemlich laut. Wenn Sie sich Stille wünschen, sollten Sie es mit London versuchen.»

«In deiner Gegend ist es aber ruhig, Gussie.» Die Bardame nahm das Gespräch ernst. «Zu ruhig.»

«Du hast mich noch nicht in der Küche gehört, Kindchen. Da werde ich wild.» Er sah Joey an. «Die Grenze zwischen uns und der absoluten Barbarei ist auf dem Land sehr dünn.»

Joey war eher an geographischen Einzelheiten interessiert. «Wo wohnen Sie denn?»

«In Colcorum. Einem stinknormalen Dorf, das sich ins Pilgrin Valley schmiegt...»

«Genau das meine ich», unterbrach die Bardame. «Das Tal ist ja so ruhig. Und früher gab es dort Häuschen.»

«Die nun verlassen sind, mein Schatz. Ein Beispiel für die Zeit, die vom Land vergessen wurde. Oder ist es andersherum?»

Joey begann, leise vor sich hinzusingen, und zog ein kleines Notizbuch hervor. «Pilgrim wie der Pilger?»

«Nein. Pil*grin*. Pill. Grin.»

Die Bardame lehnte sich zu Joey hinüber und schaute aufmerksam zu, während er den Namen mit einem Bleistift niederschrieb. «Ich liebe sone alten Lieder», sagte sie. «Singse uns doch eins!»

«Zuerst muß ich mich um die Schluckschwester kümmern.»

Er brachte Floey einen weiteren Drink, die das Glas ergriff und murmelte: «Du machst dich wohl mal wieder lächerlich.»

«Ich bin nur verbindlich, Floey. Und wenn ich mich dadurch lächerlich mache, dann sei's drum.» Er stand auf, die Dartscheibe im Rücken, und streckte die Arme zu der Bardame aus. «Hören Sie zu», sagte er. «Dies wird Ihnen guttun.» Und dann begann er mit leiser Stimme zu singen:

Im Zwie-zwie-zwielicht
Draußen im herrlichen Zwielicht
Gehen wir alle spazieren, spazieren
Um zu reden und zu poussieren, poussieren
Das ist die Zeit, die ich ersehn
Kurz vor der Nacht...

Es war ein altes Lied, und es weckte bei der Bardame Erinnerungen an ihr früheres Leben, an ihre Kindheit. Eine vergangene Zeit. Eine andere Zeit. Und sie begann zu weinen, während Joey weitersang:

Im Zwie-zwie-zwielicht
Draußen im herrlichen Zwielicht...

19
Großmutters Zähne

ALS SIE DEN «Hungrigen Esel» verließen, schnitt ihnen jemand den Weg ab und streifte Floey Hanover. Da sie inzwischen etwas unsicher auf den Beinen war, taumelte sie rückwärts und wollte etwas rufen, doch Joey hielt sie zurück. Es war eine verkrüppelte Frau. Sie hatte die beiden nicht bemerkt, da sie einen Brief gelesen hatte, und nun starrte sie anscheinend zu einem Punkt weit draußen auf dem Wasser hinaus und eilte weiter zum Cobb. Offenbar wußte sie nicht – oder es war ihr gleichgültig –, wohin sie ging; sie bewegte sich einfach nur mit dem Brief in der Hand auf das Meer zu, und dann stieg sie die schmalen Stufen hinauf, die in den Cobb eingemeißelt und als «Großmutters Zähne» bekannt sind. Aber sie hinkte stark; plötzlich rutschte sie aus, konnte das Gleichgewicht nicht halten und stürzte seitlich auf den Boden neben dem Hafen.

Joey Hanover hielt den Strohhut auf seinem Kopf fest und eilte zu der Frau, um ihr zu helfen. «Das war ja ein schöner Purzelbaum», sagte er. «Ich wünschte, ich könnte auch so fallen.» Sie schien nicht verletzt zu sein, und er half ihr behutsam auf die Beine.

«Der Brief», war alles, was sie hervorbrachte. «Mein Brief.» Sie hatte die Hand beim Sturz ausgestreckt, und der Brief war gegen den Cobb geweht worden.

Aber derselbe kleine Junge, der Joey die Straße hinunterbegleitet hatte, rannte nun herbei und hielt den Brief fest in der Hand. «Hier ist er», sagte er. «Ich habe ihn.» Er blinzelte Joey zu, als habe er ihn sein Leben lang gekannt, und Joey blinzelte ganz instinktiv zurück.

Der Schock des Sturzes hatte die verkrüppelte Frau ganz offensichtlich aus der Fassung gebracht, und sie zitterte immer noch. «Es tut mir leid. Es tut mir leid. Normalerweise rutsche ich nicht aus.» Sie begann zu weinen.

«Rutschen wir nicht alle hin und wieder aus?» Joey hatte sich an den Jungen gewandt, der nachsichtig nickte. «Es braucht Ihnen nicht leid zu tun.»

«Ich falle normalerweise nicht hin.»

«Natürlich nicht.» Er legte den Arm um ihre Schulter und führte sie vom Cobb fort. «Keine Sorge. Wie Efeu werd ich Sie umranken.» Der Junge lächelte, grüßte Joey zum Abschied, steckte die Hände in die Taschen und schlenderte davon. «Zeigen Sie mir den Weg zum trauten Heim», sagte Joey. «Und ich werde Sie zurückbringen.»

Zum erstenmal blickte sie zu ihm auf; sie kannte sein Gesicht, doch sie war so verwirrt, daß es ihr wie ein Überbleibsel aus einem früheren machtvollen Traum erschien. «Mir geht's gut. Wirklich. Es war nur...»

«Wir bestehen darauf.» Floey trat auf sie zu und nahm ihren Arm. Die junge Frau neigte eine Sekunde den Kopf, und Floey beugte sich etwas vor, um ihr Gesicht zu sehen. «Also dann», sagte sie sehr sanft. «Alles in bester Ordnung.» Die drei schritten langsam auf das Auto zu, wobei die Hanovers die verkrüppelte Frau in die Mitte nahmen. Die Frau ließ sie wissen, daß sie in der Crooked Alley wohne. Sie versuchte zu lachen und hielt den Brief noch krampfhafter fest. «Das ist ein prächtiger Name», sagte Joey. «Ein alter Name.» Als sie beim Rover ankamen, strich er mit der Hand über das Auto. «Ich bin Joey. Das ist Floey.»

«Kathleen. Kathleen Clare.» Bei diesen Worten neigte sie wieder den Kopf. Es war, als gehöre ihr der Name nicht wirklich, als gehöre er im Grunde niemandem.

Floey half ihr auf den Rücksitz und schob sich neben sie. «Zeigen Sie uns, wohin wir fahren sollen», sagte sie. «In dieser Gegend sind wir diejenigen, die Hilfe brauchen.»

Joey fuhr zurück durch Lyme Regis, von Kathleen durch das Labyrinth schmaler Straßen dirigiert, die sich am Meer und um den schmalen Fluß zusammendrängen, der die Stadt durchschneidet. «Nun kommst du davon», sang er leise vor sich hin. «Auf und davon.» Sie erreichten die Crooked Alley, und er bemerkte sofort das Schild mit der Aufschrift «Antiquitäten. Augustine Fraicheur». Joey lächelte und drehte das Fenster herunter, so daß er das Geräusch des nur zwei Straßen entfernt anbrandenden Meeres hörte. «Ich kenne ihn», sagte er. «Ich mag ihn.»

Kathleen stieg aus dem Wagen, drehte sich um und dankte ihnen. Ihre Hände zitterten noch immer, und sie wirkte so angespannt, daß Floey Mitleid mit ihr hatte. «Machen Sie sich eine schöne Tasse Tee», empfahl sie. «Auf daß der Schmerz verwildert werde.»

«Gemildert, Liebling.»

Kathleen wandte sich ab, doch Joey entging nicht, daß sie von neuem weinte. Er sah zu, wie sie eine Tür neben dem Antiquitätengeschäft öffnete und langsam die dunkle Treppe hinaufstieg. Dann saß er eine Weile mit gesenktem Kopf über dem Lenkrad. «Floey», sagte er schließlich. «Sollen wir kurz hineingehen?»

Sie stiegen aus und betraten das Geschäft. Ein junger Mann, das lange rote Haar zu einer Art Zopf gebunden, kam hinter einer Standuhr hervor. «Gussie ist nicht da», sagte er mit klangloser Stimme. Er hatte einen starken Belfaster Akzent.

«Ich weiß.» Joey lächelte. «Ich war gerade mit ihm in einer Wirtschaft. Es könnte sein, daß ihm jemand den Weg zum trauten Heim zeigen muß.» Der Ire antwortete nicht, und Joey – ein wenig enttäuscht, weil sein Scherz ohne Reaktion geblieben war – nahm den Arm seiner Frau und begann, sich die hier gesammelten Gegenstände anzusehen. Sie waren auf Tischen aufgestellt, in den Winkeln des staubigen Raums verborgen und hoch auf Regalen gestapelt, so daß man sie kaum erkennen konnte. Es gab alle möglichen Objekte, doch hauptsächlich waren es Uhren. Stundengläser mit fleckigen oder abgenutzten Metallfüßen, Chronometer, Schiffsuhren, Taschenuhren, Wecker, Taschenuhren mit Schlagwerk, Tischuhren, Standuhren, ein Planetarium aus feinstem, glänzendem Messing, ein Marinezeitmesser mit einem so komplizierten Mechanismus, daß er in ständiger nervöser Bewegung zu sein schien – sie alle maßen mit Gewichten und Unruhen, mit Federn und Drähten die Zeit. Und während sie schweigend in dem Laden standen, konnten die Hanovers die Geräusche hören, mit denen die Zeit gemessen und weitergemeldet wurde: das Aneinanderscharren von Blechzylindern, das Surren von hauchdünnen Zahnrädern, die Spannung und Lockerung zarter Federn, das vertrautere Ticken, mit dem eine Sekunde nach der anderen gezählt wurde. Kein anderes Geräusch rührte Joey auch nur halb so sehr wie dieses, und während er dastand und seine Finger leicht auf einem elfenbeinernen Zifferblatt ruhten, hatte er das Gefühl, auf dem Strom der Zeit davongetragen zu werden.

Inzwischen war Augustine eingetroffen. «Wenn die Katze aus dem Haus ist…» sagte er zu seinem Assistenten, und Joey konnte noch einige Meter entfernt seine Fahne riechen. Dann drehte Augustine sich um, entdeckte Floey im Halbschatten und stieß einen leisen Ruf des Erkennens aus. «Das ist aber eine Überraschung. Suchen Sie etwas Bestimmtes? Ein Astrolabium? Einen hübschen viktorianischen Reisewecker?»

«Nein, danke.» Floey blickte sich nach ihrem Mann um. «Wir haben das getan, was man mit Büchern macht.»

«Verbrennen?»

«Nein.» Sie brachte das Wort triumphierend hervor, während sie sich zum Gehen anschickte. «Wir haben herumgeschmökert.» Joey konnte den Staub riechen, der über allem lag, doch als Floey nun die Tür öffnete, spürte er den Hauch der frischen Luft und einen jähen Lichteinfall, als habe ein Geisterwesen den Raum betreten. Und er dachte an die verkrüppelte Frau, die über diesem Geschäft wohnte, wo die alten Uhren versammelt waren.

20
Im Zwielicht

ALS MARK CLARE an jenem Abend aus dem Pilgrin Valley heimkehrte, hoffte er, daß Kathleen ihn wie üblich erwarten und begrüßen würde. Aber sie saß auf einem Sessel am Fenster; ihr Profil zeichnete sich vor dem dunkler werdenden Himmel ab. «Hallo», sagte er sanft. Aber dann spürte er, daß etwas nicht stimmte, und rief energischer: «Hallihallo. Kein Licht? Soll ich die Lampe anmachen?»

«Nein, Mark. Noch nicht. Bitte.» Es war, als wolle sie mit dem schwächer werdenden Licht verschwinden, verblassen und dadurch aufhören, sie selbst zu sein.

«Was ist los?» fragte er zögernd, fast reumütig.

Sie reichte ihm den Brief, ohne zu antworten, und Mark stellte sich hinter sie, so daß er ihn in dem schwindenden Licht von draußen lesen konnte. Er war von der Adoptionsstelle, und darin wurde sehr behutsam erklärt, man müsse, da Mrs. Clare als behindert registriert sei, weitere Nachforschungen anstellen, bevor vorläufige Schritte zur Adoption eines Kindes unternommen werden könnten. Es gebe Umstände, unter denen eine behinderte Person als Elternteil in Frage komme, doch leider gebe es auch Umstände, unter denen eine solche Entscheidung ausgeschlossen sei. Das Verfahren gehe seinen Gang.

«Das hat überhaupt nichts zu bedeuten», sagte er. Aus irgendeinem Grund mußte er schlucken. «Das ist reine Routine.» Aber als er den Arm um Kathleens Schulter legte, spürte er ihre Verzweiflung und wurde hilflos davon mitgerissen. Er ließ den Brief zu Boden fallen. Zwar hatte er sich gesträubt, damit zu rechnen, aber er wußte, daß es kommen würde, und er hatte versucht, sich auf den Moment vorzubereiten. «Es ist reine Routine», wiederholte er. «Eine routinemäßige Vorsichtsmaßnahme.»

«Eine Vorsichtsmaßnahme?» Sie drehte sich um und sah ihn an. «Eine Vorsichtsmaßnahme wozu?» Ihre Stimme klang schrill. Sie entzog sich Marks Umarmung und legte sich die Hand an den Hals.

«Sie müssen eben sichergehen», sagte er. «Wenn sie uns erst gesehen haben, werden sie sofort Bescheid wissen. Menschen wie wir...» Es war die Sachlichkeit dieses «Menschen wie wir», das es so herzzerreißend klingen ließ – als sehe er Kathleen und sich selbst von außen, als seien sie nicht einzigartig, sondern irgendwie so sehr von Verlust oder Unvermögen gezeichnet, daß sie sich der Statistik angepaßt hatten, als hielten sie einander für nicht mehr ganz real. Er kniete sich neben sie und nahm ihre Hand.

«Ich hatte gerade angefangen, es zu vergessen», sagte sie sehr leise. «Aber nun bin ich wieder das, was ich war. Das, was ich immer gewesen bin.» Sie berührte ihr Bein. «Es bedrückt mich so.»

«Ich weiß.» Er wollte ihr helfen, doch er fühlte, wie ihr Schmerz ihn wieder übermannte. Wenn jemand plötzlich das Zimmer betreten hätte, hätte Mark sich sofort, gleichsam instinktiv, wieder in den herzlichen und enthusiastischen Mann verwandelt, den all seine Freunde kannten, aber in Kathleens Gegenwart schob sich sein eigenes verborgenes Ich in den Vordergrund. Er war stets überrascht von dessen Eingebungen, und nun, im Augenblick, waren seine Arbeit, seine Nachforschungen über die Vergangenheit, seine Rekonstruktion der Behausungen der Toten ohne die geringste Bedeutung, verglichen mit der Verzweiflung seiner Frau. Andere Menschen – «Menschen wie wir» – hatten im Lauf der Jahrhunderte das gleiche durchlitten, und doch war es stets frisch, stets neu, stets der erste Schmerz.

«Vielleicht haben sie recht», sagte Kathleen. «Vielleicht war alles ein Fehler.»

Und während sie sprach, begriff er, wie zerbrechlich ihr scheinbarer Mut und Optimismus waren, wie wenig sie sich geändert hatte. Er schmeckte seine eigene Furcht wie Metall im Mund. «Versuch doch mal, wütend zu werden», riet er. «Friß nicht alles in dich hinein. Richte es nach außen.»

«Aber du weißt nicht, wie es ist, in der Falle zu sitzen. Und sicher zu sein, daß nichts je anders sein wird. Manche Dinge ändern sich. Aber die wichtigen Dinge bleiben gleich.»

«Das spielt doch keine Rolle.» Er merkte kaum, was er sagte. «Versuch mal, weiter in die Zukunft zu blicken.»

«Und was sehe ich da? Den Himmel? Die Erde? Die werden ihren Weg auch ohne mich gehen.»

Mark hörte ihr die Anspannung, das leise Widerstreben an, die er schon bei ihrer ersten Begegnung gespürt hatte. Und nun erkannte er, daß er von ihrem Leid ausgeschlossen wurde. Sie hatte diesen Dialog mit sich selbst von frühester Kindheit an geführt. Mark hatte ihn einmal ganz schwach vernommen, doch war er bald von ihrem gemeinsamen Leben erstickt worden. Im Augenblick war Kathleens Anspannung so greifbar, daß sie all die Jahre dazwischen auszulöschen schien. Sie war, was sie stets gewesen war. Lag der wahre Sinn ihres Lebens vielleicht nur in ihrer Behinderung? Aber nein, das konnte nicht stimmen, jetzt nicht mehr. «Wir haben einander», sagte er. «Vergiß das nicht. Du bist nicht allein.»

«Und du mußt mich tragen wie eine Bürde. Nicht wahr?»

«Du bist keine Bürde. Du bist mein Leben.» Er hatte noch nie einen solchen Schmerz in ihrem Blick gesehen und betrachtete sie fasziniert, als verwandele sie sich vor seinen Augen.

«Ja», entgegnete sie. «Ich weiß.» Sie hielten einander fest und wiegten sich im Zwielicht hin und her.

21
Weiter voran

OWEN CHARD BEOBACHTETE den jungen Mann, der neben ihm arbeitete, und nahm mit einiger Genugtuung zur Kenntnis, daß dessen Bewegungen immer langsamer wurden. Vielleicht war es die Wärme des Spätfrühlingsmorgens, die ihm zusetzte, jedenfalls stöhnte er von Zeit zu Zeit und fuhr sich mit den Händen über die Augen. «Na, na, na», sagte Owen schließlich. «Jetzt schon müde? Sie werden doch wohl jetzt noch nicht schlappmachen?»

«Müde bin ich eigentlich nicht.» Der junge Mann hatte auf einer schwarzen Plastikplane gekniet – in einer Haltung, die aus der Ferne hätte vermuten lassen können, daß jemand zur Erde betete –, doch nun stand er auf, um sich die Beine zu vertreten und den schmerzenden Rücken zu entspannen; dabei musterte er die dunkle, entblößte Oberfläche des ihn umgebenden Bodens. «Ich weiß auch nicht, was es ist.»

«Kein Grund zur Sorge.» Owen war ungewöhnlich heiter. «Dann und wann passiert es jedem. Wir nennen es Steinzeitschwermut.» Er klopfte mit seiner Kelle auf die Erde. «Sie scheint hier hochzusteigen. Als brauche sie Luft.»

«Wie eine Krankheit?»

«Nein. Wie Schwermut.»

«Worüber redet ihr Jungs eigentlich?» Martha Temple kam auf sie zu und wedelte höchst neckisch mit dem Finger. «Ich habe da ein schreckliches Wort gehört, und das gefällt mir gar nicht. Laßt mich ein fröhliches Wort hören. Wie Pfefferkuchen. Oder Krapfen.»

«Ich habe ihm gerade von der Steinzeitschwermut erzählt», sagte Owen. «Ich vermute, du erinnerst dich daran.»

«Davon will ich gar nichts wissen.» Sie hielt sich fröhlich die Ohren zu und ging davon. Aber sie wußte es bereits. Sie kannte den kalten Schweiß, der sich auf der Stirn sammelt, das Gefühl der Nichtigkeit, das wie ein Schmerz in den Gliedern sitzt, das seltsame Gefühl, beobachtet zu werden. Einst hatte ihr all das schwer zu schaffen gemacht, doch inzwischen nahm sie es auf die leichte Schulter. «Julian», rief sie. «Julian Hill, was *machst* du denn da?» So schelmisch wie es klang, wollte sie bestimmt nicht auf die Tatsache aufmerksam machen, daß Julian wie immer sehr wenig tat, um die Ausgrabung voranzubringen. Er stand am östlichen Ende des Grabes, wo der Hügel aus der Talseite hervorzuwachsen schien; er hatte den Kopf zurückgelegt und streckte die Arme hoch in die Luft. «Ich habe eine Theorie über die Sommersonnenwende. Eine meiner besten Theorien übrigens...»

«Und du bist ja der Fachmann, wie wir alle gehört haben. Weshalb schreibst du nicht einen interessanten Artikel für *New Archaeology*? Ist das nicht der beste Weg zu einer Beförderung?»

«Das wäre ein Gedanke.» Julian hatte ihren Vorschlag recht ernst genommen. «Wieviel man wohl für einen wirklich guten Beitrag bekommen würde?» Es war ein Spleen von Julian, daß er annahm, alle teilten seine Selbsteinschätzung. «Ich könnte auch meinen Vortrag ausbauen.» Julian Hills Vortrag, der nie gehalten worden war, betraf die Zukunft der Archäologie. Ihm schwebte eine Zeit vor, da Ausgrabungen überflüssig sein würden und Erdabhörgeräte alle im Boden vergrabenen Gegenstände entdecken und in dreidimensionaler Form rekonstruieren könnten. Die unterirdische Welt würde nie gestört werden müssen, da man diese dreidimensionalen Bilder dann in Form von Hologrammen reproduzieren könnte: Im Museum der Zukunft würden Ganggräber und unterirdische Kammern in

Form von Lichtern über der Ausstellungsfläche schweben – perfekte Scheinbilder von Gegenständen, die weiterhin in der festen Erde verborgen blieben. Der Stein dieser neolithischen Denkmäler würde genauso echt wirken wie die Steinmauern des Museums, in dem sie geschaffen worden waren: Verweste Knochen und Tonscherben würden so solider scheinen, als habe man sie gerade der Erde entnommen; alle Indizien der Vorgeschichte würden in leuchtender Gestalt wiederaufleben. Und man würde nichts davon angerührt haben, weshalb zwei Welten – eine für immer im Dunkeln begrabene und eine lichterfüllte – existieren würden. Julian Hill sah auch sich selbst im Licht, fern vom Schutt der Ausgrabungsstätten, fern von der Schwere seines eigenen Körpers, fern von all seinen Kollegen, fern an jenem Punkt, auf den seine Augen stets gerichtet zu sein schienen.

Martha Temple sah zu, wie er auf die Tasten seines Taschenrechners drückte. «Ein Glück, daß einer von uns gar nicht richtig zu graben braucht», sagte sie auf ihre charmanteste Art. «Du kannst einfach zurücktreten und dir einen Überblick verschaffen, stimmt's?»

«Das ist meine Stärke.»

Es war nicht ganz die Antwort, die sie erwartet hatte, und in ihrer Stimme schwang Enttäuschung mit. «Ich will dich nicht aufhalten. Und ich muß mich wieder an die richtige Arbeit machen.»

In diesem Moment galt ihre eigene Arbeit dem Inhalt eines hölzernen Ablegekastens, den sie in dem Baucontainer, der an der Ausgrabungsstätte aufgestellt worden war, auf ihrem Schreibtisch zurückgelassen hatte. Darin befanden sich die Gegenstände, die an diesem Morgen bei den Ausgrabungen entdeckt worden waren: zwei Feuersteine, beide in einem vorgerückten Stadium des Verfalls, doch mit genügend Spuren ihrer ursprünglichen Form, um vermuten zu lassen, daß der eine viel breiter und flacher gewesen sein mußte als der andere. Die genauen Fundorte waren notiert worden, und obwohl ihre Herstellungsdaten sich um mehrere hundert Jahre unterschieden, hatte man sie ganz dicht nebeneinander entdeckt. Außerdem war eine Tonscherbe gefunden worden. Sie war nicht mehr als fünf Zentimeter breit, doch als Martha sich darüber beugte, um sie mit ihrem feinen Pinsel abzustauben, bemerkte sie sofort, daß sie eine strickförmige Kerbe hatte – früher einmal mußte jemand ein Seil in den noch nicht festen Ton gedrückt und so diese schwache Andeutung einer Verzierung hinterlassen haben. Früher einmal. Aber die Zuordnung war wieder schwierig, denn das gekerbte Stück stammte aus einer Periode, die vermuten ließ, daß die Stätte noch viele hundert Jahre nach ihrer Errichtung benutzt worden war.

Martha legte das Fragment sorgfältig in eine Kunststofftüte, die sie dann versiegelte und etikettierte. Sie hörte, wie sich die Tür hinter ihr öffnete, und sagte wie zu sich selbst, doch in ihrer liebenswürdigsten Art: «Das ist alles sehr merkwürdig.» Niemand antwortete. «Vielleicht liegt es nur daran, daß ich ein Dummerchen bin.» Da immer noch niemand antwortete, wirbelte sie herum und sah, wie Owen Chard seine Pfeife hervorzog. «Ich habe dich nicht eintreten hören», sagte sie mit einem reizenden kleinen Lachen. «Was mußt du von mir denken, wenn ich so mit mir selbst rede?»

«Ich habe nicht zugehört.» Er klopfte mit dem Pfeifenkopf gegen die Seite des Computers. «Du hast mich wohl für Mark gehalten?»

«Ich habe dich für niemanden gehalten.» Wieder das reizende Lachen, doch da Owen ihr keine Beachtung schenkte, setzte sie um einiges bissiger hinzu: «Wo ist er überhaupt?» Sie ging zur Tür des Containers und rief:

«Mark? Mark? Hat irgend jemand Mark gesehen?» Dadurch gab sie allgemein bekannt, daß er noch nicht eingetroffen war. «Ich hoffe», flüsterte sie vor sich hin, wobei sie sich ein leichtes Lächeln verkniff, «daß da nichts Schlimmes passiert ist.»

Mark tauchte erst später, viel später, auf. Die anderen waren so sehr an seinen Enthusiasmus gewöhnt, daß niemand außer Owen bemerkte, wie gequält und angespannt er wirkte. Aber Mark sagte nichts, und alle arbeiteten den ganzen Tag lang und entfernten langsam die kreidehaltige Erde, die auf der Kammer innerhalb des Grabhügels lastete. Der Rücken tat ihnen vom vielen Knien weh; die Knie selbst waren abgeschürft und voller blauer Flecken, obwohl sie versuchten, auf der schwarzen Plastikunterlage zu bleiben; sie bekamen schmerzhafte Nackenkrämpfe, während sie die mit Kelle und Spatel gelockerte Erde untersuchten; die Finger wurden von scharfen Steinen zerkratzt; die Handgelenke brannten von der Anstrengung, die Erde zu sieben und zu späterer Analyse in Plastiktüten zu sammeln.

Sie arbeiteten, bis das Licht zu schwinden begann und die untergehende Sonne die langen Schatten der Begrenzungssteine über das flache Ausgrabungsgelände warf. Der Hügel selbst, obwohl nun knapp fünfzig Zentimeter niedriger als in seiner ursprünglichen Gestalt, warf einen dunklen Schattenfleck auf die Talseite. Am frühen Nachmittag war Wind aufgekommen, der den Grabenden Staub und Kreide in Augen und Mund geweht und Strähnen ins Haar gezogen hatte. Aber der Wind hatte nachgelassen, und den ersten schwachen Dunstspuren folgte nun ein schwererer Nebelschleier, der über den Buchen und Eschen auf dem Kamm des Tals schwebte – er wurde so dicht, daß die Bäume wie Bleistiftzeichnungen auf der Nebelwand aussahen und kurz davor zu sein schienen, sich darin aufzulösen.

«Hier drüben!» Es war die Stimme des jungen Mannes,

der unter der Steinzeitschwermut gelitten hatte. «Kommt hierher!» Mark und Owen gingen über die Stätte hinweg zu ihm, und ihr Blick folgte seiner Kelle, die auf ein im Boden eingebettetes Objekt zeigte. Es war dreißig Zentimeter lang und gebogen. «Irgendein Knochen?» fragte der junge Mann, nun verlegen, weil er befürchtete, einen ganz banalen Fund gemacht zu haben.

«O ja, es ist ein Knochen.» Mark wußte auf den ersten Blick, was es war. «Aber kein Menschenknochen.»

«Nein», ergänzte Owen. «Dies ist das Schulterblatt eines Ochsen. So gebogen, daß es eine Schaufel bildet. Sehen Sie?» Er beugte sich hinab und fuhr mit dem Finger an der Außenkante entlang, wobei er darauf achtete, das Objekt nicht zu berühren.

Mark trat einen Schritt zurück. «Das stimmt», sagte er. «Genau. Jetzt kommen wir der Sache näher.»

22
Eindringlinge

WÄHREND DER NACHT war etwas geschehen. Owen fand sich am nächsten Morgen als erster an der Ausgrabungsstätte ein, und als Martha ankam, sah sie, wie er den Kopf schüttelte und grimmig vor sich hin lächelte. «Also so was», sagte er. «Also so was. Wer kann das bloß gewesen sein.» Kaum daß die Ausgrabungen begonnen hatten, war dieser Teil des Pilgrin Valley – der Steinkreis und natürlich der Grabhügel selbst eingeschlossen – mit einem hellgrünen, an Holzpfählen befestigten Seil abgesperrt worden. Doch über Nacht hatte jemand das Seil auf allen vier Seiten durchgeschnitten, und die Enden lagen auf der frisch aufgeschütteten Erde.

«Könnten es Schafe gewesen sein?» fragte Martha, unschuldig wie immer. «Schafe können schließlich beißen, und ich kann mir nicht vorstellen, daß jemand auf der Ausgrabungsstätte Schaden anrichten will. Nicht einmal...» Sie unterbrach sich, hauptsächlich deshalb, weil ihr niemand einfiel, den sie bezichtigen konnte.

«Schafe? O ja. Schafe könnten all das getan haben. Natürlich.» Owen deutete auf die Fläche um den Hügel, wo eine Reihe von Brettern oder Stegen verlegt worden war, um den gerade entblößten Boden zu schützen. Nun hatte jemand diese Bretter entfernt – einige waren entzweigebrochen und über die Begrenzung der Ausgrabungsstätte geworfen worden, während andere neben dem Container aufgestapelt lagen. In diesem Augenblick bemerkten die beiden plötzlich, daß auch die Tür des Büros geöffnet worden war. Martha rannte voraus, denn sie wollte den eventuell angerichteten Schaden unbedingt als erste entdecken, und beim Betreten des Büros leistete sie sich den Luxus eines kurzen Schreis. Alle orangefarbenen Plastikstühle waren umgeworfen oder zerbrochen worden, jemand hatte den Bildschirm des Computers zerschmettert und mehrere Akten über den Fußboden verstreut. Nun ernsthaft in Panik, ging sie hinüber zu ihrem kleinen Schreibtisch, wo die «Funde» – vor der Weitersendung an das Labor des Museums von Exeter – untersucht wurden. Seltsamerweise waren die hier am Vortag hinterlegten Gegenstände nicht beschädigt worden: die Feuersteine, die eingekerbte Scherbe, die Samen, Muscheln und Tierknochenfragmente waren unversehrt. Und doch fehlte etwas...

Sie wartete, bis Owen den Container erreicht hatte, bevor sie die Hand vor den Mund schlug und rief: «Das Schulterblatt! Das Schulterblatt ist weg!» Sie hatte die aus einem Ochsenknochen geschnitzte Schaufel, die am Abend zuvor gefunden worden war, in einen Plastikbehälter gesteckt und diesen dann versiegelt, aber der Behälter war verschwunden. «Ich kann's nicht glauben», sagte Martha. Sie hob einen der Stühle auf, staubte ihn mit der Hand ab und ließ sich bedächtig darauf nieder. «Ich kann *einfach* nicht glauben, daß jemand von uns soviel Schaden anrichten würde.» Owen war gar nicht auf den Gedanken gekommen, einer ihrer Kollegen könnte dafür verantwortlich sein, und schaute sie verblüfft an. «Vielleicht irre ich mich. Vielleicht überschätze ich die Kraft des Guten im Menschen. Aber ich glaube es einfach nicht.» Es hörte sich an, als sei sie hoch erfreut.

Mark eilte herein und zog dabei schon seine Jacke aus, als sei er zu spät dran. «Was ist los?» fragte er. «Was ist passiert?»

«Irgend jemand mag uns nicht.» Owen war sehr wütend.

Marthas Stimmung war umgeschlagen, als Mark den kleinen Container betreten hatte. «Oh, sag das nicht, Owen. Vielleicht ist alles nur ein schrecklicher Irrtum. Ein Versehen. Allerdings» – sie warf Mark, der sich bückte, um ein Dokument aufzuheben, einen verstohlenen Blick zu – «könnte es uns Wochen, wenn nicht Monate kosten, die Sache wieder in Ordnung zu bringen.»

Mark richtete sich auf und fuhr sich mit der Hand übers Gesicht. «Was genau ist hier geschehen?»

Dies war die Frage, die von den anderen den ganzen Tag lang erörtert wurde. Owen Chard war zu dem Schluß gekommen, daß das Gelände Ziel eines konzentrierten Angriffs sei, und er verbrachte den größten Teil seiner Zeit damit, allen Dinge zu erklären, die sie bereits wußten. Julian Hill stellte sofort die Theorie auf, daß dieser Übergriff Parallelen zu ihrer eigenen Plünderung des neolithischen Grabes aufweise; er war fest davon überzeugt, daß man die ganze «Erfahrung» nun «verinnerlichen» müsse, und schenkte dem angerichteten Schaden keine Beachtung.

Martha Temple war engelhaft gelassen, geradezu heiter, doch mit ihren rührenden Versuchen, «das Team bei Laune zu halten», brachte sie es, ohne daß es ihr bewußt gewesen wäre, zuwege, praktisch alle Mitglieder, zumindest ansatzweise, zu verdächtigen.

Nur Mark konnte angemessen mit der Situation umgehen. Es schien ihm geradezu Spaß zu machen, das Chaos in Ordnung zu verwandeln, als versuche er irgendwie, sich selbst zu befreien. Er listete die Schäden auf und machte sich sofort daran, sie zu beheben, während er gleichzeitig über die Bedeutung des seltsamen Überfalls auf die Ausgrabungsstätte nachdachte. Was konkret passiert war, schien klar: Jemand hatte einen großen Teil der Geräte des Archäologen-Teams zerstört, merkwürdigerweise jedoch weder den Grabhügel selbst noch irgendeines der dort geborgenen Objekte beschädigt. Zwar waren die Bretter gewaltsam entfernt, der Boden unter ihnen war jedoch nicht angerührt worden; hier war kein Fußabdruck, keine neuerliche Vergewaltigung der uralten Erde zu sehen. Nur die Schaufel aus dem Ochsenschulterblatt fehlte.

Mark nahm zunächst an, daß in der Gegend wohnende Kinder die Übeltäter seien, vielleicht sogar die kleinen Jungen, die ihn vor so vielen Wochen mit ihrem Lachen aufgestört hatten. Aber hätten Kinder eine so seltsame Ehrfurcht – oder auch Angst – vor der Ausgrabungsstätte als solcher an den Tag gelegt? Und weshalb sollten sie die Schaufel gestohlen, alles andere jedoch zurückgelassen haben? Wenn aber nicht Kinder dafür verantwortlich waren, wer hatte sich dann die Mühe gemacht, die Ausgrabung zu behindern? Es schien eine Art Warnung zu sein, doch im Pilgrin Valley lebte niemand, der sich zu einem solchen Zeichen veranlaßt sehen mußte. Dann erinnerte er sich an das alte Häuschen jenseits des Talkamms. Und er erinnerte sich auch an die Gestalt, die er in dem erleuchteten Zimmer hatte hin und her gehen sehen. Doch er erwähnte dies den anderen gegenüber nicht, sondern rief erst einmal Evangeline Tupper an, um ihr von den nächtlichen Ereignissen zu berichten.

23
Zwei Damen

«WIE UNGEMEIN GROTESK. Welch schreckliche Anklänge an die Französische Revolution. Sagten Sie: ein Ochsenknochen? Ich kann schon die Schinderkarren hören.» Dies war Evangeline Tuppers Reaktion auf Marks Nachricht, doch nun legte sie die Hand auf die Sprechmuschel und flüsterte: «Es dauert höchstens eine Minute, Baby Doll.»

Die Adressatin ihrer vertraulichen Mitteilung war Hermione Crisp, eine ältere Dame, die an diesem Nachmittag einen schwarzen Anzug mit weißem Hemd und locker gebundener blauer Krawatte trug; ihr graues Haar war so kurz geschoren, daß sie aus der Ferne aussah wie ein Manager mit Bürstenschnitt.

«So etwas Entsetzliches habe ich in meinem ganzen Leben noch nicht gehört.» Evangeline lauschte wieder Marks Beschreibung des Schadens. «Ich werde heute nacht kein Auge zutun.» Sie lächelte Hermione an. «Gräßlich.» Sie hörte weiter zu und unterdrückte ein Gähnen. «Eine Tragödie, wirklich, eine klassische Tragödie. Natürlich. Abscheulich. Pfui.» Und dann schließlich: «Ich komme hin.» Sie legte den Hörer mit einer schwungvollen Geste nieder und drehte sich zu ihrer Gefährtin um. «So ein Langweiler von einem Mann.»

«Sag so etwas nicht.» Hermione hatte eine sanfte und melodische Stimme, die einen Kontrast zu ihrem recht strengen Äußeren hätte bilden können, es jedoch seltsamerweise zu ergänzen schien. «Du weißt doch, daß du es nicht so meinst. Also warum sagst du es?»

Die beiden Damen lebten seit zwanzig Jahren zusammen in einem Mietshaus unweit der Albert Hall. In dieser Zeit hatte Evangeline allen gegenteiligen Beweisen zum Trotz hartnäckig an dem Glauben festgehalten, daß Hermione die Verkörperung der Weiblichkeit sei. «Was hast du dir nur wieder in dein hübsches Köpfchen gesetzt?» fragte sie ihre Gefährtin. «Sei lieb zu deiner Evangeline. Denk positiv.»

«Ich wußte nicht, daß ich überhaupt denken soll.»

Aber Evangeline hatte sie nicht gehört; sie war zum Fenster hinübergegangen und blickte jetzt über die Straße hinweg auf das Albert Memorial. «Ich fahre nach Dorset», sagte sie. «Ich will mit ihm reden. Von Mann zu Mann.» Während sie Hermione als fleischgewordene Fraulichkeit behandelte, schien Evangeline die Illusion zu hegen, sie selbst sei der Inbegriff der Männlichkeit. «Ich werde mit anpacken. Mir die Hände schmutzig machen.»

Hermione sah sie belustigt an. «Wie denn?»

«Das ist keine Sommerfrische, du albernes Mädchen. Dort draußen wird nicht viel Federlesens gemacht. All die geilen Hähne.» Ein Schauder durchfuhr sie. «Und die Ochsen.»

«Dabei fällt mir ein: Dein Vater hat angerufen.»

«Was wollte er?»

«Ich soll dir nur ausrichten, daß er angerufen hat. Ich weiß, daß du es nicht magst, wenn ich zu lange mit ihm rede.» Das stimmte. Selbst nach zwanzig Jahren konnte sich Evangeline noch nicht mit ihrem Vater über ihre Beziehung zu Hermione unterhalten, die sie stets als ihre «Assistentin» bezeichnete. Die Welt der beiden, so schien es, mußte im verborgenen bleiben.

«Ich rufe ihn an, wenn ich zurückkomme», sagte sie widerwillig.

«Weshalb behandelst du ihn nicht etwas besser?» fragte Hermione. «Er ist schon so alt. Gib dir doch einmal Mühe, nett zu sein. Ausnahmsweise.»

«Ich *bin* nett. Bin ich zu dir etwa nicht nett?» Sie wollte ganz offensichtlich nicht über ihren Vater sprechen; überhaupt war sie nur selten zu ernsten Gesprächen aufgelegt, und Hermione argwöhnte, daß die Rollen, die sie spielten, die Realität verdrängen sollten. In diesem Sinne bestand Evangelines ganze Persönlichkeit aus nichts anderem als geleugneten echten Gefühlen. Aber Hermione hatte sich daran gewöhnt, und es gab sogar Zeiten, in denen sie Gefallen daran fand. «Hättest du Lust mitzukommen?» Evangeline war die Mißachtung, die sie ihrem Vater angedeihen ließ, sichtlich peinlich, und nun versuchte sie, ihre Gefährtin versöhnlich zu stimmen. «Nur wir beide? Es wäre schön, eine Frau in der Nähe zu haben.»

«Ich dachte, daß an der Ausgrabungsstätte Frauen sind.»

«Natürlich arbeiten dort welche, Baby Doll. Wir leben schließlich im zwanzigsten Jahrhundert.» Evangeline kniete sich neben sie und zwickte schelmisch in die Falten ihrer dunklen Hose. «Aber es gibt dort keine wirklich feminine Frau. Du weißt, was ich meine? Keine so mädchenhafte wie dich. Aber wie jemand, der so zart und anbetungswürdig ist, auf dem Lande überleben soll...»

«Nehmen wir die Hunde mit?» Die Damen besaßen zwei weibliche französische Pudel namens George und Harry.

«Bei den ganzen Kühen, die es da gibt? Wohl kaum. Vielleicht werden wir nur ein oder zwei Tage dort sein.» Evangeline strich einen Fussel von Hermiones Jackenaufschlag. «Aber nimm für Notfälle unbedingt ein Ballkleid mit. Baby Doll sieht in Rüschen immer am besten aus.» Beide wußten, daß Hermione nichts dergleichen in ihrem Kleiderschrank hatte, doch nun zog sie ihre Krawatte gerade, als bereite sie sich instinktiv auf die Reise vor. Evangeline sah sie voller Bewunderung an. «Gut, ich bin ungehobelt», sagte sie. «Ich bin eine ungehobelte, kantige alte Schachtel. Aber sie bezaubert mich.»

24
Die Damen machen einen Besuch

ZWEI TAGE SPÄTER konnte man das bezaubernde Wesen, angetan mit einer Jagdjacke aus Tweed und dazu passender Mütze, den Bahnsteig in Axminster entlanggehen sehen. Evangeline Tupper, beladen mit zwei großen braunen Koffern – sie bestand darauf, das Gepäck allein zu tragen –, folgte in einiger Entfernung und war völlig außer Atem, als sie vor Mark Clare stand. «Herrlich», sagte sie, stellte die Koffer ab und nahm rasch wieder eine Autorität ausstrahlende Haltung ein. «Immer wieder wunderbar, Sie zu sehen.» Ihre Gefährtin betrachtete die Plastiknachbildung eines Waisenkindes, mit der für Dr. Barnardos Heime geworben wurde, und Evangeline winkte sie herbei. «Ich glaube, Sie kennen Hermione Crisp noch nicht? Meine *Assistentin*? Wirklich unschätzbar.»

Hermione streckte die Hand aus. «Sehr erfreut», sagte sie. Mark, von ihrer Erscheinung beunruhigt, erwartete einen schraubstockartigen Griff und war überrascht von der Weichheit ihrer Finger, der Sanftheit ihres Händedrucks.

Unterdessen war Evangeline in die Bahnhofshalle vorangegangen, als wolle sie nicht Zeugin dieser Begegnung sein, und nun atmete sie tief durch. «Landluft. Einfach durch nichts zu überbieten. Ich habe jetzt schon das Gefühl, hierher zu gehören.»

Es gelang Mark, die beiden Damen an den erstaunten Fahrgästen vorbei auf den Bahnhofsparkplatz zu manövrieren, wobei er ständig lächelte und ohne besonderen Anlaß nickte. Er hob die Koffer hoch und stöhnte, da sich ihr Inhalt als sehr schwer erwies, doch als Hermione vortreten wollte, um ihm zu helfen, schob Evangeline sie auf den Rücksitz von Marks Wagen. Mit einiger Mühe verstaute er also das Gepäck im Kofferraum, bevor sie dann in Richtung Pilgrin Valley losfuhren.

Während der Fahrt gab er eine dramatische Beschreibung des Schadens, den man der Ausgrabungsstätte zugefügt hatte. «Ich begreife es nicht», sagte er. «Wer hätte ein Interesse daran, die Ausgrabungen zu verhindern? Wer hätte ein Interesse daran, uns von unserer Arbeit abzuhalten?»

Evangeline hatte voll Wohlbehagen die vorbeiziehende Landschaft betrachtet, ihr war nicht danach zu antworten. «Was für ein schönes Auto», bemerkte sie, als sei bisher nur Konversation gemacht worden. «Ich fühle mich wie in einer goldenen Kutsche.»

«Kutschen», erwiderte er, «haben keine Einspritzmotoren. Aber das Bild gefällt mir. Es ist ein schönes Bild für eine uralte Landschaft.» Er nahm die Hände einen Augenblick lang vom Lenkrad – es war eine Bewegung entweder des Frohlockens oder der Demut.

Hermione beugte sich vor. «Wieviel verbraucht er denn im Schnitt?» fragte sie Mark.

Aber bevor er antworten konnte, schüttelte Evangeline den Kopf, wie vor freudiger Verblüffung. «Meine Assistentin versteht absolut nichts von Autos.»

«O doch.» Hermione funkelte sie an. «Ich würde gern mal einen Blick unter sein Häubchen werfen.»

«Verstehen Sie, was ich meine, Mr. Clare?» Evangeline sah Hermione ziemlich streng an, als wolle sie ihr bedeuten, daß ihre reizenden weiblichen Beiträge in diesem Moment nicht erwünscht seien. «Autos haben keine Häubchen, Hermione. Häubchen sind für Frauen. Für Frauen wie dich und mich.» Sie wandte sich an Mark. «Fahren Sie fort. Mit der Tragödie.»

«Ich habe eigentlich niemand Bestimmten in Verdacht», berichtete er. «Natürlich waren da ein paar Kinder, aber ich glaube nicht, daß Kinder so umsichtig gewesen wären. Das Gelände selbst hat keinen Schaden genommen. Einige Bretter wurden losgerissen und der Computer zertrümmert, aber der Grabhügel selbst ist unberührt geblieben. Sogar die an der Seite aufgestapelten Grassoden lagen genauso da, wie wir sie verlassen hatten. Es war, als wolle uns jemand warnen. Oder uns nötigen, das Tal zu verlassen. Aber wer?»

«Ich glaube nicht, daß es Kinder gewesen sein können.» Hermione hatte viel größeres Interesse an diesem Gespräch als ihre Gefährtin, doch sobald sie sich einzuschalten versuchte, drehte Evangeline sich um und legte einen Finger an die Lippen, um ihrer koketten Begeisterung einen Dämpfer zu verpassen.

«Meine Assistentin», sagte sie fast entschuldigend, «interessiert sich sehr für Ihre Arbeit, Mr. Clare. Wie Sie sehen.»

Auf der letzten Etappe der Fahrt verfielen die drei in ein Schweigen, das nur von Evangelines freudigen Ausrufen unterbrochen wurde, wenn sie an irgend etwas vorbeikamen, das einigermaßen typisch für das ländliche Dorset zu sein schien. «Da», sagte sie zu Hermione. «Kühe! Hecken! Und die vermatschten großen Viecher da drüben!»

«Ich glaube», warf Mark ein, «das könnten Schweine sein.»

«Was Sie alles über das Landleben wissen. Es ist einfach phantastisch.»

Sie kamen im Pilgrin Valley an, stiegen aus dem Auto und kletterten langsam den Westhang hinunter, zu dem Grabhügel auf der anderen Seite des Baches, wo Martha Temple ihnen entgegenkam, um sie zu begrüßen. «Miss Tupper», rief sie. «Wie wunderbar. Ich bin überrascht, daß Sie an Ihrem Schreibtisch entbehrlich sind.»

«Das Ministerium ist in Notsituationen immer flexibel.»

«Sie sind also eine Art – fängt es nicht mit Feuer an?»

«Wehr?» Evangeline öffnete ihre Handtasche, um eine Zigarette herauszuholen, und Martha machte einen Schritt zurück. Hermione hörte dem Wortwechsel amüsiert zu, und Evangeline fuhr mit einem leichten Stirnrunzeln fort: «Darf ich Ihnen Hermione Crisp vorstellen? Meine *Assistentin*?»

Martha hatte nicht genau zugehört, und ohnehin hing ihre Brille an einer dünnen Silberkette um ihren Hals. Sie kniff die Augen zusammen, um das Phänomen in der Tweedjacke zu mustern. «Freut mich sehr, Mr. Crisp.»

«Miss.»

Baby Doll lachte laut über den Irrtum, doch Evangeline schien weniger erheitert zu sein. «Es ist zu schade», sagte sie wütend, «daß Sie George und Harry nicht kennenlernen können.»

«Nicht Ihre Gatten, wie ich vermuten darf?» Martha war sehr ruhig und liebenswürdig. «Nein. Natürlich nicht.»

«Nein», entgegnete Evangeline. «Nur zwei Biester.» Martha war verdutzt. «Zwei Hunde. Wir mußten sie zu Hause lassen. Damit sie auf dem Lande nicht wild werden.»

«Das war sehr klug», kommentierte Martha. «Wie ich höre, kommt das bei Stadtbiestern oft vor.»

Evangeline Tupper starrte sie böse an und wandte sich

dann mit lauter Stimme an Mark. «Ich bin sicher», sagte sie mit einem Seitenblick auf Martha, «daß hier Morde begangen wurden. Spüren Sie das nicht auch?»

«Ich spüre so viele Dinge», antwortete er und schaute lächelnd in die Runde. «Aber keine...»

«Und meinen Sie nicht auch, daß Frauen beteiligt waren?» Ihre Worte waren an Martha gerichtet.

«Ich weiß es wirklich nicht», sagte Mark.

«Und vielleicht auch Verstümmelungen? Was wissen wir schon von Verstümmelungen in der Vorgeschichte?»

«Das läßt sich unmöglich sagen.»

«Unmöglich doch wohl nicht. Nichts ist unmöglich.» Er schüttelte bloß den Kopf.

«Na egal. Jedem seine eigene Gruselgeschichte. Apropos...»

Also zeigte er Evangeline den Schaden, doch während sie zusammen die Ausgrabungsstätte abschritten, wurde Mark von einem Gefühl der Nichtigkeit überwältigt. Angesichts der nun gestörten Ausgrabungen schien sogar die Landschaft zu schrumpfen und ihre Farben zu verlieren. Hier waren die Überreste einer Kultur, die niemand zu verstehen behauptete, Relikte eines Zeitraums, der nur in dem Sinne eine «Periode» war, als jede Geschichte einen Anfang, eine Mitte und ein Ende haben muß. Die Schäden bestärkten Mark in seiner Vermutung, daß die Geheimnisse des Grabhügels Geheimnisse bleiben würden, Erinnerungen an ein größeres Mysterium, aus dem sie so unerwartet geborgen worden waren. Sie mochten helfen, die Geschichte abzurunden, aber es war eine Geschichte, die im Dunkeln erzählt wurde. Das Chaos, das über sie hereingebrochen war, gemahnte an diese Dunkelheit.

«Es ist wie im Film», erklärte Evangeline am Ende ihrer Besichtigung. «Genau wie im Film. Wir könnten überfallen worden sein.» Sie zündete ihre Zigarette an und zog gierig daran. «Wir könnten von etwas schrecklich Rachsüchtigem und Altem überfallen worden sein. Von etwas aus dem Abgrund der Zeit und so weiter.»

Martha hörte ihre Worte und schaute mit gespielter Verblüffung in die Runde. «Die einzigen wirklich alten Geschöpfe in diesem Tal, Miss Tupper, sind die Mints.»

«Die Mints! Ich liebe die Mints! Sind sie nicht allerliebst?» Sie schien ihre eigenen gräßlichen Warnungen vergessen zu haben. «Ich halte sie wirklich für eine absolut nationale Kostbarkeit.»

«Da ist auch noch das alte Häuschen», sagte Mark halb zu sich selbst. «Jemand wohnt dort.»

«Ich habe dort auch jemanden gesehen.» Martha hatte eine Rudelmentalität und war ohnehin nur allzugern bereit, einen weiteren Verdachtsgegenstand zu schaffen. «Jemand ging darin auf und ab.»

«Genau, wie ich gesagt habe!» Evangeline freute sich, daß ihre Horrorvision bestätigt wurde. «Meiner Überzeugung nach», erklärte sie in ihrem gebieterischsten Ton, «hat hier jemand mit dem Feuer gespielt. Aber damit genug. Vorläufig. Bis ich Nachforschungen angestellt habe.» Sie bildete sich ein, in Krisen über sich hinauszuwachsen, und nun stand sie auf und warf ihre Zigarette gefährlich nahe an die Stapel übereinandergeschichteter Grassoden. «Schreiten wir also zur Tat», setzte sie hinzu. «Gibt es Freiwillige?»

Schließlich einigte man sich, daß Mark und Evangeline selbst das Häuschen aufsuchen sollten, um seinen Besitzer – oder, besser gesagt, die Gestalt, die Mark in dem erleuchteten Zimmer gesehen hatte – zu befragen. Also kletterten sie gemeinsam den Hang hinauf, ließen das Buchen- und Eschenwäldchen hinter sich und durchquerten das angrenzende Feld. Jetzt, Ende Mai, waren die Senken und Mulden des Feldes mit Gänseblümchen und Butterblumen gefüllt, und der gelbe Blütenstaub setzte sich an den Rändern ihrer Schuhe fest, so daß sie durch pures Licht zu schreiten schienen. Mark blickte sich um und nahm flüchtig eine dunkle Spur wahr, die ihre Füße hinterlassen hatten, aber als er ein paar Sekunden später erneut zurückschaute, war die Spur verschwunden.

Sie konnten das Haus in der Ecke des Feldes sehen; sein Strohdach und die oberen Fenster ragten knapp über die hohe Ahornhecke hinaus. «Göttlich», hauchte Evangeline, als sie sich dem Haus näherten. Aber dann schrak sie beim Anblick einer dunklen Gestalt an einem der Fenster unwillkürlich zusammen. Jetzt waren sie so dicht herangekommen, daß sie Stimmen aus dem Haus hören konnten – eigentlich nicht Stimmen, sondern Gemurmel oder Geflüster.

Sie gingen auf die weiße Holzpforte zu, und als Mark die Hand darauf legte, sprang etwas aus der Hecke hervor und rannte ins Feld. Evangeline stieß einen kurzen Schrei aus und klammerte sich an Marks Arm. «Nur eine Katze», sagte er. «Nur eine schwarze Katze.»

«Ein Scheusal», gab Evangeline zurück. «Bestimmt nicht jugendfrei.»

Die Stimmen – oder das Gemurmel – wurden immer lauter. Mark öffnete die Pforte, und die beiden betraten einen Pfad aus geborstenen Steinen. Das Geflüster aus dem alten Häuschen wurde nun deutlicher, und sie hörten:

Wenn welket doch das Laub
Und fällt und ist am Ziele,
Und ist am Ziele…

Sie schauten einander einen Moment lang an. Dann richtete Evangeline die Augen theatralisch auf zwei weiße Masken an je einer Seite des Fenstersturzes. Es waren weiße Gipsmasken von zwei jungen Gesichtern, wohl keine Totenmasken, doch trotzdem düster und still. «Meinen Sie, daß wir Hänsel und Gretel gefunden haben?» fragte sie. Dann klopfte sie mit einiger Wucht an die Tür.

25
Die weißen Gesichter

DAS GEMURMEL HÖRTE AUF. Evangeline klopfte von neuem, und nach ein paar Sekunden schwang die Tür auf. «Ich hoffe, Sie haben nichts gegen Schönberg.» Eine Männerstimme, zögernd, wenn nicht gar nervös, ertönte hinter der Tür. «War es zu laut?» Plötzlich tauchte er vor ihnen auf: ein Mann in den Vierzigern, mit dunklem Haar, das bereits ergraute, und einem Gesicht, das so schmal, so eingefallen war, daß es den Anblick des Todes vorwegzunehmen schien. «Es tut mir leid. Bitte, treten Sie ein.»

«Kein Wunder, daß es mir bekannt vorkam!» Evangeline trat mit ausgestreckter Hand über die Schwelle. «Ich heiße Evangeline Tupper. Und dies...» Sie wartete, bis Mark hinter ihr in das Zimmer gekommen war. «Dies ist Mr. Clare. Vielleicht haben Sie uns beide schon mal im Pigskin Valley gesehen.»

«Pilgrin», flüsterte Mark.

«Wo auch immer.»

Der Mann betrachtete sie ganz kurz mit einer verstörten, ja niedergeschlagenen Miene. Tatsächlich hatte er sie schon einmal gesehen, in einem braunen Wagen, als er gerade vom Observatorium zurückgefahren war, aber er erwähnte es nicht. «Fall», erwiderte er leise. «Damian Fall.» Er ging zu seinem CD-Player hinüber, drehte die Lautstärke herunter, zögerte und schaltete den Apparat ab. Mark bemerkte, daß er leicht gebeugt ging. Dies hatte keine physische, sondern eher eine moralische Ursache: Er wollte andere Menschen versöhnlich stimmen, soweit es ihm möglich war. Er wollte kein Ärgernis erregen. «Hatten Sie Gelegenheit, den Garten zu bewundern?» fragte Damian, ihnen immer noch den Rücken zuwendend.

Seine düstere Förmlichkeit fiel sogar Mark auf, der mit leiser Stimme erwiderte: «Wir sind nur durchgegangen.»

«Sie müssen mal im Sommer wiederkommen. Nelken. Herbstzeitlose. Und so weiter und so fort.» Er sprach widerwillig, als habe er bereits Angst, sie zu langweilen.

«Was für ein wunderschönes Häuschen!» Mark war bemüht, die schwermütige Atmosphäre zu vertreiben, und rieb sich fröhlich die Hände, als habe er selbst das Haus entdeckt. «Siebzehntes Jahrhundert?»

«Ich weiß nicht.» Damians Antwort kam langsam, als gestehe er einen von vielen Mißerfolgen.

«Gute, solide Arbeit.» Mark klopfte mit der Faust an eine Wand. «Dick. Für die Ewigkeit gebaut. Großartig.»

Nun herrschte Schweigen, doch es wurde gleich von Evangeline gebrochen, die in die Mitte des Zimmers trat. «Und sind die alle handgemacht? Ich kann's nicht glauben.» Sie starrte sichtlich verzückt nach oben auf eine Reihe weißer Gipsgesichter, die in die hohe Decke eingemeißelt oder dort befestigt waren. Die Gesichter schauten aus leeren Augenhöhlen auf die im Zimmer Anwesenden hinunter.

Damian drehte sich endlich um und blickte nach oben. «Damit verbindet sich wahrscheinlich eine lange Geschichte, aber ich kenne sie nicht. Sie müssen die Mints fragen, denen dies alles gehört. Es tut mir leid.» Es entstand allmählich der Eindruck, er habe sich sein ganzes Leben lang nur entschuldigt. Nun sah er von einem zum anderen, offenbar begierig, den Zweck ihres Besuches zu erfahren, doch nicht bereit, das Thema von sich aus anzusprechen.

Evangeline schickte sich nicht an, ihm zu helfen. «Sie kennen die Mints also auch? Sind sie nicht die rustikalsten Geschöpfe, die Sie *je* zu Gesicht bekommen haben? Ich möchte am liebsten eine Heugabel nehmen und sie mit Stroh zudecken. Verstehen Sie, was ich meine?»

Damian Fall lächelte nervös. Mark war bereits klar, daß Damian nichts mit den Ereignissen im Pilgrin Valley zu tun hatte, aber er wußte nicht, wie er diese zunehmend fruchtlose und peinliche Begegnung beenden sollte. «Machen Sie hier Urlaub?» fragte er vorsichtig.

«O nein.» Zum erstenmal schien Damian frei zu reagieren. «Ich lege nie eine Ruhepause ein.» Bei dem Wort «Ruhepause» zuckte seine linke Wange ganz kurz, doch seine Stimme blieb völlig beherrscht. «Ich habe leider nie Zeit dazu. Meine Vorgesetzten...» Er verstummte.

«Sie machen doch bestimmt», verkündete Evangeline laut, «etwas absolut Wunderbares.» Dann zögerte sie, da ihr zunächst kein geeignetes Beispiel einfiel. «Haben Sie etwas mit der Wettervorhersage zu tun?»

«Na ja, so etwas Ähnliches.»

«Wünschelrutengänger?»

«Nun...» Damian Fall wollte, daß sie richtig riet, um allen weitere Peinlichkeiten zu ersparen. «Ich fürchte, jetzt sind Sie nicht mehr so nahe dran.»

Evangeline hob die Hände in die Luft. «Ich gebe auf», sagte sie. «Ich kapituliere bedingungslos.»

«Ich habe einen ähnlichen Beruf wie Sie.» Er wandte sich an Mark, da er bereits ahnte, daß Evangeline keine Archäologin war. Aber dann wandte er sich wieder ihr zu, um sie nicht zu verärgern. «Und wie Sie natürlich.»

«Nein», antwortete Evangeline. «Spannen Sie mich nicht auf die Folter. Heraus damit. *Étonnez-moi.*»

«Schauen Sie sich um.» Mark kam es so vor, als würde er kleiner, während er sprach, und als er nun auf die Wände des Häuschens zeigte, wäre es ihm offenbar ganz recht gewesen, wenn die unerwarteten Gäste seine Existenz völlig vergessen hätten.

Gehorsam musterte Evangeline das Zimmer, wobei sie einen Finger auf reizend neugierige Weise an die Unterlippe drückte – als rechne sie fest damit, von praktisch allem, was sie sah, überrascht oder begeistert zu sein. An einer Wand hingen eine Reihe von Drucken in schmalen schwarzen Rahmen, und sie eilte mit einem scheinbar unwillkürlichem Ausruf der Erregung hinüber. Da waren ein Stich von Galileos Karte der Plejaden – 1610 im *Sternenboten* veröffentlicht –, dessen dunkle Linien sorgfältig nachgezogen waren, so daß es aussah, als seien die Flammenkreise durch Fädchen miteinander verbunden; ein im 18. Jahrhundert angefertigtes Bild von Ptolemäus, der ein glänzendes Sonnenmodell in der Hand hielt, dessen Strahlen, dargestellt durch blanke Metallzungen, von einer zentralen Sphäre ausgingen; ein Porträt von Kopernikus mit einer langen Perücke – seine Rechte ruhte auf einem Astrolabium, und er sah zu einer geöffneten Tür hinüber; ein Stich, der Tycho Brahe darstellte, umgeben von Buchstaben und Ziffern, die Sternkonstellationen nachempfunden waren; ein Bildnis Keplers, dessen Hand auf eine himmlische Halbkugel wies, und darunter die Zeilen: «Die Astronomie hat zwei Ziele: Die Erscheinungen des Himmels zu bewahren und die wahre Gestalt des Weltgebäudes zu ergründen»; ein Bild von Newton, der einen Vorhang zurückzog, um ein Modell des Sonnensystems zu enthüllen, das in einem erleuchteten Raum schwebte; und am Ende der Reihe eine Fotografie Einsteins vor einer mit Kreide vollgeschriebenen Tafel.

«Was für prachtvolle Gesichter sie hatten», sagte Evangeline. «Seinerzeit. Oh, schauen Sie, noch mehr Wonnen.» Sie trat an die gegenüberliegende Wand, wo drei größere Drucke sorgfältig nebeneinander aufgehängt worden waren. Der erste Stich, dessen Ränder zerknittert und fleckig waren, zeigte einen alten Mann in Mönchskutte, der durch ein offenes Fenster blickte; seine Hände waren – die Handflächen nach außen – zu einer flehentlichen Geste erhoben. Daneben hing ein Druck aus dem 17. Jahrhundert: Drei Männer, die Zopfperücken trugen, spähten durch lange Rohre; unter dieser Szene standen die Worte: *Prospectus Intra Cameram Stellatum*. Der letzte Stich war jüngeren Datums. Er zeigte drei Viktorianer mit Zylinderhüten; die Männer machten sich in einer verdunkelten Kuppel zu schaffen, und vor ihnen ging ein schmaler Lichtstrahl von einem großen Teleskop nieder. Die Bildunterschrift lautete *Domus obscurata*.

«Was bedeutet diese prachtvolle Wendung?» fragte Evangeline.

Damian war ganz still. «Das verdunkelte Haus.»

«Ich *halte* es nicht aus. Es ist zu schön.»

Mark Clare hatte sich die Bilder ebenfalls angesehen. «Wir haben das gleiche in der Archäologie», sagte er. «Wir nennen es Fogou. Das Haus unter der Erde.»

«Aber mein verdunkeltes Haus ist über der Erde», sagte Damian rasch und nervös. «Ich arbeite in dem Observatorium im Holblack-Moor. Ich bin Astronom. Was wollten Sie von mir?»

26
Das Gespräch

«MAN KANN NIE ZURÜCK», sagte Damian Fall. «In die Vergangenheit gesandte Signale würden von ihrem eigenen Echo ausgelöscht werden. Man kann nur eines tun: Signale in die Zukunft senden. Pardon. Verzeihen Sie die Unterbrechung.»

Mark Clare hatte eine Erklärung für seinen Besuch liefern wollen und Damian gefragt, ob er im Pilgrin Valley ungewöhnliche Vorgänge bemerkt habe; nun beschrieb Mark, was überzeugender war, den Charakter des Grabhügels. Er stand in der Mitte des Häuschens, die Hände tief in seinen Manteltaschen vergraben, und das Wissen, das er weitergeben wollte, ließ seine Augen glänzen. «Die Periode der Megalithkulturen reicht eine ungeheuer lange Zeit zurück. Sie dauerte über dreitausend Jahre. Und Kammergräber wie dieses wurden rund zweitausend Jahre lang gebaut.» In seiner Aufregung stellte er sich auf die Zehenspitzen und federte dann wieder zurück auf die Absätze.

«Wenn wir nur alles absolut leibhaftig vor uns sehen könnten.» Evangeline war entschlossen, bei diesem Gespräch nicht übergangen zu werden. «All die köstlichen Tierfelle. Köstlich, aber bestimmt sehr schmutzig.»

Mark runzelte die Stirn; er war nicht bereit, sich ihrer spielerischen Nostalgie anzuschließen. «Wir wissen es nicht – wir sind nicht sicher –, aber wir glauben, daß das Grab im Pilgrin Valley um 2500 v. Chr. konstruiert wurde. Und wir meinen, daß es das Grab eines Astronomen ist.»

Damian errötete bei der Erwähnung seines Berufs. Evangeline stieß einen vergnügten Jauchzer aus. «Was für ein außergewöhnlicher Zufall! Sie müssen sich ja so fühlen, als würden Sie mit einem Bein im Grabe stehen?»

«Es ist schwierig, sich über etwas sicher zu sein», erwiderte er. Er lächelte Mark verlegen zu, als wolle er sich im voraus für etwas entschuldigen. «Es gibt ja so viele Theorien. Vielleicht kommt es gar nicht darauf an, welche man wählt. Noch mehr Schall und Rauch...»

«Zu der Zeit, als dieses Grab gebaut wurde, gab es Steinkreise in ganz England.» Mark brannte so sehr darauf, mit seinen Ausführungen fortzufahren, daß er nicht bemerkte, wie seltsam unwillig Damian ihm zuzuhören schien. «Und alles deutet darauf hin, daß die Steinkreise Observatorien waren. Deshalb ist es möglich, daß diejenigen Stammesmitglieder das höchste Ansehen genossen, die den Nachthimmel beobachteten und die Sterne in irgendeiner Weise deuten konnten.»

Damian hob die Hand, um ihm Einhalt zu gebieten, musterte sie dann jedoch und steckte sie schnell wieder in die Tasche. «Da Sie es sich nun vorgestellt haben, ist es wahr geworden», sagte er. «Ich muß die Geschichte glauben, wenn sie erst einmal erzählt worden ist, aber...»

«Ja. Natürlich. Und wir meinen auch, daß diese Observatorien auf der ganzen Welt unabhängig voneinander entstanden. In Malta, Portugal, Dänemark und Irland wurden welche entdeckt. Und nun hier. Hier im Pilgrin Valley.»

«...aber ich wünschte, sie nie gehört zu haben. Es gibt zu viele Geschichten.»

Mark unterbrach sich und sah zum erstenmal die Anspannung im Gesicht des Astronomen; dann fuhr er langsam und deutlich fort: «Niemand weiß, weshalb es während dieser einen Periode ein so umfassendes Interesse an den Sternen gab. Niemand begreift, weshalb die Bewohner der Erde begannen, am Himmel den Sinn ihres Lebens zu suchen. Es ist, als ginge man der Frage nach, warum manchen Geschöpfen Flügel wuchsen und sie zu Vögeln wurden.» Er stockte und hatte eine kurze Vision seiner Frau, die in einem verdunkelten Raum – ihrem kleinen Schlafzimmer – saß und aus dem Fenster schaute.

«Fahren Sie fort», sagte Damian, der meinte, an dem plötzlichen Schweigen schuld zu sein. «Bitte fahren Sie fort. Jede gute Geschichte muß ein Ende haben.»

«Es kann sogar sein, daß der Steinkreis um unseren Grabhügel auf irgendeinen Punkt am Himmel ausgerichtet ist. Er ist von so ungewöhnlicher Form, daß er eine feste Aussichtsplattform darstellen könnte. Vielleicht für die Zeit des Frühlingsäquinoktiums.» Seine Begeisterung war so überraschend zurückgekehrt, wie sie sich gelegt hatte, und nun verschränkte er die Arme aufgeregt um seinen Körper. «Aber wir sind auf dem besten Weg. Wir müssen nur etwas tiefer graben.»

«Bis die Zeit stillsteht?» Für einen Moment hatte sich Marks Begeisterung auf Damian übertragen – wie ein Spiegel, der ein Gesicht reflektiert. «Wußten Sie, daß die Zeit an der Spitze eines Gebäudes schneller vergeht als im Keller?»

«Vielleicht setzten die alten Bewohner dieses Tals ihre Führer deshalb in der Erde bei. Vielleicht wußten sie das.»

«Aber wenn sie aufblickten, müssen sie ein Muster von Fixsternen gesehen haben. Weshalb verbrannten sie die Astronomen nicht und schickten sie nach oben? Auf den Mond?»

«Das kommt mir irgendwie bekannt vor.» Evangeline langweilte dieses Gespräch. «Ist das nicht dasselbe wie ‹wo der Pfeffer wächst›? Oder bin ich einfach nur albern?» Beide Männer schwiegen. «Noch eine alberne Frage», setzte sie mit einer gewissen Verzweiflung hinzu. «Was genau tun Sie in diesem herrlichen Moor?»

«Ich studiere die Sterne», erwiderte Damian.

«Aber es gibt so viele, zwischen denen man sich entscheiden muß.»

«Kennen Sie die Plejaden?» Evangeline nickte heftig. «Gehen Sie dichter heran, dann kommen die Hyaden. Noch dichter, und dann haben sie Aldebaran, den roten Riesen. Entschuldigen Sie bitte.» Er unterbrach sich – seine Worte waren ihm ebenso peinlich wie sein Schweigen – und schloß kurz die Augen. «Natürlich glaubt niemand von uns an eine starre Geometrie. Mit dichter meine ich also dichter in der Zeit. Die Plejaden sind dreihundert Lichtjahre von uns entfernt, die Hyaden hundertvierzig Lichtjahre. Aldebaran ist nur achtundsechzig Lichtjahre von uns weg. Sie alle scheinen sich so nahe zu sein, aber in Wirklichkeit sind sie weit auseinander.»

Evangeline hob eine Hand an den Mund, als sei sie geradezu fasziniert. «Ich wußte nicht, daß Astronomie so unterhaltsam sein kann. Welch eine Offenbarung.» Es gelang ihr, ein Gähnen zu unterdrücken.

«Es ist im Grunde nur eine Hilfskonstruktion», erwiderte Damian. «Schließlich wissen wir nicht, was wir nicht wissen.»

«Nun nehmen Sie mich aber auf den Arm. Sie nehmen die liebe kleine Evangeline auf den Arm.»

«Besuchen Sie mich doch im Moor», sagte er, ohne nachzudenken. Er betrachtete den Fußboden. «Dann können Sie sich selbst davon überzeugen.»

«Das wäre einfach köstlich.» Die Einladung war zwar an Mark gerichtet, doch Evangeline – in ihrer Ungeduld, endlich aufzubrechen – nahm sie bereitwillig an. «Ich glaube nicht, daß ich je ein faszinierenderes Gespräch geführt habe.» Sie starrte Mark an, der durch nichts zu erkennen gab, daß er sich verabschieden wollte. «Und ich bin sicher, daß wir in *Zukunft* noch sehr viele weitere führen werden.»

«Natürlich.» Damian machte einen Schritt zurück und dann einen zur Seite, so daß er fast hin und her zu tanzen schien.

Evangeline marschierte auf die Tür zu, Mark folgte ihr widerwillig, und Damian Fall sah den beiden zu, wie sie den Pfad hinuntergingen und die Pforte öffneten. Er wollte nicht im Häuschen bleiben, noch nicht, deshalb trat er in den kleinen Garten hinaus. Vor ihrer Ankunft hatte auch er die Stiche von Ptolemäus und Kopernikus, Kepler und Newton betrachtet, die alle von Symbolen ihres endlosen Strebens gerahmt waren. Ihre eigenen Theorien und Erfindungen hatten nur kürzeste Zeit überdauert, aber was hatte das wirklich zu bedeuten, wenn alles Wissen nur eine Geschichte war? Vielleicht gab es gar keine Sterne und keine Planeten, keine Nebel und keine Konstellationen; vielleicht entstanden sie nur in Anerkennung unserer Wünsche oder Forderungen. Und wenn ein Moment käme, in dem niemand auf der Erde den Himmel beobachtete – kein Kind, das voll Staunen zu den Sternen aufschaute, kein Radioteleskop, das auf die fernen Galaxien gerichtet war, kein Astronom, der im Observatorium saß –, was dann? War es möglich, daß der Himmel dann verschwinden würde? Und wenn es eine Leere über uns gibt, wie nun die Leere in mir? Er lehnte sich an die Pforte und sah über die dunkler werdenden Felder hinweg. In der Ferne trieb eine einsame Gestalt ein paar Schafe durch das Tal, und hinter ihr ließ ein kleines Feuer seinen Rauch zum Himmel aufsteigen.

27

Der Blaue Hund

ALS MARK UND EVANGELINE von dem Häuschen zurückkehrten, saß Hermione mit gekreuzten Beinen auf einem der Schreibtische in dem Baucontainer. Sie rauchte eine Woodbine und gestikulierte damit zu Martha Temple hin.

«Und dann gibt's den japanischen Würgegriff. Das ist eine wunderbare alte Taktik. Kann ich mal eben Ihren Hals haben?» Martha hatte sich nur auf die Unterhaltung eingelassen, um mehr über Evangeline Tupper zu erfahren, und nun war sie recht beunruhigt über die Wendung, die das Gespräch genommen hatte. Sie wußte nicht genau, ob Hermione wirklich daran interessiert war, ihr diese Catchergriffe zu zeigen. Jedenfalls schien Hermione trotz ihrer strengen Erscheinung recht unsicher zu sein, und vielleicht spielte sie aus Nervosität Theater. «Los», sagte Hermione und rutschte vom Schreibtisch. «Seien Sie keine Spielverderberin.»

«Meine Assistentin ist ein großer Fan von Freiluftsport», unterbrach Evangeline und trat in die Mitte des Raums, was ihre Gefährtin daran hinderte, Martha näher zu kommen. «Schmetterlinge und so weiter. Stimmt's, Miss Crisp?»

Hermione bedachte sie nur mit einem Lächeln.

Martha hätte über Evangelines plötzliche Ankunft nicht erfreuter – oder erleichterter – sein können. «Ihre Assistentin», sagte sie und betonte das letzte Wort, «hat mir ein paar faszinierende Dinge erzählt.» Evangeline lächelte huldvoll; sie war bereit, ebenfalls die Wunder jenes wahrhaft femininen Geistes zu loben. «Wie ich höre, arbeitet sie immer zu Hause.»

«Ich bin *gesegnet* in dieser Hinsicht.»

«Aber haben Sie keine Zugehfrau?»

Evangeline wurde ein wenig böse. «Was soll da zugehen?»

«Eine Raumpflegerin.»

«So jemanden gibt es, ja.» Sie legte Wert darauf, dem Thema ihres häuslichen Lebens auszuweichen. «Wissen Sie, wir hatten gerade ein höchst interessantes Gespräch mit dem Mann dort drüben.» Evangeline zeigte vage in Richtung des Häuschens. «Er war die reinste Denkfabrik.»

«Natürlich hatte er nichts zu tun mit... mit...» sagte Mark mit einer Stimme, die er für kräftig genug hielt, um seine Verlegenheit über die Ereignisse des Nachmittags zu verdecken.

«Oh», machte Martha sehr liebenswürdig. «*Ich* habe ihn nie für einen Tatverdächtigen gehalten. Ist das das richtige Wort?»

«Ja», erwiderte er. «Das ist das richtige Wort.» Er wollte noch etwas hinzufügen, als Evangeline – nun voller Ungeduld, das Feld zu räumen – ihn fragte, wo sie über Nacht bleiben sollten. «Natürlich.» Mark sprach immer noch zu laut. «Sie meinen ein Gasthaus?» Er glättete seine Koteletten. «Etwas Solides und Bequemes. Etwas aus dem alten Dorset.»

«Lassen Sie mich mal nachdenken.» Martha beschloß, entgegenkommend und hilfreich zu sein. «Da gibt's immer noch den ‹Blauen Hund›. Man ist dort sehr liberal.» Sie warf Hermione einen Blick zu. «Ich nehme an, Sie werden getrennte Zimmer benötigen?»

Hermione stand mit gespreizten Beinen da. «Ich bin mit jeder Koje zufrieden. Mit jeder alten Hängematte.»

«Ich glaube, der ‹Blaue Hund› beschränkt sich auf Betten.»

Evangeline schaltete sich von neuem ein. «Ich bin sicher, daß Betten genau das richtige sind.»

Kurz darauf empfahlen sie sich, und Mark geleitete sie den Hang hinunter und über den Pilgrin hinweg. Die anderen arbeiteten weiter, obwohl die Sonne bereits unterging, und als Mark zurückschaute, sah er, daß sich die Beine und Körper der Archäologen nun im Schatten befanden, während ihre Köpfe und Schultern noch vom schräg einfallenden Licht beschienen wurden. Der Grabhügel selbst lag im Dunkeln, bis auf seine äußerste Spitze, die in den Strahlen der schwächer werdenden Sonne glänzte. In diesem Moment verstand er – er sah es vor sich –, daß dort oben einst ein Scheiterhaufen gewesen war, ein Feuer, das angezündet und dann von anderen Feuern in derselben Gegend ergänzt wurde. Er sah das Flammenmuster, das sich über die Landschaft zog, und ja, es nahm die Gestalt der Sterne direkt über dem Grabhügel an. Die alten Feuer ahmten den Sternenglanz der Plejaden nach. Die Erde spiegelte den Himmel wider. Und sein Geist war von einer gewissen Leichtigkeit erfüllt, während er Evangeline und Hermione nach Lyme Regis fuhr.

«Möchten Sie mit uns zu Abend essen?» fragte Evangeline, als sie vor dem «Blauen Hund» standen. «Ich bin sicher, es gibt hier einige goldige ländliche Rezepte.»

«Wirklich sehr gern. Aber meine Frau...»

«Sie kann sich uns doch gerne anschließen», sagte Hermione rasch.

«Meiner Frau geht es nicht besonders gut.» Er blickte zu Boden, denn er ahnte den Schmerz seiner Frau schon voraus und fürchtete den Moment, da er ihn wieder teilen würde.

«Es tut mir leid», murmelte Evangeline. «Frauenprobleme?»

«Nein, eigentlich nicht. Einfach nur Probleme.»

«Die können genauso schlimm sein. Grüßen Sie Ihre Frau ganz herzlich. Sagen Sie ihr, daß ich an sie denken werde.»

«Natürlich.» Mark war aufrichtig dankbar für ihre Anteilnahme.

«Ich habe das Gefühl, sie schon sehr gut zu kennen.»

«Ich werd's ihr sagen. Vielen Dank.»

«Ich habe Ihnen zu danken.» Evangeline schob Baby Doll und die großen braunen Koffer bereits ins Foyer des Hotels. «Für einen so bezaubernden Tag. *Au revoir.*» Evangeline winkte herzlich, als Mark zu seinem Auto zurückkehrte, und ihr Lächeln hielt so lange an, bis er sich auf den Heimweg in die Crooked Alley gemacht hatte. «Ich dachte, der Langweiler würde überhaupt nicht mehr verschwinden», sagte sie, nachdem er um die Ecke gebogen war. «Er und dieser sogenannte Astronom haben mich völlig ausgelaugt.» Sie drückte wütend auf die Klingel am Hoteltresen. «Und noch etwas. Warum mußt du mich unbedingt vor meinen Kollegen blamieren? Mit deinen Würgegriffen?»

«Ich habe nur Konversation gemacht. Das machst du doch auch die ganze Zeit.» Der Empfangschef kam herbei, und erst nachdem er ihre Buchungen eingetragen und sie zu ihrem Zimmer begleitet hatte, fuhr sie fort: «Außerdem gibt es Momente, in denen ich genug davon habe, als das kleine Frauchen behandelt zu werden. Die hirnlose *Assistentin.*» Sie betonte das Wort nach Evangelines Art. «Schließlich bin ich für diese Rolle wohl kaum angemessen gekleidet.»

All die aufgestauten Zwänge ihres Privatlebens hätten hier ein Ventil finden können, doch Evangeline entschied sich, die Gelegenheit ungenutzt zu lassen. «Hm», seufzte sie, während sie ihren Koffer auf eines der Einzelbetten legte. «Ich nehme an, Baby Doll bekommt, was Baby Doll sich wünscht.» Sie befühlte das Bett. «Und vielleicht möchte Baby zum Dinner Pink tragen?»

Hermione – erstaunt darüber, daß Evangeline all das ignorieren konnte, was gerade gesagt worden war – sah ihre Gefährtin einen Moment lang an, doch dann lachte sie auf. «Etwas sehr Flauschiges. Wie dies hier?» Sie holte eine grüne Tweedjacke aus ihrem eigenen Koffer hervor und hielt sie ihrer Freundin hin. «Etwas, das dein Vater tragen könnte?» Dann lachten sie beide.

28
Ein Wiedersehen

ABER ALS DIE beiden Damen schließlich ins Hotelrestaurant hinuntergingen, trug Baby Doll zur Feier des Tages ihren schlichten Nadelstreifenanzug. Evangeline hatte ein durchsichtiges blaues Kleid an – Blau war das, was sie als «eine alte Seemannsfarbe» bezeichnete. «Und was für kleine Leckerbissen möchte Baby heute abend?» Sie wedelte die Speisekarte vor ihrer alten Freundin hin und her. «Ein paar kleine Baisers?»

Die Kellnerin trat zögernd an den Tisch. «Steak!» sagte Evangeline, sofort den Tonfall wechselnd. «Und zwar blutig. Als wäre es gerade von der Kuh abgesäbelt worden.» Sie ergänzte: «Dabei könnte ein Trinkgeld herausspringen.» Hermione hatte einige Mühe, sich zu entscheiden, und Evangeline wurde zunehmend ungeduldiger, während ihre Freundin mit dem Finger über die Speisekarte fuhr. «Du magst doch Hirn?» fragte sie und blickte zu der Kellnerin auf. «Sie nimmt heute abend Hirn.»

«Auch halb gar, Miss?»

«In dieser Stadt würde mich alles andere überraschen.»

Die Kellnerin hatte den Scherz nicht verstanden. «Wie hätten Sie es gern, Miss?»

«Sie möchte es zu Asche gebraten, Schätzchen. Und zwei Flaschen roten Hauswein.»

«Ich möchte dich doch sehr bitten», flüsterte Hermione ihr zu, «nicht für mich zu bestellen. Ich *hasse* das.»

Evangeline sah sie verblüfft an. «Was habe ich denn falsch gemacht? Du magst doch gern Hirn?»

Ein anderes Paar, drei Tische weiter, gab vor, die beiden nicht zu beobachten. «Guck dir diese Wespen an», flüsterte Floey Hanover ihrem Mann zu. «Angezogen wie Winston Churchill.»

«Lesben, Liebling. Aber du erinnerst dich doch an die alte irische Weise? Dann sag mir nicht mehr unter Tränen, daß unsre Liebe vielen wird mißfallen. Alle haben ihre – irgendwas, trallala, ich hab's vergessen –, doch unsre ist die schönste von allen.»

«Es gehört sich einfach nicht», entgegnete Floey. «Nicht in ihrem Alter.» Aber sie bedeutete ihm zu schweigen und neigte sich vor, über ihr Huhncurry hinweg, um dem Gespräch zwischen den beiden alten Damen zu lauschen.

«Die Biester werden uns vermissen», sagte Hermione zu Evangeline. Floey Hanover warf ihrem Mann einen vielsagenden Blick zu.

«Sie werden völlig zufrieden sein, wo sie sind. Wie immer.» Die beiden französischen Pudel, George und Harry, waren in der Obhut der «Tagesmutter» zurückgeblieben. Es war eine Irin, Paddy genannt, die mit ihren drei Söhnen in einer Sozialwohnung lebte. «Paddy ist in sie vernarrt, Engelchen. Und sie sind doch so artige kleine Biester.»

Floeys Gabel schwebte zwischen Mund und Teller. «Hast du die schmutzigen Reden gehört?» flüsterte sie Joey zu. «Und das in Lyme Regis.»

Evangeline nahm sich eine Woodbine und lehnte sich zurück, um sich auf ihre Mahlzeit vorzubereiten. «Was für ein hinreißender Tag! Und von so einem Bildungswert. All diese Sterne und Lichtjahre. Baby Dolls hübsches kleines Köpfchen wäre ganz durcheinander gewesen.»

«Morgen müssen wir das Tal erforschen», erklärte Joey Hanover seiner Frau. «Wie nannte er es? Pilgrim?» Er zog mit einer Gabel Kreise auf seinem leeren Teller. «Ich erinnere mich dunkel an ein Wäldchen neben dem Haus. Oder an einen Wald. Jedenfalls Bäume. Ich erinnere mich an Bäume.» Mit klangvollerer Stimme fuhr er fort: «Es verriet mir der Rauch, der sich anmutig kräuselte. Über den grünen Bäumen. Daß ein Häuschen war nah...»

«Das Spechtklopfen?»

«Genau. Mit Inbrunst vor den gekrönten Häuptern Europas gesungen.»

Aber plötzlich redete er mit sich selbst. Floey starrte Hermione an, und Hermione starrte zurück; beide Frauen standen gleichzeitig von ihrem Stuhl auf. «Tigerfell!» rief Floey.

«Glockenblume!» erwiderte Hermione.

Sie gingen aufeinander zu, trafen sich in der Mitte des Hotelrestaurants, steckten sich die kleinen Finger in die Ohren, drehten sich einmal um die eigene Achse und brüllten einstimmig: «Die Würmer für immer!»

Evangeline, die Floey für eine der alten Flammen ihrer Freundin hielt, nahm sich vor, ganz besonders charmant zu sein. Joey Hanover, der vermutete, daß Hermione Mitglied einer Theatertruppe aus der Jugendzeit seiner Frau gewesen war, lächelte breit und warf einen Blick in die Runde der anderen Speisenden. «Das hier ist die alte Music-Hall», schien er sagen zu wollen. «Man mag sie lieben oder hassen, aber so etwas kommt nie wieder.»

Floey fragte ihn: «Wie nennt man es, wenn zwei Menschen ganz plötzlich aufeinanderstoßen?»

«Einen Unfall?»

«Nein. Etwas anderes. Etwas wie Indifferenz.» Sie gab ihren ungleichen Kampf mit der Sprache auf. «Tigerfell war mit mir zusammen auf der Schule», fuhr sie fort. «Du weißt doch, in St. Muriel?»

Sie musterte Baby Dolls Anzug, Schlips und Kragen. «Du hast dich kein bißchen verändert.»

«Das will ich auch sehr hoffen, Glockenblume.»

«Ich glaube», sagte Evangeline aus ungefähr vier Metern Entfernung, «daß ich noch nicht das Vergnügen gehabt habe.» Also wurde man einander vorgestellt, die beiden Paare wechselten an einen größeren Tisch, und die

Schulfreundinnen schwelgten in Erinnerungen über den Schlafsaal von St. Muriel.

«Weißt du noch, Tiger, wie du eines Nachts betrunken warst und anfingst, Hundekuchen zu essen? Du dachtest, es seien Cornflakes. Du hast Milch darüber gegossen und sie aufgegessen.»

Evangeline war aus irgendeinem Grunde entsetzt. «Wie überaus lustig.» Sie brachte ein Lächeln zustande, während sie wütend ihre Woodbine ausdrückte.

«Das klingt mir eher nach einem Tollhaus», sagte Joey. «Ist das die alte Schulkrawatte?» Er deutete auf den Gegenstand um Baby Dolls Hals. «Es war wohl eine harte Schule?»

Baby Doll lachte. «Ins Schwarze getroffen.»

Während Baby Doll und Floey Hanover über ihre Vergangenheit plauderten, wandte Evangeline sich an Joey. Sie erkannte ihn sehr wohl, vom Fernsehen, aber sie war nicht bereit, es zuzugeben. Noch nicht. Dadurch wäre sie allzusehr ins Hintertreffen geraten. «Ist es nicht herrlich, daß sie sich wiederbegegnet sind? Und an einem so reizenden Ort.» Sie zündete sich eine neue Zigarette an. «In London bekommen wir ja nichts mit. Irgendwie sind wir völlig abgeschnitten.» Joey schien ihr zuzustimmen. «Aber sobald wir die Natur sehen, wollen wir sie behalten. Wir drücken sie an unsere Brust.»

«Daran erinnern Sie mich», sagte Joey. «Die starke alte Eiche. Säuselt mit leiser Stimme.»

Das mochte ein Kompliment gewesen sein, und Evangeline lächelte. «Ich bin sicher, daß ich Sie schon mal auf der Bühne gesehen habe.»

«Ich war einmal auf der Bühne. Ja.»

«Und anderswo?»

«Anderswo auch.» Joey Hanover kannte im Grunde keine Eitelkeit, aber er geriet stets aus der Fassung, wenn man ihn nicht erkannte. Es war, als höre er in solchen Momenten auf zu existieren. «Fernsehen. Rundfunk. Aber vorbei. Vorbei und vergessen.»

«Da spricht ein Mann, der mit absoluter Würde seinen Abschied genommen hat. Unverdorben.» Er verbeugte sich leicht. «Ich nehme an», fügte sie hinzu, «daß Sie deshalb hier sind? In dieser wunderbaren alten Stadt?»

«Könnte sein, könnte sein», wich Joey aus. «Ein bißchen Spaß hat noch nie geschadet.»

«Ist das nicht seltsam? Genau das ist nämlich auch meine Philosophie.» Es wurde still zwischen ihnen, und Evangeline stürzte sich verzweifelt auf ein anderes Thema. «Apropos Ruhestand. Ich habe diesen entzückenden alten Friedhof gefunden. Aber ich meine keinen Friedhof. Nicht ganz. Wie um alles in der Welt heißt das noch?»

Floey war stets bereit, bei derlei linguistischen Schwierigkeiten zu helfen, und sie unterbrach ihr lebhaftes Gespräch mit Baby Doll. «Sanatorium?»

«Nicht ganz.»

«Vielleicht Krematorium?»

«Das kommt der Sache näher.» In Wirklichkeit meinte sie den Grabhügel im Pilgrin Valley. «Er ist von göttlichen Steinen umgeben. Auf *allen* Seiten. Ist das nicht erstaunlich? Und es hat etwas mit den Sternen zu tun...»

Sie verstummte. Joey blickte in die Ferne und trommelte mit den Fingern an seine hellrote Weste. «Das erinnert mich an eine Geschichte», sagte er langsam. «Ich erinnere mich an eine Geschichte. Ich weiß nicht, woher ich sie kenne. Aber ich kenne sie.»

Evangeline blies einen Rauchkringel zur Decke des Restaurants empor. «Schießen Sie los.»

«Können Sie mir folgen?» Dies war einer seiner berühmten Sprüche, doch er sprach ihn nun sehr leise aus, wie den Beginn einer Zauberformel. «Also...»

29
Eine Geschichte

ES WAR EINMAL eine Zeit – und sie liegt sehr lange zurück –, in der es überall auf Erden Geister gab: Felsengeister, Bachgeister, Waldgeister. Und in jenen Tagen beteten die Menschen von Wessex zu ihnen. Am Strand ist ein Feld, kurz nach Lud Mouth, und in diesem Feld ist noch immer ein Stück schwarzen Steins zu finden, so tief verankert, daß niemand es je hat lockern können: Hier wurden Wasser und Korn für die Geister hinterlassen, und der Stein ist immer noch als Opferstein bekannt. Aber es gab noch andere Geister, böse Geister, die aus der Erde hervorkamen. Es hieß, daß der Lärm der über den Boden wandelnden Menschen sie erzürnte, und deshalb versuchten sie, die Bewohner dieser Gegend über den Rand steiler Abgründe oder in tiefe Gruben zu stürzen. Sie wollten die Bewohner vernichten, um ungestört schlafen zu können.

Diese Geister konnten fliegen. Sie lebten nicht nur an einem einzigen Ort, sondern schwebten und strichen durch die großen Höhlen unter der Erde – deshalb kann man, wenn man das Ohr an den Boden legt, zuweilen ein Rauschen wie von Flügeln hören. Sie konnten sogar von der Erde in die äußeren Luftschichten vordringen, durch die großen Portale, die für den Menschen unsichtbar sind. Aber da sie den Wald- und Bachgeistern verhaßt waren, konnten sie nicht an der Erdoberfläche entlanggleiten, sondern mußten weiter hinauf in die Wolken fliegen oder gar, hoch und immer höher, ans Firmament emporsteigen. Einige Menschen behaupten, sie noch heute sehen zu können, wann immer es eine rasche Bewegung am Himmel gibt.

Es war im Hochsommer, vor langer Zeit, und in dem alten, steinernen Dorf St. Gabriel schliefen viele der Bewohner draußen, unter freiem Himmel. Es war ein kleines Dorf, aber natürlich gab es dort Kinder – zwölf, wie manche sagen, oder mehr. Die bösen Geister haßten Kinder, und in jener Nacht, als die Dorfbewohner unter den Sternen schliefen, schmiedeten sie Ränke; sie kreisten über ihren Köpfen und schrien wie Eulen oder bellten wie Füchse, während sie Pläne ausheckten. Und dann taten sie folgendes: Zur stillsten Stunde der Nacht, in der toten Zeit, da alle guten Geister in ihren Felsen, Bächen oder Wäldern ruhten, schwebten sie eine Weile am Himmel und flatterten dann zur Erde nieder, dorthin, wo die Kinder lagen. Ein böser Geist kroch auf das erste Kind zu und flüsterte ihm ins Ohr: «Verlasse deine Eltern und komm mit mir. Ich werde dich fliegen lehren, und gemeinsam werden wir all die hellen Sterne erforschen, die über deinem Kopf scheinen.» Dann berührte ein zweiter Geist die Schulter eines anderen Kindes und flüsterte: «Komm mit uns. Wir sind deine wahre Familie, denn wie du wissen wir, was es heißt, frei zu sein. Wir werden dich mit in die Lüfte nehmen und dir die Geheimnisse des Himmels zeigen.» Ein dritter Geist weckte ein Kind mit der Spitze seines Flügels und murmelte: «Warum liegst du auf der harten Erde, wo du doch auf der weichen Luft gleiten könntest? Verlasse deine Eltern und komm mit uns.» Niemand wußte, ob diese Kinder des mühseligen Lebens überdrüssig waren, das sie führen mußten, oder ob sie von den Sternen geträumt hatten, als die bösen Geister auf sie einflüsterten, oder ob sie auf irgendeine andere Weise verzaubert wurden; wie auch immer, sie erhoben sich gemeinsam und wurden von den bösen Geistern zum Rande der Klippe von St. Gabriel geführt. Dann flogen die Geister über ihnen durch die Luft und ließen ihre Schwingen schleifen, so daß der Himmel heller und glorreicher schien, als die Kinder ihn je gesehen hatten. Die Kinder klatschten in die Hände, doch leise, um ihre Väter und Mütter nicht zu wecken, und die Geister lächelten einander verstohlen zu, bevor sie ihnen sagten, daß auch sie fliegen könnten. «Ihr alle werdet mit uns fliegen», flüsterten sie. «Und es gibt nur eine einzige Bedingung.»

«Sagt uns, was wir tun müssen», baten die Kinder. «Sagt uns, was wir tun müssen!»

«Ihr müßt ein neues Leben beginnen. Ihr werdet die Erde für immer verlassen und zwischen den Sternen wohnen, aber wenn ihr je wieder einen Fuß auf die Erde setzt, werdet ihr zu Stein erstarren.» Die Geister murmelten diese Warnung sehr rasch, und es heißt, daß einige der Kinder sie gar nicht hörten; was sie hörten, war der Lockruf, hoch hinauf ans Firmament zu fliegen, und was sie sahen, war das Wunder des Nachthimmels. «Was werden wir sehen? Was werden wir sehen?» fragte ein kleines Mädchen.

«Dies ist das größte Wunder von allen», erwiderte der Obergeist. «Ihr werdet sehen, was immer ihr euch wünscht. Ihr werdet sehen, was ihr sehen möchtet.»

Natürlich waren die Kinder nun sehr aufgeregt, und alle verlangten, hoch hinauf getragen zu werden; also hoben die Geister eines nach dem anderen auf ihre Schwingen – und die tückischen Geister waren so leicht, daß die Kinder meinten, selbst zu fliegen. Mit einemmal schwebten sie über den Feldern und Wäldern, die sie so gut kannten; hoch und höher, bis ihre Häuser und ihre Eltern nur noch Sandkörner waren; immer weiter hinauf, bis sie unter ihren Füßen nichts mehr wahrnahmen. Aber nun wurde es langsam sehr kalt, und die Kinder zitterten. «Wo sind die Sterne?» fragte eines von ihnen. Und ein anderes rief: «Wo ist die Sonne, die uns auf der Erde wärmte?»

Da antwortete ein Geist lachend: «Ihr werdet sehen, was immer ihr euch wünscht.»

Und ein anderer stimmte ein: «Ihr werdet nur das sehen, was ihr euch wünscht.»

Aber in Wahrheit hatten die Kinder sich nichts gewünscht und nichts erwartet. Sie hatten nur für einen Moment entkommen, ihrem schweren Leben entfliehen wollen. Einige wußten nicht einmal, was ein Wunsch ist. Und nun waren sie ganz von Kälte, Dunkelheit und Nebel umfangen. «Laßt uns hinunter», weinte das kleine Mädchen.

«Bringt uns zurück», schrie ihr Bruder.

«Aber ihr kennt die Bedingung? Wenn ihr die Erde wieder berührt?»

«Wir wollen nach Hause!» Die Kinder waren nun viel zu verängstigt, um darüber nachzudenken – sie wollten nur diesen schrecklichen Ort verlassen.

«Wenn ihr es wirklich wünscht, dann soll es so sein.» Die Geister ließen sich rasch durch die Luft sinken; sie flogen tiefer und tiefer hinab, bis die Kinder die Hände nach den vertrauten Wäldern und Hügeln ausstreckten, weiter und weiter hinunter, bis die Kinder sogar das alte Dorf St. Gabriel erkennen konnten. Sie kamen so dicht heran, daß sie die traurigen Gesichter ihrer schlafenden Eltern sahen, doch kaum waren die bösen Geister zur Klippe von St. Gabriel zurückgekehrt, schleuderten sie die Kinder von ihren Rücken. Und als sie zur Erde fielen, verwandelten sie sich sogleich in Steine. Zwölf an der Zahl, und sie bildeten am Rande des Meeres einen Kreis. Dies war das Ende der Reise, mit der die Kinder ihre Heimat verlassen hatten.

Manche sagen, dies sei ein Märchen, das Kinder lehren solle, sich nicht herumzutreiben. Aber einige sagen auch, es gebe noch eine andere Wahrheit: Da sei ein Waisenkind gewesen, das durch die Felder bei St. Gabriel strich. Es war ein seltsamer Junge, der die anderen Kinder des Dorfes faszinierte. Sein Name war Baron. Alter Baron. Und Alter Baron behauptete, fliegen zu können; als sie ihn verspotteten, wurde er wütend und beteuerte, er könne sie lehren, gleichfalls zu fliegen. Es heißt, er habe sie singend zum Rand der Klippe von St. Gabriel geführt und sie hier überredet, hinauf in die Lüfte zu springen. Aber sie stürzten natürlich ab und wurden auf den Felsen zerschmettert. Diese Felsen sind also nicht die von Geistern verwandelten Kinder, wie die Geschichte uns lehren will, sondern in Wahrheit die Gräber der Kinder, die glaubten, fliegen zu können. Und obwohl das winzige Dorf seit langem unter der Erde verschwunden ist, kann man die zwölf Felsen immer noch sehen.

Joey Hanover rieb sich die Augen und schaute die anderen an. «Woher kannte ich diese Geschichte bloß?» fragte er in die Runde. «Wo habe ich diese Geschichte bloß schon mal gehört?»

Evangeline und Floey waren eingeschlafen, doch nun, als Joey verstummte, wachten sie wieder auf. Floey hielt den Hals der leeren Weinflasche immer noch mit der Hand umklammert, und Evangeline zeigte matt darauf. «War es ein guter Jahrgang?»

«Keine Ahnung.» Floey klang verärgert. «Ich bin nicht bibliophil.»

Hermione hingegen hatte Joey aufmerksam zugehört, und sie hatte geweint. Nun zog sie ein großes weißes Tuch aus ihrer Jackentasche und schneuzte sich laut die Nase. «Verzeihung», sagte sie, «ich glaube, ich hatte Asche im Auge.» Sie versuchte an ihrer Zigarette zu ziehen, doch die war ausgegangen, und dann fragte sie leise: «Hat jemand Feuer?»

Dritter Teil

Immer stärker verspürten sie den Kontrast zwischen ihrer eigenen Winzigkeit und der Größe jener, in deren Mitte sie sich so leichtfertig gestürzt hatten, bis sie von einer Unermeßlichkeit niedergedrückt wurden, die sie nicht einmal als Idee erfassen konnten und die sie umhüllte wie ein Alptraum.

Zwei auf einem Turm
THOMAS HARDY

30
Private Welten

ES WÜRDE EIN heißer Sommer werden, und die Sonne hatte bereits die letzten Reste des Morgennebels von den Hängen des Pilgrin Valley gebrannt; die Blätter der Bäume waren nun dunkler, und die unlängst geschorenen Schafe bewegten sich geräuschlos an dem schmalen Bach entlang. Die Archäologen hatten am frühen Morgen mit der Arbeit begonnen und begossen den Boden um das Grab. Man hätte den Eindruck haben können, daß sie unbedingt etwas aus der Erde sprießen und wachsen lassen wollten, doch in Wirklichkeit befeuchteten sie den gerade freigelegten Boden, um jene sichtbaren Spuren zu bewahren, die sonst von Staub und grellem Tageslicht hätten getilgt werden können. Ein Wirbel dunkleren Lehms deutete auf einen seit langem begrabenen, längst verwesten Gegenstand hin, während Flecke auf der Kreideschicht verstreute Feuersteine oder Äxte vermuten ließen. Deshalb wurden im Laufe des Tages grüne Planen um die Stätte gespannt, damit sie im Schatten blieb.

Sie waren ein entscheidendes Stück tiefer vorgedrungen und hatten sich stetig zum Vorhof und zum Eingang des Kammergrabes vorgearbeitet. Die Schlußsteine des Daches waren bereits freigelegt – große, dunkle Steine, die so fest ineinander verkeilt waren, daß das Grab von einem einzigen flachen Felsen bedeckt zu sein schien, dessen gewaltiges Gewicht auf dem geheimnisvollen Inneren lastete und es versiegelte. Diese Steine waren nun von dicken schwarzen Plastikplanen geschützt, aber einige Tage zuvor, als man sie endlich von den Resten des Kreidebodens befreit und ihre zerfressene und zerfurchte Oberfläche enthüllt hatte, war Mark ungeduldig auf die Spitze des Hügels geklettert. Er wollte das alte Dach als erster berühren. Es war, als könne er in jenem Moment Verbindung mit Leben und Geist jener Arbeiter aufnehmen, die das Grab etwa viereinhalbtausend Jahre zuvor versiegelt hatten. Vielleicht würde die ganze Landschaft sich dann verwandeln, sich auflösen wie Rauch, um das alte Tal freizugeben, so wie damals, als das Grab errichtet und der Leichnam unter Gesang dorthin getragen worden war. Er legte beide Hände auf den Stein und blickte in staunender Erwartung um sich. Aber nichts hatte sich gewandelt. Die Zweige der Bäume kratzten im Wind aneinander, die Hecken rauschten, ein Spatel wurde über ein Stück Erde geschleift. Der Stein fühlte sich kalt an, und Mark kletterte rasch den Hügel hinunter; dann drehte er sich um und ging davon, da er nicht wollte, daß die anderen sein Gesicht sahen. Offenbar war es doch unmöglich, der Gegenwart zu entkommen.

Ungefähr ein Dutzend Arbeiter waren auf dem Gelände; den ganzen Sommermorgen siebten und schürften sie leise, und jeder beschränkte sich auf ein kleines, für ihn abgestecktes Terrain. Um sie herum lagen Schaufeln, Messer, Zahnstocher, Bürsten, Spatel, Plastikbecher und Spaten verstreut. Sie hatten sich inzwischen aufeinander eingespielt, und Owen Chard beobachtete mit düsterer Genugtuung, wie ihr Verhalten sich zu ändern schien, je näher sie dem Grab kamen. Er kannte diesen Wandel gut, denn er verlief immer gleich: Sie wurden offener, mehr sie selbst, waren weniger geneigt, sich zu tarnen; es war, als würden ihre eigenen Schutzschichten entfernt. Nur Martha Temple blieb unbeeinflußt. Während Julian Hill mit lauter Stimme seine Theorien vorbrachte – manchmal in der Mitte der Ausgrabungsstätte stehend, als sei sie buchstäblich eine Erweiterung seiner Persönlichkeit – und Mark Clare die täglichen Funde prüfte, als sei er auf einer beharrlichen, privaten Suche, schien Martha immer noch unbezähmbar lebhaft. Sie triumphierte über die Entdekkung jeder Nadel und jedes Anhängers, jeder Keramik- oder Tonscherbe, ganz so, als sei sie die einzige Person auf dem Gelände, die überhaupt arbeitete.

«Ist es nicht komisch», sagte sie an diesem Morgen zu Owen, «daß es immer mehr Arbeit für uns gibt? Natürlich bin ich sicher, daß Mark weiß, was er tut. Ich bin ja so froh, daß ich ihm all das Material liefern kann, das er benötigt.»

Owen kniete auf der Erde. Er unterbrach seine Arbeit und starrte einen Moment lang zu Boden. «Die anderen arbeiten doch auch, oder? Nicht nur du.»

«Sie tun ihr Bestes. Und ich bin die erste, die dem armen Mark zu seinen Bemühungen gratuliert... Aber ich frage mich oft, warum nichts von dem Material zusammenzupassen scheint.» Nachdem sie so, wie ihr schien, einen deutlichen Treffer gelandet hatte, ging sie weiter.

Wirklich warf alles bisher entdeckte und gesammelte Material in gewissem Sinne mehr Probleme auf, als es löste; es stammte aus so vielen unterschiedlichen Perioden und deutete auf so ungleichartige menschliche Niederlassungen, daß die genaue Funktion der Stätte immer noch in Zweifel stand. Deshalb hatten die meisten, die hier arbeiteten – die jungen Assistenten, die Erdarbeiter und Mark Clares engste Kollegen –, ihre eigene, private Vision, was das Pilgrin Valley und dieses Grab betraf. Und während sie den ganzen Tag lang schweigend vor sich hin arbeiteten, hatten einige ihre Vision nur verschwommen vor Augen, andere hingegen klar und deutlich. Die Menschen unter ihren Händen, unter der Erde, standen für den Beginn menschlichen Lebens, aber als sie an diesen Ort gekommen waren, mußten sie den Tod gefeiert haben. Irgendein unbekanntes Ritual hatte stattgefunden, und deshalb gab es nun eine unausgesprochene und undurchschaubare Verbindung zwischen den Lebenden und den Toten; sie waren ebensolche Menschen wie wir selbst, aber sie waren auch unvorstellbar anders. Alles, was man beim Graben gefunden hatte – die Töpfe, die Nadeln, die Perlen, sogar die Aschespuren längst erloschener Feuer –, all diese vertrauten Einzelheiten hatten auf eine Kontinuität menschlichen Gefühls und menschlicher Gemeinschaft hingedeutet. Und trotzdem, wie mochten ihre Worte gelautet, ihre Bewegungen und ihr Gesichtsausdruck ausgesehen haben? Und wenn dieser Grabhügel wirklich nach dem Himmel ausgerichtet war, was hatten sie gesehen, wenn sie zu den Sternen aufschauten?

Zeit. In einer anderen Zeit. Vorher oder nachher. Es waren keine Sterne, sondern Feuer. Es waren die Seelen von Vögeln. Es waren Teile des gewaltigen Feuers. Es waren die Augen der Toten. Und in der Dunkelheit wurden sie von den Toten eingesperrt.

«Haben Sie die Sachen schon gefunden?» Farmer Mint war hinter Martha Temple aufgetaucht, und er lachte glucksend, als sie überrascht zusammenfuhr. «Na?»

«Ich bin wahrscheinlich sehr dumm», sagte sie und gewann rasch ihre Fassung wieder, «aber ich verstehe kein Wort.»

«Sag's ihr, Boy.»

Boy Mint stand neben seinem Vater. «Haben Sie die Schafsknochen gefunden? Kaninchenköpfe? Kuhmist?»

Martha schien in dieser Erklärung etwas Trost zu finden. «Na, jetzt fangen Sie mal bloß nicht an, Trübsinn und Mutlosigkeit zu verbreiten.» Sie drohte den beiden mit dem Finger. «So zu tun, als sei unsere Arbeit hier sinnlos. Und albern.» Sie lächelte immer noch. «Niemand wird Ihnen je Glauben schenken. Bestimmt nicht. Und meine eigenen Ansichten behalte ich für mich.»

Farmer Mint lächelte jetzt ebenfalls. «Was ist dir heute morgen über die Lippen gekommen, Boy?»

«Heutzutage machen sie Parfüm aus Ginster.» Boy Mint kratzte sich den Kopf und lachte laut über den Zauber dieser Aussage.

«Übersetzen Sie doch bitte, Mr. Mint. Ich bin einfach zu dumm.»

«Heutzutage gibt es für Plunder allerlei Verwendungsmöglichkeiten. Das meint er.»

Sie rieb sich die Hände. «Ich bin ganz Ihrer Meinung, aber mir scheint, Sie sollten es auch den anderen sagen.» Sie schaute sich um, um herauszufinden, wer in Hörweite war, und rief: «Welch eine Freude! Seht mal, wer uns da besucht!» Dann flüsterte sie Farmer Mint zu: «Erzählen Sie ihnen unbedingt auch, was Ihrem Sohn über die Lippen gekommen ist.»

Die anderen blickten auf, sahen die beiden Bauern nebeneinander stehen und grinsten; sie waren genau gleich groß, und sie warfen zwei identische Schatten über den Grabhügel. Die Mints waren nicht im geringsten verlegen über so viel Aufmerksamkeit und betrachteten die schwitzenden Arbeiter. «Warm, was?» fragte Farmer Mint. Wie sein Sohn trug er einen dicken grünen Pullover mit einer alten schwarzen Jacke darüber; unter dieser äußeren Hülle verbargen sich Schichten von Hemden und Unterhemden, doch keiner der beiden schien die Hitze zu spüren. «Und mir nichts, dir nichts sehen Sie diese Dinger in der Wüste.»

«Fata Morganas», ergänzte Boy Mint, was ihm einen stolzen Blick von seinem Vater einbrachte. «So 'ne Fata Morganas.»

«Ich habe tatsächlich so etwas gesehen.» Es war eine junge Frau, die von Anfang an, stets still und klaglos, an der Ausgrabungsstätte gearbeitet hatte. «So etwas wie eine Fata Morgana.»

«Wäre ich doch bloß wieder jung», flüsterte Martha Owen zu. «All diese Phantasie.»

«Ich habe einen Mann gesehen. Einen nackten Mann, der dort das Tal hinaufkletterte.» Sie zeigte zum Bach hinüber. «Wenigstens glaube ich, ihn gesehen zu haben.»

«Seien Sie nicht albern, Kindchen.» Martha unterbrach sie nur zu gern. «Sie waren wohl zu lange in der Sonne.» Die beiden Bauern sagten nichts, musterten das Mädchen jedoch aufmerksam.

«Vielleicht war es einer von uns», murmelte Owen. «Hier arbeiten ja genug seltsame Typen.»

«Nein.» Das Mädchen ließ sich nicht aus der Ruhe bringen. «Er war anders.» Die beiden Bauern starrten sie immer noch an. «Er gehörte nicht zu uns. Wenn Sie wissen, was ich meine.»

«Nein. Ich weiß nicht, was Sie meinen», erwiderte Martha. Aber sie war offensichtlich erpicht darauf, mehr zu erfahren, und trat gleichfalls näher, als andere sich um das Mädchen scharten.

Dann ergriff ein junger Mann das Wort; er hatte den ganzen Morgen damit verbracht, Erde von einem höchstens vier Zentimeter langen Knochenstück abzubürsten. «Es ist komisch, aber vor ein paar Tagen glaubte ich, Stimmen zu hören.» Er schwieg ein paar Sekunden lang. «Und dann meinte ich, etwas zu sehen.»

Farmer Mint neigte den Kopf zur Seite, und Boy Mint lehnte sich in die entgegengesetzte Richtung. «Sie ham sie also kommen sehen?»

«Sie?»

«Sie wissen schon. Sie.» Farmer Mint stupste seinen Sohn an. «Los, Boy.»

«Die Schafe. Sie ham also die Schafe hinter sich herkommen sehen.» Beide Bauern lachten. «Sie sind fies, wenn man sie reizt, die Schafe.»

«Tjaja.» Auch Owen schien die Sache lustig zu finden. «Die Welt wird ganz und gar verrückt. Stimmen. Nackte Männer. Schafe. Etwa auch Gespenster? Ich bin sicher, einer von euch hat irgendwo einen Spuk gesehen.»

Martha gab ihm einen spielerischen Klaps auf die Hand. «Sei nicht so gemein, Owen. Sie sind nur ehrlich. Sie sind eben sehr jung und phantasiebegabt. Laß ihnen doch ihren Spaß.» Sie lächelte der Gruppe gewinnend zu, um zu betonen, daß sie stets auf ihrer Seite war, wobei sie es irgendwie schaffte, sich gleichzeitig über sie lustig zu machen. Niemand wußte, wie sie das fertigbrachte. Es war eine Begabung.

In diesem Moment trat Mark Clare aus dem Baucontainer, erblickte die Mints und ging auf sie zu. Er rieb sich die Hände. «Alles in Ordnung?» fragte er. «Ist irgend etwas?»

«Nicht der Rede wert, Mr. Clare.» Farmer Mint war ihm gegenüber merklich förmlicher. «Nichts Besonderes. Wir haben gerade eine Märchenstunde hinter uns.»

«Märchen?» Mark war verdutzt. Als sich die Mints abwenden wollten, hob er die Hand. «Übrigens, ich wollte gerade zu Ihnen. Es gibt etwas, das ich Ihnen sagen wollte. Keine Angst, wenn Sie demnächst nachts Lichter im Tal sehen.»

«Lichter?» Farmer Mint schien einen Augenblick lang verstimmt zu sein.

«Ja. Lichter. Wir wollen ein paar Nachtaufnahmen machen.»

«Lichter stören uns nicht, Mr. Clare», erwiderte Boy Mint anstelle seines Vaters. «Stimmen auch nicht. Schafe auch nicht. Fremde im Tal auch nicht.»

«Wir brauchen einfach noch einen anderen Blickwinkel», fuhr Mark fort. «Es gibt hier Dinge, von denen wir nicht einmal wissen, wie sie zu erkennen sind.»

«Sie brauchen also Licht?»

Plötzlich schallte ein klägliches Brüllen durch das Tal, und sie alle wandten sich in die Richtung, aus der es kam. «Das muß Kuh Nummer vier sein», erklärte Farmer Mint mit einem gewissen Stolz. «Sie hat ihr Kalb verloren. Sie wird noch ein oder zwei Tage jammern.» Und jedes Jahr war es das gleiche, das gleiche tiefe Brüllen, das nachts wie tags zu hören war, die gleiche Klage über den Verlust ihres Nachwuchses.

«Ich kann das nicht mit anhören», sagte Martha und bedeckte die Ohren mit den Händen. «Ich kann das einfach nicht mit anhören.»

31
Nachtaufnahmen

SIE KAMEN NOCH in derselben Nacht zurück. Ein schlanker Turm aus Metallstreben war fünfzehn Meter vom Grabhügel entfernt errichtet worden, genau am Rande des abgebrannten Eschenwaldes, und von hier aus sollten drei Hochleistungsscheinwerfer auf die Stätte gerichtet werden. Durch das grelle Licht würden kurze, ausgeprägte Schatten entstehen – alle Mulden und Wogen würden plastisch aus der Dunkelheit hervortreten, so daß die Erdoberfläche, selbst in einer so nebligen Nacht wie dieser, fremd und unvertraut erschiene. Ein bleicher Hof umgab den Mond, und in einem angrenzenden Feld leuchtete eine Frau mit einer Taschenlampe und rief nach ein paar verirrten Schafen. «Bill», schrie sie. «Matilda!» Ihre Stimme hallte im Pilgrin Valley wider, wo sonst kein Laut zu hören war.

Owen Chard und Mark Clare saßen zusammen am Rande der Ausgrabungsstätte und versuchten den Einfallswinkel des hellen Lichtes abzuschätzen, das bald auf dem

Turm aufflammen würde. In der Dunkelheit konnten sie Julian Hill laut zu Martha sagen hören: «Ich gebe dir meinen Artikel nächste Woche. Ich glaube, er wird dir gefallen.» Beide Männer duckten sich instinktiv hinter einen der stehenden Steine, die den Grabhügel umgaben.

Mark seufzte und lehnte sich an den Stein, um den Nebel und den Nachthimmel zu betrachten. «Nach dem Gespräch mit dem Astronomen habe ich angefangen, über die Plejaden zu lesen», flüsterte er. «Und über den großen Stern, Aldebaran.» Er drückte mit den Fingerknöcheln gegen den Stein. «Diese Menschen müssen ihn auch gekannt haben. Aber was genau sahen sie?»

«Frag nicht mich», erwiderte Owen. «Frag unseren Freund Julian. Er weiß alles.» Aber dann – er spürte Marks aufrichtiges Interesse – zeigte er in die Höhe. «Andromeda. Cygnus. Atair.»

«Ich wußte nicht, daß du dich mit Sternen auskennst.»

«Davon kann keine Rede sein. Ich verstehe eigentlich nichts davon. Alles, was ich sehe, sind Lichter am Himmel. Ich weiß weniger als *sie*.» Mark blickte ihn verständnislos an. «Weniger als die Menschen, die hier begraben sind. Falls da welche sind.» Etwas schien sich am Himmel zu bewegen, aber es war nur ein Vibrieren der Atmosphäre. «Wenn sie lebendig würden», fuhr Owen fort, «wüßten sie viel mehr über die Sterne als du oder ich. Schließlich wären die Sterne das einzige, was sie wiedererkennen würden.»

Mark erfüllten diese Worte mit Begeisterung. «Aber alles fügt sich zusammen. Spürst du es nicht?»

«Ja, ich spüre es. Am Arsch.» Owen erhob sich stöhnend aus dem feuchten Gras und blickte zum Grabhügel hinüber, dessen Silhouette in der Dunkelheit der Nacht kaum auszumachen war. Es war nur die Andeutung einer Gestalt, und doch hatte sie eine so starke Ausstrahlung, daß einem Fremden nichts anderes übriggeblieben wäre, als sich langsam vorzutasten und in die Dunkelheit zu spähen, um herauszufinden, was die Aura dieses Ortes ausmachte.

Er kehrte zu Mark zurück, der immer noch an den Stein gelehnt war, und hockte sich mit der Zuneigung eines alten Freundes neben ihn. «Du magst keine Gedichte, Owen.» Mark sprach weiter, als sei Owen gar nicht fort gewesen. «Und du behauptest, nichts zu spüren. Aber kennst du diese Zeilen?» Er hob den Kopf, so daß die Helligkeit des Himmels auf sein Gesicht fiel, und rezitierte mit leiser Stimme:

...wundersame Felsenwelt unmenschlichen Geschicks,
Fels auf Fels, bis hin zu Sternen reichend, ziehend sich von
  Pol zu Pol,
Das Bauwerk ist Naturreligion, die Altäre sind Natur-
  moral,
Ein Bauwerk ew'gen Todes, dessen Maß ist ew'ges Leid.

«Das war Blake», erklärte er. «Ich habe es als Kind auswendig gelernt...»

«Du wirst den Mädchen hier immer ähnlicher», antwortete Owen, doch es war nicht unfreundlich gemeint. «Du träumst.»

Die Frau hatte aufgehört, nach ihren verlorenen Schafen zu rufen, und ihre Taschenlampe ausgeknipst.

«Hör mal.» Mark hob die Hand. Die beiden vernahmen einen Chor menschlicher Stimmen, leiser und dann wieder lauter. Er war kaum zu verstehen, aber ein plötzlich vom Rande des Tals her wehender Windstoß trug die Worte «Anfang» und «Schweigen» zu ihnen herüber. «Es kommt aus dem Häuschen», sagte Mark. «Damian Fall hat seine Musik heute abend wieder ziemlich aufgedreht.»

«Da macht sich jemand zum Narren. Das meinst du

doch.» Aber die beiden Männer lauschten weiter, während die Worte zu den schimmernden Sternen aufstiegen.

Und dann wurden die drei Hochleistungsscheinwerfer auf höchster Stufe eingeschaltet, so daß alle auf dem Gelände ein paar Sekunden lang geblendet waren. Mark stand auf, schirmte die Augen mit der Hand ab und blinzelte zu dem Metallgerüst hinüber. «Ein bißchen tiefer!» rief er. «Sie sind zu hoch. Sie treffen den Boden nicht!» Also wurden die Scheinwerfer gesenkt, wodurch die hell erleuchtete Erde zu schwanken und zu schaukeln begann, als werde sie von einer Riesenhand geschüttelt. Sie erhielt ihre Festigkeit erst zurück, als man die Scheinwerfer in die richtige Position gebracht hatte, und in dem unvertrauten Gleißen war nun jede Welle oder Biegung der Erde deutlich zu erkennen. Die Sterne waren verschwunden, nur der hell erleuchtete Boden war zu sehen.

Mark ging auf Julian Hill zu; es war ihm peinlich, daß er seinem Kollegen ein paar Minuten zuvor ausgewichen war. «Siehst du nun, daß es kein einheitliches Gefälle gibt?» fragte er. «Das Land schwingt sich vom Grabhügel aus in alle Richtungen. Aber irgend etwas stimmt nicht. Etwas fehlt. Oder ich kann es noch nicht sehen.» Er befahl, die Scheinwerfer ein wenig zu senken; wiederum bebte die Landschaft und veränderte ihre Gestalt. «Da ist etwas...»

Man hörte einen plötzlichen Knall und ein Rauschen, als brause ein heftiger Wind durch das Tal; die ganze Erde schien zu kippen, während das Licht in einem Bogen in die Höhe schwang, und dann landete etwas auf der Erde. Während des Krachens gingen die Lichter aus: Das Gerüst war eingestürzt und nach hinten in den verbrannten Wald gekippt. Die verwirrten Schreie des Archäologen-Teams tönten durch das Tal, und Mark rief: «Bleibt, wo ihr seid. Bewegt euch nicht. Geht nicht an den Hügel heran!» Und dann fragte er: «Ist jemand verletzt?» Nun herrschte

Schweigen, während sie einander in der Dunkelheit anstarrten; aber sie konnten nur Umrisse, Schatten und Gestalten sehen, und die hellen Sterne tauchten wieder über ihnen auf.

32
Nach dem Einsturz

EINE STUNDE SPÄTER fuhr Mark nach Hause. Der Einsturz des Gerüsts hatte ihn entnervt – nicht, weil die erfolgversprechenden Nachtaufnahmen nun doch nicht hatten gemacht werden können, sondern weil er begann, das Pilgrin Valley als eine «unheilvolle» Stätte zu betrachten. Er war schon früher auf solche Orte gestoßen: Kurz nachdem er die Ausgrabungen im peruanischen Regenwald besucht hatte, waren sie aufgrund von Unglücksfällen, Mißverständnissen und Diebstählen eingestellt worden. Es war sogar zu einem Todesfall gekommen. Und die besagte Stätte war längst vom Regenwald verschluckt; die stehenden Steine verbarg bereits der grüne Nebel der Vegetation; den großen Erdhügel, von dem Menschen einst ihre Flüge gestartet haben sollten, schirmten Moos und Lianen vom Himmel ab. Und gewiß würde eine Zeit kommen, da auch der Grabhügel im Pilgrin Valley wieder verborgen sein würde, vielleicht von den Bäumen, die irgendwann aus dem verbrannten Wald hervorwachsen würden. Marks Arbeit war nur ein kurzes Zwischenspiel im Auflösungsprozeß des Hügels.

Er öffnete ganz leise die Wohnungstür, denn er hoffte, daß Kathleen schon eingeschlafen war. Aber es fiel ihr schwer, zur Ruhe zu kommen – manchmal schien sie sich sogar dagegen zu sträuben –, und als er ihr Schlafzimmer betrat, fand er sie am geöffneten Fenster vor, durch das sie auf den Nachthimmel hinausschaute. «Ich hatte dich nicht erwartet», sagte sie. «Noch nicht.»

«Das Gerüst ist eingestürzt.» Sie reagierte nicht. «Aber es war nicht so schlimm. Niemand wurde verletzt.»

«Das ist gut.» Bis vor kurzem hatte sie immer alles über seine Arbeit wissen wollen, denn sein Leben war ihr wichtiger erschienen als ihr eigenes. Doch neuerdings hielt sie sich zurück.

«Ich weiß nicht, wie es passiert ist», berichtete Mark. «Es ist einfach umgekippt. Als habe ihm jemand einen Stoß gegeben.» Er blieb an der Tür stehen und sah den Umriß ihres Kopfes vor dem dunklen Fenster. Sie wandte ihm nicht das Gesicht zu, sondern starrte in die Nacht hinaus.

«Das ist schade», sagte sie. In den letzten Wochen war Kathleen still und nachgiebig, ja geradezu passiv gewesen. Jedenfalls hatte sie das Interesse an dem Adoptionsverfahren verloren, das sie so enthusiastisch eingeleitet hatte, und nicht einmal versucht, den Brief des Sozialamts zu beantworten. Es war, als habe sie mit dieser ersten Abfuhr gerechnet, ja sie sich geradezu gewünscht. Wenn Mark nun mit ihr zusammen war, hatte er immer Angst – Angst um sie, aber auch um sich selbst. Sie klammerten sich aneinander, doch sie zogen einander in die Tiefe. «Ich dachte gerade», fuhr sie fort, «was für eine glückliche Zeit es war, als wir diese Wohnung kauften. Erinnerst du dich?»

«Es waren alles glückliche Zeiten. Das weißt du doch.»

«Aber wir haben immer nach vorn geschaut.» Jetzt drehte sie ihm das Gesicht zu. «Wir wußten es nie, oder? Wir verstanden es nie.»

«Was denn, Liebling?» Er machte ein paar Schritte auf sie zu, doch sie wandte sich wieder zum Fenster. «Was denn?»

Zuerst antwortete sie nicht, sondern betrachtete nur den

Himmel. «Daß alles zu Ende gehen muß», sagte sie endlich. «Und daß wir nichts anderes tun, als auf das Ende zu warten.» Die Welle ihres Kummers ereilte ihn und schnürte ihm die Luft ab. «Ich kann zu den Sternen aufblicken. Aber auch sie könnten inzwischen tot sein. Und was für einen Zweck hat es überhaupt, so weit in die Ferne zu blicken? Wohin kann ich denn gehen?» So war sie gewesen, bevor sie sich gefunden hatten. Zeit. Zurückkehrende Zeit. Um sie herumwirbelnde Zeit. Das verkrüppelte Mädchen.

«Mach dir keine Sorgen», tröstete er sie. «Denk einfach nicht daran.» Ihr Schmerz hatte ihn so verwirrt, daß er gar nicht wußte, was er sagte. «In hundert Jahren ist sowieso alles gleichgültig.»

«Und dann werden wir vergessen sein», erwiderte sie. «Wir werden nichts hinterlassen haben.»

«Aber andererseits...»

«Natürlich wird jemand an unsere Stelle treten. Es wird immer Menschen wie uns geben. Hast du das nicht einmal gesagt? Menschen wie mich.»

«Komm. Ich helf dir ins Bett.»

«Angeblich ist es edel zu leiden. Aber das stimmt nicht. Es ist armselig. Erniedrigend. Es zerstört den Sinn deines Lebens. Hast du je einen herrenlosen Hund gesehen?»

«Es ist spät», sagte er sanft. Er legte den Arm um sie und half ihr auf die Beine; sie schien sich schwer auf ihn stützen zu wollen, doch dann richtete sie sich mühevoll auf und schritt allein voran. Aber es war keine zornige Geste; sie wollte nur, daß er sich ungehindert bewegen konnte.

33
Im Moor

DAMIAN FALL WAR immer von Räumen verändert worden. Er wußte seit seiner Kindheit, wie stark sie ihn beeinflußten: In seinem vorstädtischen Elternhaus hatte er sich beengt und träge gefühlt, und erst als er dessen Schwelle hinter sich gelassen hatte, war ihm klargeworden, wie frei er sein konnte. Auf der Krankenhausstation, wo seine Mutter gestorben war, hatte er selbst ein Fieber verspürt, das abklang, sobald er aus dem Gebäude trat. In der ersten Wohnung seiner Universitätszeit hatte er den Puls des Generationen alten jugendlichen Ehrgeizes so stark empfunden, daß er sich inspiriert fühlte, doch dann, in der Universitätsbibliothek, hatten die Wörter der Bücher ihn bedrängt, und er war entsetzt geflohen. In einer Pension hatte er einst das Destillat der Einsamkeit verspürt, den Kopf geneigt und war in Tränen ausgebrochen. Sogar an Orten, wo die ursprünglichen Räume umgebaut oder zerstört worden waren, konnte er immer noch die von ihnen ausgehende Atmosphäre wahrnehmen – ein paar Jahre zuvor hatte er ein Gebäude besucht, das einmal ein Irrenhaus gewesen war, und er hatte die Schreie gehört. Und es gab Zeiten, da er meinte, daß diese seltsame Sensibilität für sein frühes Streben verantwortlich sein könne – dafür, daß er die Gebäude der Welt verlassen und unter den Sternen wandeln wollte. Denn die Sterne konnten ihn doch gewiß nicht beeinflussen. Und ja, er hatte ein großer Astronom werden wollen.

Nun glitt sein Blick über die Wände des Häuschens mit den Porträts derjenigen, die vor ihm gekommen waren. Bei seinem ersten Eintreffen hatte er hier eine überwältigende Stimmung der Geduld verspürt, des Friedens, der von der Unvermeidlichkeit herrührt; in jenen frühen Monaten speicherte das Häuschen die Ausdauer von Generationen, die gewohnheitsmäßige Stille einer begonnenen und vollendeten Arbeit. Aber nun spürte er diese Dinge nicht mehr. Seine eigene Arbeit schien so sinnlos, seine Ausdauer so sehr von Routine oder Torheit bestimmt, daß der Verlust seiner eigenen Hoffnungen sich auf das Häuschen übertragen hatte. Sogar hier wurde er vom Bewußtsein seines Versagens verfolgt, und nun schien das Häuschen nur noch ein beliebiger Teil des Tals zu sein – nur noch eine brüchige Tarnung, ein Versteck. Und er verspürte innerhalb dieser Mauern die Gegenwart von etwas anderem, einer Verzweiflung, die an- und abschwoll. Heute abend war sie sehr stark. Es war Zeit aufzubrechen. Es war Zeit, zum Observatorium zu fahren.

Die Nacht war klar, und es war windstill. Als er den Gartenpfad entlangging, schienen die Düfte unmittelbar aus der Erde aufzusteigen; da war ein Geruch, dann wieder keiner und dann ein anderer, so daß Damian den Eindruck hatte, zwischen Säulen dahinzuschreiten – auf geweihtem Boden zu gehen. Er stieg in seinen Wagen und fuhr rasch einen Weg hinunter, der aus dem Pilgrin Valley hinausführte. Das Licht seiner Scheinwerfer beschrieb einen plötzlichen Bogen durch das Tal, und die Landschaft geriet einen Moment lang in Bewegung, als sei sie aus einem Traum aufgerüttelt worden. Damian fuhr genau nach Süden und bog dann, bei Lud Mouth, in die ostwärts führende Küstenstraße ein. Er wußte, wie nahe er dem Meer war, doch es blieb in der Dunkelheit verborgen; er konnte nur rechts und links die hohen Hecken und vor sich die von seinen Scheinwerfern geweißte Straße sehen, bevor auch sie sich in der Nacht verlor. Diese Strecke kannte er gut. Er rechnete vollauf damit, sie den Rest seines Lebens zu befahren, deshalb schenkte er ihr jetzt keine besondere Aufmerksamkeit. An einer Stelle machte die Straße vor einer

Steinbrücke eine Biegung, und hier schaltete Damian die Scheinwerfer aus und bog nach links auf einen Sandweg ein. Er hatte das Holblack Moor erreicht.

Damian fuhr fünf oder sechs Minuten lang durch dieses ebene Gelände; er konnte vor sich nichts als einen niedrigen, dichten Schatten erkennen, der sich über den ganzen Horizont erstreckte, doch er wußte, wo er das Tempo zu verringern und wo er anzuhalten hatte. Er stieg aus dem Wagen und bedachte das große Objekt, das sich neben ihm vor dem Himmel abzeichnete, nicht einmal mit einem Blick. Man hätte es zunächst für einen aus dem Boden wachsenden Riesenkopf halten können, über dessen Schädel sich ein seltsamer, in die Höhe ragender Haarkamm zog, aber das Observatorium Holblack glänzte schwach im Sternenlicht – die weiße halbkugelförmige Kuppel bildete einen Kontrast zu den dunklen Ziegeln eines kleinen einstöckigen Gebäudes direkt daneben. Darauf ging Damian zu.

Zum erstenmal schaute er zu den Sternen auf, und dann öffnete er die Tür. «Guten Abend, Brenda.»

«Oh, hallo.» Dies war ihre übliche Begrüßung. «Und wie geht's, Mr. Fall?»

«Wie immer, Brenda. Wie immer.»

«Das ist doch gut, oder?» Brenda war die Sekretärin. Sie prüfte den Zeitplan, sie machte Kaffee, sie tippte die Berichte. In dieser Nachtschichtwoche hatte sie beschlossen, blonde Glanzlichter in ihr Haar zu färben, denn sie gab sich sogar im Observatorium Mühe, reizvoll auszusehen oder, wie sie es nannte, «die Fahne hochzuhalten».

«Die gute Brenda hat gerade einen ganz tollen Kaffee gemacht, stimmt's?» Dies war Alec, der junge Schotte, der seit mehreren Monaten Damians Assistent war – seit dem Moment, als Damian ihn auf dem Moor willkommen geheißen hatte. «Mit ihren eigenen lilienweißen Händen.»

«Nun fang bloß nicht an, von Händen zu sprechen», kicherte Brenda.

«Du hast damit wohl Erfahrung?» Alec war sehr fröhlich und oft reichlich ungestüm. Nun lachte er und schaukelte auf seinem Stuhl hin und her.

«Oh, hör auf. Sei nicht albern.»

«Du hast es doch bestimmt schon mit etlichen Händen zu tun gehabt?»

«Ich weiß gar nicht, was du meinst.»

Damian zog seine braune Cordjacke aus und hängte sie hinter die Tür, wobei die anderen ihn nahezu mitleidig beobachteten. Er trug stets ein weißes Hemd mit demselben dunkelgrünen Schlips, und er strich sich stets das ergrauende Haar über den Kopf zurück, bevor er sich umdrehte. Sie befanden sich in einem kleinen Zimmer, das drei Schreibtische, zwei graue Aktenschränke, eine große Uhr, einen Kessel auf einer Elektroplatte, einen Kalender und ein paar an der Wand angebrachte Schreibbretter mit Farbkennzeichnungen enthielt. Und an eine Kork-Pinnwand war die Botschaft «Wir sind unterwegs zu den Sternen» geheftet. Dies war das Büro des Observatoriums, der unordentliche Vorraum, in dem Alec und Brenda sich recht wohl zu fühlen schienen, der Damian jedoch deprimierte: Es war das Zimmer, in das er stets zurückkehren mußte, nachdem er die Sterne beobachtet hatte. Eine Rückkehr zu seiner eigenen Nichtigkeit. Und wenn er die schmutzigen Kaffeetassen, die zerknitterten Papiere, die fleckigen Schreibtische sah, dachte er oft, daß er vielleicht in einem solchen Zimmer sterben würde. «Es ist eine schöne Nacht dafür, genau richtig», sagte Brenda mit einem Lächeln zu Alec. «Findest du nicht, daß es eine schöne Nacht ist?»

«Es ist eine herrliche Nacht, Brenda. Eine herrliche, warme Nacht. Dafür.»

«Ja», sagte Damian, und die beiden anderen verstummten. «Die Luft ist ruhig. Die Sicht dürfte klar sein.» Deshalb hatte er zum Himmel aufgeschaut, bevor er das Gebäude betrat. In einer Nacht, die sich nicht zum «Sehen» eignete, hätten die Sterne geflackert wie eine Kerzenflamme im Wind – die atmosphärische Turbulenz schien sie «funkeln» zu lassen, aber in der Vergrößerung hüpften und wirbelten sie. Doch heute abend gab es keine Turbulenz. Die Sterne schienen gleichmäßig zu leuchten. Er wandte sich Alec zu. «Wollen wir durchgehen?» Es war die Frage, die er stets stellte. Und auch dies schien Damian auf sein Versagen hinzudeuten – es war fast greifbar, wie der Geruch von Gefängniskleidung.

«Legen wir los», sagte Alec. «Ich bin dabei, Boss.» Er erhob sich von seinem Stuhl und machte auf der Stelle ein paar kleine Tanzschritte. Damian ließ eine dicke Trenntür aus Metall zurückgleiten, während er auf ihn wartete, und dann schritten sie gemeinsam durch einen kurzen Korridor, der mit hellgelben Fliesen ausgelegt war. Dann schloß Damian eine weitere Metalltür auf, schob sie zurück, und die beiden Männer betraten die Kuppel des Observatoriums Holblack.

«Tschüs!» rief Brenda vom anderen Ende her. «Tut nichts, was ich nicht auch tun würde!»

Die Kuppel war nicht beleuchtet, und als Damian die zweite Tür abschloß, damit das Neonlicht nicht mehr vom Korridor einfallen konnte, war das Observatorium so dunkel und kalt, daß es ein Teil des Moors selbst hätte sein können. Dann streckte er den Arm aus, legte einen Schalter um, und eine Reihe trüber roter Lichter erhellten das Innere. Da war es: das Spiegelteleskop mit seinen sechsunddreißig Zoll Durchmesser, das sich, von einem Geflecht weißer Träger gestützt, über einer kreisförmigen grünen Metallplattform erhob und dem Dach der Kuppel entgegenstrebte. Es hätte von einem Rummelplatz stammen können, so exotisch und raffiniert wirkte es – wenn nicht am Fuß des Geräts die Kontrolltafeln gewesen wären und die verhedderten Kabelbündel, die sich um seine Seiten schlangen. Diese Kabel, manche so dick wie ein menschliches Handgelenk, wanden sich auf dem schwarzen, gummierten Fußboden, verschwanden dann jedoch unter dem Stativ des Teleskops; das Instrument selbst war an seinem Metallsockel noch nicht zu Ende; ein Teil von ihm führte unter dem Boden der Kuppel nach unten, als sei es buchstäblich in der Erde verwurzelt. Als hätte es schon immer hier gestanden.

An der anderen Seite der Kuppel war eine Wendeltreppe, und Alec, der leise vor sich hin pfiff, schlenderte zu ihr hinüber. Er tätschelte das glänzende Teleskop im Vorbeigehen und warf ihm eine Kußhand zu. «Ich gehe nach unten», sagte er. «Bis dann.» Alec überwachte den Spektrographen in dem Laboratorium unterhalb der Kuppel. In dieses Gerät wurde das Sternenlicht geschleudert, durch eine prachtvolle Sammlung von Linsen und Spiegeln, die Bilder nach unten zu den Photonenzählern und Spektrometern wirbeln ließen – durch Primär- und Sekundärspiegel, durch Bilder von Bildern, Reflexionen von Reflexionen, bis das Licht aufgefächert und in die Linien und Bögen der Stellarspektra zerlegt war. Alec untersuchte, seine Lieblingsmusik im Kopfhörer und mit den Füßen den Rhythmus trommelnd, das Licht aus der Unermeßlichkeit.

Damian stand still im Observatorium. Ja. Früher einmal hatte er ein großer Astronom werden wollen. Aber was war daraus geworden? Er war nur ein Techniker, ein nützlicher Gehilfe bei der Arbeit derjenigen, die viel weiter geschaut hatten als er. Er war hier an diesem unbedeutenden Beobachtungsposten stationiert worden, weil er nichts selbständig erreicht hatte. Seine Vorgesetzten instruierten ihn nun, welchen Teil des Himmels er zu betrachten und was für Messungen er vorzunehmen hatte. Aber wenn er sich vor Augen hielt, daß seine Altersgenossen Erfolg geerntet hatten, während er gescheitert war, verspürte er weder Bitterkeit noch Selbstmitleid. Er staunte einfach nur über sie – über ihre Fähigkeit, mit solchem Selbstvertrauen durch die Welt zu gehen. Doch für ihn war es zu spät. Viel zu spät. Er konnte nur mit der ihm zugewiesenen Arbeit weitermachen und so viel Befriedigung wie möglich aus ihr beziehen. Nichts jedoch konnte die Leere beseitigen, das Gefühl der Vergeudung, während er Tag um Tag älter wurde und unfähiger, sich zu verändern. Selbst wenn ihm jemand eine Ausflucht, ein neues Leben geboten hätte, war er sich nicht mehr sicher, ob er den Mut gehabt hätte, es zu beginnen. War es dies, was den meisten Menschen widerfuhr, dieses Gekrauche über den Erdboden?

Er ging hinüber zum Schaltpult neben der Kuppel. Hier wurden die Himmelskoordinaten digital gespeichert, und Damian brauchte nur ein paar Sekunden, um sich davon zu überzeugen, daß Neigung und Achslagerung des Teleskops korrekt programmiert worden waren. Er setzte sich hin und drückte in rascher Folge auf die Kontrollknöpfe. Die roten Lichter innerhalb des Observatoriums verloschen, die Dunkelheit kehrte zurück, und das halbkugelförmige Dach begann sich zu öffnen – seine beiden Hälften teilten sich so langsam, daß ein Splitter des Nachthimmels in der Mitte erschien und sich allmählich vergrößerte, bis das Dach verschwunden und die verdunkelte Kuppel vom Sternenlicht überflutet war.

34
Die offene Kuppel

DAS TELESKOP, das sich minimal nach Osten und dann nach Norden bewegte, stieg aus der Kuppel auf; und während Damian mit Hilfe der Kontrollinstrumente beobachtete, wie es sich weiterbewegte, stellte er sich vor, er selbst schwebe mit ihm durch die Magnetosphäre, die Troposphäre, die Stratosphäre, die Mesosphäre, die Thermosphäre, die Exosphäre, bis er die Erde hinter sich gelassen hätte und hoch in den Himmel aufgestiegen wäre. Aldebaran entgegen.

Das Radioteleskop in Silverdown hatte seltsame Unregelmäßigkeiten in den von diesem gigantischen Stern ausgehenden Signalen gemeldet, und Damian war offiziell angewiesen worden, ihn zu beobachten und über die unerklärlichen Reaktionen, die innerhalb des Sterns stattfanden, Bericht zu erstatten. Früher einmal hätte er sich eifrig an eine solche Aufgabe gemacht, weil es diese geheimen Winkel des Nachthimmels gewesen waren, die ihn als Kind fasziniert hatten. Denn hier hatte er Aldebaran gefunden. Das erste Mal hatte er ihn in einer Herbstnacht tiefstehend am nördlichen Horizont gesehen und nicht gewagt, sich zu bewegen. Es war, als musterten das Kind und der Stern einander, um ihr jeweiliges Rätsel zu ergründen. Allerdings hatte er damals den Namen des Sterns noch nicht gekannt, der ihm inzwischen recht vertraut war. Einst hatte der Anblick der Konstellationen ihn mit Jubel erfüllt, doch nun waren sie bloß Ziffern, Integrale, Teile des Systems. Er war wie ein Priester, der den Glauben an Gott verloren hatte.

Alec besaß diesen Glauben noch, weshalb Damian ihn mochte und sich in seiner Gesellschaft wohl fühlte. Er argwöhnte, daß der junge Mann hierher entsandt worden war, um später seinen Posten zu übernehmen – es gab Zeiten, da Damians Verfolgungswahn sich wie eine Eisschicht zwischen ihn und die Welt schob –, doch trotzdem erkannte er in Alec den Menschen, der er selbst früher gewesen war. Alec war eifrig, voller Energie, und unter seinem Enthusiasmus verspürte Damian den unerschütterlichen Glauben, der auch ihn einst beseelt hatte – einen Glauben an die Sterne, an den Fortschritt des Wissens, der nichts anderes war als ein Glaube an das Leben selbst. Dies war es, was Alec einen lauten Gesang anstimmen ließ, wenn er die Sternenspektren musterte.

Aldebarans Licht wurde gesammelt und wieder zusammengesetzt, obgleich Damian nur auf den Computerbildschirm schaute; er konnte seine Muster und Energien begreifen, ohne auch nur einen einzigen Blick nach oben zu werfen, und nun konnte er die bleiche und bebende Oberfläche des riesigen Sterns auf dem Bildschirm sehen. Seine Farben bildeten sich heraus und verblaßten, Lichtquadrate, die aufgelöst und dann wieder zusammengefügt wurden – schwarz, grün, rot, violett, blau. Dies waren nicht die Farben des Sterns selbst, sondern eigentlich nur elektronische Zeichen; es waren sichtbare Symbole, mit denen man die Unterschiede in der Lichtintensität registrierte. Dies war seine Oberfläche, wie sie vor Äonen ausgesehen hatte, und dieses Licht, nicht verblaßt, sondern vorwärtsstrebend, war das einzige Zeichen dafür, daß das Universum vor Damians Geburt existiert hatte. Alles auf der Erde existierte mit ihm, teilte seine Zeit mit ihm in einem stets zurückweichenden gegenwärtigen Moment; alles war miteinander verbunden, doch dieses Netz unsichtbarer Beziehungen war ein Netz der Gleichzeitigkeit. Damian mußte davon ausgehen, daß es eine Vergangenheit gab, daß aber jeder Hinweis auf sie auch ein Teil der Gegenwart war. Die Welt hatte nie etwas anderes als eine

Abfolge gegenwärtiger Momente gekannt. Es gab und es gibt nichts anderes – außer diesen Bildern von einem fernen Stern, die nun Sekunde um Sekunde erschienen, doch einer anderen Zeit angehörten; und da war der Himmel selbst, mit Lichtspuren, die vor Tausenden von Millionen Jahren entstanden waren. Was aber, wenn diese Bilder eine Illusion sein sollten – was aber, wenn die Bilder Aldebarans einfach Konstruktionen ohne Realitätsgehalt jenseits dieser bestimmten Zeit und dieses bestimmten Ortes, jenseits dieses bestimmten Beobachters waren, der nun aus dem dunklen Observatorium zum Himmel aufschaute, zu der gewaltigen Leere? Und schöne Dinge werden neu gemacht werden, dachte er, neu zum Erstaunen der Himmelskinder.

«Etwas gefunden?»

Es war Alec, der neben ihm stand. Damian wußte nicht, wie lange er geträumt hatte, doch sein Mund war trocken, und er hatte das Gefühl, seit vielen Stunden geschlafen zu haben. «Entschuldige. Ich war ganz woanders.»

Die Morgendämmerung brach herein, und in ihrem bleichen Licht konnte Alec sehen, daß Damian vor den Instrumenten zu zittern schien. «Irgendein Erfolg?» setzte er leiser hinzu.

«Nein. Noch kein Erfolg.» Dann korrigierte er sich. «Noch läßt sich nichts feststellen.»

Ein Summer ertönte, und Alec ging hinüber zur Schiebetür. Brenda war mit drei Tassen Kaffee auf einem Tablett eingetroffen. «Ich wette, ihr Jungs wollt euch was Heißes reintun», sagte sie. «Ich weiß, wie das ist.» Sie setzte das Tablett ab. «Soll ich?»

«Natürlich sollst du», erwiderte Alec lächelnd. «Denk nicht lange drüber nach.»

«Soll ich die Lichter anmachen? Ich möchte mit euch beiden nicht im Dunkeln sein. Man weiß ja nie.» Alec legte den Arm um ihre Hüfte, und sie wich mit einem leisen Kreischen zurück. «Hör auf. Ich kriege eine Gänsehaut.»

«Du weißt doch, wo wir Schotten eine Gänsehaut kriegen, Brenda?»

«Wenn es was mit Kilts zu tun hat, will ich nichts davon hören.»

Er drückte sie ein wenig. «Du klein furchtsam Tierchen! Welch ein Schrecken erfüllt dein Brüstchen.»

«Laß die schmutzigen Reden, Alec.»

«Ja.» Sie hatten Damian einen Moment lang vergessen, und nun drehten sie sich zu ihm um. «Ja. Es ist bestimmt besser, im Licht zu sein.»

35
Der Eingang

EIN NACHMITTAG IM AUGUST, und nichts bewegt sich in der Hitze; alles lebt, ohne sich zu bewegen, alles wartet in der Hitze. Und an diesem Augustnachmittag hallt das Echo von Hammerschlägen durch das Pilgrin Valley, erstirbt jedoch plötzlich. Als habe jemand immer wieder an eine geschlossene Tür geklopft, die sich nun überraschend geöffnet hat.

«Äußerst primitiv und wunderbar!» Evangeline Tupper klatschte in die Hände. «Genau, wie ich erwartet hatte!»

«Es muß so schön sein, Phantasie zu haben.» Martha Temple war wieder einmal ganz besonders freundlich. «Wir anderen schleppen uns nur dahin.»

Die beiden Damen standen im freigelegten Vorhof des Grabhügels; unmittelbar vor ihnen untersuchten Mark Clare und Owen Chard eine massive Steinplatte, die vor den Grabeingang gelegt worden war.

«Ich würde nicht sagen, daß Sie sich dahinschleppen,

Miss Temple.» Evangeline war nicht weniger charmant. «Wir alle schreiten gemeinsam dahin. Mit wehenden Bannern und Orchesterbegleitung.»

«Das ist das Ende.» Owen seufzte tief. «Das ist das absolute Ende.»

«Was ist denn jetzt los?» fragte Martha neugierig. «Ist schon wieder etwas schiefgegangen?»

«Nein. Ich meine, dies ist das Ende. Wir kommen in dieser Richtung nicht mehr weiter. Aber jemand» – und er blickte keine bestimmte Person an –, «jemand hätte darauf kommen sollen, daß dies hier eine Sackgasse ist.»

In den letzten Wochen hatten sie das Steindach des Grabes freigelegt und waren nun weiter nach unten vorgedrungen; sie hatten den Eingang, das vier Fuß hohe Portal der Kammer, erreicht. Nur die Seiten des Grabhügels waren immer noch unter Wällen aus Grassoden verborgen, so daß das ganze Gebäude sich aufzubäumen schien, wie um sich von den Ketten der Erde zu befreien. Die geräumte Fläche vor dem Eingang, der Vorhof, war halbkreisförmig, und sie hatten die fünf aufrechten Steine gefunden, die einst seine Umgrenzung bildeten. Aber sie hatten auch festgestellt, daß der Eingang selbst von einer massiven, zwischen die beiden Portalsteine eingekeilten Platte blockiert war. Es handelte sich jedoch keineswegs um ein gewöhnliches Hindernis, denn es wies eine Reihe von Zeichen auf: Ringe und Spiralen, Linien und Vertiefungen, die in den Stein gemeißelt waren. Auf den ersten Blick hätte es auch sein können, daß sie im Lauf der Jahrhunderte durch die Bewegungen der Erde entstanden waren, aber sie waren zu kunstvoll arrangiert, um Spuren von Erdsenkungen oder Erosion zu sein. Und doch, wenn es ein festgelegtes Muster gab, so war es nicht zu erkennen; diese Kreise und Linien hätten eine Art Schrift sein können, aber Mark Clare fuhr mit der Hand über sie hinweg und wußte, daß sie wahrscheinlich nie entschlüsselt werden würden. Wenn es eine Botschaft – eine Begrüßung oder sogar eine Warnung – war, so war sie mit ihren Schöpfern verschwunden.

Immerhin war Mark nun einiges klar; er begann endlich das Kammergrab deutlicher zu erkennen. Innerhalb des Vorhofs waren unmittelbar vor den aufrechten Steinen in einem Halbkreis fünf kleine Gruben ausgehoben worden. Owen Chard hatte bereits ermittelt, daß diese Gruben oder Löcher eine harte Füllung aus zerbrochenen Steinen um eine weichere Schicht aus Holzkohle enthielten. Mark hatte sofort geschlossen, daß man lange Holzpfähle in sie hineingerammt hatte, Pfähle von mindestens fünf Meter Höhe, Pfähle, die gleichzeitig verbrannt worden waren. Vielleicht hatten sie einzeln, in einem Halbkreis um das Grab, dagestanden, aber wahrscheinlicher war, daß sie ein Holzdach gestützt hatten: Holzkohleteilchen, die über die Stätte verstreut waren, ließen vermuten, daß man dieses Dach zusammen mit den Pfählen verbrannt hatte, weswegen seine Asche über das gesamte Gelände hinweggeschwebt war. Dieses provisorische Bauwerk hatte vielleicht heiligen Boden bedeckt, oder es mochte ein Schrein gewesen sein, in dem irgendein Objekt oder eine Reliquie angebetet worden war. Nach der Versiegelung des Grabes hatte man eine rituelle Verbrennung vollzogen und dieses Holzdenkmal in Flammen aufgehen lassen.

Mark entfernte sich von dem blinden Eingang und blieb an dem Mittelpunkt stehen, um den die aufrechten Steine und die Pfähle aufgestellt worden waren. Zwei Halbkreise, einer aus Holz und einer aus Stein – was also hatte sich an diesem Mittelpunkt befunden, wo er nun wartete? Er betrachtete den frisch aufgegrabenen Boden und sah, wie der warme Wind den Staub hochzuheben schien. Im Tal wehte stets ein Wind. Er schob die Füße zur Seite und machte dann zu seiner Überraschung drei Schritte nach vorn. Ja. Das brennende Schutzdach an einem Ort, wo Schwere und Leichtigkeit die wahren Eigenschaften des Seins sind, wo der schwere Stein Gott und der Rauch des brennenden Holzes der Geist ist. Ja. Flammen züngeln hervor, begleitet von schnatternden Stimmen, von Stimmen, die das Aufsteigen des Feuers zum Himmel imitieren. Mensch und Tier sind freiwillig hierhergekommen, jeder versteht den Ruf des anderen. Hier, unter dem Rauch und der Asche, sind die zweibeinigen Geschöpfe, die sich nach oben bewegen, fort von der Erde; und hier sind die vierbeinigen Geschöpfe, die sich sorgenvoll zur Erde neigen. Zeit. Eine andere Zeit.

«Vor fast fünftausend Jahren?» Evangeline Tupper hatte eine Woodbine hervorgeholt und gestikulierte nun damit zum Grab hinüber, während sie mit Martha Temple sprach. «Wollen Sie behaupten, daß Sie diese Steine nach etwas datieren können, das im Weltraum geschah? Das ist das Absonderlichste, was ich je im Leben gehört habe.»

«Aber viele absonderliche Dinge sind real, Miss Tupper. Wie Sie wohl am besten wissen.»

Evangeline gefiel Marthas Tonfall nicht. «Ich bin keine Expertin», antwortete sie mit Nachdruck. «Ich habe nicht Ihre reiche Erfahrung.»

«Aber Sie sind doch bestimmt gut über die Radiokarbonmethode informiert? Sie funktioniert einfach so, daß wir den Zerfall des radioaktiven Kohlenstoffs messen, um das Alter zu bestimmen. Ein hohes Alter.» Sie betrachtete Evangelines schmalen, faltigen Mund. «Es kommt aus dem Weltraum. Von der kosmischen Strahlung.»

«Ich kann es einfach nicht glauben. Es ist zu... zu...»

«Grotesk?» Martha lächelte.

«So ähnlich.»

Julian Hill hatte während dieses Wortwechsels neben ihnen gestanden. Er wollte Evangeline unbedingt auf sich aufmerksam machen, weil er hoffte, daß sie im «Amt» einen gewissen Einfluß hatte. «Mir scheint, Sie sollten meine Abhandlung darüber lesen», sagte er. «Darin wird alles viel klarer.»

«Ich kann es kaum abwarten.» Ihr fiel der Name des Mannes nicht ein. «Ich liebe alles, was Sie schreiben.»

Julian nahm an, daß sie seinen einzigen Artikel meinte, den er zwei Monate vorher in *New Archaeology* veröffentlicht hatte. «Aber meine Abhandlung ist natürlich etwas ganz anderes. Ich glaube, sie ist recht gut gelungen.»

«Sagen Sie mal», Evangeline ging plötzlich zu Mark hinüber, «wie haben die es geschafft, diese enormen Steine aufeinanderzulegen? Sie müssen übermenschliche Kräfte gehabt haben. Wie Bergleute. Riesige Hände.» Sie dachte an Baby Doll und lächelte.

«Das läßt sich sehr leicht erklären.» Ohne Evangelines wachsende Ungeduld zu spüren, beschrieb Mark auf lebhafte Weise, wie die Bewohner der Gegend die Felsen auf Schlitten geladen und diese dann über die langen Holzwege gezogen hatten, die im Tal verlegt worden waren. Dann setzte er ihr auseinander, daß man das Grab selbst mit Feldsteinen und gestampfter Erde aufgefüllt hatte, um die Felsen zu stützen, während sie in Position gehebelt und geschoben wurden. Nachdem man alle Steine richtig plaziert hatte, wurde diese innere Füllung des Grabes wieder entfernt.

Evangeline beobachtete, wie er sich bewegte, während er sprach – mit weiten, überschwenglichen Gesten vom Körper weg, die auf nichts Bestimmtes hinwiesen. Als er endlich die Arme herabsinken ließ, wußte sie, daß er fertig war. «Das war geradezu biblisch», sagte sie. «Wie aus dem Alten Testament.»

Auch er war mit seiner Darbietung zufrieden. «Da haben Sie alle Parameter.»

«Sind sie nicht entzückend?» Evangeline glaubte, er habe von irgend etwas in der Landschaft gesprochen. «Manchmal sehne ich mich danach, hinaufzuklettern und mich einfach in die Tiefe zu stürzen.»

Aber der erregte Mark richtete sein Augenmerk bereits wieder auf den blinden Eingang; er starrte die in den Stein gehauenen Zeichen an. Er konnte ihr Alter direkt riechen, während er sie betrachtete, und in gewissem Sinne waren sie genau das, was er hätte erwarten müssen: weitere Beweise dafür, daß es im Pilgrin Valley Geheimnisse gab, die nicht leicht zu ergründen sein würden. Fünf Monate lang hatten sie die Stätte erforscht, doch ihr langsames Vordringen war ständig unterbrochen worden; zwar hatte sich eine Zerstörungsorgie wie die im Spätfrühling, als die Stätte überfallen und beschädigt worden war, nicht wiederholt, aber seitdem waren eine Reihe unvorhersehbarer Ereignisse eingetreten. Funde waren verlegt worden, Geräte über Nacht verschwunden; Gesteinsanalysen waren zerrissen und fortgeworfen worden; die Computer hatten immer wieder gestreikt, und einmal waren wertvolle Daten verlorengegangen. Vielleicht war es der Schock dieser Unglücksfälle, der die Moral des Teams beeinträchtigt hatte. Normalerweise stieg bei solchen Ausgrabungen die Erregung, während der Gegenstand der Suche langsam aus der Erde auftauchte, doch sie waren von Mattigkeit und sogar von Depressionen heimgesucht worden. Es war zu Streitigkeiten gekommen, und zwei Mitarbeiter hatten gekündigt.

Mark hatte keine Erklärung dafür, doch als er nun die Zeichen auf dem blinden Eingang musterte, gerann dies alles zu einem einzigen kleinen Aspekt seiner allgemeinen Verwirrung – etwas war nicht in Ordnung, etwas fehlte. Warum lag dieses Kammergrab nicht im Mittelpunkt der stehenden Steine, die über die Gegend verteilt waren?

Warum war es mindestens hundert Meter zu weit westlich errichtet worden? Und warum hatte man es in den Talhang gebaut? Alles deutete darauf hin, daß er sich über die Bedeutung des Grabes getäuscht hatte – aber was war es sonst, wenn nicht ein Grab? Was entging ihm? Mit einer gewissen Willensanstrengung wandte er sich zu Owen um, der die Pfahllöcher im Vorhof fotografierte. «Es gibt», sagte er zögernd, «es gibt einen Grund für den blinden Eingang. Er dient nicht nur dazu, das Grab zu schützen. Irgendwie hat er mit der Symbolik der Dinge zu tun.»

«Fang mir bloß nicht von Symbolik an. Ich glaube nicht an solchen Unsinn. So ein Quatsch.» Owen trat vorsichtig über eines der uralten Löcher in der Erdoberfläche.

«Nein. Ich meine, daß dieser Stein massiv sein *soll*. Wie die anderen.» Unschlüssig, ob er fortfahren sollte, blickte er seinen Kollegen an, aber Owen hörte ihm offensichtlich zu, obwohl er die Theorie zunächst so brüsk verworfen hatte. «Die Dicke des Steins ist das Entscheidende. Er enthält eine Art Zauber. Aber ich verstehe diese Zeichen nicht...»

Evangeline, die Martha und Julian den Rücken zugewandt hatte, stand immer noch neben Mark. «Ist es nicht aufregend?» fragte sie und zog eine weitere Woodbine hervor. «Meinen Sie, daß es etwas mit Welten im Zusammenstoß zu tun hat?» Sie hatte ein Buch von Erich von Däniken gelesen und erinnerte sich dunkel an Leylinien und Ringmarkierungen. «Ich würde es zu gern wissen.»

«Das würden wir alle, Miss Tupper.» Owen bedachte sie mit einem ernsten Blick.

Evangeline beachtete ihn nicht und wandte sich wieder an Mark, der immer noch versonnen den Stein anstarrte. «Und wie geht's jetzt weiter?»

«Bitte?»

«Ich glaube, Mark» – Martha hatte beschlossen, sich einzuschalten –, «ich glaube, daß Miss Tupper unser überdrüssig wird.» Aus irgendeinem Grunde schien sie der Gedanke zu erheitern. «Wahrscheinlich findet sie uns ziemlich langweilig.»

Mark tat so, als habe er sie nicht gehört. «Fragten Sie, wie es weitergeht?» Evangeline nickte. «Wir werden das Grab durch die Seite betreten müssen. Wenn wir die Erde fortgeräumt haben, werden wir eine Lücke finden. Es muß eine Lücke zwischen den Steinen geben. Sonst könnte nichts hinein. Oder heraus.»

«Köstlich.» Evangeline schüttelte sich. «Die Greuel des Grabes und so weiter. Apropos Greuel...»

Sie blickte sich nach Martha um, die sich nach ihrem Einwurf entfernt hatte und nun behutsam ein Brett überquerte, das über einen der tiefen Gräben am Rand der Stätte gelegt worden war. Mark hatte gehofft, hier auf Spuren früherer Bewohner zu stoßen, aber obwohl man einige verkohlte Samen entdeckt hatte, gab es keinen deutlichen Hinweis auf eine menschliche Behausung. Martha hatte die andere Seite erreicht, als irgend etwas in dem Graben ihre Aufmerksamkeit erregte; es war, als habe sich dort plötzlich etwas bewegt, und sie starrte durch die Jahrtausende hindurch auf die alte Oberfläche der Erde. Dann fiel sie nach vorn und stürzte mit einem Aufschrei in den Graben. Sie versuchte noch, den Brettrand zu packen, doch der gab nach, und sie landete ungeschickt auf dem linken Arm. Die anderen rannten zu ihr hinüber, und einen Moment lang spähten sie hinunter in den Graben, wo Martha, alle viere von sich gestreckt, auf der harten Erde lag. Sie glich einer Gestalt in einem soeben geöffneten Grab, und ihre plötzliche Ähnlichkeit mit einem längst Verstorbenen war verblüffend.

«Scheiße!» Von ihrem charmanten und mädchenhaften Benehmen war nichts mehr zu merken. «Mein Arm! Ich spüre ihn nicht!»

Evangeline war hinübergeeilt. «Ich glaube, das arme Kind hat sich den Arm gebrochen. Wir müssen sie ganz sanft behandeln, sanft wie ein Lämmchen.»

Und das taten sie: Es dauerte eine Weile, bis Martha, auf einer behelfsmäßigen Trage und in eine Decke gehüllt, heraufgebracht wurde. «Jemand hat mich geschubst», sagte sie, während man sie auf dem Gras absetzte. «Irgendein Schuft hat mich geschubst!»

Mark drehte sich rasch um, aber hinter ihm lagen nur die heißen, stillen Felder des Pilgrin Valley. «Es war niemand da», sagte er, lenkte dann jedoch ein. «Ich zumindest habe niemanden gesehen. Sie etwa?»

Er hatte die Frage an Evangeline gerichtet, die traurig den Kopf schüttelte – ganz so, als sei dies eine der krankhaften Verirrungen der armen Martha. «Es muß wohl am Schock liegen.» Sie gab vor zu flüstern, doch ihre Stimme war so laut, daß Martha sie hören konnte. «Am Schock des unerträglichen Schmerzes.»

Martha versuchte, den Kopf zu heben. «Das Schwein hat mich runtergestoßen.» Dann sank sie stöhnend zurück auf die Tragbahre. «Entschuldigt meine Ausdrucksweise...»

«Was heißt hier Ausdrucksweise, meine Gute?»

«Aber ich bin doch nicht einfach in das Loch hineingerutscht.»

«Das kommt darauf an.»

Ausnahmsweise reagierte Martha nicht auf Evangelines Bemerkung; sie versuchte, sich an die genaue Abfolge der Ereignisse zu erinnern. «Ich habe etwas gesehen.» Sie streckte sich auf der Bahre aus und schloß die Augen. «Dann habe ich nach unten geschaut. Und dann hat mir jemand einen Stoß versetzt.»

36
Entschlüsselung

ZWEI NÄCHTE SPÄTER. Mark Clare lag im Bett und konnte nicht schlafen. Kathleen lag neben ihm und drückte sich ein Kissen gegen den Kopf. Jedesmal wenn er die Augen schloß, kreuzten sich in den unendlichen Tiefen seiner nächtlichen Vision farbige Wirbel und Spiralen. Und wie immer schienen diese Phantomgestalten das Objekt seiner Grübeleien nachzuahmen – noch beim Einschlafen bemühte er sich, die in den großen Stein am Grabeingang gekerbten Kreise und Vertiefungen zu verstehen. Leise erhob er sich vom Bett und schlich auf Zehenspitzen durch das Zimmer; er wollte seine Frau nicht wecken, die in der schwindenden Dunkelheit vor der Morgendämmerung von einer Art heiliger Ruhe erfüllt zu sein schien. Die Welt stand am Übergang zwischen Nacht und Tag, und die Sorgen hatten Kathleen in einen leichten Schlaf entlassen. So schien es Mark jedenfalls. Aber als er leise die Tür öffnete, beobachtete sie ihn vom Bett aus mit aufgerissenen Augen; und als er die Tür geschlossen hatte, drückte sie ihr Gesicht, immer noch mit geöffneten Augen, von neuem in das Kissen.

Mark ging in sein Arbeitszimmer, wo sein ganzer vertrauter Besitz noch im Dunkeln stand. Er knipste das Licht an, und die Gegenstände erwachten in dem plötzlichen Glanz zu munterem Leben. Aber sie wirkten immer noch etwas hohl, weil niemand sie angeschaut hatte, weil sie in der Nacht nicht gesehen worden waren, und sie gewannen ihre Stofflichkeit erst dann allmählich zurück, als Mark sich zwischen ihnen bewegte. Er ging zu seinem Schreibtisch hinüber und zog die Fotos von dem blinden Eingang, die Owen am Nachmittag von Marthas Sturz gemacht hatte, aus der Schublade. Auf diesen Schwarzweißfotos konnte er die abgeschliffene graue Oberfläche des Steins mit den dunkleren Markierungen gut erkennen. Einem plötzlichen Einfall gehorchend, zog er den großen gelben Umschlag hervor, in den Owen die Negative gelegt hatte. Er hielt eines von ihnen gegen das elektrische Licht, und als er das umgekehrte Bild sah, verstand er sofort. Denn in diesem Augenblick, als er die nun hellen Markierungen auf dunklem Untergrund untersuchte, sah er die Ähnlichkeit: Hier waren weiße Lichtpunkte, weiße Kreise, die aussahen wie wirbelnde Wolken, und weiße Linien, die sich wie Pfade durch eine schwarze Fläche zogen. Dies war eine Himmelskarte. Eine Zeichnung der Sterne. Es waren die Konstellationsmuster, verzeichnet auf die damals einzig mögliche Art: in Stein gemeißelt. Und dann waren diese Sterne vor das Grab gelegt worden, um den oder die Bestatteten abzuschirmen. Man hatte das Grab durch Helligkeit oder, besser gesagt, durch die auf dem Stein verewigte Helligkeit versiegelt. Es mußte wahrhaftig das Grab von jemandem sein, der die Sterne verehrt hatte. Endlich wußte Mark, was er suchte – was ihn in dem Grab erwartete.

Kathleen Clare saß aufrecht im Bett und hielt die Knie mit den Händen umklammert. Als sie Mark aus seinem Arbeitszimmer kommen hörte, legte sie sich wieder hin und tat so, als schlafe sie. Aber er kam nicht wieder zu ihr zurück. Voller Aufregung über die Entschlüsselung des Steins ging er am Schlafzimmer vorbei und stieg leise die Treppe hinunter. Er öffnete die Tür zur Crooked Alley, während die Morgendämmerung hereinbrach, und trat ins Licht hinaus.

37
Schutzengel

«WILLST DU AUF den Sternen schwingen?» sang Joey Hanover und blickte ins Pilgrin Valley hinunter. «Mondlicht in 'nem Glas nach Hause bringen?» Er betrachtete kummervoll eine Kuh, die hinter einer Hecke stand. «Oder möchtest du lieber ein Maultier sein?»

«Hör mit dem Geheul auf, Joey.»

«Ich war so gerne jung, Flo. Ich war so gerne jung.»

«Das ist kein Grund, es jetzt zu singen.»

Floey Hanover wurde langsam reizbar; es war schon Mitte August, und sie hatten die letzten Wochen damit verbracht, ziellos auf den Wegen und Pfaden dieser Gegend entlangzufahren und nach dem richtigen Häuschen in der richtigen Lage zu suchen. Nun waren sie endlich im Pilgrin Valley angekommen. Trotz Augustine Fraicheurs Empfehlung hatten sie es sich bis zuletzt aufbewahrt – hauptsächlich deshalb, weil es als einziges auf ihren Landkarten nicht richtig verzeichnet war. Es war schwer zu finden gewesen; sie hatten auf den grünen Wegen umkehren müssen, waren auf Bauernhöfen gelandet, auf öden Gebirgskämmen zum Stehen gekommen, hatten scheinbar richtige Routen verfolgt, nur um sich an einer Felsküste oder am Rand eines Hügels wiederzufinden. Doch nun, da sie es endlich entdeckt hatten, verspürte Joey unerklärliche Angst; er begann, im Auto vor sich hin zu pfeifen. Sie waren ein paar Meter vom Bauernhaus der Mints entfernt und konnten über das Tal hinweg bis zur Ausgrabungsstätte sehen.

«Noch ein schlechtes Zeichen», sagte seine Frau. «Wenn du solche Geräusche machst.»

«Das sind meine Nerven, Floey. Ich bin ein Opfer meiner Nerven.» Sie schwiegen eine Weile. «Sieh mal, was ist das für eine Exkreszenz?»

«Laß die Schweinereien, Joey.» Aber der Klang des Wortes gefiel ihr; sie würde es bei der richtigen Gelegenheit benutzen.

«Nein, im Ernst. Was ist das da drüben?» Er zeigte zum Grabhügel hinüber, der nun freigelegt, doch von Plastikplanen bedeckt und von einem aus Drahtgeflecht ungeschickt zusammengebauten Zaun geschützt war.

«War es nicht das, wovon uns die Freundin meiner Freundin erzählt hat?»

«Die Freundin deiner Freundin?» Die Wendung gefiel ihm. «Wer war die Freundin deiner Freundin?»

«Tigers Freundin. Du weißt schon. Die Frau mit dem komischen Gesicht. Die aussieht wie ein Papagei. Evangeline. Kannst du dich denn nur noch an alte Lieder erinnern?»

«Nach Möglichkeit ja.» Er konnte neben dem Grabhügel die verbrannte Fläche erkennen, wo der alte Eschenwald gestanden hatte. «Aber es gibt hier etwas...», sagte er. «Etwas, an das ich mich *wirklich* erinnere.» Er setzte seine malvenfarbige, karierte Mütze auf, hielt Floey die Autotür auf, und dann stiegen sie gemeinsam den Westhang des Tals zum Pilgrin hinunter. Farmer Mint trug gerade einen Eimer aus dem Haus; er blieb stehen und sah zu Joey mit seinem hellblauen Blazer und Floey mit ihrem maisgelben Kleid und dem großen grünen Strohhut hinunter. Er beobachtete sie, während sie sich einen Weg durch die Steine und das verdorrte Gras bahnten. Dann kratzte er sich. Spätsommer. Der Wendepunkt des Jahres.

Die Hanovers überquerten den Bach, nun kaum mehr als ein Rinnsal in seinem Kreidebett, und kletterten auf den Grabhügel zu. «Sieh nur», sagte er. «Sieh dir das mal an.» Er deutete auf den Vorhof und den blinden Eingang. «Das reinste Märchen. Wie aus *Aladin und die Wunderlampe*.» Er drehte sich zu Floey um und streckte die Arme aus. «Da ist die Stimme aus des Grabes Rund», sang er. «Die mich ruft, die mich ruft.» Dann wandte er sich um und schirmte die Augen vor der Sonne ab, damit er den vor ihnen liegenden Talhang deutlicher erkennen konnte. «Laß es uns dort oben versuchen. Da *ist* etwas...»

«Noch eine furchtlose Bemühung», flüsterte Floey vor sich hin und folgte ihm widerwillig. Er ging um die Ausgrabungsstätte herum und arbeitete sich zu dem Wäldchen aus Eschen und Buchen am Talkamm vor; sie blieb auf halber Strecke stehen, um ihrem schweißbedeckten Gesicht mit dem grünen Strohhut Luft zuzufächeln. Erst als sie ihn wieder aufgesetzt hatte, sah sie, daß Joey ganz still, die Arme in die Höhe gestreckt, auf dem Kamm stand. Sie kletterte zu ihm hinauf, und er rührte sich immer noch nicht von der Stelle. Als sie neben ihn trat, sah sie, daß er über ein vertrocknetes Feld zu einem kleinen Häuschen hinüberspähte. Es war von einer Hecke umgeben, doch Floey konnte das Strohdach und die beiden oberen Fenster ausmachen. «Ich kenne diesen Ort», sagte Joey. «Ich kenne ihn gut.»

Er fing an, über das Feld zu gehen, doch dann lief er schneller, und schließlich rannte er. Seine karierte Mütze wehte ihm vom Kopf, aber er schien es nicht zu bemerken. Er hörte nicht auf zu laufen, bis er die weiße Pforte des Häuschens erreicht hatte, wo er nach Atem ringend stehenblieb. Dann setzte er sich ins trockene Gras und neigte den Kopf. Ein paar Minuten später holte Floey ihn ein und hielt ihm seine Mütze hin. «Hier ist ein Teil deiner Garderobe.»

Er blickte zu ihr auf, ohne die Mütze zu sehen. «Das ist es, Floey.»

«Das ist was?»

«Das Häuschen, an das ich mich erinnere.»

«Und warum gehst du nicht rein?» Sie schien nicht sonderlich begeistert, aber sie wollte ihn unbedingt beruhigen.

«Ich weiß nicht.» Er war wieder von derselben Angst erfüllt, die er bei der Fahrt ins Tal verspürt hatte. «Warte eine Minute.» Aber ihm blieb keine Minute, denn die Tür des Häuschens öffnete sich, und Damian Fall, in seiner Cordjacke, kam mit einer Gießkanne heraus. Er bemerkte die Hanovers sofort und wich zurück. Auch die Hanovers waren erschrocken, und Joey rappelte sich hastig auf.

«Es tut mir leid.» Damian fiel nichts anderes ein. «Es tut mir leid.»

Joey schien verblüfft. «Entschuldigen Sie. Aber kenne ich Sie nicht?»

Es war eine ernstgemeinte Frage, und sie brachte Damian in Verlegenheit. Er erwartete nicht, daß ihn irgend jemand kannte. «Soweit ich mich erinnere, nicht. Nein.» Er fuhr sich mit dem Finger über die Innenseite seines Hemdkragens.

«Kennen Sie mich denn?»

Damian musterte ihn mit offenkundiger Besorgnis. «Das Gesicht ist mir vertraut, aber...»

«Joey Hanover», sagte seine Frau sachlich. «Allerdings war er zuerst als Joey Chuckles bekannt.»

«Natürlich. Jeder kennt Ihren Namen.»

«Genau das ist es», antwortete Joey. «Das ist nämlich das Problem.» Er nahm seiner Frau die karierte Mütze aus der Hand und begann, den Staub abzuklopfen. «Es ist gar nicht mein Name.»

«Ist es vielleicht ein Künstlername?»

«Nein. Ein Adoptivname. Ich wurde adoptiert. Dürfen wir?» Sie hatten über das Tor hinweg miteinander gesprochen, und nun stellte Damian seine Gießkanne ab, um es zu öffnen. Joey ging den Gartenpfad hinunter und drehte seine Mütze in den Händen. «Deshalb sind wir hier», sagte er. «Ich kenne dieses Haus. Ich glaube, ich wurde hier geboren.»

«Dann treten Sie wohl besser ein. Fall», setzte er leise hinzu.

«Über die Schwelle?» Floey war verwirrt; sie dachte an manch einen Sturz auf der Bühne.

«Nein. So heiße ich. Damian Fall.»

Er führte sie ins vordere Zimmer, und Joeys Blick fiel sogleich auf die Gipsabdrücke der Gesichter, die aus den Ecken des Raums auf sie herunterschauten. «Da sind sie», rief er. «Da sind meine Schutzengel!» Er sah Damian mit wilder Verblüffung an, als wolle dieser ihm etwas vorenthalten. «Hier war eine Decke eingezogen.» Seine Hand fuhr nach oben. «Und darüber war ein Schlafzimmer. Mein Schlafzimmer.»

«Ich glaube, man hat die Decke entfernt. Das Zimmer ist so größer», erklärte Damian hilflos.

Joey hörte ihm gar nicht zu. «Und dies waren meine Engel. Engel meinen Schlaf beschützen. Wird nicht bösen Träumen nützen. Das hat mir mal jemand vorgesungen.» Er ließ sich schwer auf einen schmalen Holzstuhl sinken. «Das ist es, Floey. Das ist es.»

Damian betrachtete seinen Besucher, der nach Atem rang. Er wußte, daß diese Menschen etwas Wichtiges, etwas Bedeutsames erlebten, und ihm lag wenig daran, daß es sich vor seinen Augen abspielte. Er wußte nicht, wie er reagieren sollte. «Kann ich Ihnen etwas anbieten?» Damians an Floey gerichtete Frage war fast flehend, als könne sie diese Situation irgendwie entschärfen und in normale Bahnen lenken. «Einen Drink?»

«Bringen Sie ihm einen Brandy», sagte sie. «Und könnte ich einen Gin haben? Gin mit Stuß?»

«Schuß. Gin mit Schuß», korrigierte Joey Floey automatisch, während er vor sich hin starrte. Als Damian ins Zimmer zurückkehrte, starrte er immer noch in dieselbe Richtung und sprach weiter, als sei es zu keiner Unterbrechung gekommen. «Als ich weggegeben wurde, wußte nämlich niemand sehr viel über mich. Meine Adoptiveltern nahmen an, daß ich aus dieser Gegend kam. Und irgendwie erinnerte ich mich an dieses Häuschen. Deshalb haben wir gesucht. Aber ich hätte nie gedacht...» Er blickte zu seinen Engeln hinauf. «Ich bin nur ein armes Waisenkind. Mit nichts als Träumen. Wie ging das Lied noch, Floey? Hatte es etwas mit Bäumen zu tun? Oder mit Säumen?» Sie schüttelte den Kopf.

«Ich glaube, es waren Träume», meinte Damian. Die Männer musterten einander, und dieser wechselseitige Blick erschütterte beide so, daß sie sich nicht abwenden konnten – sie starrten einander an, fassungslos, wild, gequält, verloren.

«Ich möchte herausfinden, wer meine Eltern waren», sagte Joey schließlich. «Ich möchte herausfinden, woher ich komme.»

«Woher kommt der Mensch denn überhaupt?» Damian sprach ganz offen mit ihm, als habe der seltsame Blick zwischen ihnen jeden Versuch, etwas zu verheimlichen, zunichte gemacht.

«Ich kann Ihnen nicht folgen.»

Floey hatte ihren Gin bereits ausgetrunken. «Er rät dir, dich nicht aufzuregen», sagte sie. «Dir nicht den Kopf zu zerbrechen.»

Damian schien sich wachzurütteln. «Ich bin hier nur Mieter», erklärte er. «Ich kann Ihnen nicht viel sagen.»

«Wo ist die Hauswirtin?» Floey blickte sich um und erwartete fast, etwas in der Art der theatralischen Gestalten vor sich zu sehen, denen sie vor so vielen Jahren auf ihren Reisen begegnet war.

«Mint ist mein Hauswirt. Er wohnt auf der anderen Seite des Tals.»

«Darf ich mich umsehen?» Joey ging von einem Zimmer

ins andere und trat dann in den Garten hinaus. «Purpurne Blumen!» rief er den beiden zu.

Floey blickte Damian Verzeihung heischend an. «Er muß unbedingt die Wahrheit herausfinden. Des Pudels...» Sie konnte sich nicht an den Rest der Wendung erinnern. «Was war es? Was sucht man noch mal im Pudel, wenn man die Wahrheit erfahren will?»

Damian wußte, was sie meinte. «Die Wahrheit? Ich weiß nicht.» Er fuhr sich mit den Händen durch das Haar und ging zum Fenster hinüber. «Wahrscheinlich kümmere ich mich zu sehr um meinen eigenen Vorgarten.» Er merkte, wie sehr diese Worte von seiner Verzweiflung und seinem Versagen zeugten.

«Ich muß Sie um Verzeihung bitten», sagte sie, nicht ohne einen Hauch von Schärfe. «Wir halten Sie auf.»

«Was?» Er wirbelte mit glühendem Gesicht herum.

«Wir halten Sie von der Gartenarbeit ab.»

Damian dachte immer noch über sein Versagen nach. «Natürlich. Unkraut. Unkraut muß immer gejätet werden.»

Joey kam verstört herein. «Sagen Sie, wer bin ich? Kennen Sie mich?»

«Sie sind Joey Hanover», erwiderte Damian. Aus irgendeinem Grunde wollte er nun sein Versäumnis wiedergutmachen, er wollte diesen Menschen, die seine Hilfe benötigten, irgendwie von Nutzen sein.

«Genau dafür habe ich mich gehalten. Haben Sie vielen Dank.»

«Sie müssen die Mints besuchen», fuhr Damian fort. «Die beiden wissen alles. Und ihnen gehört dieses Häuschen seit Jahren.»

«Was sollen wir tun?» fragte Floey. Sie wurde dieser anscheinend endlosen Suche müde. «Krumme Wege gehen?»

«Nein. Nein. Kommen Sie mit.» Er führte sie wieder hinaus in den Garten, deutete auf das Pilgrin Valley und wies ihnen die Richtung zum Haus der Mints. «Auf Wiedersehen», rief er, während sie das Feld durchquerten. «Viel Glück!»

«Was soll man von dem halten?» fragte Floey ihren Mann, sobald sie außer Hörweite waren. «Das war kein glücklicher Mensch.»

«Ich habe es gefunden, Floey. Ich habe es tatsächlich gefunden!» Sein ganzes Leben lang war Joey Hanover von dem Bild einer fernen und friedlichen Vergangenheit verfolgt worden; er hatte nichts über sie gewußt, und seine Adoptiveltern hatten ihm nur mitteilen können, daß er von «irgendwo zwischen Devon und Dorset» stammte. Aber er hatte stets seine Erinnerungen an diesen Ort gepflegt, Bilder von einer hohen grünen Hecke, von purpurnen Blumen, von einem nahe gelegenen Wald. Er konnte sich an einen Augenblick in seiner Kindheit erinnern, als er zu einem wolkenlosen Himmel emporgeblickt hatte, und das Wissen um jenes Blau war irgendwie mit dem Lärm von Krähen und dem Bild von ein paar Schafen verbunden gewesen, die irgendwo am Hang eines Tals grasten – und er hatte diese Schafe für Wolken gehalten, die den Himmel verlassen hatten, um vorübergehend auf Erden zu verweilen.

Nach dieser einzelnen Erinnerung kam ein Bruch, ein Schweigen, und er war als das Adoptivkind, das er sehr gut kannte, aus der Dunkelheit hervorgegangen. Doch diese Bilder eines früheren Lebens waren ihm geblieben, und sie hatten ihn stets beruhigt. Denn die Überbleibsel seiner Kindheit riefen ein unvergleichliches Gefühl hervor: ein Gefühl von etwas Dauerhaftem, ein Gefühl, daß der gewöhnliche Lauf der Welt bedeutungslos war, ein Gefühl wie die warme Hingabe, die sich kurz vor dem Schlaf einstellt. Und auch dies traf zu, denn die Bilder seiner unbekannten Kindheit halfen ihm beim Einschlafen. Und würden sie ihm helfen, wenn der Moment des Sterbens kam? Er merkte, daß er weinte. Er wischte sich mit seiner karierten Mütze das Gesicht ab und lächelte Floey an. «Tränen sind ein Segen», sang er mit lauter Stimme, während sie ins Pilgrin Valley hinabstiegen. «Tränen sind ein Segen, deshalb lasse ich sie fließen.» Kaum daß sie den Bach überquert hatten, konnten sie das Bauernhaus der Mints auf der Straße über dem Tal erkennen, und plötzlich blieb Joey stehen. «Nein», sagte er. «Nein. Es war ein Schock für meinen Körper. Mehr verkrafte ich heute nicht.»

Sie spürte, wie müde er nun war, und nahm seinen Arm. «Wir kommen morgen zurück. Morgen ist auch noch ein Tag. Das sagt man doch?»

«Ich weiß nicht, was man sagt, Floey. Ich weiß nicht, was man sagt.»

Sie kehrten zum Auto zurück, doch gerade als Joey starten wollte, hielt er inne. «Meinst du, daß wir es wiederfinden werden?» Er blickte sich voll panischer Angst um, denn plötzlich kam ihm alles so vor, als wäre es eine Illusion, ein Traum – als würde es ihnen nie wieder gelingen, ins Pilgrin Valley zurückzukehren, wo nun all seine Hoffnungen ruhten.

«Natürlich. Wir kommen morgen zurück.» Beide drehten sich um, um noch einen Blick auf das Bauernhaus der Mints zu werfen. Wenn dort irgendein Lebenszeichen zu sehen gewesen wäre, hätte Joey es sich anders überlegt, und sie wären hinübergegangen. Aber da es ganz still und scheinbar verlassen dalag, fuhren sie nach Lyme Regis zurück.

Damian Fall war wieder ins Häuschen getreten. Er spülte die Gläser, aus denen sie getrunken hatten, klopfte den Stuhl ab, auf dem Joey gesessen hatte, und schob ihn sorgfältig an seinen ursprünglichen Platz zurück. Dann setzte er sich darauf. Er hatte das Gefühl, daß etwas an ihm vorbeigezogen war – daß er wieder einmal irgend etwas Bedeutendes nicht gesehen hatte oder daß es ihm versagt geblieben war. Mit einem schrecklichen Klagelaut auf den Lippen schaukelte er hin und her.

38
Die Vorstellung

«ICH GEBE DANACH eine kleine Party.» Augustine Fraicheur sprach vor dem kleinen Theater in der Wagg Street mit Joey Hanover. «Für die Crème de la crème von Lyme.» Es war der Abend nach dem Besuch im Pilgrin Valley, und Joey bewunderte die scharlachroten Plakate, mit denen die Premiere von T. S. Eliots *Der Familientag* angekündigt wurde. «Natürlich spielen wir es als Komödie.»

«Das ist gut. Ich heule gern ein bißchen.»

Augustine war einen Moment lang verblüfft, doch dann fing er sich. «Sie sind wirklich zum Schreien, Mr. Hanover. Joey.»

«Eben. Komödien sind etwas Ernstes. Sehen Sie mich an.»

In diesem Moment kam Floey mit zwei Karten in der Hand aus dem Theater. Sie hatte beschlossen, daß ihr Mann nach den Ereignissen des Tages aufgemuntert werden mußte, und der kummervolle Gesichtsausdruck, mit dem er Augustine gegenüberstand, bestätigte ihre schlimmsten Befürchtungen. «Fünf Pfund pro Nase», sagte sie und wedelte mit den Karten durch die Luft. «Diese Leute nehmen's von den Wendigen.» Joey setzte zu einem Lächeln an, und sie hob die Hand. «Nein. Du brauchst mich nicht zu verbessern. Ich mache es selbst.

Drehen und wenden, wie man will. Nehmen's von den *Lebendigen.*»

«Es ist für einen guten Zweck», erklärte Augustine. «Lerne leiden, ohne zu klagen.» Er verabschiedete sich mit einer kleinen Verbeugung, blieb dann jedoch stehen, wirbelte herum und stemmte eine Hand in die Hüfte. «Ob Sie wohl erraten können, woher die Uhren kommen?» Er eilte davon und blieb dann wiederum stehen. «Vergeßt bloß nicht zu lachen. Ich glaube, es wird ziemlich schrill.»

Das war vielleicht nicht das richtige Wort, dachte Joey während der Aufführung. Es war von Augustine auf sehr derbe Weise inszeniert worden; Eliots ruhige, traurige Zeilen wurden mit einer Aufdringlichkeit vorgetragen, die einem barocken Melodrama Ehre gemacht hätte, und die etwas langweiligen Charaktere waren so aufgeplustert und pathetisch, daß sie ein groteskes Leben annahmen, wie es sich der Autor bestimmt nicht vorgestellt haben konnte. Aber die Hanovers fühlten sich sehr wohl in dem kleinen Zuschauerraum, während die Stimmen der Schauspieler durch das Theater dröhnten. Die Welt war in eine laienspielhafte Schöpfung verwandelt worden, was aber nicht bedeutete, daß sie an Wirkung verlor oder weniger ergreifend gewesen wäre. Sie hatte eine höhere Realität gewonnen, und kaum hatte Joey Hanover die ersten Zeilen mit ihrem Kehrreim über die hingehenden Tage gehört, war er fasziniert. Sein ganzes Leben lang hatte er solche Vorstellungen gegeben: schrill, lebhaft, farbig, vereinfacht über den Grad der «Charakterdarstellung» hinaus. Ein Teil seiner Kunst als Komiker war die Umsetzung der Erkenntnis gewesen, daß alles seine eigene Gestalt, eine innere Wahrheit oder Folgerichtigkeit hatte, die von denen, die auf einer Unterscheidung zwischen dem Realen und dem Irrealen bestanden, nicht erschlossen werden konnte. Niemand hätte Picasso aufgefordert, gewöhnliche Gesichter abzubilden; niemand hätte einen Musiker aufgefordert, die vertrauten Klänge der Welt aufzuzeichnen; weshalb also sollte Joey Hanover nicht seine eigene Wahrheit schaffen, indem er die Realität bändigte und neu erfand? Deshalb stellte er bei seinen eigenen Auftritten einen Charakter dar, der zwar kein echter Londoner war, aber trotzdem das Wesen Londons einfangen konnte; deshalb rührte und belustigte sein «Jargon» – seine Mischung aus Liedern, Witzen und Anspielungen, die nichts mit der gewöhnlichen Sprache zu tun hatte – jedes Publikum. Und deshalb erschrak er in dem kleinen Theater in Lyme Regis wirklich, als «die Eumeniden» in der ersten Szene vor dem Wohnzimmerfenster erschienen. Ihr Make-up war schlecht, ihre Kostüme saßen nicht, sie sprachen unbeholfen, aber trotzdem wirkungsvoll. Und während sie ihm Angst einjagten, wußte er gleichzeitig, daß sie nicht real waren. Ein wenig später stupste er Floey an, als der Chorus – mit wild um sich schlagenden Armen wie bei einer plötzlich zum Leben erwachten Vogelscheuche – vortrat, um zu erklären, daß Ereignisse, die sich in der Zeit abspielen, nie verlorengehen, sondern erhalten bleiben, durch Vergangenheit und Zukunft widerhallen.

«Zuviel Getue», flüsterte Floey ihm zu. Aber sie stieß einen tiefen Seufzer der Genugtuung aus.

«Schmiere?»

«Schmalz von einer Wand zur anderen. Wunderbar.»

Floeys Versuch, ihren Mann abzulenken, schien Erfolg zu zeitigen, denn Joey war von der Vorstellung so hingerissen, daß er die Suche nach seinen verlorenen Eltern, wegen der er hierhergekommen war, vergessen hatte. Er war wieder der alte Joey, der jede Nuance der Handlung beobachtete, die *À-part*-Passagen zu schätzen wußte, die Kulissen und Requisiten mit derselben leidenschaftlichen Sorgfalt betrachtete, als stehe er gerade selbst auf der Bühne. Aber während Floey Hanover sich den *Familientag* ansah, machte sie sich Sorgen über Joey und über die Erforschung seiner verlorenen Vergangenheit; sie wußte, daß es zu spät war, und die Dinge, die so lange verborgen gewesen waren, sollten besser verborgen bleiben. Wenn es irgendein Geheimnis gab, so konnte es Joey heute bestimmt keinen Nutzen mehr bringen. Es konnte ihm nur Kummer eintragen. Sie rückte auf ihrem Sitz hin und her und schaute ihn von der Seite an. Evangeline Tupper, die drei Reihen dahinter saß, bemerkte Floeys Bewegung, doch mit derselben distanzierten Aufmerksamkeit, mit der sie sich auch das Stück anschaute. Es bedeutete ihr nichts, sondern konnte höchstens als Bühne für ihre eigenen Erinnerungen dienen, und während die Personen hin und her gingen, dachte sie wieder an die Einsamkeit ihres Vaters. Baby Doll, die neben ihr saß, entsann sich wieder der Geschichte, die Joey ihnen erzählt hatte – der Geschichte von den fliegenden Kindern. Dann dachte sie an das Meer und an die Blauschichten, die sie an jenem Morgen darin erspäht hatte, als die Möwen sie umflatterten. Und Joey betrachtete die grünen Hänge des Pilgrin Valley, die nun nicht mehr von Felsen, sondern von den weißen Masken seiner Schutzengel übersät waren. Evangeline hatte die Arme um den Hals ihres Vaters gelegt, während Floey hilflos zusah, wie ihr Mann im Sterben lag. Zeit. Vergangene Zeit. Künftige Zeit. Imaginäre Zeit. Andere Zeiten, die sich um sie rankten. Jeder von ihnen in einer anderen Zeit, und doch folgte jeder von ihnen der Handlung auf der Bühne, als würden ihre eigenen Gefühle irgendwie von den Worten und Gesten dort ausgelöst; als sei das Stück zu dem Text geworden, der diesen Gefühlen Form und Inhalt verlieh. Als am Ende der Vorhang fiel, war es, als hätten sie geträumt und seien plötzlich aufgeweckt worden. Und als sie sich von ihren Plätzen erhoben, ließen sie ihre privaten

Welten hinter sich und wurden wieder jeder zu seinem gewöhnlichen Selbst.

Die Hanovers beeilten sich, um Augustine und jeder weiteren Erwähnung seiner Party zu entgehen, doch Evangeline und Hermione huschten bereits vor ihnen in die Nacht hinaus. «Worüber hat der Mann sich nur so aufgeregt?» fragte Evangeline. «Er hätte einen ordentlichen Schlag gebraucht. Einen kräftigen Schlag. Ins Gesicht. Alles wäre ganz anders gewesen, wenn eine Frau es geschrieben hätte. Wie heißt es noch: Singt Natur...»

Floey Hanover schob sich zwischen sie, nahm Hermiones Arm und ergänzte: «So muß die Luft entweichen?»

Evangeline schien durchaus nicht erfreut, sie und ihren Mann zu sehen. «Das ist herrlich», sagte sie so liebenswürdig, wie es nur ging. «Absolut herrlich. Aber eigentlich keine Überraschung.» Joey schien verdutzt. «Theaterleute lassen doch keine Premiere aus, oder?»

Joey vollführte auf dem Bürgersteig vor dem Theater ein paar schleifende Tanzschritte. «There's no business like show business, Miss Tupper.»

Floey sah ihm zu und wandte sich an Hermione. «Im Grunde ist er nämlich immer noch ein alter Lesbosjünger.»

«Ich glaube», sagte Joey ruhig, «du meinst Thespisjünger?»

Evangeline hatte zu lachen begonnen. «Also, ihr Lieben...» Sie war den Hanovers erst ein einziges Mal begegnet, im Speisesaal des «Blauen Hundes», aber ihrem Tonfall nach hätte sie die beiden ihr ganzes Leben lang gekannt haben können. «Also, ihr Lieben, was macht das schon? Wir sind ja schließlich unter uns.»

Hermione und Floey gingen gemeinsam voran, während Evangeline und Joey ein paar Schritte hinter ihnen folgten. «Ich nehme an, daß Sie das Stück viel besser verstanden haben, als es mir je möglich wäre?»

«Ein bißchen davon. Ein kleines bißchen.»

«Aber weshalb haben sie so seltsam gesprochen?»

«Ich glaube», erwiderte Joey, «es sollten Blankverse sein.»

«Oh, tatsächlich? Das erklärt alles. Ich wußte, es war viel Lärm um nichts.»

«Wir haben heute morgen Ihr berühmtes Grab gesehen», sagte Joey. «In dem Tal.»

«Wie ging es ihm?» Es war, als erkundige sie sich nach einem flüchtigen Bekannten. «Ich könnte mich hinsetzen und es den ganzen Tag lang angucken, Sie nicht? Na ja. Vielleicht nicht den ganzen Tag lang. Vielleicht nur bis zum frühen Nachmittag.» Joey gab keine Antwort, denn die Erinnerung an das Pilgrin Valley hatte neue Furcht über seine bevorstehende Begegnung mit den Mints ausgelöst. Nun, da er das Häuschen gefunden hatte, war er unsicherer denn je. Unsicher über seine Vergangenheit und unsicher über sich selbst.

Doch je stiller er wurde, desto munterer gebärdete sich Evangeline. «Nächste Woche gehen wir ins Innere», sagte sie mit lauter Stimme. «Und keiner hat eine Ahnung, was wir finden werden. Aber ich hoffe wirklich, es ist etwas sehr Schauerliches und Prähistorisches. Etwas, an dem man sich die Zähne ausbeißen kann.»

Der Gedanke, daß Evangeline sich die Zähne an etwas Schauerlichem, vielleicht sogar an Baby Doll, ausbeißen könnte, ließ Joey in Gelächter ausbrechen. «Nehmen Sie keine Notiz von mir», sagte er. «Ich habe gerade an das Stück gedacht.»

Evangeline versuchte ebenfalls zu lachen. «Ja. Einige Stellen waren doch schrecklich komisch. Genau so, wie es sich für einen Familientag gehört.»

39
Dunkelheit

SPÄTER, IN DERSELBEN NACHT, als die Hanovers schliefen, als Evangeline Tupper schlief, als Augustine Fraicheur schlief, saß Damian Fall in der Dunkelheit des Observatoriums. Quadrate aus heller Farbe spiegelten sich auf seinem Gesicht wider, während er Aldebarans Helligkeit berechnete. Auf einem anderen Bildschirm ließ er ein Modell der von dem Stern ausgehenden Spektralemissionen erscheinen, und er konnte seine Gashülle als dunkle, kreisende Kugel wahrnehmen – die Kräuselungen und Wellenlinien auf ihrer Oberfläche glichen den Dünen und Grabhügeln der Erde. Aber sieh, Damian. Sieh dir genau an, was für Formen entstehen. Kann es sein, daß ich diesen Ort kenne? Könnte der Stern die Gestalt des Pilgrin Valley angenommen haben? Ja. Und sieh, es bewegt sich.

Dunkelheit. Er ist vorwärts oder rückwärts gefallen. Er konnte der Schwerkraft nicht standhalten. Aber was ist Schwerkraft denn schon, wenn nicht eine Welle der Leere? Sie ist überhaupt keine «Kraft», sondern einfach nur ein Teil einer Naturerscheinung, die niemand versteht. Aber was ist mit diesem Stuhl? Diesem Observatorium? Sie sind nur Wirbel oder Knoten im kosmischen Feld, zeitweilige Energiemuster wie die Änderungen des Helligkeitsgrades an der Oberfläche von Aldebaran. Die Welt und das sichtbare Universum verkörpern den Einbruch von verirrter Materie in das riesige Nichts, sie sind ein Überrest jenes unvorstellbaren Moments, da Raum und Zeit gemeinsam erschaffen wurden; sie sind Fossilien, zusammengebracht von dem Sternenwind, der vom ersten Augenblick der zufälligen und unnötigen Schöpfung an geweht hat.

Dunkelheit. Und ich weiß, daß die Materie selbst ein Überbleibsel ist, ein Hindernis auf dem Weg zur perfekten

Gestaltung des Kosmos, ein Schmierfleck auf dem Gesicht des ursprünglichen Nichts. Schwerkraft kann nicht ohne Objekte existieren, Objekte können nicht ohne Schwerkraft existieren, Raum ist außerhalb von Zeit unvorstellbar, und die Zeit selbst ist nur ein Aspekt des Raums. Diese Kräfte sind zersplittert und deshalb unvollständig. Nur die Beziehung zwischen ihnen ist bedeutsam, da in ihr ein schwaches Echo der Ordnung nachklingt, die vor der Entstehung des sichtbaren Universums existierte. Und vielleicht höre ich irgendein Echo der vollkommenen Ordnung.

Dunkelheit. Die Materie nimmt erst dann erkennbare Form an, wenn sie bei relativ niedriger Energie untersucht wird; wenn man sie bei höherer Energie untersucht, wird sie einfach zu einer Erscheinungsform der Instabilität: gewalttätig, spontan, unergründlich, das Aufblitzen einer viel größeren Kraft. Und wieviel einfacher und reiner wäre es, wenn jene Kraft außerhalb der sie durchdringenden Spiralen der Raum-Zeit existieren könnte? Dehnt sich das Universum aus, weil es sich von sich selbst befreien möchte?

Dunkelheit. Und doch kann das Universum den Relikten seines Ursprungs nicht entkommen – Energie, in Zeit und Raum geworfen und dadurch «geschaffen», in Licht und Hitze verwandelt, sich langsam in sichtbares Sein zersetzend. Der Kosmos kann seinen Sturz in die Dimensionen von Raum und Zeit genausowenig umkehren, wie die Welt die Relikte ihrer eigenen Entwicklung zurückweisen kann. Deshalb sind die im Grabhügel Bestatteten genausosehr ein Teil von mir, wie ich ein Teil von ihnen bin. Alles berührt alles andere, drängt nach außen und bleibt doch mit dem Rest vermischt. Wenn ein Blatt auf wunderbare Weise von einem einzigen Baum verschwände, würde das gesamte Universum zerstört werden, denn in diesem Moment wäre das Gleichgewicht der Kräfte gestört.

Dunkelheit. Und auch ich bin ein Teil jener Ordnung, ein

Relikt der frühesten Schöpfung, die Raum und Zeit nun zusammengewoben haben: Nichts kann mir widerfahren, ohne daß dadurch ganz subtil die Gestalt des sichtbaren Universums verändert würde. Auch ich bewege mich fort durch den grenzenlosen Raum; ich bin ein Teil der unendlichen Ausdehnung, die mir ein unendlicher Schrecken zu sein scheint. Aber ich bin nicht mein Selbst; ich bin so flüchtig und veränderlich wie jeder andere Teil des Kosmos, eine zufällige Zusammenstellung von Partikeln, ein kleines Plateau in der endlosen Zersetzung von Raum und Zeit, eine Stasis im Ringen der Kräfte, die zu Materie geworden ist.

Dunkelheit. Und doch bin ich nicht Materie; ich bin bloß der Raum, der von den Kräften des Universums durcheilt wird, genau wie die Milliarden von Neutrinos mich auf ihrer Reise durch den Kosmos durcheilen. Ich gehöre zu derselben Ordnung des Seins wie eine Gaswolke oder eine Konstellation. Alles beobachtet alles andere, und nun, da Damian durch die offene Kuppel des Observatoriums hinaufblickte, konnte er die Sterne in der turbulenten Luft zittern und tanzen sehen.

Er wollte fliehen. Aber wohin entkommen? Er konnte nicht in den Himmel fliehen. Er wußte, daß es keinen Himmel gab. Er wußte, daß der Himmel nur eingefangenes Licht war. Immer noch Dunkelheit.

Damian, wach auf.

40

Pferde und Fische

«WACHEN SIE AUF, DAMIAN.» Brenda stand neben ihm und bohrte ihm den Finger in die rechte Schulter. «Ist das nicht ulkig», sagte sie, als er die Augen öffnete. «Ich konnte Sie ganz lange nicht wach kriegen. Konnte Sie einfach nicht hoch kriegen.» Er begriff nicht, daß er geschlafen hatte. «Ich habe da einen Mann drin.» Sie warf den Kopf in die allgemeine Richtung des Büros zurück. «Der mit Ihnen sprechen will.»

«Wer ist es?» Er war immer noch in seinem Traum gefangen, wenn es ein Traum gewesen war.

«Clare.»

«Natürlich. Bringen Sie ihn her.» Er hatte Mark Clare eingeladen, das Observatorium zu besuchen, und ja, nun erinnerte er sich, der Archäologe hatte ihm ein paar Zeilen über Zeichen auf einem Stein geschrieben; sie hatten verabredet, sich an diesem Abend zu treffen.

Brenda führte Mark in die Kuppel. «Sie kenne ich», sagte sie, nachdem sie im Korridor einen gründlichen Blick auf ihn geworfen hatte. «Ich habe Sie in Lyme gesehen. Mit einer Frau am Arm.» Sie kicherte. «Wer war das?»

«Das war meine Frau», antwortete Mark. Er schaute sie mit einer Art Panik an; es war, als sei Kathleen eingetreten.

Brenda fiel nun ein, daß die Frau eine Schiene am Bein getragen hatte, und sie errötete in der Dunkelheit des Observatoriums. «Werde ich noch gebraucht?» fragte sie rasch.

Alec war im Korridor von hinten herangekommen und umfaßte ihre Hüfte. «Erst wenn der Berg zum Dingsbums kommt.» Er legte das Gesicht über ihre Schulter, so daß er Damian besser sehen konnte; er hatte sein seltsames Verhalten bemerkt und beobachtete ihn verstohlen. Damian Fall hatte recht, was seinen Assistenten betraf. Alec glaubte wirklich an die Sterne und daran, daß menschlicher Fortschritt möglich war. Aber dies bedeutete auch, daß er einiges Vertrauen in die menschliche Natur hatte, worin sein Mitgefühl für andere begründet lag. Deshalb machte er sich nun Sorgen um Damian Fall. Er bewunderte ihn und verstand das Wesen von Damians Melancholie sehr gut. Alec war romantischer – schließlich sang er immer, wenn er an die Sterne dachte –, aber er war auch pragmatischer. Er wollte Damian helfen, ihm beweisen, daß seine Arbeit wichtig war, daß sich selbst im Holblack Moor Hoffnung finden ließ.

Brenda zappelte ein wenig, als Alec sie spielerisch umarmte. «Ich verstehe nichts von Bergen», sagte sie. «Von Autorücksitzen auch nicht, da kannst du sicher sein. Ich frage nur, ob ich noch gebraucht werde.» Sie gingen gemeinsam ins Büro zurück, nachdem Alec noch einen kurzen Blick auf Damian geworfen hatte. «Ich liebe Shakespeare», fuhr sie fort und schloß die Trenntür zwischen dem Observatorium und dem Korridor. «Mir gefällt das Lied über die saugenden Bienen.»

Die beiden Männer blieben allein unter der offenen Kuppel zurück. «Soll ich das Licht anmachen?» fragte Damian.

«Nein», erwiderte Mark. «Bitte nicht. So ist es mir lieber.» Er trat an das Teleskop. «Es erinnert mich an den Stich in Ihrem Häuschen. Wie hieß er? Das verdunkelte Haus?»

«*Domus obscurata*. Ja. Aber man wußte damals viel mehr. Man begriff viel mehr.»

«Und jetzt...»

«Jetzt tappen wir wirklich im Dunkeln.» Damian lachte. Er drückte auf ein paar Tasten am Schaltpult, und surrend erwachte das große Teleskop zum Leben. Doch es schien Mark in keine bestimmte Richtung zu zeigen. «Rückwärts und vorwärts», sagte Damian. «Rückwärts und vorwärts. Immer wieder.» Irgendwie empfanden die beiden in diesem Moment dasselbe Gefühl der Nichtigkeit. Es war, als sei es von dem Observatorium ausgelöst worden. Es war, als stünden sie auf einem Schuttgelände. Mark sagte nichts, und die beiden Männer lauschten eine Weile dem Geräusch der Lenkvorrichtung, die sich drehte und wendete.

Damian schaltete sie ab und lehnte sich gegen seinen Stuhl. Er hatte Mark den Rücken zugekehrt, und in der Dunkelheit schien seine natürliche Zurückhaltung zu schwinden. «Im Grunde wissen wir ja nichts. Wir sehen, was wir sehen möchten. In jeder Generation wird der Himmel zu einer Art Karte menschlicher Wünsche. Es tut mir leid. Langweile ich Sie?»

«Natürlich nicht.»

«Der Himmel spiegelt all unsere gerade aktuellen Theorien über das Universum wider, und obwohl wir in den Sternen nicht mehr die Gestalten von Göttern oder Tieren sehen, sind unsere eigenen Theorien nicht weniger märchenhaft.» Damian schob seinen Stuhl zurück und schaute durch die offene Kuppel zu den Sternen empor. «Die Sterne nehmen nämlich die Gestalt an, die wir für sie auswählen. Sie werden zu den Bildern unseres eigenen Selbst, die herunterscheinen und uns trösten.» Seine Stimme klang in Marks Ohren plötzlich ganz anders; es war, als sei er gerade aus tiefem Wasser aufgetaucht und immer noch außer Atem. «Ich bin nicht so sicher, daß die Griechen unrecht hatten. Vielleicht schweben wirklich Pferde und Fische durch den Himmel. Vielleicht haben wir uns ihre Existenz vor Jahrhunderten herbeigewünscht, und seitdem sind sie dort oben gefangen.»

Das Schweigen nach diesen Worten dauerte zu lange. «Aber da ist die Wissenschaft...», begann Mark.

«Ach ja. Die Wissenschaft. Aber wer wollte behaupten, daß unsere Wissenschaft um einen Deut besser ist als die Wissenschaft des im Pilgrin Valley begrabenen Astronomen? Sie sagten doch, es war ein Astronom?»

«Das glauben wir. Übrigens, ich habe etwas mitgebracht...» Er hatte einen Umschlag mit den Fotos der Zeichen auf dem Stein bei sich, die er Damian zeigen wollte, und nun streckte er sie ihm hin.

Doch Damian bemerkte es nicht. «Wissenschaft ist nämlich wie Literatur. Wir erfinden Geschichten, wir entwerfen Erzählungen, wir versuchen, ein Muster unter den Geschehnissen aufzuspüren. Wir sind interessierte Beobachter. Und es gefällt uns, die Geschichte fortzusetzen, es gefällt uns voranzukommen, es gefällt uns, Fortschritte zu machen. Obwohl unsere Geschichten im Dunkeln erzählt werden.»

«Aber Sie haben doch Ihre Gleichungen. Ihre Mathematik...»

«Oh. Mathematik. Mathematik ist wie Sprache. Niemand weiß, woher sie stammt. Niemand weiß wirklich, wie sie funktioniert. Noch mehr Pferde und Fische. In Zeichen gefangene Pferde und Fische.»

Mark legte den Umschlag auf ein neben ihm stehendes Tischchen, doch dabei warf er einen halb mit Kaffee gefüllten Plastikbecher um. «Oh, mein Gott. Es tut mir leid.»

«Das braucht Ihnen nicht leid zu tun. Es gibt nichts, was einem leid tun sollte. Ich habe dieses Leben selbst gewählt.» Und doch sah Damian nichts als Dunkelheit vor sich, dieselbe ermüdende Routine, dasselbe Gefühl der Nichtigkeit, dieselbe Gewißheit seines Versagens; denselben Verlust des Glaubens.

Mark hatte sich an das Halbdunkel gewöhnt; die Gegenstände in der Kuppel waren vom dämmerigen Glanz der Sterne umhüllt.

«Aber Sie haben so viele Dinge entdeckt.» Er sprach zu Damians Silhouette, die gespannt und aufmerksam wirkte, doch als er zu ihr hinüberging, merkte er, daß es nur der Stuhl mit einer darübergeworfenen Jacke war.

Damian stand nun hinter ihm, und Mark schrak zusammen, als er seinen Arm berührte. «Entschuldigen Sie», sagte Damian. «Ich wollte Sie nicht erschrecken. Ich wollte niemanden erschrecken. Fahren Sie fort.»

«Sie wissen so viel mehr als wir. Wir haben nur ein paar verstreute Funde...»

Damian lachte über diese Worte. «Ja. Wir gehen weiter nach draußen. Wir gehen so weit nach draußen, daß wir nichts mehr sehen können. Wußten Sie, daß Objekte in der Quantenphysik einfach erscheinen und wieder verschwinden? Und dann sehen wir Objekte, die plötzlich an zwei Orten gleichzeitig auftauchen, was, wenn ich mich recht erinnere, immer als unmöglich galt.» Mark konnte jetzt sein Gesicht erkennen, das ebenfalls im Sternenlicht glänzte. «Wir sehen ein Elektron an einer Stelle, aber dann ist es auch an einer anderen, und es hat sie erreicht, indem es gleichzeitig alle möglichen Flugbahnen zurücklegte. Also das ist eine sehr seltsame Sache. Eine seltsame Sache für jemanden, der an die geordnete Bewegung der Sterne glaubte.» Er beugte sich nieder, um den Plastikbecher aufzuheben, und mit dem Fuß verwischte er den ausgeschütteten Kaffee zu immer größeren Kreisen. «Und da ist noch etwas. Uns ist heute klar, daß der Wissenschaftler die Realität tatsächlich kontrolliert, während er sie beobachtet. Zum Beispiel tut der Spin eines subatomaren Partikels immer das, was der Physiker erwartet. Er folgt immer seiner willkürlichen Entscheidung. Wieder Pferde und Fische.»

«Sie meinen, daß alles die Gestalt annimmt, die wir erwarten?» Mark dachte an den Grabhügel; er dachte an die Welt, die, wie sie sich vorstellten, einst um das Grab herum existiert hatte.

«Ja. Und was bedeutet das für mich, den Beobachter des Himmels?» Im selben Augenblick schauten beide nach oben durch die offene Kuppel auf die trüb-milchigen Fasern von Ophiuchus, dem Schlangenträger.

In diesem Moment saß Kathleen Clare am Fenster in der Crooked Alley und spähte zu derselben Sternengruppe hinauf; Owen Chard konnte nicht schlafen und betrachtete sie ebenfalls, genau wie Joey Hanover. Und überall auf der dunklen Seite des Planeten waren Menschen, die zum Himmel emporblickten. Die Sterne tanzten für sie in der stürmischen Luft, und ihre Sorgen entwichen wie Nebel in das eisige Firmament.

Aber wer war es, der im Pilgrin Valley lag, neben dem Grab lag, auf der harten Erde lag und gleichfalls nach oben schaute?

41
Predigten in Stein

«HIER IST ETWAS, das ich Ihnen zeigen wollte.» Mark Clare hob die Fotos von den Zeichen auf dem Grab auf und hielt sie Damian hin. «Vielleicht verstehen Sie es.» Die Kuppel war nun geschlossen, und die roten Lichter, die das Innere des Observatoriums säumten, waren ausgeschaltet worden.

«Erzählen Sie», sagte Damian. Er hatte die Hoffnung in Marks Stimme gespürt; sie erinnerte ihn an Joey Hanovers Erregung, als dieser das Häuschen betreten hatte, und er war bewegt. Sie erinnerte ihn an Alec. Sie erinnerte ihn auch an etwas in seinem eigenen Inneren – etwas, das sein Leben einst beflügelt hatte, doch nun verloren war.

Er nahm die Fotos, während Mark erklärte, wie die eingekerbten Wirbel und Spiralen am blinden Eingang des Grabs gefunden worden waren, und er wußte sofort, was Mark entdeckt hatte. «Wenn dies eine Sternenkarte ist», sagte er, «dann sind hier die Plejaden.» Er deutete auf sieben Punkte, die sich auf dem Negativ weiß abzeichneten. «Dort, unter ihnen, ist Alkyone.» Er deutete auf eine leichte Vertiefung, die ein Schmierfleck auf dem Stein hätte sein können. «Und hier sind die Hyaden.» Sein Zeigefinger bewegte sich zu drei kleineren Flecken, die durch eine zittrige Linie verbunden waren. «Und dort» – sein Finger umkreiste eine viel größere weiße Fläche, die eine tiefere Einkerbung auf der Oberfläche des blinden Eingangs darstellen mußte – «ist Aldebaran, der große Stern. Wie seltsam, daß er so in Stein verewigt wurde.» Er legte die Fotos weg. «Haben Sie ein Datum?»

«Das gesamte Material deutet darauf hin...», begann Mark, und beide lachten über die Wendung. «Das gesamte Material deutet darauf hin, daß das Grab um 2500 vor Christus gebaut wurde. Können Sie mir etwas über das damalige Frühlingsäquinoktium sagen?»

«Einen kleinen Moment.» Damian trat wieder an seinen Computer, in dem alle Informationen über die Himmelsbewegungen gespeichert waren. Auf dem Bildschirm drehte sich langsam ein Parallelogramm; dann wirbelten dessen Linien auseinander, und ein neues Muster entstand. «Zur Zeit des Frühlingsäquinoktiums im Jahre 2500 vor Christus waren die betreffenden Sterne am östlichen Horizont schwach sichtbar», sagte Damian. «Kommen Sie her und werfen Sie einen Blick darauf.» Mark ging zu dem Schaltpult hinüber, aber er sah nichts als kleine Kreuze, die auf dem Schirm glühten. «Ihre eigene Karte ist viel eindrucksvoller», erläuterte Damian, «aber die Information ist die gleiche. Derselbe Nachthimmel ist uns wiedergegeben worden.»

«Und das bedeutet», sagte Mark, «das bedeutet, daß das Kammergrab auf die Sterne, die in den Eingang gekerbt wurden, ausgerichtet war. Der Grabhügel weist nach

Osten, und vom Talkamm aus kann man den Horizont sehen.» Er war sehr aufgeregt, und seine Kehle war so trokken, daß er schlucken mußte.

«Wenn das zutrifft, dann haben Sie Beweise für eine erstaunliche Planung. Es muß einige Zeit gedauert haben, die Zeichen in den Stein einzumeißeln, so daß diese Menschen – waren sie das?»

«Ja. Menschen.»

«Diese Menschen müssen in der Lage gewesen sein, die Bewegung der Sterne so präzise vorauszuberechnen, wie wir es tun.» Er stellte den Computer ab, und einen Moment lang konnte Mark noch sehen, wie das Linienmodell zum Bildschirmrand huschte. «Und darin liegt ein Funken Trost», fuhr Damian fort. Er schaute Mark nicht mehr an. «Wenigstens weiß ich, daß sie damals doch schon existierten. Wer immer diese Menschen auch waren, wenigstens sahen sie das gleiche Licht.»

42
Wenn du hinuntergehst ...

«TIEF. DAS IST DAS WORT, nach dem ich suche. Diese Landschaft sieht so tief aus. Sie sieht aus, als wäre sie seit Abertausenden von Jahren bewohnt. Aber bewohnt von wem? Von *wem*?» Joey Hanover dehnte das letzte Wort, als imitiere er den Ruf einer Eule.

«Konzentrier dich auf die Straße, Joey. Ich möchte nicht mit einem Gedenkfahrzeug zusammenstoßen.»

«Gelenk.»

«Wie auch immer. Ich möchte kein lebendes Skelett sein.» Die Hanovers waren auf dem Weg zu den Mints und hatten bereits drei Meilen auf der Straße zurückgelegt, die aus Lyme Regis aufs offene Land hinausführt. Hin und wieder kamen sie an Leichen von Vögeln, Füchsen und anderen kleinen Tieren vorbei, die von dahinrasenden Autos überfahren worden waren, so daß die Strecke einer heiligen, von Opfern gesäumten Allee glich. Aber jede Reise erheiterte Joey, und nun begann er zu singen:

Jede kleine Reise hat ihren Sinn
Jede Geschichte hat was zu erzählen…

Er brach ab, als ein Auto, das ihnen entgegenkam, mehrere Male die Scheinwerfer aufblendete. «Warte», sagte er. «Vor uns gibt's ein Problem.»

Und als sie die nächste Biegung hinter sich ließen, sahen sie, was das Problem war: Sechs oder sieben Kühe waren irgendwie von einer angrenzenden Weide entkommen und galoppierten nun mitten auf der belebten Straße herum. Sie waren verstört und entsetzt über die vorbeijagenden Fahrzeuge – gleichsam halb tot vor Angst. Und auf Joey wirkten sie wie verirrte Kinder – nein, nicht wie Kinder, seltsamer als Kinder. Sie hatten eine Welt verlassen und eine andere betreten, eine Welt, die ihrer eigenen nahe war, die sie jedoch nie gesehen hatten. Es war eine Welt, die sie bedrohte, und in ihrer Furcht stießen sie aneinander; sie liefen in keine bestimmte Richtung, und eine von ihnen schaute zum Himmel empor, als sei dies das einzige, was sie erkannte oder woran sie sich erinnerte. Denn sie waren aus einer anderen Zeit gekommen.

Die Hanovers fuhren langsamer weiter, und als sie schließlich oberhalb des Pilgrin Valley parkten, stieß Joey Hanover einen tiefen Seufzer aus. «Hebe dich hinweg von mir, Sorge», sagte er und küßte seine Frau auf die Wange.

Sie gingen den Weg hinunter, und als sie die Pforte des Bauernhauses erreichten, begann ein Hund wütend zu bellen. «Weißt du, wie sich das anhört?» fragte Floey und nahm seinen Arm. «Das klingt wie der Hund von den d'Urbervilles.»

Sie schritten über den Pfad, doch die Tür wurde geöffnet, bevor sie dort angelangt waren, und Farmer Mint erschien mit einem Paar Gummistiefel in der Hand auf der Schwelle. «Ich hoffe, wir stören nicht?» sagte Joey.

«Wenn Sie wegen der Senkgrube kommen, Boy Mint wartet schon dort.» Farmer Mint musterte sie von oben bis unten und schien nun zu bemerken, daß Joey einen blauen, gestreiften Blazer trug, während Floey in einem kirschroten Kleid prangte. «Andererseits», fuhr er mit einem Glucksen fort, «vielleicht kommen Sie ja gar nicht wegen der Senkgrube. Wer weiß.»

«Ich heiße Joey. Und dies ist Floey.»

«Mint. Der andere Mint ist in der Senkgrube.»

Joey war enttäuscht, weil der Bauer ihn nicht zu erkennen schien; in einem solchen Moment hätte er sich über jede Hilfe gefreut. «Jo und Flo», setzte er hinzu. «Wir sagen hallo.» Dies war einer ihrer Bühnensprüche gewesen.

«Mint und Mint. So hart wie Flint.» Er grinste sie an. «Also, was kann ich für Sie tun?» Dabei bedachte er Joey mit einem eigenartigen Blick und ließ die Stiefel wie geistesabwesend auf den Kiespfad fallen.

«Ich wurde in dem Häuschen auf der anderen Seite des Tals geboren», sagte Joey ohne jede Einleitung, da er nicht wußte, wie er vorgehen sollte. «Wie ich höre, gehört es Ihnen.»

«Soso, das hören Sie?»

«Ja.»

«Meinen Sie vielleicht das Häuschen auf dem Feld?»

«Das mit den Gipsgesichtern.»

«Meinen Sie das mit der weißen Pforte und dem rostfarbenen Strohdach?»

«Und den purpurnen Blumen.»

«Und Sie glauben also, daß Sie dort geboren wurden?»

«Ich weiß, daß ich dort geboren wurde. Ich erinnere mich daran.»

Farmer Mint nahm seine Mütze ab und forschte gründlich in ihrem Inneren, als sei sein nächster Gedanke irgendwo auf das Mützenfutter geschrieben. «Na dann», sagte er schließlich, «kommen Sie am besten rein.»

Mehrere Gegenstände waren der Wohnzimmereinrichtung des Bauernhauses hinzugefügt worden, seit Evangeline Tupper es zu Beginn der Ausgrabung besucht hatte, und nun schlängelten sich die Hanovers an einer leeren Milchkanne, zwei sorgfältig verknüpften Bündeln Silberpapier, einem Rechen, dem einige Zacken fehlten, einem Stück Schlauch und einem alten Staubsauger vorbei, der auf einem umgedrehten Eimer ruhte. Aber Joey bemerkte nichts davon: Er starrte die Bilder und Fotos der Mint-Vorfahren an der Wand über dem Kamin an. Farmer Mint betrachtete ihn ein paar Sekunden lang und musterte dann die Bilder; danach hob er den Rechen auf, trug ihn in die Mitte des Zimmers und stützte sich hilfesuchend darauf. «Da wir es uns nun bequem gemacht haben, können wir Bekanntschaft schließen.» Er schickte Floey mit einer Geste zu der Milchkanne hinüber, auf der sie sich gehorsam niederließ, und dann wandte er sich wieder Joey zu. «Sie sagten, daß Sie hier geboren wurden?» Bevor Joey antworten konnte, legte er den Rechen nieder und trat ans Fenster. Er schien nach Boy Mint Ausschau zu halten und kam danach sichtlich enttäuscht in die Mitte des Zimmers zurück. «Wer hat Ihnen das gesagt?»

«Meine Pflegeeltern. Sie sagten mir, daß ich in dieser Gegend geboren wurde. Daß ich hier lebte, bis ich fünf Jahre alt war. Und ich erinnere mich an das Häuschen. Ich erinnere mich an die Gesichter.» Joey blickte Farmer

Mint an, als bitte er ihn flehentlich um Beistand. «Es ist mein altes Heim.»

«Moment. Einen Moment.» Farmer Mint streckte die Hand aus. «Mir ist die Spucke im Mund getrocknet. Ich brauch Wasser.» Er verließ das Zimmer, und ein paar Sekunden später konnten die Hanovers einen Hahn laufen hören. Er lief mehrere Minuten lang, doch schließlich tauchte Farmer Mint wieder auf. Sein Haar war ganz naß, und es gab keinen Zweifel, daß er den Kopf unter den Wasserhahn gehalten hatte. «Der Junge sollte hier sein», murmelte er. «Boy weiß, wie man eine Geschichte erzählt.»

«Eine Geschichte?»

«Ich komme gleich darauf. Ich taste mich darauf zu. Setzen Sie sich hier hin.» Mit einer Reihe nervöser Gesten räumte Farmer Mint zwei zerbrochene Tassen, die Statuette einer unerkennbaren Gestalt und einen mit Knöpfen gefüllten Pappkarton von einer kleinen Holztruhe. «Setzen Sie sich dorthin. Setzen Sie sich den Mints gegenüber.» Er hatte Joey vor die Bilder plaziert. «Lassen Sie sich gut von ihnen angucken, während ich mich vorbereite.» Er warf Joey wieder einen kurzen Blick zu, schüttelte den Kopf und begann, hin und her zu gehen. Dann blieb er stehen und spuckte sich in die Hände – eine rituelle Geste, die er vor jeder Aktivität durchführte. Er trat zu den Bildern hinüber und deutete auf zwei vergilbte Fotos in der unteren Reihe, die Goldrahmen hatten. «Nehmen wir das Beispiel von zwei Brüdern», sagte er. «Bruder Herbert. Mein Vater.» Er tippte an das erste der beiden Bilder, und die Hanovers sahen einen Mann, etwa im selben Alter wie Farmer Mint heute, der neben einem Heuschober stand; aus der Entfernung schien er genau die gleiche Kleidung wie sein Sohn zu tragen. «Und Bruder Samuel.» Joey Hanover erhob sich und näherte sich dem zweiten Foto. Es zeigte einen jungen Mann, der sich offensichtlich für ein

Fotoatelier ausstaffiert hatte, denn er trug eine Fischgrätenjacke und einen steifen runden Kragen. Er schien sich in dieser Kleidung unbehaglich zu fühlen, und Joey spürte sofort, daß er es nicht gewohnt war, sie zu tragen; und sein Gesicht hatte etwas Vertrautes. Mit einem an Verzweiflung grenzenden Gefühl setzte er sich auf die Holztruhe und wartete darauf, daß Farmer Mint weitersprach. «Dies ist eine Geschichte», sagte Farmer Mint. «Über die beiden Brüder da.»

43
Herbert und Samuel

ES WAREN EINMAL zwei Brüder, Herbert und Samuel Mint, und sie wohnten zusammen in einem kleinen Haus über dem Tal. Sie waren sehr glücklich dort, pflügten und säten von morgens bis abends, aber der Tag kam, an dem Herbert beschloß, daß es Zeit war, eine Frau zu nehmen. Also packte er sich ein paar Brote mit Taubenfleisch ein und wanderte in das Dorf Colcorum, wo er den Leuten erklärte, wie viele Schweine und Rinder auf dem Hof gehalten wurden, wieviel weitere Arbeit noch geleistet werden mußte und wie glücklich er wäre, einen Sohn im Tal aufzuziehen. Er verstand es, seine Zuhörer zu überzeugen – schließlich war er ein Mint –, und innerhalb weniger Stunden wurde Emily Trout, die Tochter des Holzhändlers, zu seiner Frau auserkoren. Sie heirateten zur Sommersonnenwende, und sehr bald war das Bauernhaus von dem Lachen einer drallen, kleinen Frau und eines drallen, kleinen Jungen erfüllt.

Dann war Samuel an der Reihe. «Ich mag die Frauen des Dorfes nicht», sagte er zu seinem Bruder (nachdem er sich vergewissert hatte, daß Emily gerade auf den Feldern war), «ich werde in die große, weite Welt hinausziehen und mir dort eine Braut suchen.» Dann nahm er einen Rucksack und füllte ihn mit guter Bauernkost, darunter ein Kaninchen für sein Mittagsmahl, und machte sich auf in die Wildnis. Er wanderte und wanderte, bis er mindestens zwanzig Meilen zurückgelegt hatte, und er erreichte ein Moor, nicht weit von der tückischen Meeresküste. Hier beschloß er, haltzumachen und ein Stück von dem Kaninchen zu essen, doch als er begann, es auf einem offenen Feuer zu braten, hörte er ein Rascheln hinter sich. Es klang wie ein Fuchs, der verzweifelt genug war, um sich zu nähern und Samuels Mahl mit ihm zu teilen, aber als er sich umdrehte, sah er eine junge Frau, die ein paar Meter von ihm entfernt im Gras kniete und die Hände wie vor Kummer rang.

«Hilf mir», rief sie. «Oh, hilf mir.»

«Wer bist du?» fragte er.

«Ich heiße Jenny Pocket, und ich bin meinem Vater weggelaufen; er ist ein wandernder Zimmermann, und er schlägt mich, und er versucht, in meinem Bett mit mir zu schlafen. Ich bin bei Tagesanbruch weggelaufen, und nun bin ich, wie du siehst, ganz allein im schrecklichen Moor.»

Samuel dachte eine Weile über diese Mitteilung nach, denn die Mints sind vorsichtige Leute, aber dann beschloß er, sein Mahl mit der unglücklichen jungen Frau zu teilen. Er hatte ja mehr als genug Kaninchenfleisch, und es schien ein Jammer, es zu verschwenden. Sie aß heißhungrig, und Samuel hatte kaum Zeit, seine nächste Entscheidung zu treffen. «Wie wäre es, Jenny Pocket», sagte er, «wenn du und ich heiraten und dort drüben in meinem Tal leben würden? Es gibt immer viel Arbeit, und wir könnten mehr Mints aufziehen. Übrigens heiße ich Samuel Mint. Habe die Ehre.»

Sie stand aus dem Gras auf, klopfte ihr braunes Kleid ab und reichte ihm die Hand; Samuel schüttelte sie, und damit war, wie es in jener Gegend dem Brauch entsprach, die Entscheidung getroffen. Sie wanderten gemeinsam zurück, und als sie das Tal erreicht hatten, schien Jenny ihren bösen Vater, den wandernden Zimmermann, ganz vergessen zu haben. Herbert frohlockte, als sein Bruder mit einer neuen Arbeitskraft für den Hof zurückkehrte, und zur Feier des Tages stach er das saftigste Kalb ab. Sie wurden am Fest des Widders vermählt, einem heiligen Tag in diesem Teil der hügeligen englischen Landschaft, und inzwischen war Jenny schon drei Monate schwanger.

Nun gibt es eine alte Redensart, daß zwei Frauen in einem Haus wie zwei Bienen in einem Honigtopf oder zwei Maden in einem Stück Speck sind, und so war es auch. Jenny konnte Emily nicht ausstehen, Emily mochte Jenny nicht, die sie einen Wechselbalg nannte, und sehr bald beschlossen die Brüder, daß es an der Zeit war, sich zu trennen. Deshalb verließ Samuel – er war ja der jüngere Mint – das Bauernhaus und zog mit seiner hochschwangeren Frau in ein Häuschen auf der anderen Seite des Tals. Es war damals nur eine Ruine, doch Samuel hatte sehr rasch die Löcher in den Wänden gefüllt, das Strohdach geflickt, einen kleinen Garten angelegt und, als letzten Schliff, in alle Ecken des Häuschens kleine Gesichter geschnitzt. «Dies sind unsere Engel», erklärte er Jenny, als die Wehen einsetzten, «unsere Schutzengel.» Im Jahre 1925 waren nun also drei Mints in dem Häuschen: Samuel und Jenny und ihr kleiner Sohn. Fünf Jahre vergingen, fünf Jahre, in denen gesponnen und gewebt und Suppe gekocht wurde, und mittlerweile glaubten sogar die Bewohner von Colcorum (die berüchtigte Klatschbasen und Lästermäuler waren), daß sie für immer glücklich zusammenleben würden.

Nun kommt der schwierige Teil der Geschichte: Eines späten Nachmittags im August 1930 kehrte Samuel von den Feldern zurück, müde und hungrig nach einem Tag der Ernte, und rief: «Jenny! Jenny! Wo ist mein Kanincheneintopf?», kaum daß er in Hörweite des Häuschens war. Aber nichts war zu hören. Und als er die kleine, weiße Pforte aufklinkte, durch die kleine, blaue Tür trat und nach seinem Eintopf rief, kam immer noch keine Antwort. Das Häuschen war leer. Auch von dem kleinen Mint war nichts zu sehen, bis Samuel in den Garten hinauseilte. Und dort saß er, inmitten eines Beetes mit herrlichem purpurnem Phlox; und der Phlox war so hoch, daß der Vater das Kind erst sehen konnte, als es den Kopf hinaussteckte. Wo war Mami? Mami war am Morgen spazierengegangen und nicht zurückgekommen. Wohin war Mami gegangen? Mami war zu dem kleinen Wäldchen an der Talseite gegangen, wo die alten Steine sind. Was hatte sie gesagt? Sie hatte gesagt: «Gib Papi einen Kuß von mir.»

Und mit einem schrecklichen Geheul rannte Samuel über die Felder.

Jenny wurde nie gefunden. Ein Dorfbewohner bestätigte, daß er sie auf den Eschenwald und die alten Steine hatte zugehen sehen, aber sie kam jedenfalls nie mehr zurück. Jenny war verschwunden. Manche sagen, sie sei zu ihrem bösen Vater, dem wandernden Zimmermann, zurückgekehrt; manche sagen, sie sei entsetzt vor etwas oder vor jemandem davongelaufen, und als sie auf das Meer zurannte, sei sie die Sandsteinklippen hinuntergestürzt und fortgeschwemmt worden; andere sagen, sie sei ermordet worden und liege immer noch irgendwo begraben, vielleicht unter einem der alten Steine. Jedenfalls wurde sie nie gefunden.

Samuel Mint erholte sich nicht von dem Verschwinden seiner Frau. Er weigerte sich, auf die Felder hinauszugehen, und saß den ganzen Tag lang im Häuschen. «Warte auf Jenny», sagte er stets, wenn ihn ein Dorfbewohner besuchte. «Warte auf Jenny.» Aber das seltsamste ist, daß er den Anblick seines kleinen Sohnes nicht mehr ertragen konnte. «Immer wenn ich das Kind sehe», sagte er eines Tages zu Herbert und Emily, als sie ihn mit einem prächtig zubereiteten Lammhirn zum Abendessen besuchten, «immer wenn ich das Kind sehe, muß ich an Jenny denken. Und wenn ich an Jenny denken muß, verdreht sich in meinem Kopf etwas.»

«Du meinst», erklärte Herbert, der die Gabel über dem Lammhirn erhoben hatte, «du meinst, du kannst keine gerade Furche mehr ziehen. Willst du darauf hinaus, Sammy Mint?»

«So ist es wohl, Bruder Herbert. Ich kann nicht mehr weit genug nach vorn gucken.»

Herbert Mint würde sich immer an dieses Gespräch erinnern, denn nur einen Monat später nahm Samuel seine alte Jagdflinte, ging in den Wald, wo seine Frau verschwunden war, setzte sich dort auf einen der Steine und schoß sich in den Mund. Er wurde auf dem Boden liegend gefunden, und nach altem Dorfbrauch verbrannte man ihn an einem geheimen Ort und streute seine Asche über den Boden.

Aber was war aus dem kleinen Kind geworden? Hier gibt es nun doch ein glückliches Ende: Einen Monat bevor Samuel Mint sich eine Kugel durch den Hinterkopf jagte und, wie es der Zufall will, einen Tag nach seinem Gespräch mit Herbert und Emily beim Lammhirnessen, hatte er seinen kleinen Sohn nach London gebracht. Dort hatte er ihn bei einem Paar zurückgelassen, das vor Glück darüber, ein Kind zu haben, keine peinlichen Fragen stellte und Samuel Mint zur Bezahlung sogar einen Beutel mit Gold und Silber gab. So wurde der kleine Junge schließlich adoptiert. Und der Name des Jungen war Joseph. Oder auch Joey.

44
Alles an einem einzigen Tag

«JOEY», WIEDERHOLTE ER NUN, da er am Ende seiner Geschichte angekommen war. «Joey Mint.» In der Stille griff Joey Hanover nach der Hand seiner Frau, betrachtete sie unablässig und sagte nichts. Sie starrte vor sich hin und begann, leise und unmelodisch zu pfeifen. Farmer Mint wandte sich ab und rückte die Fotos von Herbert und Samuel gerade.

Dann öffnete sich plötzlich die Tür, Boy Mint platzte herein und brüllte: «Der Bulle steckt im Entwässerungsgraben! Er ist im Entwässerungsgraben!»

Sein Vater eilte zu ihm und legte ihm die Hände auf die Schultern. «Boy!» Auch er brüllte, als sei sein Sohn etliche Meter von ihm entfernt. «Boy, komm und mach dich mit deinem Onkel Joey bekannt!» Boy stand ganz still, öffnete den Mund, sah sich verwirrt im Zimmer um und zog sich dann die Mütze über das Gesicht. «Ja, es ist wahr, Boy! Zier dich nicht. Hier ist endlich dein Onkel Joey.» Farmer Mint befand sich nun in heller Aufregung und rannte zu Joey hinüber. «Und ich will dir noch was sagen.» Er zerrte Joey von der Holztruhe hoch. «Du und ich sind wieder Vettern!» Er wischte sich eine Träne aus dem Auge. «Mir bleibt die Spucke weg. Ich brauch noch etwas Bewässerung.» Hastig verließ er das Zimmer.

Die Geschichte hatte ein Ende gefunden: Joey Hanover war also Joey Mint. Er war 1930 aus dem Haus fortgebracht und adoptiert worden; nun, so viele Jahre später, hatte er entdeckt, daß seine Mutter und sein Vater im Pilgrin Valley gestorben waren. Er konnte dieses neue Wissen nicht völlig verarbeiten, noch nicht. Und doch war er hochgestimmt – nicht über ihren Tod, sondern über das Gefühl, seine Herkunft entdeckt zu haben; zum erstenmal im Leben schien er in die Welt zu gehören. Er konnte zurückschauen und seine Eltern mit deren Eltern sehen; er war nicht allein. Außerdem hatte er einen Cousin und einen Neffen gefunden, und während er mit ihnen zusammen in dem Bauernhaus saß, erfuhr er, daß noch viele weitere seiner Verwandten in derselben Gegend wohnten. Über Generationen hinweg hatten die Mints das Land dieser Gegend bestellt. Joey war der einzige gewesen, der sich je verirrt hatte.

Dann dachte Joey wieder an seine Eltern. «Ich muß den Wald sehen», sagte er. «Wo alles geschah.»

Farmer Mint schüttelte den Kopf. «Erklär ihm, weshalb er auf dem Holzweg ist, Boy.»

«Onkel.» Boy Mint sah ihn ernst an. «Das geht nicht.»

«Nein?»

«Erstens war da ein Feuer. Zweitens ist er abgebrannt. Und drittens machen sie sich daran zu schaffen...»

«Es sprudelt nur so aus ihm heraus, nicht?» Farmer Mint schaute seinen Sohn staunend an.

«Die Ausgräber da», fuhr Boy Mint fort, der das Kompliment mit der gebührenden Würde entgegennahm, «haben gebuddelt und gekratzt und geschippt.» Er stieß ein lautes Gelächter aus, das Floey nervös machte; wie durch einen Reflex setzte sie sich und begann, sich die Handschuhe anzuziehen. «Nicht, daß sie was finden werden.» Er lachte wieder, und Floey fing an, sich die Handschuhe auszuziehen. «Haben die eine Ahnung.»

Joey hatte über seine toten Eltern nachgedacht und kaum zugehört. «Wovon haben die eine Ahnung?»

Farmer Mint trat zu seinem Sohn hinüber und legte ihm die Hand auf die Schulter. Es hätte eine warnende Geste sein können. «Jetzt nicht, Boy. Mach nicht die Schleusen deines mächtigen Geistes auf. Noch nicht. Wir müssen warten, bis dein Onkel richtig vorgestellt worden ist.»

Das letzte Wort weckte Joeys Aufmerksamkeit, und er begann, leise und schmachtend zu singen: «Hallo, rief sie und winkte mit der Hand, so lilienweiß.»

Floey drehte sich zu ihm. «Die schwarzäugige Susanne!»

Sie freute sich, daß ihr Mann wieder er selbst wurde, aber nun schien er zu vergessen, daß er gesungen hatte. «Wem vorgestellt?» fragte er.

Farmer Mint lachte glucksend. «Es wird eine Feier geben. Weil du zurück bist.» Er spuckte sich in die Hände und rieb sie aneinander. «Du kannst all die anderen kennenlernen. All die anderen Mints.»

«Und dann», fügte Boy Mint genauso verzückt hinzu, «dann wirst du alles wissen. Du wirst genauso viel wissen wie ich.» Dies war eindeutig ein großes Kompliment, doch bevor Joey ihm in gebührender Weise danken konnte, ertönte in der Nähe ein Gebrüll. «Verdammt», sagte Boy Mint und ging zum Fenster. «Ich hab den Bullen vergessen. Der Bulle tobt im Entwässerungsgraben rum!»

Er rannte zur Tür hinaus. Farmer Mint folgte ihm und blieb nur kurz stehen, um zu sagen: «Fühl dich ganz wie zu Hause, Vetter Joey. Schließlich bist du jetzt daheim.»

Joey lehnte sich zurück, und Floey sah ihn lächelnd an. «Du hattest recht. Es war doch keine verlorene Liebesmüh.» Sie spürte, wie etwas an ihrem rechten Strumpf heraufkrabbelte, und als sie nach unten schaute, bemerkte sie einen Ohrwurm, der sich langsam an ihrem Bein emporarbeitete. Mit einem gedämpften Kreischen schnippte sie ihn auf den Fußboden zurück.

Joey näherte sich dem Foto seines Vaters. «Ich möchte wieder zum Wald runtergehen.»

«Eine *sehr* gute Idee.» Floey selbst wollte das Bauernhaus so schnell wie möglich verlassen. «Die frische Luft wird dir guttun. Und du kannst eine Nachricht für deine Freunde zurücklassen – ich meine, für deine...»

«Meine Familie.» Joey konnte weder einen Kugelschreiber noch Papier finden, aber ein verstaubter Spiegel war gegen eine Wand gelehnt. Er hob ihn auf, leckte sich den Finger und schrieb auf die Oberfläche: «Später zurück.» Dann zögerte er, da er nicht wußte, wie er die kurze Botschaft unterzeichnen sollte, und schrieb ein kleines j.

Die Hanovers schritten den Pfad hinunter und kletterten, wieder Arm in Arm, den Westhang des Pilgrin Valley hinab, der Ausgrabungsstätte und dem abgebrannten Eschenwald entgegen. «Es ist kaum zu glauben», sagte Joey. «Nach so langer Zeit.» Er betrachtete seine Handflächen, als erwarte er, dort eine Veränderung zu sehen. Dann starrte er unverwandt zu der Stelle, wo seine Eltern gestorben waren, und marschierte auf sie zu.

Von dem Eschenwald war nichts übriggeblieben außer ein paar einzelnen Bäumen; einige waren verkohlt und zerbrochen und andere so von der Hitze versengt, daß sie aufgehört hatten zu wachsen. Auf dem Boden waren dort, wo andere Bäume gestanden hatten, dunkle Kreise zu sehen, doch selbst hier begannen sich wildes Gras und Farn über die geschwärzte Fläche des alten Waldes auszubreiten. Der Rest gehörte zur Ausgrabungsstätte. Die Hanovers gingen zu dem Drahtgeflecht, das das Gebäude umgab, und blickten über das Grab und seinen freigelegten Vorhof hinweg. «Wenn ich nur wüßte», sagte Joey, «wo es geschah. Wo er sich erschoß.»

Das Tal war plötzlich sehr still, so daß es ihm einen Moment lang wie ein abgeschlossener Raum mit zugezogenen Fensterläden vorkam, in dem er sich immer wieder um die eigene Achse drehen mußte. Aber dann hörte er das Scheppern eines Kochtopfes und eine Reihe wilder Schreie, die von der anderen Seite des Tals widerhallten: Die Mints versuchten, den Bullen aus dem Entwässerungsgraben zurück auf die Felder zu scheuchen. Das Brüllen von Vater und Sohn schien Joey identisch und hatte so wenig mit ihren normalen Stimmen gemein, daß sie ihm wie besessen vorkamen – dies waren die Rufe, die Farmer Mint von seinem Vater gelernt hatte, dem sie wiederum von seinem Vater beigebracht worden waren. Diese seltsamen Schreie hallten von Generation zu Generation durch das Tal, und wie weit gingen sie zurück?

Er näherte sich einer zerstörten Baumgruppe. Floey sah besorgt zu, aber nun blickte er sich um und lächelte sie an. «Wie heißt das noch? Tot, tot und nannte nie mich Mutter? Nur, daß es diesmal andersrum ist.»

«Wenigstens hast du dir deinen Humor bewahrt, Joey. Einen Moment lang dachte ich, ich hätte dich verloren.»

«Du weißt doch, was man sagt, Flo. Tragödie in der Vergangenheit, Mysterium in der Zukunft, aber Komödie in der Gegenwart. Komödie in der Gegenwart. Wollen wir jetzt gehen?»

Sie ließen die Ausgrabungsstätte hinter sich, und an diesem Sommermorgen vereinten sich die Schreie der Mints im Pilgrin Valley mit Joeys Gesang:

An 'nem einz'gen Tag überkam mich Trauer,
Großem Unglück ich erlag.
Die bittre Wahrheit ich erfuhr
An 'nem einz'gen Tag…

45
Ein Brief von Damian

ICH MUSS DIR SCHREIBEN, ALEC. Oder muß ich mir selbst einen Brief schreiben? Es gibt natürlich keinen Grund, weshalb Dich dies interessieren sollte: Wie Du sehr gut weißt, bin ich ein Versager. Wie eine dieser Gestalten am Ende eines Chaplin-Films werde ich kleiner und kleiner, während ich in der Ferne verschwinde. Ich arbeite in einem unbedeutenden Observatorium. Ich bin ein Teil des Systems, empfange Befehle, welchen Teil des Himmels ich zu beobachten habe – für wie lange und zu welchem Zweck. Und dabei hielt ich den Himmel einmal für mein Zuhause! Ich dachte, er sei unbegrenzbar, und wahrscheinlich fand ich in seiner Unendlichkeit immer mein eigenes Gefühl, ebenfalls ohne Grenzen zu sein. Ohne Schranken. Werden zu können, was immer ich wollte. Als junger Mann sah ich im Himmel das Abbild meines eigenen Schicksals. Ich bezweifle, daß Dir dies seltsam vorkommt, Alec. Ich sehe in Dir den gleichen Ehrgeiz, das gleiche Streben. Deshalb betrachtest Du den Himmel mit solcher Ehrfurcht. Ich erinnere mich, Du hast mir einmal gestanden, ein Romantiker zu sein. Aber bist Du sicher, daß Du nicht bloß romantisch bist, was Dich selbst betrifft?

Siehst Du. Ich scheine Dich bereits anzugreifen, statt zu Dir zu sprechen. In Wirklichkeit schrecke ich vor mir selbst zurück. Wende das Gesicht ab, weil alles zu schwer zu ertragen ist. Ich wollte ein großer Astronom werden. Ein Entdecker. Ich habe fleißig studiert, gelernt, was ich konnte. Ich habe die Fakten bewältigt. Mein Leben schien aus einer Abfolge von Herausforderungen zu bestehen, aber ich nahm sie gern an. Eigentlich hatte ich keine andere Vorstellung von dem, was das Leben sein könnte. Wie Du ging ich nach der Schule direkt zur Universität und wurde dann wissenschaftlicher Assistent in einem Observatorium. Endlich war ich Astronom. Ein Experte. Genau, wie ich es geplant hatte. Aber es dauerte nicht lange, bis ich merkte, daß dies nicht ausreichte: Nun, da ich mit anderen zusammenarbeitete, wurde mir klar – mir, der ich so sehr in der Isolation, für mich selbst, könnte man sagen, gearbeitet hatte –, daß ich nicht weiterkommen konnte. Um der Wahrheit die Ehre zu geben, ich hatte Angst. «Die Welt» wurde zu anstrengend für mich. Mir fehlte der Wille, mich gegen andere durchzusetzen, und ich sah ein, daß es ohne die Macht, Menschen zu bewegen oder zu beeinflussen, keinen Fortschritt geben konnte. Alle Wissenschaften – sogar die Astronomie – sind schließlich menschliche Wissenschaften. Und darum überließ ich meine Wünsche anderen, die durchsetzungsfähiger waren als ich: Ich merkte, wie sie mich einholten, kurz innehielten und mich dann überholten. Ich, der glaubte, ich hätte so viel zu sagen, brachte kein Wort heraus. Es gab Menschen, die ein verzaubertes Leben zu führen schienen – verzaubert in dem Sinne, daß die Ereignisse mit ihnen verschmolzen, sie wie von allein vorantrieben. Ihre Richtung schien bereits festgelegt zu sein. Und ich selbst? Na ja. Meine eigene Bedeutungslosigkeit war wohl auch vorherbestimmt. Ich wurde herumgestoßen – buchstäblich von meinem eigenen Schicksal herumgestoßen. Und dann setzte die Kälte ein, so tödlich wie die Kälte des Todes: Ich begann, dieses Schicksal zu akzeptieren. Ich begann, die Meinungen anderer Menschen über mich selbst zu akzeptieren. Und dabei arbeitete ich brav weiter, folgte Anweisungen. Ich wurde von einem Observatorium zum anderen versetzt – meine Arbeit war gut, daran habe ich keinen Zweifel. Aber es war Routinearbeit. Beobachten. Bezeichnen. Überprüfen. Ich tat nichts mehr *für mich selbst* – verstehst Du das, Alec? Ich arbeitete unpersönlich, und alle Eingebungen meiner alten Träume und Wünsche starben allmählich ab. Alle sagten, ich sei zuverlässig, tüchtig, sorgfältig – ein Teil von mir genoß sogar solches Lob, solch karge Bestätigung meiner Identität, aber schon während ich diese Komplimente hörte, begriff ich, daß sie gleichzeitig Hinweise auf meine Unfähigkeit waren, meine eigenen Ziele zu erreichen. Mit anderen Worten, ich war ein Versager. Und dann, im letzten Jahr, wurde ich hierher ins Holblack Moor versetzt. Früher war ich zu verängstigt, um mein Leben zu verändern – mir meiner eigenen Unzulänglichkeiten zu sehr bewußt, als daß ich Vertrauen zu meinem Tun in der Welt gehabt hätte –, aber nun bin ich wohl auch zu träge geworden; ich habe immer noch Angst, das kannst Du glauben, aber meine Furcht selbst ist eine Form der Lethargie geworden. Ich lebe von einem Tag zum anderen, ohne vorauszublicken, denn ich weiß, daß es dort nichts zu sehen gibt. Nur über mir. Am Himmel über mir. Über meinem Kopf. Ich folge den Sternen weiterhin, doch nun erinnert mich der Nachthimmel bloß an alles, was ich nie erreichen kann. Ich arbeite ohne Hoffnung bis zum Ruhestand oder zum Tode, mache eine Tugend aus der hartnäckigen Routine – und da ist wie immer dieselbe Furcht. Die Furcht vor der Zukunft. Die Furcht vor anderen Menschen. Der Nachthimmel ist zu einem Abbild meines geschrumpften Ichs geworden.

Aber das ist nicht der einzige Grund, weshalb ich Dir schreibe; wenn das alles wäre, könnte ich es Deiner eigenen scharfen Beobachtungsgabe überlassen. Die schärfer ist als meine, kein Zweifel. Ich schreibe Dir jetzt, weil etwas anderes mit mir geschieht, und ich möchte Dir darüber berichten, bevor es zu spät ist. Bevor es mir unmöglich wird. Und ich muß ein Dokument meines Lebens hinterlassen, nicht wahr? Selbst wenn es nur ein Brief ist. Sonst wird es so sein, als hätte ich überhaupt nie existiert.

Es begann vor zwei Wochen. Ich hatte mein Häuschen verlassen und spazierte über die Felder – in keine bestimmte Richtung, aber wie immer ging ich plötzlich am Pilgrin Valley entlang. Ich lief einfach, denn auf dem Lande war ich sicher. Und in diesem Moment großer Ruhe spürte ich, daß ich beobachtet wurde. Also. Wenn ich verrückt wäre, dachte ich, würde ich glauben, von etwas Übermenschlichem beobachtet zu werden. Von einem Gott oder Teufel. Und im selben Augenblick hatte ich jenes Gefühl. Ich *wurde* beobachtet. Von einem fremdartigen Wesen. Und in jenem Moment wurde mir schlecht. Mein Körper wußte es, bevor ich es selbst merkte: ich wurde verrückt. Es war nur eine kurze Episode, aber von jenem Moment an wurde meine Furcht vor dem Wahnsinn beunruhigender als der Anfall selbst. Die nächsten Stunden über wartete ich – wartete auf ein weiteres Zeichen.

Und dann geschah es: Es war, als sei mein Bewußtsein von einer schweren Konvulsion heimgesucht worden. Es strahlte Schmerz aus wie eine Wunde, und ich war von einem unerklärlichen und unergründlichen Entsetzen umgeben. Entsetzen vor mir selbst. Entsetzen vor etwas anderem als mir selbst. Ich kann nicht sagen, wie oft es geschah oder wie lange es dauerte, aber da waren aufeinanderfolgende Wellen von – wovon? Nicht von Furcht. Furcht ist ein zu klar definiertes Wort. Und auch nicht von Dunkelheit, denn die Welt schien von einem unvertrauten Licht erfüllt. Ich wurde von meinem eigenen Wahnsinn geblendet, wie ein auf dem Operationstisch liegender Mensch, der aufblickt und im selben Moment die Lichter sieht, da er vor Schmerz kreischt. Ich glaubte, Christus zu sein, und schaute mich furchtsam um, ich glaubte, es gebe eine Verschwörung gegen mich, und all meine Bekannten seien Roboter, programmiert, mich zu täuschen, ich glaubte, in meinem Häuschen seien Mikrophone verborgen. In meinem Inneren war irgendein Geschöpf. In mir war ein Wesen, das mit meiner Stimme sprach. Und das war das Entsetzlichste: daß ich nicht ich selbst war. Dann erbrach ich mich auf den Fußboden. Und noch während ich all dies durchmachte, kam mir der Gedanke, daß Wahnsinn einfach nur das Wiederauftauchen von Urbildern ist. Ich, der ich weder an Gott noch an den Teufel glaubte, merkte nun, daß ich von ihnen beobachtet wurde. Ich wußte, daß die natürliche Welt von mir getrennt war, und doch empfand ich nun alles in ihr als mit mir zusammenhängend, bösartig, zweckgerichtet. Ich war wieder zu einem Primitiven geworden. Zu einem meiner eigenen Vorfahren. Dies war Wahnsinn. Und ich erkannte, wie leicht man dorthin abgleiten kann, wie nahe er stets ist. Es war, als lägen die ältesten Phantasien von Furcht und Zersetzung unmittelbar unter der Oberfläche, als warteten sie darauf, ans Tageslicht gebracht zu werden. Ausgegraben zu werden.

Es gab Phasen, in denen die Krise vorüber zu sein schien, und ich glaubte, sie sei für immer gewichen. Ich konnte freier atmen, und die gewöhnliche Welt schien sich mit klareren Umrissen abzuzeichnen – so muß es für einen Blinden sein, der plötzlich sein Sehvermögen zurückerlangt. Aber dann kamen die Zuckungen wieder. Ich spürte die leise Bewegung unter meiner Schädeldecke, als werde etwas vergrößert. Und es begann. Ich habe Dir einiges erzählt – aber ich habe Dir nicht alles erzählt. Wie ich wußte, daß ich ein Mörder war. Wie ich glaubte, meinen eigenen Doppelgänger im Garten zu sehen. Wie ich wußte, daß ich vom Teufel besessen war. Daß ich unsichtbar war. Es gab Momente, daß ich mir die Augen herausreißen, mir die Zunge abbeißen wollte. Sogar wenn ich draußen im Gras lag, wußte ich, daß die Rufe der Vögel sich gegen mich richteten – und der Wind, oh, der Wind, wie ich zitterte, wenn er über mich hinwegstrich. Auch er war mein Feind.

Ich kann nicht sagen, wann die nächste Krise kommt, aber ich erwarte sie jeden Moment. Ich glaube heute, sie wird etwas mit *Gattungen* zu tun haben. Künstlichen Gattungen. Gattungen, welche die Gestalt ändern. Natürlich weiß ich, daß mein Wahnsinn immer eine neue Form annehmen wird – es gibt immer irgendeinen neuen Schrekken, der darauf wartet, enthüllt zu werden. Denn all diese

Dinge sind Bilder dessen, wie Wahnsinn meiner Meinung nach *aussehen* muß. Verstehst Du das, Alec? Die Wahnsinnigen nehmen die Gestalt der Ängste anderer Menschen an. Wahnsinn wird imitiert. Verstehst Du das wirklich? Neulich abend blätterte ich eifrig ein Buch durch – ich erinnere mich nicht, weshalb –, und ich stieß auf einen Satz. Ich kann ihn wiederholen: «...das alte Verzagen und die Sehnsucht nach dem Zuhause.» Ich blickte mich erschrokken um, denn ich habe kein Zuhause. Meine bedrohte Zukunft kann sich nirgendwo niederlassen, nirgendwohin wenden.

Nein. Ich werde Dir diesen Brief nicht schicken. Ich wollte ihn für den Fall meines endgültigen Zusammenbruchs irgendwo hinterlegen. Aber ich brauche ihn Dir nicht zu schicken. Ich werde ihn vernichten. Denn wer weiß, ob Du nicht für alles verantwortlich bist, was mir zugestoßen ist? Stimmt es, daß Du meinen Tod planst? Und wie kann ich wissen, daß Du diesen Brief nicht als Beweismaterial gegen mich verwenden wirst? Ich fürchte, Alec, Du könntest der Teufel sein.

Vierter Teil

Dann war der Schlangentempel
aufgebaut, Bild des Unendlichen,
stets endlich nur sich drehend.

Europa
William Blake

46
Taschenlampenlicht

«ES IST SOWEIT», sagte Mark Clare. «Es ist soweit.» Frühherbst, und endlich war das Kammergrab bloßgelegt. Nachdem der Vorhof freigelegt worden war, hatten sie sofort begonnen, die Kreide und die Soden an den Seiten des Grabhügels zu entfernen – nur der hintere Teil des Grabes, der sich verjüngend am Ostrand des Pilgrin Valley endete, blieb verborgen. Alles übrige erhob sich nun wie ein langgestrecktes Haus aus dem Boden, ein so vollständig erhaltenes Haus, als sei es gerade gebaut worden. Ein Wasserfilm lag auf den Steinen, wodurch sie dunkler und kälter als ihre gesamte Umgebung waren – so schien es Mark jedenfalls, als er Martha Temple eine Lücke in der Seitenwand zeigte. «Dort ist er. Der echte Eingang. Niemand ist dort eingetreten, seit das Grab versiegelt wurde.»

«Und wie fühlt man sich als Grabräuber?» erwiderte Martha mit einem Lachen, das nicht leichter hätte sein können. Sie trug ihren Arm nach dem Unfall noch immer in Gips, aber ihre Stimme klang, als habe sie nicht das geringste mit den Ausgrabungen zu tun.

«Ich weiß nicht.» Wie immer gab er ihr eine ernste Antwort. «Aber Grabräuber waren früher als Wiedererwecker bekannt.»

«Ist das so etwas», setzte sie neckisch hinzu, «wie Halsabschneiderei? Ich hoffe, du tust nichts, was du bedauern wirst.»

Owen Chard war zu ihnen getreten. «An deiner Stelle würde ich das nicht so sagen.» Sie bedachte ihn mit einem ganz knappen Lächeln. «Ich würde überhaupt nichts sagen. Ich würde abwarten, was darin ist – wenn überhaupt etwas darin ist.»

Sie wandte sich triumphierend zu ihm. «Ich hoffe doch sehr, du willst nicht behaupten, daß das Grab leer ist. Daß all diese Monate vergeudete Zeit waren.» Niemand hatte diese Möglichkeit zuvor erwähnt, obwohl einige sie für wahrscheinlich hielten, und bei ihren Worten verfinsterten sich die Mienen der anderen, die neben ihnen standen. «Und bitte redet nicht von Raub. Ich finde das so grabschänderisch.» Sie schien vergessen zu haben, daß sie selbst dieses Thema aufgeworfen hatte. «Versucht, das Positive zu sehen. Wie ich. Ich bin sicher, daß alles ein unglaublicher Erfolg werden wird.» Aber irgendwie hatte sie es geschafft, die Stimmung des gesamten Teams umschlagen zu lassen.

Mark war bereits zum Grabhügel hinübergeeilt, während noch der letzte kleine Stein behutsam von dem Eingang an der Seite entfernt wurde. Einen Moment lang stockte ihm der Atem, aber dann rief er aufgeregt Owen herbei. Martha schüttelte den Kopf und lächelte, bevor sie sich mit einem reizenden Seufzer an Julian Hill wandte: «Sind sie nicht wie die Kinder? Aber ich drücke ihnen die Daumen. Nachdem wir nun all die schwere Arbeit gemacht haben, sollen sie nun endlich ihren Spaß haben. Ich bin ja die letzte, die verbittert wäre, aber manche» – sie blickte sich um und überzeugte sich, daß die anderen ihr noch zuhörten – «könnten sich ein wenig übergangen fühlen. Ein kleines bißchen benachteiligt.»

Julian selbst hatte kein Bedürfnis, das Grab zu betreten. Er konnte alles Nötige von außen erkennen und den Rest mit dem Computer entschlüsseln. «Weshalb gehst du nicht mit ihnen?» fragte er.

Sie warf ihm einen gehässigen Blick zu und hob den Gipsverband. «Alle scheinen vergessen zu haben, daß ich von jemandem, der an dieser Stätte arbeitet, verletzt wurde. Ich will keinen Namen nennen. Aber eines Tages wird es herauskommen.» Ihre Stimme war um eine Oktave höher gesprungen. «Nicht, daß ich mich beklage – natürlich nicht.» Sie hatte ihre kleine Entgleisung überwunden und lächelte wieder wie immer. «Es macht mir ausgesprochenen Spaß zuzusehen, wie Mark und Owen das gesamte Verdienst für sich beanspruchen.»

Dies beunruhigte ihn. «Glaubst du wirklich, daß sie das tun werden?»

«Bist du etwa eifersüchtig? Wie kommst du denn auf so was?» Sie tätschelte seinen Arm. «Mach dir keine Sorgen, lieber Julian. Ich trete *immer* für deine Interessen ein. Wenn man über dich spricht.» Dies brachte ihn völlig aus der Fassung, und er schaute sich um. Aber niemand beachtete ihn. Alle starrten auf das Grab.

Mark kniete vor dem Seiteneingang, sein Gesicht auf einer Höhe mit der Öffnung in den Steinen; die Kälte schien ihn hereinzuziehen, seinen Atem anzusaugen, und einen Moment lang war ihm schwindelig. Er wäre fast gestürzt, doch er legte die Hände gegen die alte Mauer, bis er sich erholt hatte. Nun blieb ihm nichts anderes mehr übrig; es war Zeit einzudringen. Die Öffnung war gerade breit genug, um ihn hindurchkriechen zu lassen, aber er steckte nur Kopf und Schultern zwischen die Steine, denn er wollte nicht über den Boden im Inneren gehen, noch nicht. Er wollte sich nicht in das Grab vorschieben. Deshalb legte er sich nur in den Eingang und spähte in die kleine Seitenkammer.

Draußen helles Sonnenlicht, doch pechschwarze Dunkelheit im Inneren. Er nahm auch keinen Verwesungsgeruch wahr, sondern vielmehr den dichteren und durchdringenderen Geruch von alter Erde und altem Stein. Erschrocken zog er den Kopf zurück; es war, als habe er sich einem lebenden Ding gegenübergesehen, das im Grab gefangen war, ihm jedoch nun entgegeneilte. Die plötzliche Rückwärtsbewegung hatte ihn ans Licht zurückkehren lassen, aber er blickte die anderen nicht an; statt dessen schaute er nach unten auf seine Hände und seine Kleidung, denn der Geruch alter Erde und alten Steins schien ihnen schon anzuhaften. Langsam hakte er eine Taschenlampe von seinem Gürtel los, knipste sie an und zwängte sich wieder zwischen die Steine. Er richtete die Taschenlampe in die Dunkelheit der Kammer, und ihr dünner Lichtstrahl berührte etwas auf dem Boden. Mark schloß einen Moment lang entsetzt die Augen, aber der Umriß des Dings bewegte sich nicht, während das Licht darüberglitt, und er sah, daß es eine Steinschüssel oder ein Steinbecken genau in der Mitte der Kammer war. Es gab in der Nähe keine anderen Gegenstände – keine Trümmer oder Geräte –, und ihm kam der Gedanke, daß dieser Raum, von der Schüssel abgesehen, vielleicht leer war. Er nahm die Taschenlampe in die linke Hand, konzentrierte den Strahl weiterhin auf die Schüssel, als würde sie sich vielleicht bewegen oder verschwinden, wenn das Licht nicht auf sie gerichtet war, und betastete mit der rechten Hand den Boden direkt am Eingang, wo er lag. Er spürte gerade einmal den flachen Stein, doch das Pflaster war so kalt, daß er durch den plötzlichen Schock die Taschenlampe fallen ließ. Das Klappern hallte durch die kleine Kammer, schien sich durch den Mittelgang des Grabes fortzusetzen, in verschiedene Räume und Vertiefungen vorzudringen, bis es jäh aufhörte. Es war, als sei das Echo an einer bestimmten Stelle verschluckt worden.

Die Taschenlampe war nicht ausgegangen, aber der Strahl hatte durch den Fall die Richtung geändert und erhellte die ferne Wand Mark gegenüber: Hier war eine Steinplatte, die den früheren Eingang der Seitenkammer zu blockieren schien, was für eine Art von Eingang es auch war, doch nein, er war nicht völlig blockiert. Die Taschenlampe hatte einen Kreis von größerer Helligkeit enthüllt, und er begriff, daß dies der Umriß einer in den Fuß der Steinplatte gemeißelten Luke war – einer Luke, die zum Mittelgang des Grabhügels führen mußte und durch die man diese kleine Kammer betreten oder verlassen konnte. Damit wußte Mark jetzt wenigstens, daß er die Möglichkeit hatte, weiter vorzudringen, wenn er wollte.

Um das Echo zu prüfen, das er gerade gehört hatte, flüsterte er «Hallo», und ein gemurmeltes «Hallo» kehrte aus den jenseitigen Kammern zurück. Seine früheren Sondierungen hatten ihm verraten, wie groß dieser Grabhügel war, doch im Moment schien er unermeßlich, verzweigt, unberechenbar. Sein Flüstern mochte ewig durch die Kälte und die Dunkelheit tönen. Und so befand er sich zwischen zwei Welten: die obere Hälfte seines Körpers war jetzt innerhalb des Grabes, während er gespannt nach vorn spähte, und die untere Hälfte ragte immer noch in die Außenwelt. Ein Teil von ihm war verschluckt worden.

Martha hatte sich den anderen hinter Mark angeschlossen, und nun zischelte sie Owen zu: «Ist es nicht süß, Marks Beinchen in der Luft herumwedeln zu sehen? Nur einen Fachmann kümmert es nicht, wenn er sich zum Narren macht.»

Owen blickte sie verdrießlich an. «Da ist er wohl nicht der einzige.»

Martha war besonders freundlicher Stimmung und erhob sich sofort zur Verteidigung ihrer Kollegen. «Wenn du damit Julian meinst, will ich nichts davon hören. Ich bin sicher, daß er sein Bestes tut.» Aber sie wechselte rasch das Thema. «Sieh mal, Marks Beinchen sind verschwunden.»

Owen hatte schon bemerkt, daß Mark völlig in den Grabhügel hineingekrochen war. «O Gott, o Gott.» Er schüttelte den Kopf. «Das hätte er nicht tun sollen. Das hätte er wirklich nicht tun sollen.»

«Warum nicht?» Martha kannte die Gründe natürlich, aber sie wiederholte ihre Frage noch lauter, damit auch die anderen sie hören konnten. «Was hat Mark denn noch falsch gemacht?»

«Er hat nichts *falsch* gemacht.» Owen war es peinlich, daß sie die Aufmerksamkeit der übrigen auf seine Reaktion gelenkt hatte. «Eigentlich hat er nichts falsch gemacht. Aber es hätte eine richtige Untersuchung geben sollen. Vielleicht wird so etwas zerstört.»

«Habt ihr das gehört?» Martha wandte sich den anderen zu. «Mark könnte das Material zerstören. Aber wir haben doch Vertrauen zu unserem Führer, stimmt's? Wir verstehen ihn.»

Mark hatte nichts davon gehört. Schon als er auf der Eingangsschwelle gelegen hatte, war er von der Stille des Grabes umfangen worden, die, wie auch die Dunkelheit und die Kälte, die Außenwelt völlig verdrängte. Aber er hatte nicht aufs Geratewohl beschlossen, das Grab zu betreten, sondern er hatte seine Taschenlampe wieder an sich gebracht, ihr Licht auf die Fläche vor sich gerichtet und sofort gesehen, daß der ebene Steinboden frei von jeglichen Trümmern war und sein Gewicht unzweifelhaft tragen konnte. Deshalb schob er sich ganz langsam weiter in die Dunkelheit hinein; nun hielt er die Taschenlampe unverwandt vor sich, so daß ihr dünner Strahl in die Öffnung der Steinplatte vor ihm glitt, bevor er in dem Gang dahinter ausgelöscht zu werden schien. Mark schaffte es, durch den Eingang und hinunter zum Boden des Grabes zu rutschen, und sogleich spürte er die Kälte, die von dem Steinpflaster in seinen Körper aufstieg. Aber die Kälte war ihm willkommen, und er legte sich auf den Boden des Grabes wie ein im Eis verlorener Wanderer, der weiß, daß er nur einzuschlafen braucht, um zu erfrieren.

Nun versuchte er sehr zögernd und behutsam, sich in der

Kammer aufzurichten, bis jetzt hatte er keine Vorstellung, wie niedrig das Dach sein mochte. Dann fühlte er es knapp über dem Kopf. Oder, besser gesagt, er ahnte sein Vorhandensein – bei früheren Ausgrabungen hatte er bemerkt, daß der menschliche Körper sich den Formen, auch den Hindernissen dieser alten Gebäude, sehr rasch anzupassen schien. Er stand nun vornübergebeugt; es lagen nur etwa fünfeinhalb Fuß zwischen dem Boden und der Decke. Mark war seit mehr als viertausend Jahren der erste, der diesen Ort betrat, und in diesem Wissen schöpfte er neue Kraft. Er machte ein paar schleifende Schritte wie zu Beginn oder am Ende eines Tanzes. Und dann klemmte er sich die Taschenlampe unter das Kinn, so daß ihr scharf fixierter Strahl nach oben wanderte und sein Gesicht – wenn jemand es hätte sehen können – dem eines Ungeheuers glich. Danach sprach er ein paar Worte in die kalte Luft – unerhebliche Worte, Unsinn, doch Worte, durch die dieser Ort wieder in menschlichen Besitz gelangte. «Ich mache eine *mappemonde*», sagte er, und der Satz hallte durch das Grab. Und er empfand Stolz – nicht Stolz auf sich selbst, weil er dort war, sondern Stolz auf die Abstammung und die Kontinuität. Stolz auf die Worte, die von ihm ausgingen, ihren Ursprung jedoch bei den längst Verstorbenen hatten. In diesem abgeschlossenen Raum spürte er die Nähe der Verehrung, aber es war nicht bloß die Verehrung der Vorfahren, sondern die Verehrung der Zeit selbst. Des Gangs der Zeit. Und ja, dies war ein Ganggrab.

47
Im Gang

IM VERLAUF DER nächsten Wochen wurde der Grabhügel gründlich erforscht; unermüdlich arbeitete das Archäologen-Team jenseits der Seitenkammer, wo Mark Clare das Wort *«mappemonde»* ausgesprochen hatte, und drang durch den Mittelgang vor. Schließlich erreichten sie eine trockene Steinmauer am Ende des Ganges – die Mauer, an der alle Echos verstummten. Dies war nicht die Rückseite des Grabes, sondern eine Begrenzung, die einen Raum dahinter schützte: nämlich eine Endkammer, die den Fixpunkt des gesamten Grabes bildete, eine versiegelte Kammer, die in den Hang des Pilgrin Valley hineingebaut war, doch ostwärts zur aufgehenden Sonne wies.

Und dies entdeckten sie, während sie die Strecke zu dem verborgenen Raum zurücklegten: Von dem blinden Eingang, in den die Sternenkarte eingemeißelt war, bis zur Endkammer führte ein rund viereinhalb Fuß breiter, fünf Fuß hoher und siebzig Fuß langer Gang. Dieser Gang war mit Hilfe von vierundzwanzig großen Orthostaten – den aufrechten Steinen, die massive Dachplatten stützten – gebaut worden; zwischen den trockenen Steinen war kein Mörtel, sie wurden nur von ihrem eigenen Gewicht und dem Gewicht der sie umgebenden Steine in Position gehalten. Alle Kräfte des Grabes waren also nach unten gerichtet; sein Gefüge wurde von der Schwerkraft zusammengehalten.

Sie hatten zu beiden Seiten dieses Ganges jeweils zwei kleine Kammern entdeckt. In einer von ihnen hatte Mark bei seinem ersten Eindringen in den Grabhügel gestanden. Jede Kammer war, wie er gesehen hatte, durch einen hohen Trennstein versperrt; die Trennsteine wiesen aus irgendeinem Grunde eine kreisförmige Öffnung auf, durch die man hindurchkriechen konnte. Die Funktion dieser niedrigen, runden Durchgänge blieb zunächst unklar und würde sich, wie Mark erklärte, erst dann bestimmen lassen, wenn man Genaueres über den Charakter des Grabes wußte. Julian Hill war bereits zu dem Schluß gekommen, das Kriechen durch die Öffnung gleiche einer Art Wiedergeburt, womit das Bestattungsritual mit einem zusätzlichen Fruchtbarkeitsritus verbunden gewesen sei. Er glaubte, die Entstehung primitiver Kulturen zu durchschauen, und alles, was er sah, bestätigte seine Hypothese. Aber Mark war sich nicht so sicher: Er sah nur einen heiligen Eingang, der die Gestalt eines Kreises hatte, und er hielt es für wahrscheinlich, daß diese Öffnungen irgend etwas mit den kreisförmigen Sternmustern am blinden Eingang des Grabes zu tun hatten. Der Gläubige (wenn es wirklich einer war) neigte den Kopf im Gang und trat buchstäblich in einen Stern ein.

Aber wenn er den Stern hinter sich ließ, was dann? Die beiden Seitenräume, die der Endkammer am nächsten waren, enthielten nur eine leere Steinschüssel – eine von ihnen hatte Mark im Strahl der Taschenlampe gesehen. Aber die beiden anderen Kammern waren mit einer verwirrenden Vielfalt von Gegenständen gefüllt – verwirrend war nicht nur die große Menge, sondern auch das unterschiedliche Alter der Objekte.

Hier waren Scherben von ungeschmückten Bechern mit einfachem Rand, die für die Töpferei der frühneolithischen Periode im Südwesten typisch waren; doch daneben lagen Fragmente von Schüsseln oder Bechern, die Abdrücke von verdrehten Schnüren oder die noch komplexeren Muster der «Fingernageltechnik» aufwiesen – die frühen Bewohner dieser Gegend hatten ihre eigenen Hände benutzt, um ein Geflecht von Abdrücken an den Rändern ihres Steinguts herzustellen. Die Entstehungsdaten all dieser Gegenstände lagen zwischen 4300 und 3400 v. Chr., doch in den Seitenkammern fanden die Forscher auch gerillte Tonwaren, die, soweit man wußte, erst um 2600 v. Chr. in Gebrauch gekommen waren.

Soweit man wußte: Dies war das Hauptproblem des Pilgrin Valley geworden, denn die Entdeckung von Töpferwaren aus drei weit voneinander entfernten Perioden ließ jede Chronologie zweifelhaft werden. Entweder hatte man über einen Zeitraum von siebzehnhundert Jahren hinweg eine ganze Reihe unterschiedlichster Geräte benutzt, oder das Grab selbst war viel älter, als die Voruntersuchungen hatten vermuten lassen. Es war sogar möglich, daß dieser Grabhügel auf der Stätte eines noch älteren Grabes errichtet worden war, daß dieser Ort seit vielen tausend Jahren als Mittelpunkt für Kulthandlungen oder Rituale angesehen wurde. Niemand konnte noch irgendeine Gewißheit haben. Orthodoxe Theorien und sogar die vernünftigsten Berechnungen schienen angesichts dieser Funde dahinzuschwinden, sich aufzulösen. Und während die Erwartungen der Archäologen schwankten und sich änderten, machte das Beweismaterial den gleichen Prozeß durch; je näher sie den eigentlichen Steinen und Reliquien kamen, desto mehr zogen sich diese Gegenstände in eine Art Undurchschaubarkeit zurück. Sie schienen sich jeder Erklärung zu widersetzen und dabei immer dichter und dunkler zu werden. Nichts schien stillzustehen. Alles war im Fluß; und da es unmöglich war, eine feste Beziehung zwischen den verschiedenen Gerätschaften zu ermitteln, begannen die Funde unter den Augen der Archäologen jegliche Realität zu verlieren. Man tappte im dunkeln.

Und schließlich, während sie ihre Ausgrabungen fortsetzten, kam Mark der Gedanke, daß alles von der Endkammer abhing. Sie war mit Steingemäuer abgeschirmt, aber das Widerstandsmeßgerät hatte bereits gezeigt, daß sie vieleckig war und daß in der Mitte des Vielecks eine Art Feuerstelle oder Grube oder Grabstätte sein mußte. Wenn die Funktion des Grabes klarwerden konnte, nachdem man das Siegel dieser Kammer aufgebrochen hatte, dann würde dieses neue Licht vielleicht alle anderen Gegenstände überfluten und sie wieder sichtbar werden lassen. Doch er mußte geduldig auf diese Enthüllung warten; er mußte warten, bis der Rest des Grabhügels freigelegt war und er die mörtellose Mauer erreicht hatte. Dann erst würde er wissen, was sich im Inneren des verborgenen Raums befand.

48
Seelilie

«MORGEN GEHEN WIR in die Endkammer», sagte Mark.

«Morgen», wiederholte Kathleen matt, fast so, als habe sie es nicht richtig gehört. Sie saß am Schlafzimmerfenster und blickte auf den Hof und die verstaubten Antiquitäten hinunter, die Augustine dort aufbewahrte.

«Ja. Endlich...» Aber er unterbrach sich, während er seine Frau beobachtete. Juda, der Hund, lag zu Kathleens Füßen, und sein Kopf ruhte auf ihren Schuhen. Er schaute nicht auf, als Mark das Zimmer betrat.

Kathleen hielt sich nun häufig im Schlafzimmer auf und blickte aus diesem Fenster. Früher einmal hatte ihr nichts mehr Freude bereitet, als in Marks kleinem Arbeitszimmer zu sitzen, seine Bücher zu lesen und all die Zeitschriften durchzublättern, die er mit nach Hause brachte. Aber nun mied sie sein Zimmer, jedoch nicht, weil sie es haßte – nein, das nicht, denn sie sehnte sich oft nach dem Frieden, den es ihr einmal gebracht hatte –, sondern weil sie keinen Anspruch auf Mark erheben wollte. Deshalb sprach sie schon seit langem nicht mehr von den Möglichkeiten, ein Kind zu adoptieren, denn ihr schien nun, daß sie sich ihm dadurch nur aufdrängen würde, ihn zwingen würde, eine Ehe als endgültig zu akzeptieren, die ihm zunehmend unerträglicher sein mußte. Aber alles blieb unausgesprochen. Es gab Wege des Schweigens, die sie in stiller Übereinkunft beschritten; sie wollten den anderen Pfad, den der offenen Rede, nicht betreten, weil das Ziel so ungewiß war.

Mark seinerseits fühlte sich für ihr Schweigen und ihre offensichtliche Einsamkeit verantwortlich. Die Arbeit an der Ausgrabungsstätte hatte ihn so aufgezehrt, daß er ihr Verlustgefühl nicht ganz verstanden hatte, und bei den Gelegenheiten, da er an ihrem Leben hatte teilhaben wollen, hatte er sich so erschreckt, daß er nun den Wunsch verspürte, sich zurückzuziehen. So schien es ihm jedenfalls, und er glaubte, daß sie zum Zeichen des Vorwurfs Distanz zu ihm wahrte. Aber alles blieb unausgesprochen. Sie hatten so große Angst davor, ihre eigenen Gefühle zu verstehen, daß sie nur über Themen sprachen, die nichts davon enthüllten.

Und Kathleen saß den ganzen Tag am Fenster über dem Hof des Antiquitätengeschäfts. Manchmal nickte sie ein paar Sekunden lang ein, und dann war ihr, als sei sie in Unendlichkeiten der Dunkelheit gestoßen worden. Aber sobald sie aufschrak und wieder die staubigen Schüsseln und zerbrochenen Statuen sah, kam sie mit einem Gefühl des Entsetzens zu sich. Aber alles blieb unausgesprochen. Sie redeten nur über Dinge, die ihnen nicht schaden konnten. Beide schämten sich, doch diese Scham zuzugeben hätte zur Freisetzung von allem anderen führen können. Und das war nicht zu ertragen.

«Endlich werden wir das Geheimnis hinter der Mauer finden», sagte Mark.

«Gibt es ein Geheimnis?» Sie wandte sich vom Fenster ab und betrachtete ihn mit einem merkwürdigen Blick.

«Natürlich. Wenn es kein Geheimnis gäbe, hätten wir auch keine Entdeckung.»

«Aber manchmal», erwiderte sie, «manchmal ist die Behandlung schlimmer als die Krankheit.»

Sie drehte ständig etwas in den Händen, und er ging sachte auf sie zu, beruhigte ihre Finger durch seine Berührung und nahm es ihr ab. «Was ist das?»

Kathleen wirkte fast verlegen. «Ich hab es für dich gekauft. Aber ich war mir nicht sicher, ob du es haben wolltest. Ob es dir gefallen würde.»

«Was ist es?»

«Es ist ein Stück einer Seelilie. Siehst du ihre kleinen Stengel?» Er hielt das Fossil hoch, und im Licht konnte er die Furchen erkennen, welche die feinen Fäden hinterlassen hatten.

«Es ist zauberhaft», sagte er.

«Nein. Nicht zauberhaft. Es gefiel mir, weil es so seltsam war. Es ist auf seine Art schön. Aber so tot, findest du nicht? So tot.»

Sie sagte das mit solcher Heftigkeit, daß er sich fürchtete, sie anzusehen, und deshalb musterte er das Fossil noch einmal. «Nicht tot. Das Seltsame ist, daß die Seelilie so lange überlebt hat. Tausende von Jahren.»

Kathleen hatte sich wieder zum Fenster gedreht. «Daran hatte ich auch gedacht, aber dann konnte ich sie nicht richtig sehen. Verstehst du mich? Sie stammt aus einer Landschaft, die ich nicht begreife. Einst lebte und wuchs sie in einem unvorstellbaren Meer. Unter einem unvorstellbaren Himmel. Manchmal glaube ich, die Vergangenheit ist so rätselhaft, daß wir uns gar keine Gedanken um die Gegenwart zu machen brauchen.» Es klang Mark so, als versuche sie ihn zu trösten, aber er wußte nicht, warum. «Sie ist ein Teil unserer Vergangenheit», fuhr Kathleen fort. «Ein Teil von uns. Und trotzdem ist sie unbegreiflich.»

Hinter ihren Worten verbarg sich irgendein Sinn oder irgendeine Sehnsucht, die er erkannte, aber nicht verstehen konnte. «Wo soll ich sie hinlegen?» fragte er.

«Hierher. Hier ans Fenster, wo ich sie immer sehen kann.» In ihrer Stimme war etwas, das ihn erschreckte. Aber ihre Depression schien zu weichen – nicht, daß sie friedlicher geworden wäre, aber da war eine Entschlossenheit, eine Wildheit geradezu, die sie offenbar inspirierte. Sie stand auf, lehnte sich schwer gegen den Fensterrahmen und schaute über den Antiquitätenhof hinweg auf die anderen Häuser des Städtchens. «Irgendwie kann ich sie alle sehen. Andere Menschen in anderen Zimmern. All die Gesichter. Sie erinnern mich an die Fäden der Seelilie. Wie sie sich sanft tief im Meer bewegen.»

49
Hinter der Mauer

«WIE MÖGEN SIE ausgesehen haben?» Ein junger Mitarbeiter des Ausgrabungsteams fragte Martha Temple nach ihrer Meinung, während sie darauf warteten, daß Mark aus dem Grabhügel herauskam.

«Ich bin sicher, daß sie sehr nett gewesen sein müssen. Wahrscheinlich etwa so wie Julian, was das Äußere betrifft.»

«Sie meinen, klein und gedrungen?»

«Na ja. Ziemlich klein. Und ja, auch ein wenig gedrungen. Was meinst du, Owen?» Er näherte sich mit einiger Mühe, da er einen breiten Ledergürtel um die Hüfte hatte, an dem ein kleiner Hammer, eine Taschenlampe, eine Feile, ein Stahllineal, ein Taschenmesser, ein Meßband, ein Thermometer und seine Pfeife hingen.

«Vorausgesetzt, daß wir dich durch den Lärm deiner» –

sie betrachtete den Gürtel –, «deiner Gerätschaften hören können.»

«Wenn euch wirklich an meiner Meinung gelegen ist...»

«Natürlich. Alle schätzen deine Meinung.»

«Wenn euch *wirklich* an meiner Meinung gelegen ist.» Er funkelte sie an. «Frühere Grabstätten lassen vermuten, daß sie von schlanker Gestalt waren. Und etwa einen Meter achtundsechzig groß. Sie hatten einen langen, schmalen Schädel und eine leicht fliehende Stirn.»

«Was habe ich gesagt, mein Guter?» Martha wandte sich an den jungen Arbeiter. «Genau wie der arme Julian. Vielleicht ist das der Grund», fuhr sie rasch fort, da Julian zu ihnen herüberkam, «vielleicht ist das der Grund, weshalb er sie so gut zu verstehen scheint. Ich habe gerade gesagt, Julian, wie gut du die Menschen verstehst, die hier beteten.»

«Ich möchte mich nicht auf Gebete festlegen. Ich bin in einer meiner Orientierungsphasen.» Er hatte eine neue Theorie über das Wesen primitiver Rituale gelesen. «Aber ich bin sicher, daß ich recht habe, wenn...»

Mark kam aus dem Grab hervor. «Ich glaube», sagte er, ohne zu merken, daß er Julian unterbrochen hatte, «wir können anfangen.»

Das Problem war, genug von der trockenen Steinwand vor der Endkammer zu entfernen, um eindringen zu können, aber ohne dabei die Kammer oder die Wand selbst unnötig zu beschädigen. Schließlich war es möglich, daß der verborgene Raum genauso kunstvolle Inschriften oder Zeichen barg wie die, die in den blinden Eingang eingemeißelt waren. Eine Bogenlampe stand nun in dem Gang, und in ihrem schmalen Strahl begann Mark nun, einen der kleineren Steine oben an der Mauer behutsam zu lösen. In den letzten Tagen hatte man diesen ersten Abschnitt des Gemäuers geprüft, um sicherzugehen, daß der Gewichtausgleich innerhalb des Grabhügels durch seine Beseitigung nicht verändert werden würde. Die Schwerkraft hielt also stand, während Mark den Stein vorsichtig löste; die Statik des Grabes wurde nicht gestört. Und er begriff, daß diese Schutzwand in der Tat so konstruiert war, daß man sie entfernen konnte, ohne den Rest des Gebäudes zu zerstören: die Endkammer sollte entdeckt werden. Aber hatten ihre Erbauer so weit in die künftige Zeit vorausgeblickt?

Ein plötzliches Geräusch ertönte, als Mark den Stein herauszog – ein Laut wie ein Seufzen oder ein sanftes Rauschen des Windes. Und dies hatte er befürchtet, denn das Eindringen der Luft bedeutete, daß die Endkammer einst versiegelt worden war. Durch den Luftzug konnte nun alles oxydieren, was hier verborgen war; vielleicht würden jegliche menschlichen Überreste zerbröckeln und zerfallen, bevor er sie erreichte. Er wollte die Wand rasch niederreißen, aber er wußte, daß das nicht ging. Denn alle Steine mußten entfernt und etikettiert werden, bevor er vorangehen durfte. Aber wenigstens konnte er durch die kleine Öffnung spähen, die er gerade geschaffen hatte; er konnte in das ursprüngliche Gebäude blicken. In dem reflektierten Gleißen der Bogenlampe wurde die Endkammer von einem Lichtband durchdrungen, doch vorläufig konnte Mark jenseits des Lichts nichts erkennen, nichts außer einer Steinläche.

Innerhalb der nächsten beiden Tage wurde die erste Schicht des Gemäuers entfernt, und nachdem die Forscher sich zwei Fuß nach unten vorgearbeitet hatten, konnten sie den oberen Teil der Kammer im Halbdunkel sehen. Aber der Rest der Schutzwand warf einen Schatten über den Boden. Erst als man die nächste Schicht des Gemäuers abgetragen und eine zweite Bogenlampe in den Gang gebracht hatte, war die Endkammer von Licht durchflutet.

Sie war, wie erwartet, vieleckig. Das Dach bestand aus

einem großen Schlußstein, gestützt von einer Reihe von Orthostaten; diese aufrechten Steine wurden ihrerseits von Mauerfüßen in Position gehalten, aber die einzelnen Säulen waren so präzise zusammengefügt, daß sie aus kurzer Entfernung wie eine breite Fläche aus ungebrochenem Stein wirkten. Doch es waren nicht die Steine, die Mark veranlaßten, eine Sekunde lang den Kopf zu neigen und die Augen zu schließen, bevor er wieder aufblickte: Er hatte etwas anderes gesehen. Er hatte auf den Steinen ganze Reihen von Kurven, Spiralen und Linien gesehen, die tief in die Oberfläche eingemeißelt waren und das Dach und die Wände der vieleckigen Kammer völlig bedeckten. Hier und da wurde der Fluß von einem scharfen dreieckigen Zeichen unterbrochen – es repräsentierte die Form der Steinäxte, mit der man diese Linien eingehauen hatte –, doch sonst war das kunstvolle Muster einheitlich und harmonisch. Er erkannte sofort, daß diese Zeichen von der gleichen Art waren wie jene an dem blinden Eingang, doch während der Eingangsstein eine Sternenkarte gewesen war, hatte er nun ein ganzes Planetarium vor sich.

Und dann sah er die Gestalt, die auf dem Boden aus gestampfter Erde kauerte – die Gestalt, die in einer flachen, quadratischen Grube lag. Aber es war weniger eine Gestalt als der Umriß einer Gestalt, der im Gleißen der Bogenlampe plastisch hervortrat. Dies waren die Konturen eines menschlichen Körpers, der aus dem Boden hervorwuchs – seine bräunliche Farbe war jener der ihn umgebenden Erde so ähnlich, daß es eine aus Lehm geformte Skulptur hätte sein können, die nun langsam zu ihrem ursprünglichen Element zurückkehrte. Und dann bemerkte Mark, daß ein weißer Gegenstand auf den gekreuzten Knien der Gestalt ruhte. Einen Moment lang hielt er ihn für die Knochen eines Babys oder eines kleinen Tieres, doch dann verriet ihm die fleckige und bereits bröckelnde Oberfläche, daß es sich um ein Kreidefigürchen handelte, das sich auf den Knien des Toten auflöste. Die beiden Gestalten hatten über diesen langen Zeitraum hinweg zusammen gelegen und verschmolzen miteinander; wenn sie noch ein paar tausend Jahre lang in Ruhe gelassen worden wären, hätten sie sich in ihre chemischen Elemente zurückverwandelt, und dann wären die menschliche Gestalt und das Kreidefigürchen miteinander vereint gewesen. Aber dieser Prozeß der Rückverwandlung war nun gestört worden; die Ausgrabung hatte das Band zwischen diesem Körper und der Erde, auf der er ruhte, für immer durchbrochen. Das Bestattungsritual würde nie vollendet werden.

Nach all den Tagen der Arbeit waren Marks Hände geschwollen und voller Schnittwunden, und die Atmosphäre des Grabes schien in seinen Körper eingedrungen zu sein, denn er sprach und bewegte sich langsamer. Nun war er wie ausgewechselt. Er streckte die Hände aus und ging auf die kauernde Gestalt zu, doch in seiner Verwunderung hatte er vergessen, daß nur die Hälfte der Schutzwand entfernt worden war, und als er vortrat, fiel er schwer gegen sie und stürzte nach vorn in die Endkammer. Er lag auf der rauhen Erdoberfläche, aber er verspürte keinen Schmerz. «Es tut mir leid», sagte er. «Es tut mir leid.» Er wußte nicht, mit wem er sprach, und seine Stimme hallte überall in der kleinen Kammer wider, bevor sie in seinen Mund zurückkehrte.

Die anderen standen still hinter der halb abgerissenen Wand und blickten auf Mark und den Körper, den sie enthüllt hatten, hinab. Er stand auf und wollte sich seine staubigen Hände an den Hosenbeinen abwischen, als ihm klar wurde, daß sogar die nun über seine Hose verschmierte Erde wertvoll sein könnte. Deshalb streckte er sie den anderen entgegen – seine Handflächen sahen im Licht gelb aus – und bemühte sich um ein Lächeln. «Es tut mir leid», sagte er. «Ich hoffe, ich habe nichts kaputtgemacht.»

Er flüsterte, und Owen flüsterte zurück: «Ich glaube nicht, daß du an *dem* noch viel kaputtmachen kannst.» Er nickte zu der kauernden Gestalt hinüber.

Mark spürte, daß ihr heißer Atem das Grab besudelte, und er wollte, daß sie alle verschwanden. Er wollte mit dieser Gestalt auf dem Boden allein zurückbleiben. Aber das würde nie möglich sein. Wenn er allein auf ihn gestoßen wäre, hätte es zu einem Austausch mit dem Toten kommen können. Aber die Gegenwart der Lebenden war zu stark. «Rasch», sagte er. «Wir müssen rasch arbeiten, bevor er sich auflöst.»

50
Der Erhängte

IN DEN TAGEN nach der Entdeckung knieten sie neben dem Toten, ihre Münder dicht an dem Loch, wo sein Mund gewesen war, ihre Arme neben seinen, und studierten die Auswirkungen der Verwesung, die ihnen allen irgendwann bevorstand. Mit Messern und kleinen Bürsten kratzten sie die Erde um ihn fort, um die menschliche Hülle freizulegen, die auf dem Lehmboden wie ein Relief wirkte. Und als die Hülle entfernt und fortgeschafft war, berührten sie die glänzenden braunen Knochen, die darunter lagen. Dies war der alte Käfig, aus dem der Vogel geflohen war. Und doch war es eine Art Rückkehr, als sie seine Gestalt rekonstruierten. Alte Schwingen, welche die Luft hinter sich schleuderten. Hier war der Mann, den Körper vorgekrümmt und mit auf den Knien ruhenden Händen; aber sein Kopf war auf unnatürliche Weise zurückgeworfen.

«Er erinnert mich an jemanden», sagte Martha. Sie wollte ihren alten Witz über Julian Hills Erscheinung aufwärmen. «Dich nicht auch?»

Mark sah sofort, daß der Hals gebrochen war. «Er ist erhängt worden», sagte er, ohne nachzudenken. «Dies ist der Ruheplatz des Erhängten.»

Drei Tage später kehrte er in das nun systematisch ausgeräumte Grab zurück und stand in der Mitte der Endkammer, wo die quadratische Bestattungsgrube gewesen war. Er betrachtete die Sternenmuster; er sah sich die so geschickt zusammengefügten Orthostaten an; er blickte zu dem Schlußstein hinauf; er sah auf die Erde unter seinen Füßen nieder. Und er dachte an jene, die in einer anderen Zeit hier gestanden hatten. Ihr Geruch war verschwunden, ihr Geruch hatte sich in den Stein und in die Erde verflüchtigt. Und auch der Geruch des Todes war verdrängt worden. Zeit. Eine andere Zeit. Nein, sie sind nicht hier. Sie dürfen diesen heiligen Ort nicht betreten. Sie sind an den Seiten des Tals. Sie blicken hinunter auf den Grabhügel. Stille herrscht, als das Opfer von der Esche abgeschnitten wird, aber als man seine Leiche im Triumph zum Grab trägt, ertönt ein Raunen aus der Versammlung, das immer lauter wird, bis es zu einem großen Gebrüll anschwillt, das durch das Tal hallt. Mark fuhr sich mit der Hand über das Gesicht, denn er konnte das Echo jener Stimmen immer noch hören – wie das Geräusch von fließendem Wasser oder von geflüsterten, verwirrten Lauten, die hinter den Steinen hervorzukommen schienen. Hinter den Steinen am Ende des Raums, aus dem Tal, an dem die Endkammer ruhte.

Er trat ans Licht, indem er die Leinwand des hellgrünen Zeltes teilte, von dem das Grab nun geschützt wurde. Ein Dunstschleier hatte sich über das Tal gelegt und war im Lauf des Tages immer dichter geworden, so daß Mark nur die Silhouette der näher kommenden Gestalt erkennen konnte. Die Gestalt trug etwas um den Hals – eine Kette mit einem daran hängenden Stein oder Edelstein –, und nun streckte sie eine Hand zum Gruß aus. Mark stand ganz still.

«Presse», sagte die Gestalt. *«Western News.»* Als er näher kam, sah Mark, daß es ein hochgewachsener, dünner Mensch mit einer Kamera um den Hals war. «Ist da drin etwas Ungewöhnliches? Etwas Interessantes?» Es war ein triefäugiger Mann mittleren Alters, der unverkennbar Resignation ausstrahlte. «Gibt es hier jemanden, der mir alles darüber sagen kann? Nur für einen Absatz.»

«Ich weiß nicht.» Mark zögerte. «Ich denke schon.» Wegen der isolierten Lage der Ausgrabungsstätte hatten sie ungehindert arbeiten können, unbemerkt von eventuellen Schaulustigen, aber es war nie beabsichtigt gewesen, den Grabhügel als ein Geheimnis zu behandeln. Und aus irgendeinem Grund bemitleidete er den Mann. «Sie können mit mir sprechen, wenn Sie wollen.»

«Was haben Sie dort drin? Tutenchamun?» Mark blickte sich um, als sei er ganz zufällig auf das Grab gestoßen und habe keine Antwort parat. «Es dauert nur eine Sekunde», fuhr der Journalist fort, der Marks Unschlüssigkeit spürte. «Ich werde Ihnen keine Schwierigkeiten machen. Ich brauche nur einen Absatz.»

Die Zurückhaltung des Mannes erinnerte Mark an Kathleen, und wieder zeichnete sich der schreckliche Umriß seiner Schuld vor ihm ab. «Natürlich», sagte er. «Natürlich. Ich habe Ihnen eine Menge zu erzählen.» Und er führte den Journalisten durch den Seiteneingang in das Grab, wobei er ihm die Bedeutung der Sternenzeichen und der Bestattung des Erhängten erklärte.

Zwei weitere Gestalten verharrten ein paar Meter entfernt im Nebel und beobachteten die beiden, wie sie den Kopf neigten und den Grabhügel betraten. «Ich habe den leisen Verdacht», sagte Martha und hob ihren Gipsverband in Richtung Grab, «daß wir gerade Mark in Begleitung eines Journalisten gesehen haben. Warum wohl?» In Wirklichkeit hatte sie gleich nach der Ankunft des Mannes von den *Western News* mit ihm gesprochen. «Ich kann mich natürlich auch irren.»

«Ein Journalist?» Julian Hill schien bestürzt über die Nachricht. «Der mit Mark spricht? Ich glaube wirklich, daß ich alle Erklärungen übernehmen...»

«Deshalb ist es ja so eigenartig», warf Martha ein. «Aber ich bin sicher, daß Mark nie daran denken würde, etwas hinter deinem Rücken zu tun. Oder das ganze Verdienst für sich zu beanspruchen.»

«Nein.» Julian kaute an seinem Fingernagel. «Natürlich nicht.»

«Um so komischer seine Weigerung, uns vorzustellen.»

«Hat er sich geweigert?»

«Eigentlich schon. Findest du nicht?» Sie schaute voller Unschuld zu ihm auf.

«Ich gehe rein.»

«Oh, unbedingt.» Julian verschwand im Nebel. «Ich bleibe hier», rief sie ihm nach. «Um dafür zu sorgen, daß die Luft rein ist.»

Jemand tippte ihr auf die Schulter, und sie kreischte auf.

«Guck mal einer an.» Es war Owen. «Wir hetzen also mal wieder die Leute auf, was?»

«Ich weiß nicht, was du meinst.» Es war auffällig, daß sie im Umgang mit Owen viel von der charmanten, mädchenhaften Art verlor, durch die sie alle anderen für sich einnahm. «Ich stehe nur hier rum.»

«Ich meinte überhaupt nichts. Ich stehe auch nur hier rum. Und zwar schon seit ein paar Minuten.» Er sah sie mißtrauisch an.

«Es ist immer dasselbe mit dir, Owen. Du denkst von allen immer nur das Schlechteste. Ich frage mich, wie du es in deiner Haut aushältst, wirklich.»

«Und was erwartest du denn, wenn ich mich so umschaue?» Er starrte Martha an. «Ich sehe keine Engel. Ich glaube nicht, daß einer von uns fliegen kann, oder?»

Sie konnte ein Lächeln nicht unterdrücken. «Ich bin sicher, daß der arme Julian auch dazu eine Theorie hat. Wahrscheinlich gibt er sie gerade zum besten.» Und sie brach in Gelächter aus.

«Natürlich», sagte Julian in diesem Moment zu dem Journalisten. «Ich habe die Bedeutung der Muster sofort erkannt.» Die drei Männer standen in der Endkammer und bemühten sich, die Kälte im Inneren zu ignorieren. «Deshalb wußte ich, daß er der Astronom sein mußte.» Julian hatte Marks Rolle bei der Entschlüsselung der Muster nicht erwähnt, doch Mark schien das gar nicht bemerkt zu haben. Er war an die Begrenzungswand getreten und hatte sein Gesicht daran geschmiegt, als lausche er etwas anderem. «Wir haben es also mit etwas zu tun», fuhr Julian fort, «das ich eine Merlin-Gestalt genannt habe.»

«Tatsächlich?» Der dünne Mann kritzelte etwas in sein Notizbuch. «Merlin?»

«Nein. Nicht Merlin. Eine Merlin-*Gestalt*.» Julian bemerkte die leichte Enttäuschung des Journalisten, deshalb setzte er rasch hinzu: «Obwohl es mehr oder weniger das gleiche sein könnte.»

«Tatsächlich? Wie schreibt man Merlin?»

Julian buchstabierte es ihm. «Und mein Name ist auch leicht zu behalten», fügte er so unbeteiligt wie möglich hinzu. «Julian Hill. Hill wie der Hügel.» Er sah dem Journalisten über die Schulter, als dieser den Namen in sein Notizbuch eintrug. «Es wäre nicht falsch zu behaupten, daß ich das Standardwerk über diese Stätte schreibe.»

Der Journalist schloß sein Notizbuch. «Das dürfte eine sehr interessante Geschichte ergeben.»

«Ich weiß. Mein Buch ist fast fertig.»

«Eine sehr interessante Geschichte.»

Und während sie sich so unterhielten, drückte Mark das Gesicht mit aufmerksamer Miene gegen die Steine.

51
Der Wald

«ICH WÜNSCHTE, es könnte ewig so weitergehen.» Kathleen schritt vor ihrem Mann her; manchmal verlor sie auf dem Pfad fast den Halt, aber sie eilte trotzdem weiter – eilte durch den großen Wald hinter dem Dorf Colcorum. «Ich könnte ewig so dahinspazieren.» Juda blieb an ihrer Seite. Ab und zu sprang er ein Stück voraus, kam dann aber genauso rasch zurück und trottete wieder neben ihr her. Gelegentlich blickte er zu ihrem Gesicht auf, bevor er sich wieder an die Untersuchung des Unterholzes machte. Wie es ihm gerade paßte.

Ein Sonntagnachmittag im Spätherbst, und nach heftigem nächtlichem Regen schien der Wald von Colcorum in das üppige und hektische Grün getaucht zu sein, das stets den ersten Frösten der neuen Jahreszeit vorangeht, wie die Röte auf dem Gesicht eines Menschen kurz vor dem Tode. Kathleen stapfte durch den Ginster und das hohe Farngestrüpp, und Mark konnte die Brombeerranken an ihrem roten Mantel kleben sehen, während sie in einem dunkleren Teil des Waldes verschwand. Als er sie einholte, stand sie ganz still da und starrte hinauf in das Zweiggewirr. «Weißt du», sagte sie, «im Märchen gibt es Riesen, die das Laubwerk teilen und die kleinen Kinder anschauen. Wer uns wohl jetzt beobachtet?» In der Stille lauschten sie beide dem Knarren der Zweige über ihnen und dem leisen Geräusch des Regens, der von den Blättern auf die dichte Vegetation zu ihren Füßen tropfte. Hinter ihnen stand eine alte Ulme, und in einer ihrer Astgabeln hatte sich eine Wasserpfütze gebildet. Kathleen drehte sich um und steckte den Finger hinein; dann schlug sie ein Kreuzzeichen. «Gebete für das Sterben. Das Sterben des Lichtes.»

Mark spürte ihre Melancholie und versuchte seine eigene Hilflosigkeit vor ihr zu verbergen. Er trug einen flaschengrünen Mantel, und nun fuchtelte er mit den Händen durch die Luft und stampfte auf den durchnäßten Boden. «Sieh mich an.» Er versuchte, sie zum Lachen zu bringen. «Ich bin der berühmte Grüne Mann!» Er blickte zu Juda hinunter, der ihn anbellte. «Ich bin der berühmte Archäologe! Der Räuber ohnegleichen!»

Kathleen ging weiter. «Du weißt, wie stolz ich auf dich bin», sagte sie. Er wußte, was sie meinte: Nachdem Julian und er mit dem Journalisten gesprochen hatten, war die Entdeckung des Grabes und seines erstaunlichen Insassen zu einem wichtigen, wenn nicht gar sensationellen Medienereignis geworden. «Jetzt brauchst du mich wohl nicht mehr?»

«Kathleen!» Er versuchte, zu ihr aufzuschließen, doch der Pfad war an dieser Stelle so schmal, daß er hinter ihr bleiben mußte. Er legte ihr sanft die Hände auf die Schultern. «Natürlich brauche ich dich. Wen habe ich denn sonst?» Er strich sich ein Blatt aus dem Gesicht. «Bitte, sag so etwas nicht.»

Sie gingen schweigend dahin, Kathleen noch immer vor ihm; sie hinkte über die mächtigen, moosbedeckten Eichen- und Ulmenwurzeln, streckte den Arm aus, um die nassen Zweige vor ihr zu teilen, die bereits ihr Gesicht und ihr Haar befeuchtet hatten, und freute sich an dem grünschattigen Licht. Dann blieb sie plötzlich stehen. «Hörst du das?» Ihre Stimme klang ein bißchen ängstlich, als handele es sich vielleicht nur um eine Halluzination. Aber Mark hörte es auch. Durch die alten Bäume drang Gesang. Die Stimme kam ganz aus der Nähe, und Kathleen bewegte sich langsam darauf zu.

Vor ihnen war eine kleine Lichtung, und als sie den Rand erreichten, sahen sie einen alten Mann – einen Vagabunden, einen Landstreicher, einen Tippelbruder – auf dem Stamm eines umgestürzten Baumes sitzen und eine Schar Ringeltauben, die sich um ihn drängte, mit Brot füttern. Dieses Brot mußte auch seine Mahlzeit gewesen sein, denn er aß immer selbst ein Stück und warf das nächste dann vor sich – ein ruhiger, beständiger Bewegungsablauf, der unterbrochen wurde, als er Marks und Kathleens Gegenwart spürte. Nun, da er merkte, daß er nicht mehr allein war, hörte er auf zu singen und saß ganz still.

«Es tut mir leid», sagte Kathleen leise und trat aus dem Schutz der Bäume an den Rand der Lichtung vor. «Wir wußten nicht, wir konnten ja nicht ahnen...»

Er betrachtete die Schiene an ihrem Bein und machte einen Versuch, aufzustehen und sie zu begrüßen. Doch dann setzte er sich ungelenk wieder hin.

«Füttern Sie die Vögel oft?» fragte sie. «Leben Sie hier?» Er antwortete nicht. Es war, als sei er es nicht gewohnt zu sprechen. Aber er lächelte ihr zu, und nur das Leuchten in seinen Augen zeigte, wie angestrengt er nachdachte, wieviel er vielleicht hätte sagen können. Juda lief mit wedelndem Schwanz auf ihn zu, und der Alte gab auch ihm etwas Brot.

Kathleen beobachtete ihn ein paar Sekunden lang, froh über die Stille, bis Mark ihren Arm nahm und sie von dort wegzog. «Ich kenne ihn», sagte er, nachdem sie die Lichtung verlassen hatten. «Ich habe ihn schon mal gesehen.»

«Warum hast du es mir nie erzählt? Warum wußte ich nichts davon?» Sie schien ihm etwas vorzuwerfen, das er nicht begriff. «Juda! Juda!» Sie mußte den Hund rufen, dem es zu widerstreben schien, den alten Mann allein zurückzulassen. Und dann fuhr sie ruhiger fort: «Lebt er hier?»

«Soviel ich weiß, ja. Man nennt ihn den Waldbewohner. Einst waren es drei.» Und während sie weiter durch den Wald spazierten, erzählte Mark ihr die Geschichte, die alle Dorfbewohner kannten.

52
Der Waldbewohner

ES WAR EINMAL ein Junge namens Michael Hare, der in einem Häuschen neben dem großen Wald von Colcorum geboren wurde. Er verbrachte jeden Tag im Wald, mit dem ihn soviel verband, daß einige Dorfbewohner behaupteten, er müsse darin gezeugt worden sein. Er sei ein Kind des Waldes. Und das war Michael wahrhaftig.

Er wanderte dort zwischen den Bäumen umher und achtete darauf, daß er jeden berührte, wenn er vorüberging. Und er war sehr vorsichtig bei seinen Wanderungen, um ja nichts von dem Grün kaputtzumachen oder zu beschädigen, das die schmalen Pfade überwucherte. Er sorgte sich sogar um das Gras unter seinen Füßen, denn er wußte instinktiv, daß alles auf der Welt Schmerz empfinden kann. Er wußte auch, daß die Bewohner des Waldes ihm Trost spenden konnten. Es gab Zeiten, da er sich in großer Trauer unter die alten Bäume kuschelte, und während er schlief, nahmen Erde und Äste die Trauer von ihm. Denn dies war eine weitere Wahrheit, die er begriffen hatte: daß die natürlichen Orte der Erde von den Gefühlen derer durchdrungen sind, die sie betreten.

Nach einer Weile begannen die Tiere ihn zu erkennen, und wenn sie zu ihm kamen, gab er jedem einen Namen, so daß es nicht einen Fuchs und nicht ein Reh und nicht ein Kaninchen gab, das nicht auf Michaels Rufe antwortete. Aber Tiere haben kein Zeitgefühl, und wenn der Junge abends zum Häuschen seiner Eltern zurückkehrte, betrauerten sie seinen Verlust und begrüßten ihn am nächsten Morgen, als habe er sie für immer verlassen wollen. Michael wiederum beschützte alles, was hier lebte. Am Beginn jeder Jahreszeit hielt er Ausschau nach Zeichen von Schaden oder Verfall, und geleitet von seinem inneren Wissen verstand er, wie ein Bau auszubessern war oder daß die Vögel zur Zeit der ersten Fröste gefüttert werden mußten, damit sie nicht unter den Bäumen starben. Wenn der Winter kam, sprach er zu den Pflanzen, beruhigte sie und erzählte ihnen von ihrer bevorstehenden Wiedergeburt.

Aber er war nicht ohne menschliche Gefährten geblieben; er hatte zwei Freunde, die nicht weit von seinem Häuschen wohnten, und Michael lehrte diese Jungen alles, was er über den Wald wußte. So wurde der Wald schon in frühen Jahren auch zu ihrem Heim – ja, sie wurden den Dorfbewohnern sogar als die drei Waldgeister bekannt, und es hieß, daß Michael an diesem Ort einen geheimen Zauber entdeckt habe. Es gab Gerüchte, denen zufolge er seine beiden Freunde gelehrt habe, die Tiere herunter in die Täler zu rufen, in Pflanzen Speise und Arznei zu finden, durch zwischen den Bäumen hängende Spinnweben zu gehen, ohne sie zu zerstören, und sogar sich unsichtbar zu machen, sobald sie den Wald betreten hatten.

Aber wie immer auf dieser irdischen Welt hatten sich die Dinge gewandelt. Die beiden Freunde waren älter geworden, und da sie nicht die gleiche Liebe für den Wald von Colcorum empfanden, kam die Zeit, da sie ihn zu verlassen wünschten. «Ich muß aufbrechen», sagte der erste. «Ich habe ein Mädchen gefunden, das ich heiraten möchte, und dies ist kein Ort für sie.» Michael schwieg, doch er wußte, daß seine wahre Familie nur hier leben konnte. Er lächelte seinem Freund zu und folgte ihm dann bis zum Rande des Waldes. «Nimm dies», sagte er und reichte ihm den Zweig einer alten Esche. «Ich wünsche dir alles Gute in der Welt.»

Kurz danach beschloß auch sein anderer Freund, ihn zu verlassen. «Es ist Zeit für mich, fortzugehen», sagte er zu Michael. «Ich muß Arbeit in einem anderen Dorf finden.» Michael nickte und schwieg, obwohl er wußte, daß seine eigene Arbeit stets hier sein würde. Er begleitete seinen Freund zum Rande des Waldes. «Nimm dies», sagte er und reichte ihm einen Eschenzweig. Dann winkte Michael, während sein Freund unter den Bäumen hervortrat und sich in die Ferne aufmachte.

Nun war er allein. Er setzte sich auf die Wurzeln einer alten Eiche und weinte so sehr, daß seine Tränen in den Boden sickerten (und an jener Stelle, heißt es, wuchs eine Sonnenblume). Die Vögel kamen, um über seinem Kopf zu singen, und einer der Füchse schlich herbei und legte ihm tröstend die Pfoten auf den Leib. Fortan blieb Michael allein im Wald, wie er es schon als Kind getan hatte, und bereits nach ein paar Tagen war er fähig, das Glück seiner ersten Jahre neu zu erleben – der Wald erlebte es mit ihm, und in diesen Nächten meinten die Dorfbewohner, den Gesang von Vögeln und, obwohl kein Wind wehte, das aufgeregte Sausen der Zweige zu hören. Nun sprach er allein zu den Tieren, wanderte allein zwischen den Bäumen umher und berührte sie im Vorübergehen.

Damals gelobte er, den Wald von Colcorum nie zu verlassen, denn er begriff, daß der Wald ohne den menschlichen Geist in seinem Inneren ermüden und zugrunde gehen konnte. Aber er wußte auch, daß der Tag seines eigenen Todes kommen würde, und deshalb begann Michael nun, eine Karte des ganzen Waldes anzufertigen, auf der er die verschiedenen Mulden und Gehölze mit verschiedenfarbigen Stiften kennzeichnete; er skizzierte Blätter und Bäume und Steine; in einem Notizbuch hielt er die sich wandelnden Jahreszeiten fest; und er führte die Namen aller Tiere auf, deren Heimat der Wald war.

Schließlich starben seine Eltern, und er verließ das Häuschen am Rande des Waldes, um unter den Bäumen zu leben. Er schenkte das Häuschen einer alten Frau, die ihm dafür immer noch Speisen bringt; er schläft jede Nacht auf einem Bett aus Kiefernnadeln und wäscht sich jeden Morgen im Bach. Die Jahre sind verstrichen, und er wird älter; aber es ist ihm gleichgültig, denn er weiß, daß der Wald in jedem Frühling wieder zum Leben erwachen wird, genau wie die Jungtiere stets hervorkommen, um ihn zur festgesetzten Zeit zu begrüßen. Dies ist das größte Wunder von allen, und manchmal bemitleidet er seine beiden Gefährten, die in der Außenwelt leben, wo sie solche Dinge nicht sehen können. Er weiß auch, daß jemand eines Tages seinen Platz einnehmen wird, weshalb er stets seine Zeichnungen und Karten des großen Waldes bei sich hat – um diesen Fremden einzuweisen. Und so lebt der Waldbewohner immer noch hier.

53
Swithins Säule

DIES WAR DIE GESCHICHTE, die Mark Clare Kathleen erzählte, und sie schwieg eine Weile, während sie weiter durch den Wald gingen. Sie war immer noch vor ihm, und er konnte ihr Gesicht nicht sehen, als sie fragte: «Er ist also immer allein?»

«Ja. Soviel ich weiß.»

«Aber er scheint glücklich zu sein, denkst du nicht?»

«Er hat gesungen.»

«Ja. Der Wald ist seine Welt.» Sie erinnerte sich an seine Augen und daran, wie sie geleuchtet hatten. Die beiden waren nun an den Waldrand gekommen, und er trat an ihre Seite, als sie stehenblieb. Er wollte das tiefe Schweigen brechen, das seit einigen Monaten zwischen ihnen geherrscht hatte; er wollte zum erstenmal ungezwungen sprechen. Sie mochte es gespürt haben, denn sie löste sich von ihm und trat unter den Bäumen hervor. «Schau, da ist der Spukturm!»

Sie deutete auf einen kreisförmigen, isolierten Hügel, der in der Mitte eines breiten, umgepflügten Feldes stand. Er war von Kiefern bedeckt, doch auf seinem Gipfel hatte man einen Turm in Form einer klassischen Säule errichtet, der sich über die Baumkronen erhob. Er war schon immer als Swithins Säule bekannt, doch der Ursprung des Namens und der Zweck, dem der Turm einst gedient haben mochte, war seit langem vergessen. Nun wurde er nur noch selten besucht, und natürlich hieß es, daß hier Gespenster zu Hause seien.

«Ich muß ihn mir ansehen», sagte sie. «Kommst du mit?» Also gingen Mark und Kathleen gemeinsam mit Juda über den Acker, und als sie am Fuß des Hügels ankamen, erblickten sie einen kleinen Pfad, der sich zu dem Gebäude hinaufwand – ein Pfad, bedeckt von einer so dicken Schicht aus Kiefernnadeln, daß der Boden unter ihren Füßen förmlich zu hüpfen schien, als sie sich der Säule näherten. Sie war viel massiger, als sie vom Wald von Colcorum her gewirkt hatte. Es war ein wirkliches Monument, und beide zögerten vor einer kleinen Holztür am Sockel.

Denn dies war keine Säule, sondern ein hohler Turm, und die Tür führte zu einem Raum im Inneren. Kathleen versuchte vorsichtig, die Tür zu öffnen, die bei ihrer Berührung sofort aufging und den Blick auf eine steinerne, von Flechten und feuchtem Moos bewachsene Treppenflucht freigab. Diese wand sich aus dem Blickfeld nach oben und führte zur Spitze des Turms hinauf. Strahlen trüben Herbstlichtes fielen durch die engen Schlitze in den runden Mauern, und Kathleen hatte bereits spontan den Fuß auf die erste Treppenstufe gesetzt. Doch Juda schien ausnahmsweise seltsam unwillig, ihr zu folgen; der Hund kauerte sich auf den Boden und knurrte in Richtung der geöffneten Tür. Mark rief sie leise zurück. «Ich glaube, es wohnt vielleicht jemand hier.» Er zeigte auf einen offenbar aus einem Buch gerissenen Papierfetzen, der an der untersten Stufe klebte.

Sie hob die Seite auf, aber die Wörter waren von einer grünen Schicht pflanzlicher Verwesung unkenntlich gemacht, und sie konnte nur das Satzfragment «... Gräßlichkeit ihr eigen nennt» entziffern. «Nein», sagte sie. «Nein. Das liegt schon lange hier. Der Turm ist verlassen. Ich fühle es.»

Von neuem begann sie, die recht glatten Steinstufen hinaufzusteigen, die sich scheinbar endlos durch das Innere des Turms wanden, und Mark kletterte hinter ihr her. Ihre Schritte erzeugten in diesem geschlossenen Raum ein totes Echo – wie der Klang von Türen, die irgendwo in der Ferne zugeschlagen werden. Sie stiegen immer höher, und Juda folgte ihnen widerwillig. Irgendwann mußte Kathleen sich gegen die Wand drücken, um ihr verkümmertes Bein ausruhen zu lassen; aber dann schaute sie nach oben und setzte den Aufstieg mit doppelter Energie fort.

Endlich erreichten sie die Spitze von Swithins Säule: Sie befanden sich in einem kleinen, kreisförmigen Raum mit nackten Bogenfenstern, aus denen alles Glas entfernt worden war und durch die sie die ganze Gegend überblicken konnten. «Ich habe es dir ja gesagt», erklärte sie. «Niemand kommt mehr hierher. Dieser Turm ist seit langem vergessen.» Sie schauten sich um und entdeckten nur ein paar Scherben einer zerbrochenen Flasche, einen Holzstuhl mit durchsackender Sitzfläche und eine kleine verrostete Dose. Doch diese Dinge schienen Kathleen zu entzükken. «Es ist seltsam», sagte sie, fast als spreche sie zu sich selbst. «Es kommt mir so vor, als würde ich diesen Ort schon kennen. Es kommt mir so vor, als wäre ich schon einmal hier gewesen.»

Mark schaute sich wieder um und suchte an den feuchten und moosbefleckten Wänden nach irgend etwas, das dieses Gefühl seiner Frau erklären könnte. «Vielleicht hast du etwas darüber gelesen. Jeder weiß von dem Spukturm.»

«Nein. Ich kenne ihn von irgendwo anders her.» Sie trat an eines der großen Bogenfenster und blickte auf den Akker hinaus. «Und es gibt hier keinen Spuk. Das weißt du doch auch, oder?»

«Ich weiß gar nichts.»

«Dort.» Sie hatte sich so weit aus dem Fenster gelehnt, daß sie ihn nicht hörte. «Dort ist das Meer.» Sie deutete über den Wald von Colcorum hinweg auf die dahinter liegende Küstenlinie. «Siehst du den Unterschied im Licht? Siehst du ihn? Das ist Lud Mouth!» Beunruhigt, weil sie sich so weit hinauslehnte, trat er neben sie. «Ich erinnere mich, wie ich als Kind zum Ufer hinunterging. Aber ich mochte Strände eigentlich nie. Ich fühlte mich dort immer so schutzlos.» Der Frieden und die Stille von Swithins Säule schienen sie gesprächig werden zu lassen, und Mark dämmerte, daß sie vielleicht eine seiner unausgesprochenen Fragen beantwortete. «Ich ging kaum je zum Strand hinunter, deshalb erinnere ich mich an dieses eine Mal. Ich stand am Wasser, und drei andere Kinder spielten genau vor mir im Meer. Natürlich konnte ich nicht schwimmen. Nicht mit meiner Schiene. Ich stand am Wasser, und sie spielten Ball. Und ich beobachtete sie. Es war nur ein Spiel, aber es machte mir Spaß, ihnen zuzusehen. Und dann erinnere ich mich, wie zwei Menschen über den Sand kamen und die Frau zu dem Mann sagte: ‹Irgendeiner bleibt immer allein um Ufer zurück.› Ich war nicht beschämt oder so etwas, aber ich ging näher ans Wasser heran. Einfach um ihnen zu zeigen, daß ich keine Angst hatte. Als ich mich umdrehte, wurde mir klar, daß sie mein Bein bemerkt hatten. Der Mann war rot geworden. Er nahm seinen Hut ab. Daran erinnere ich mich. Ich weiß nicht, warum, aber er nahm den Hut ab und hielt ihn in den Händen. Vielleicht befürchtete er bloß, daß der Wind ihn wegwehen würde.»

Jener Mann am Ufer war Mark gewesen. Er stand ganz still, kaum fähig zu atmen. Zeit. All diese Jahre, und sie hatte es nie erfahren. Eine andere Zeit. Zeit, die ihn umschloß.

«...meine Eltern saßen in meiner Nähe, und auch sie hatten die Bemerkung der Frau gehört. Sofort kamen sie auf mich zu, und meine Mutter nahm mich in die Arme, hob mich auf und küßte mich. Aber mein Vater hielt den Kopf gebeugt. Und dann erinnere ich mich, wie wir in einem kleinen Holzhaus am Strand saßen – du kennst doch diese Häuschen...»

«Ja. Ich kenne sie.»

«...und wir aßen zu Abend. Es war sehr still. Und es war, als fühlten sie sich schuldig, weil sie mich so gemacht hatten, wie ich war, und ich fühlte mich schuldig, weil ich so war. Ich war noch ein kleines Mädchen, aber das verstand ich schon damals. Irgendwie hatten wir alle Mitleid miteinander, aber niemand konnte es aussprechen. Es war ein solches Gefühl der Hilflosigkeit. Eine solche Traurigkeit.» Kathleen unterbrach sich und wandte sich Mark zum erstenmal zu. «Eine solche Traurigkeit. Aber warum mußte ich jetzt daran denken? Warum mußte ich hier daran denken?»

Er glaubte, den Grund zu wissen; er spürte, daß sie über

ihr gemeinsames Leben sprach – ein Leben, das begonnen hatte, als er sie am Ufer von Lud Mouth betrachtete. Sie ahnte nicht, daß er der Fremde war, der sie damals gesehen hatte, daß dies der Beginn gewesen war, doch sie hatte die Szene trotzdem im Gedächtnis behalten. Zeit. Zeit, die sie beide umschloß. Er legte den Arm um sie. «Wir sollten gehen», sagte er. «Wir sollten gehen, bevor es dunkel wird.»

Fünfter Teil

«Oft empfinde ich eine Art Furcht vor dem Himmel, wenn ich lange im Beobachtungsstuhl gesessen habe», antwortete er... «Das ist es teilweise, was ich meinte, als ich sagte, daß Größe, die bis zu einem gewissen Punkt Erhabenheit besitzt, jenseits dessen Gräßlichkeit ihr eigen nennt.»

Zwei auf einem Turm
THOMAS HARDY

54
Corona

«SCHÖNHEIT IST ÜBERALL. Überall ist Schönheit.» Sie stiegen von der Ladefläche eines alten blauweißen Lieferwagens und begannen, in die Hände zu klatschen und zu singen. Es waren sieben Personen, die alle lange blaue Roben und weiße Stirnbänder trugen. Erst als sie näher an den Grabhügel herankamen, erkannte Evangeline Tupper, daß fünf junge Frauen vorangingen, während zwei Männer in ein paar Schritten Entfernung folgten. «Schönheit ist überall. Überall ist Schönheit.» Sie klatschten und sangen, bis sie dicht vor Evangeline standen. Eine der jungen Frauen trat mit ausgestreckten Armen vor. «Sanftheit ist Stärke», psalmodierte sie. «Stärke ist Sanftheit.»

«Ist das nicht irgendein Reklamespruch?» fragte Evangeline.

Das vollkommen selige Lächeln der jungen Frau geriet nicht aus den Fugen. «Sind Sie das weibliche Prinzip?»

«Ich bin für die Ausgrabungsstätte verantwortlich, wenn Sie das meinen.»

Die junge Frau wandte sich freudig zu den anderen um. «Alles ist weiblich», murmelte sie. «Weiblich ist alles.» Sie lachten fröhlich und applaudierten dieser Mitteilung.

«Ich bin die erste, die Ihnen zustimmen würde», entgegnete Evangeline, die an Baby Doll dachte. «Unter normalen Umständen.» Aber dies waren keine normalen Umstände: Kaum daß die Nachricht von der Entdeckung veröffentlicht worden war, strömten Massen von Besuchern zum Pilgrin Valley; nur mit Hilfe der Polizei von Dorsetshire konnte die Stätte nun vor denen geschützt werden, die das Grab «Merlins» oder «des verlorenen Königs von Wessex» oder «des großen Astronomen» – so die unterschiedlichen Deutungen – sehen wollten. Bei den ersten Anzeichen öffentlicher Begeisterung war Evangeline Tupper aus London herbeigeeilt und hatte sich mit Hermione im «Blauen Hund» häuslich niedergelassen, um sich der «Invasion» entgegenzustellen. Sie hatte auch Mark Clares Baucontainer an der Ausgrabungsstätte mit Beschlag belegt und war nun, wie Martha Temple allen genußvoll erklärte, «die Königin des ganzen Salats».

«Alles ist weiblich. Weiblich ist alles.» Die jungen Frauen hatten wieder ihren Gesang angestimmt und bildeten einen aufgeregten kleinen Halbkreis um Evangeline.

«Das ist ein *wunderbarer* Gedanke, ich weiß. Aber dieses weibliche Alles hier muß irgendwo die Grenze ziehen.» Sie lächelten weiterhin. «Sie können hier leider nicht haltmachen. Das Grab muß geschützt werden.»

«Vor uns?» Die junge Frau winkte zu den anderen hinüber. «Wir sind alle zur Andacht hier. Dasein ist Andacht. Andacht ist Dasein.»

«Genau, was ich schon immer gesagt habe. Aber, um die Wahrheit zu sagen, die Wahrheit und nichts als die Wahrheit, wir haben so viele, so viele» – sie suchte nach dem richtigen Wort, um die verschiedenen Sekten zu beschreiben, die zu dem Grab gezogen waren –, «so viele Gruppen hier gehabt, daß wir sie einfach nicht einlassen können.» Und wirklich war die Stätte nun von einem hohen Drahtzaun umgeben. «Es war eine schreckliche Entscheidung. Ich habe Tag und Nacht mit ihr gerungen, bis ich erlag. Aber so ist das eben, Kindchen.» Evangeline war von dieser jungen Gläubigen recht angetan. «Wie *heißen* Sie eigentlich?»

«Ich heiße Corona.» Corona war immer noch sehr heiter, und nun streckte sie mit einem leisen Lachen die Hand aus, um die anderen vorzustellen. «Dies ist Sagilla, dies ist Auriga, dies ist Ursa, und dies ist Spica.» Die jungen

Frauen kicherten und erröteten der Reihe nach, als sie vorgestellt wurden.

«Was für reizende Namen! Und was für ein außergewöhnlicher Zufall, daß sie alle mit demselben Buchstaben enden. Obwohl» – sie schüttelte den Kopf über die Marotten der Jugend –, «ich glaube nicht, je von einer heiligen Spica gelesen zu haben. Wenigstens nicht im christlichen Kalender.»

Corona fiel in das fröhliche Gelächter ein. «Das sind unsere Himmelsnamen», sagte sie. «Wir haben keine Erdnamen mehr.»

«Und die Männer?» Evangeline schaute die beiden Jungen, die ein paar Schritte hinter den anderen stehengeblieben waren, ziemlich streng an.

«Corvus und Cetus sind belehrt worden. Sie haben ihren weiblichen Quotienten erhöht.»

«Meine Assistentin würde das ungeheuer interessieren», antwortete Evangeline. «Ihr Erdname ist Hermione Crisp. Aber ihr Himmelsname ist Baby Doll.»

Corona schien diese Anspielung nicht zu verstehen, und überhaupt war nicht klar, ob sie irgend etwas begriff. «Wir würden uns sehr freuen, diese Schwester kennenzulernen.»

«Eigentlich ist sie nicht meine Schwester. Sie ist meine – na ja, das wollen wir jetzt nicht weiter vertiefen.» Es war ein kalter Wintermorgen, und Evangeline tat so, als fröstele sie. «Sie müssen nun wirklich verschwinden, liebe Kindchen. Auf Wiedersehen.» Ihr Enthusiasmus war genauso rasch verklungen, wie er sich eingestellt hatte. Sie ging zu ihrem Container zurück und winkte der Gruppe flüchtig zu, ohne sich noch einmal nach ihr umzudrehen. «Tut mir schrecklich leid», rief sie ins Leere.

Martha Temple und Julian Hill hatten diese Szene von der anderen Seite des Drahtzaunes aus mit kaum verhüllter

Belustigung beobachtet. Beide standen heute für die Beaufsichtigung der Stätte auf dem «Dienstplan», doch es schien ihnen nichts auszumachen, nicht einmal an einem so kalten Morgen wie diesem – im Gegenteil, sie fühlten sich wohl in der Gesellschaft des anderen, vereint in ihrem inbrünstigen, doch immer noch unausgesprochenen Haß auf Evangeline Tupper. «Sie hat solche Situation wirklich gut im Griff, stimmt's?» sagte Martha. Der Verband an ihrem Arm war abgenommen worden, und sie war wieder munter wie eh und je.

«Sie ist ein Profi. Ein echter alter Profi.»

«Was soll das heißen, Julian?» Martha gab ihm einen spielerischen Klaps. «Ich nehme an, du meinst, daß sie sehr gut mit diesen jungen Frauen zurechtkommt. Diesen hübschen jungen Mädchen.»

«Ich weiß nicht, ob es richtig von ihr war, die Mädchen fortzuschicken.» Julian hatte einige radikale soziologische Artikel über das Thema primitive Gesellschaften gelesen, und nun gab er sich – mit weit in die Ferne gerichteten Augen – begeistert einer neuen Theorie hin. «Viele dieser modernen Sekten dürften den gleichen Überzeugungen anhängen wie die Arbeiter, die gezwungen wurden, das Grab zu bauen.»

«Ich glaube nicht, daß Evangeline sich über solche Kleinigkeiten den Kopf zerbricht. Ihr liegt mehr daran, Erklärungen für die Zeitungen abzugeben. Und für die Fernsehkameras.» Dies war ein Volltreffer, denn es war die Tatsache, daß Evangeline nun eine öffentliche Rolle spielte, die Julian Hill auf die Palme gebracht hatte. Und nun ging Martha mit einem unschuldigen Lächeln zu der Gruppe junger Frauen hinüber.

Sie schienen durch ihre Begegnung mit Evangeline durchaus nicht verstimmt zu sein; sie hatten einen Kreis gebildet, blickten mit erhobenen Armen zum Himmel empor und stießen einen gedehnten, schrillen Laut aus. Martha Temple blieb neben ihnen stehen und wartete auf das Ende des Geheuls. Dann rief sie: «Möge die Freude unbegrenzt sein!»

«Die Hymne ist die alte Mutter.» Corona war unverändert heiter. «Die alte Mutter ist die Hymne!»

«Ich hoffe», erwiderte Martha, «daß Sie nicht von Evangeline reden.» Corona sagte nichts, und Martha kam der Gedanke, daß ihr glattes, sanftes Gesicht vielleicht nichts anderes als völlige Leere widerspiegelte. «Aber nehmen Sie sie nicht so ernst. Sie hat viele persönliche Probleme, die wir wahrscheinlich ohnehin nicht begreifen würden.» Dann setzte sie vertraulich hinzu: «Es gibt da übrigens eine Art Lager am anderen Ende des Tals. Da werden Sie sehr viele Gleichgesinnte treffen.»

Corona klatschte aufgeregt in die Hände. «Vielen Dank. Wir werden heute abend für Sie singen. Wir werden das Menstruationslied singen.»

«Das wollte ich schon immer mal hören.»

Die anderen klatschten angesichts der wundervollen Nachricht von der abendlichen Feier ebenfalls in die Hände, und dann wandten sie sich alle gemeinsam um, wie von einem stummen Instinkt geleitet, und hüpften unter Gelächter, das an Glöckchengeklingel erinnerte, den Hang des Pilgrin Valley hinunter, auf ihren zerbeulten Lieferwagen zu.

Kaum daß sie verschwunden waren, tauchte Evangeline aus dem Container auf. «War das nicht ein absoluter Alptraum?» fragte sie und trat auf Martha zu. «Ich hoffe, sie sind wieder in ihre Slums gekrochen.»

«Ihre Führerin sagte allerdings...»

«...sie heißt Corona, meine Gute. Wie der Sprudel. Ist das nicht ein Witz?»

«Ich glaube, Corona sagte, sie wollten zu diesem fürchterlichen Lager fahren. Keine Ahnung, wie sie davon erfahren haben.»

«Unvorstellbar! Das ist das *Ende.*» Die Bewohner von Colcorum hatten sich bereits über das behelfsmäßige Lager im Pilgrin Valley beschwert. «Ich werde Gift nehmen», fuhr sie fort. «Einfach Gift nehmen.» Martha schenkte ihr ein aufmunterndes Lächeln. «Ich kann diese albernen Luder nicht um mich haben.»

«Sind Sie sicher?»

«Natürlich bin ich sicher.» Evangeline atmete schwer und scharrte mit dem Fuß. Sie schien sich auf eine Entscheidung vorzubereiten. «Ich fahre hin», sagte sie. «Ich werde mit ihnen sprechen. Ich werde ihnen zeigen, was es mit dem Ewigweiblichen auf sich hat.»

55
Das fahrende Volk

EVANGELINE TUPPER FUHR fast eine Meile auf dem Weg entlang, bis sie den südlichen Zugang zum Pilgrin Valley erreichte, der hier so schmal war, daß das Lager sich über beide Hänge ausgebreitet hatte. Es war kein großes Lager, aber in den vier Wochen seit den ersten Zeitungsberichten über den Grabhügel hatten sich Gruppen verschiedener Art hier niedergelassen. Und nun waren es fast hundert Menschen, die unter freiem Himmel kochten und sich im Pilgrin wuschen. Unter ihnen waren einige, die in Wohnwagen lebten und anscheinend ruhelos von einer «heiligen» Stätte zur anderen zogen, aber es gab auch einzelne Personen, die ohne ersichtlichen Grund kamen, und eine kleine Truppe, die sich als Theater des Friedens bezeichnete.

Als Evangeline ankam, gab das Theater gerade für die

anderen eine Vorstellung – die jungen Pilger saßen auf der einen Seite, Corona und ihre entzückende Schar von Schwestern auf der anderen. Mehrere Schauspieler hatten sich an den Händen gefaßt und bildeten so etwas wie ein Fünfeck oder einen Stern, während sich drei weitere in der Mitte zu kleinen Kugeln zusammengerollt hatten und stöhnende Laute ausstießen. Evangeline stieg aus ihrem Auto und ging auf die Menge zu. «Entschuldigen Sie bitte vielmals», sagte sie zu einem jungen Mann im Publikum. «Aber was habe ich die Ehre vorgeführt zu bekommen?»

«Sie spielen die Geburtswehen des Weltfriedens.»

«Natürlich. Das kam mir gleich so bekannt vor.»

«Der Stern ist das Zeichen der Einheit durch Vielfalt.»

Corona hatte den letzten Teil des Satzes gehört und begann freudig zu singen: «Einheit ist Vielfalt. Vielfalt ist Einheit!»

«Oh, hallo, Kindchen.» Evangeline wandte sich Corona zu, um sie zu begrüßen. «Daß ich Sie hier treffe.» Es war wie auf einer Cocktailparty, obwohl die Theatertruppe plötzlich Clownsmasken aufgesetzt hatte und einigen Zuschauern mit großem Zeremoniell künstliche Blumen überreichte. Evangeline nahm eine entgegen. «Eine Osterglocke. Meine Lieblingsblume. Recht vielen Dank.»

«Das Großartige ist», sagte der junge Mann, «daß sie keine Wörter benutzen. Sie halten nicht mehr viel von Wörtern.»

«Das sehe ich.»

«Nein.» Erst jetzt schaute er zu ihr herüber. «Machen Sie sich nicht über sie lustig. Sie tun niemandem etwas.»

«Entschuldigen Sie.» Tatsächlich hatte dieser Vorwurf Evangeline beschämt. «Ich wußte nicht, daß Sie zu ihnen gehören. Da muß ich wohl etwas von der Rolle gewesen sein.»

Sie glaubte, sie könne sich bei dem jungen Mann durch

diese Wendung beliebt machen, doch offenbar blieb die gewünschte Wirkung aus. «Ich gehöre nicht zu ihnen», sagte er schroff. «Ich möchte nur nicht, daß ihre Gefühle verletzt werden.»

Wie Evangeline später herausfinden sollte, war er einer der Vagabunden. Es waren dreißig Menschen: zwölf Paare, noch in den Zwanzigern, und sechs kleine Kinder. Irgendwie wirkten sie roher als die anderen auf dem Lagerplatz, die das unverkennbare Aussehen von Städtern hatten. Alle waren arbeitslos, arm und, in gewissem Sinne, in einer ausweglosen Situation. Vielleicht waren sie ins Pilgrin Valley gekommen, um einer Welt nahe zu sein, die sich von derjenigen unterschied, welche sie unterdrückte und ihnen keine Hoffnung bot – als stelle das Ganggrab eine tiefere und reichere Realität dar als die, welche sie zum Herumziehen zwang. Oder vielleicht waren sie hierhergekommen, um die Erde günstig zu stimmen, um Hilfe in ihrer Not zu erbitten.

«Ich gehöre nicht zu ihnen», wiederholte er. «Aber wir sitzen alle im selben Boot. Wir helfen einander.»

«Ist das nicht seltsam», antwortete Evangeline. «Auch ich arbeite in einem helfenden Beruf. Wenn man so will, bin ich die Hilfe selbst.»

Sie schien gerade dazu ansetzen zu wollen, das Wesen dieses Berufs zu erklären, doch plötzlich rissen sich die Mitglieder des Theaters des Friedens die Clownsmasken vom Gesicht, sprangen einander auf die Schultern, um eine menschliche Pyramide zu bilden, und riefen: «Frieden, nicht Krieg! Frieden, nicht Krieg!» Evangeline stimmte in den Ruf ein, und in der allgemeinen Erregung begannen Corona und ihre Schwestern zu singen: «Freude! Freude! Freude!»

Die menschliche Pyramide brach auseinander, und Evangeline sah die Gelegenheit, eine dramatische öffentliche Erklärung abzugeben. Sie eilte in die Ringmitte und zog sich an drei Angehörigen der Truppe hoch, die immer noch mit gebeugtem Rücken dastanden. «Helfen Sie mir hoch», sagte sie zu den anderen. «Ich muß eine kleine Rede halten.» Kurz darauf, sie wurde von ihnen gestützt und mühevoll im Gleichgewicht gehalten, begann sie mit lauter Stimme: «Kollegen Helfer! Liebe fürsorgliche Personen! Sie alle kennen mich. Sie wissen, daß ich für das Grab verantwortlich bin, dem Sie alle hier Ihre Aufwartung machen wollen...» Es klang, als handele es sich um eine nicht zu umgehende gesellschaftliche Verpflichtung.

«Nein. Nicht unsere Aufwartung.» Es war wieder der junge Mann. «Wir sind hierhergekommen, weil wir sonst nirgendwohin können.»

«Klarer Fall!» Evangeline ließ sich nicht gern unterbrechen.

«Der Frieden wird hier beginnen!» rief jemand anderes.

«Es ist ja auch wirklich wunderbar still hier.» Mit einem kurzen, verständnisvollen Lächeln setzte sie zu der Rede an, die sie sich im Auto zurechtgelegt hatte. «Aber ich muß Sie sehr bitten. Ich bitte Sie kniefällig.» Sie stand in diesem Moment so wackelig, daß sie nur einen kleinen Knicks zustande brachte, der gleichwohl die Rücken der sie stützenden Männer erbeben ließ. «Bitte, versuchen Sie nicht, die Ausgrabungsstätte zu betreten. Alles dort ist sehr zerbrechlich. Wir haben noch viel zu tun.» Evangeline ruderte mit dem Arm und wurde eben noch von dem jungen Mann, der ihr rechtes Bein festhielt, am Abstürzen gehindert. «Wir bitten Sie um Ihr Verständnis und, ja, auch um Ihre Vergebung. Viele von uns haben tage- und nächtelang geschuftet, nächte- und tagelang gerackert. Viele von uns haben jahrelang Pläne geschmiedet und davon geträumt, die Früchte dieses Projektes zu ernten. Wenn wir also einen Fehler haben. Und natürlich haben wir alle Fehler.» Sie lächelte traurig. «Wenn wir einen Fehler haben, dann ist es der, daß wir geduldig und ganz, ganz vorsichtig sind. Vergeben Sie uns unsere Fehler. Helfen Sie uns, die Stätte zu schützen.» Evangeline, hingerissen von ihrer neuen Rolle als Schöpferin des gesamten Ausgrabungsprojekts, streckte beide Arme zu ihren Zuhörern aus. «Wir lieben Sie alle, ja, und wir teilen Ihre Liebe für das Grab. Aber geben Sie uns Zeit. Geben Sie uns Raum. Eines Tages wird alles Ihnen gehören. Und wenn ich Sie jemals, jemals enttäuschen sollte, dann verspreche ich Ihnen: Keine irdische Strafe wäre zu hart für mich.» Bei diesen Worten legte sie die Hände an die Brust und neigte den Kopf. Dann, nach einer zum Nachdenken anregenden Pause, warf sie ihrem Publikum eine Kußhand zu, aber diese plötzliche Gewichtsverlagerung war zuviel für ihre Träger, die unter der Belastung zu wanken begannen. Noch während man Evangeline applaudierte, rutschte sie zwischen ihnen hinunter und wurde im letzten Moment aufgefangen, bevor sie schwer zu Boden gestürzt wäre.

«Vielleicht», schrie jemand, «vielleicht sind wir sowieso mit dem Grab verbunden. Vielleicht gibt es eine Leylinie.»

«Natürlich.» Evangeline war nach ihrem plötzlichen Abstieg ein wenig verwirrt, aber entschlossen, sich ihre Würde zu bewahren. «Darüber weiß ich Bescheid.» Sie streckte den Arm in die ungefähre Richtung des Grabhügels aus. «Es gibt eine großartige Linie, die durch das ganze Tal verläuft. Ich bin schon daraufgetreten.» Ihre Mission war erfüllt, und sie entfernte sich feierlichen Schrittes, als der junge Pilger ihr nachrief: «Können wir also hierbleiben?»

Evangeline drehte sich nicht um, entgegnete aber: «Damit habe ich nichts zu tun. Da müssen Sie die Gemeindebehörden fragen.» Und während sie zu dem Pfad oberhalb des Tals zurückkehrte, flüsterte sie vor sich hin: «Na, Miss Tupper, ich glaube wirklich, das war ein echter Triumph.»

Aber bevor sie ihr Auto erreichte, legte ihr jemand die Hand auf die Schulter, und sie stieß einen Laut des Erschreckens aus und fuhr herum. Es war ein Mann mittleren Alters, der ungeachtet des Winterwetters ein purpurnes, am Hals offenes Hemd und eine Vielzahl von Glasperlenketten und Armreifen trug. «Ich habe Ihnen etwas von großer Wichtigkeit mitzuteilen», sagte er.

Evangeline konnte es kaum erwarten, in ihr warmes Büro zurückzukehren. «Ich bin ganz Ohr.»

«Sie glauben, sich vorwärts zu bewegen. Aber das stimmt nicht. Sie bewegen sich rückwärts.»

«Das klingt sehr aufregend. Braucht man dafür eine Menge Übung?»

«Sie verstehen mich also nicht?»

«Es gibt da die durchaus wahrscheinliche Möglichkeit, daß Sie zu tiefsinnig für mich sind. Ja.»

«Im Tal stimmt etwas nicht. Im Grab ist etwas Böses. Spüren Sie das nicht?»

«In diesem Moment spüre ich überhaupt nichts.»

Er hob die Hand ans Gesicht, als wische er ihre Worte buchstäblich beiseite. «Bitte, behalten Sie dies im Gedächtnis.» Er sprach jetzt sehr langsam. «Am Anfang ist ein Ende. Am Ende ist ein Anfang.»

«Wissen Sie», antwortete Evangeline, um das Gespräch zu beenden, «das sage ich schon *mein Leben lang*. Aber die Leute wollen einem einfach nicht zuhören, nicht wahr? Auf Wiedersehen.»

Sie eilte zu ihrem Auto, und er beobachtete sie. «Denken Sie daran», rief er, «wenn Sie sich im Dunkeln wiederfinden.»

56
Teestunde

«MÖCHTEST DU NOCH eine Tasse von dem köstlichen – wie heißt es?» Floey und Hermione saßen in dem Haus, das die Hanovers am Cobb gemietet hatten.

«Naß.»

«Stimmt, Tiger. Es könnte trockener sein.» Die beiden Frauen waren jetzt oft zusammen und fühlten sich inzwischen pudelwohl miteinander. «Im Ernst. Wie heißt es?»

Hermione lachte. «Flo, du hast Schneid. Mit dir würde ich mich in den Dschungel wagen.»

«Hoffen wir, daß es nicht soweit kommt, Tiger. Ich wüßte nichts mit all den Guerillas anzufangen.»

Hermione bemühte sich kaum je, Floeys falsche Wortverwendungen zu korrigieren; im Gegenteil, sie amüsierten sie. «Also sag schon», fuhr sie fort. «Weshalb redest du so geheimnisvoll von Joey?»

Schon bei Hermiones Eintreffen hatte Floey recht bedeutungsvoll erklärt, daß ihr Mann «bei seinen neuen Verwandten» sei, doch bis jetzt hatte sie sich keine Einzelheiten entlocken lassen. Nun war die Zeit gekommen, und sie stellte ihre Teetasse mit eindrucksvoller Bedachtsamkeit auf die Untertasse. «Schön. Dies bleibt unter uns...» Sie konnte sich nicht an die Bezeichnung dieses Geheimbundes erinnern.

«Gebetsschwestern. Natürlich werde ich's niemandem erzählen.»

«Vergiß es nicht, Tiger. Die Hühner haben nämlich Ohren.»

«Schleich doch nicht drum rum wie die Katze um den heißen Brei, Floey.»

«Bist du sicher, daß es der *Brei* ist? Ich dachte immer, daß...»

«Komm schon. Spuck's aus.»

«Also gut.» Floey berichtete ihrer alten Schulfreundin von Joeys Suche nach seinen Wurzeln, seiner Erinnerung an das Häuschen, seinem Gespräch mit den Mints, der Entdeckung, daß seine Eltern tot waren, und der Enthüllung, daß er Farmer Mints Vetter sein mußte. «Familie, Familie, Familie», klagte Floey gegen Ende der Geschichte. «Die reden von nichts anderem.» Sie sah wütend ihre Teetasse an, nahm sie auf und musterte den rissigen Boden. «Man könnte glauben, sie seien Despoten oder sonst was Interessantes. Statt Bauern.»

«Aber es sind Männer, Floey.» Hermione kramte in der Tasche ihrer Tweedjacke und zog ein Päckchen Zigaretten hervor. «Es sind Idealisten. Sie sind viel sensibler. Viel empfindlicher. Sie haben nicht so viel von der Welt gesehen wie wir.»

«Mag sein.» Diese Erklärung befriedigte sie nicht völlig. «Und dann ist da noch was. Sie veranstalten eine Art Familienreffen im tiefsten Winter. Natürlich bin ich nicht eingeladen. Ich bin keine von den werten Mints. Ich bin Persona ohne Fahrkarte.»

«Non grata?»

Aber Floey hörte nicht zu. «Sch», sagte sie. «Das sind seine Schrittchen. Rede von etwas anderem.» Und als Joey schließlich das Zimmer betrat, diskutierten die beiden Frauen angeregt über die Zukunft des Kohlebergbaus.

«Welch lieblicher Anblick», sagte er. «Zwei alte Freundinnen am Kamin.» Er nahm die Mütze ab – neuerdings besaß er eine flache Mütze, genau wie die von Farmer Mint – und verbeugte sich vor Hermione.

Sie verbeugte sich ihrerseits und streckte die Hand aus. Aber statt sie zu schütteln, küßte er sie, und dann begann er, schmachtend zu singen:

In strahlender Mädchenrunde...

Hier verbeugte er sich von neuem.

Beim Anblick alter Freunde, unbeschwert...

«Er sollte wieder ins Showgeschäft gehen», bemerkte Floey mit lauter Stimme zu ihrer alten Schulfreundin. «Hier vergeudet er sein Talent.»

Wenn der Gläser frohe Kunde...

Er hob eine Teetasse auf und schnippte mit dem Finger dagegen.

Sich zu lust'gem Chor verklärt.

Er ging zu seiner Frau hinüber und küßte sie auf die Wange. «Und ich bin wirklich lustig, Kinder. Sehr lustig.» Tatsächlich schienen die Erlebnisse der letzten Wochen ihn verjüngt zu haben. Es hatte eine Zeit gegeben, in der er, ohne jedes rechte Wissen um die Vergangenheit, nur den unergründlichen und deshalb ungerechten Prozeß des Alterns vor sich gesehen hatte; warum hatte sein Sterben begonnen, obwohl er gar nicht wußte, wer er wirklich war? Aber die Entdeckung seiner Familie erlaubte ihm, sein Leben als Teil eines größeren Ganzen zu betrachten, und ebenso selbstbewußt, wie er nun zurückschauen konnte, konnte er jetzt auch in die Zukunft blicken. Vorher war die Welt bloß ein Register seines eigenen Alterns gewesen; nun jedoch schien sie ihm die Möglichkeit des Wandels zu enthalten, sich stets erneuern zu können.

«Ich habe heute Ihre bessere Hälfte gesehen», sagte er zu Hermione. «Sie war in dem alten Tal.» Dies war eine Wendung, die Farmer Mint immer benutzte, aber nun stieß Joey sie hastig hervor, für den Fall, daß Hermione sich nach dem Grund seiner eigenen Anwesenheit im Tal erkundigte. «Sie sprach mit einigen Campern», setzte er rasch hinzu.

«Camper?»

«So etwas Ähnliches. Junge Leute jedenfalls. Aber sie hat nicht einfach mit ihnen gesprochen.» Er konnte ein Lachen nicht unterdrücken. «Sie stand auf einer menschlichen Pyramide. Du weißt doch, Floey, wie Boothroyd und Jones.»

«Schlangenmenschen ohnegleichen?»

«Genau die. Und dann» – plötzlich setzte er seine trübste Miene auf – «fiel sie runter. Sie fiel zwischen sie.»

«Hat sie sich weh getan?» fragten beide Frauen gleichzeitig.

«Nicht im geringsten. Sie sprach einfach weiter.»

Hermione rieb sich vor Entzücken die Hände. «Das ist ganz Evangeline», sagte sie. «Immer auf Draht.» Die Hanovers lächelten höflich. Ihr wurde klar, daß die beiden von diesem Lob nicht allzu beeindruckt waren, aber sie zumindest verstand die Überschwenglichkeit und Hysterie ihrer Gefährtin: Evangeline hatte die egoistischen und ungestümen Bedürfnisse ihrer Kindheit noch nicht abgelegt – eine Kindheit, von der sie nie befreit worden war –, und deshalb prallten ihre Beziehungen zur Umwelt sozusagen in einem falschen Winkel auf. «Alsdann.» Sie nahm ihren Filzhut von dem Stuhl neben ihrem eigenen. «Adieu, meine Guten. Ich muß euch verlassen.» Sie bestand darauf, beiden die Hand zu schütteln.

«Müssen wir so auseinandergehen?» fragte Joey.

«Tut mir leid. Ich habe noch was vor.»

«Die Frau», murmelte Joey, nachdem sie verschwunden war, «ist wirklich besonders charmant. Bei ihr wird mir immer ganz komisch zumute. Ganz warm.»

Floey antwortete nicht, doch zur Überraschung ihres Mannes imitierte sie eine Reihe von Tierlauten: rasch hintereinander das Geräusch eines Schweins, eines Lamms, einer Kuh und eines Maultiers. Dann hielt sie inne und fragte mit sanfter Miene: «Wie geht's dem Bauersmann?»

Nun verstand Joey. «Der Familie geht's gut. Aber es ist

nicht schön, sich über sie lustig zu machen, Floey. Überhaupt nicht schön.»

«Ich mache mich nicht über sie lustig. Ich sage nur meine Meinung.» Aber als sie seinen verletzten Gesichtsausdruck sah, lenkte sie ein. «Entschuldige. Aber wir sind nun seit Monaten hier. Laß uns ornithologisch vorgehen. Laß uns den Tatsachen ins Auge sehen.»

«Aber genau das tue ich doch. Ich suche nach Tatsachen. Ich suche immer noch nach meinen Eltern. Schließlich muß ich immer noch herausfinden, was mit ihnen geschehen ist. Ich kann es nicht unvollendet lassen. Dann käme ich mir selbst unvollendet vor.»

«Du wirst es überleben.» Doch in ihrer Stimme klang eine Spur Sympathie mit.

«Ja, ich werd's überleben. Und dann werde ich sterben. Wie sie.»

«Können wir jetzt nicht nach Hause fahren? Wenigstens für ein paar Tage?»

Dies schien Joey aus irgendeinem Grunde aufzumuntern, und er erhob sich von seinem Stuhl. «Wie heißt es noch in dem alten Lied, Floey? Wir alle gehen denselben Weg nach Hause. Die ganze Bagage dieselbe Passage. Wir alle gehen denselben Weg nach Hause. Wollen wir tanzen?» Er trat auf sie zu, zog sie behutsam hoch, wirbelte sie im Walzertakt durch das kleine Zimmer und sang dabei das alte Lied. Aber dann hörte er plötzlich auf. «Apropos Tatsachen», sagte er und hielt sie immer noch in der Mitte des Zimmers fest, «da gibt es etwas Seltsames. Ich weiß es noch nicht genau. Aber es hat mit dem Tal zu tun.»

57
Die Versammlung

«ES MUSS EIN GESETZ gegen sie geben. Es gibt doch immer Gesetze gegen solche Leute.» Die Sprecherin war eine kleine, dünne, bebrillte Frau, die ihr Haar zu einem Knoten gebunden hatte. «Ich wohne seit dreißig Jahren in diesem Dorf», fügte sie hinzu, als liefere sie dadurch einen schlüssigen Beweis.

«Ich glaube nicht, daß es an der Zeit ist, von Gesetzen zu sprechen, Miss Ford.» Der Pfarrer von Colcorum war aufgestanden. «Ich bin sicher, daß wir uns um ihre Suche nach einem Glauben kümmern sollten. Denken Sie an die frühe Kirche. Mir scheint, daß wir sie nicht *richten* dürfen.»

Man hatte im Gemeindesaal von Colcorum eine Versammlung einberufen – in einem Schuppen mit niedriger Decke, der für alle möglichen Aktivitäten vom Bingospiel bis hin zu Gedenkgottesdiensten benutzt wurde –, und fast alle Dorfbewohner waren hier zusammengekommen, um gegen das Lager im Pilgrin Valley zu protestieren. Einige, die mit dem Grabhügel zu tun hatten, waren ebenfalls erschienen: Auf den billigen Plastikstühlen saßen unter den Dorfbewohnern Evangeline Tupper und Hermione Crisp, Mark und Kathleen Clare, und hinten standen Farmer Mint und Boy Mint. «Die frühe Kirche war nämlich eine sehr fromme Gemeinde. Wir sollten uns ein Beispiel daran nehmen. Wie mir scheint.»

«Wovon um alles in der Welt redet er bloß?» flüsterte Evangeline ihrer Freundin zu. «Wo ist diese frühe Kirche?»

«Kaffee?» Miss Chancellors Kaffee war in ganz Colcorum berüchtigt, und nur die im Dorf Fremden schienen bereit, sich eine Tasse zu nehmen, als sie mit ihrem Tablett von einem zum anderen ging.

«Haben Sie auch etwas Kräftigeres?» fragte Evangeline, als ihr eine Tasse der schleimigen Flüssigkeit gereicht wurde.

«Ich habe etwas Earl Grey, meine Liebe. Möchten Sie sich damit stärken?»

«Nein. Ich glaube, ich werde mich ein andermal stärken.»

«In der frühen Kirche herrschte nämlich ein wunderbares Gemeinschaftsgefühl. Ein wunderbarer Sinn für das Leben in all seiner spürbaren Komplexität ...»

«Mir wird ganz schwindelig», murmelte Evangeline mit etwas lauterer Stimme.

Und auch das Kichern von Farmer Mint und Boy Mint im hinteren Teil des Saals war deutlich zu hören, während sich nun ein weiterer Dorfbewohner von seinem Stuhl erhob, um zu der Versammlung zu sprechen. «Ich bin dafür, wir überraschen sie. Wir umzingeln sie, und dann greifen wir an.»

«Jetzt geht's los», flüsterte Evangeline Hermione zu. Sie wandte den Kopf mit einer gewissen Belustigung, um den Redner – einen hochgewachsenen Mann mittleren Alters in einer Tweedjacke – zu betrachten. Er sprach gemessen und präzise, doch seine Stimme hatte einen Beiklang von Panik, der im Saal Unbehagen weckte. Doch Evangeline lächelte und nickte ihm ermutigend zu.

«Wir könnten ihre Wohnwagen anzünden», fuhr er fort. «Uns anschleichen und sie in Brand stecken. Ich bin sehr für eine Politik der verbrannten Erde.»

Evangeline amüsierte sich köstlich. «Sind die Leute auf dem Land nicht *barbarisch*?» fragte sie. «Da kocht das Blut noch in den Adern.»

«Möchte jemand eine zweite Tasse? Immer noch schön heiß.»

«Nein, vielen Dank, meine Gute.» Evangeline gab Miss

Chancellor die Tasse zurück. «Mit einer Tasse kommt man in dieser Gemeinde sehr lange aus.»

«Oder», sagte der Redner, «wir könnten die Armee rufen...»

«Oder du könntest Scheiße fressen!» Der Mann verstummte angesichts dieser Unterbrechung, obwohl sich kaum einer der Dorfbewohner die Mühe machte, den Kopf zu der alten, mit bunt zusammengewürfelten, abgetragenen Sachen bekleideten Frau umzublicken, die an der Tür des Gemeindesaals erschienen war. «Helft mir rein», setzte sie mit gebieterischer Stimme hinzu, und sofort eilten zwei jüngere Zuhörer zu ihr und hakten sie an den Armen unter, während sie langsam auf den vorderen Teil des Saals zusteuerte. Ein seltsamer Verwesungsgeruch haftete ihr an, ein Destillat aus Mottenkugeln und altem Kölnischwasser. «Helft mir, mich hinzusetzen.» Es schien keinen Grund zu geben, weshalb sie diese Bewegungen nicht selbst ausführen konnte, doch die beiden ließen sie gehorsam und vorsichtig auf einen Plastikstuhl sinken. Nun wandte sie sich zu den hinter ihr sitzenden Dorfbewohnern um, mit einem Blick, so blind und starr wie der einer Totenmaske.

Ihr Auftritt hatte den letzten Redner deutlich aus der Fassung gebracht, und der Pfarrer, der darin eine weitere Chance sah, hatte sich wieder erhoben. «Wir sind doch alle christlich denkende Menschen, Teil einer großen Glaubensgemeinschaft...»

«Blödsinn.» Es war die alte Frau, die sich umgedreht hatte und nun den Pfarrer fixierte.

«Wenn Mrs. Trout mir gestattet weiterzusprechen», sagte er ein wenig traurig, «möchte ich Ihre Aufmerksamkeit auf das Elend der jungen Leute lenken. Wir schulden der Jugend sehr viel, besonders unseren Freunden im Tal, die so verzweifelt nach Glauben und Eingebung suchen...»

«Ich scheiße auf sie.» Wieder die alte Frau.

Evangeline neigte den Kopf zu Hermione. «Na, jetzt geht's aber rund», sagte sie kichernd. «Das ist ja hier die reinste Farce.»

In ihrer Aufregung hatte sie ziemlich laut gesprochen, und ein Mann, der ein weißes Jackett und ein gelbes Halstuch trug, drehte sich um. «Wußten Sie denn nicht, daß wir hier auf dem Lande viel unterhaltsamer sind?» fragte er. «Viel zivilisierter auch.» Die alte Frau warf dem Pfarrer gerade das Wort «Wichser!» an den Kopf. «Und Lola Trout ist ein so herrliches Geschöpf», fuhr der Mann mit dem Halstuch fort. «Sie hat das Dorf nie verlassen, aber ihr Benehmen ist doch ziemlich großstädtisch.»

«Drückt sie sich immer so unflätig aus?»

«Das ist nur die ihr angeborene Leidenschaftlichkeit. Aber darunter soll sich die Kultiviertheit selbst verbergen.»

«So tief wollte ich eigentlich nicht blicken», erwiderte Evangeline. «Oje, wollen Sie vielleicht etwas von mir?» Diese Frage war an den Pfarrer gerichtet, der ihr zulächelte und seine buschigen Augenbrauen in ihre Richtung hob.

«Vielleicht sieht sich eine unserer Freundinnen von der Ausgrabungsstätte imstande, uns aufzuklären», sagte er. «Uns ihrer Gedanken teilhaftig werden zu lassen, denn es fehlt uns mächtig an einem Wort der Belehrung.»

Evangeline erhob sich und konnte deutlich das Gelächter der Mints hören, als sie sich zu sprechen anschickte. «Ich weiß genau, was Sie empfinden», rief sie. «Jede Faser meines Körpers pulsiert mit Ihnen. Denn auch mir ist Leid zugefügt worden.» Das schien sich auf die Gruppe zu beziehen, die im Pilgrin Valley ihr Lager aufgeschlagen hatte, aber sie verzichtete darauf, den Charakter ihres Leides näher zu erläutern. «Aber was soll ich denn sonst noch tun? Ich habe das Amt für Forstwesen benachrichtigt, dem das Land gehört. Die Polizei bewacht die Ausgrabungsstätte Tag und Nacht...»

«Säue!»

Evangeline überging Mrs. Trouts Einwurf einfach. «Das höre ich jedenfalls von den zuständigen Behörden. Und mehr kann ich nicht tun.» Sie sah, wie die Mints sie angrinsten, und setzte ihnen zu Gefallen hinzu: «Mir sind die Hände gebunden wie dem Brathuhn die Schlegel.» Sie schlang die Arme um sich, um ihre Not bildhaft darzustellen, und setzte sich dann – unter zustimmendem Gemurmel der Dorfbewohner, denen diese blumige Rede gefallen hatte – wieder hin.

Der Pfarrer sprang auf, um einer schrecklichen Unterbrechung durch Mrs. Trout zuvorzukommen, die wiederum Hilfe zu begehren schien. «Darf ich ein Wort des Dankes...»

Aber bevor er weitersprechen konnte, schob Kathleen Clare den Arm ihres Mannes beiseite und stand auf. Sie war sehr bleich. «Ihr täuscht euch völlig», sagte sie. «Ihr alle.» Lola Trout wurde ganz still. «Das Tal gehört nicht euch. Und auch nicht dem Amt für Forstwesen. Es gehört niemandem. Es hat nichts mit uns zu tun.» Kathleen fuhr sich wild mit der rechten Hand durchs Haar, und Mark erhob sich neben ihr. «Es ist ein Platz für die Toten. Lebende sind dort nicht erwünscht. Wir werden noch nicht gebraucht. Merkt ihr das nicht? Vielleicht wißt ihr es auch genau. Vielleicht habt ihr es schon immer gewußt.» Mark stand auf, legte den Arm um seine Frau und führte sie behutsam aus dem Saal. Sie hinkte besonders stark, weil sie wußte, daß die anderen sie beobachteten.

Es trat ein sekundenlanges Schweigen ein, und dann begann der Pfarrer von neuem. «Das war, wie ich finde, ein höchst interessanter Beitrag zu unserer Diskussion. Sehr erfrischend.» Und die Dorfbewohner murmelten zustimmend. Sie waren froh über den Schluß, daß im Grunde nichts geschehen, nichts gesagt worden war.

Aber es war, auch dies wurde einhellig beschlossen, Zeit aufzubrechen. Mrs. Trout, zu beiden Seiten gestützt, verließ den Gemeindesaal als erste, doch als sie an Evangeline vorbeikam, war sie ohne jede Hilfe in der Lage, einen Finger in die Luft zu recken. Evangeline wollte schon lautstark protestieren, doch der Pfarrer trat von hinten an sie heran und sagte entschuldigend: «Sie wollte bestimmt nur prüfen, woher der Wind weht.» Die Mints folgten und lachten einträchtig über irgendeinen Witz.

Die beiden Damen gingen als letzte hinaus, und während sie über den Kiespfad schritten, der sich um den Gemeindesaal zog, holte Evangeline ein Päckchen Woodbines hervor und bot Hermione eine an, bevor sie selbst tief inhalierte. «Ich finde, meine Brathuhnmetapher war sehr gut», sagte sie. «Natürlich Perlen vor die Säue.» Sie hielt besorgt nach den Clares Ausschau, und als sie deren Auto um die Ecke biegen sah, stieß sie einen tiefen Seufzer aus. «Gott sei Dank sind die weg. War die Frau nicht ein Alptraum? Ich wäre überhaupt nicht überrascht, wenn sie eine Art Hexe ist. Der arme, liebe Mark tut mir so leid.»

«Wirklich? Mir tut *sie* leid. Es muß schwer sein.»

Evangeline schien erstaunt. «Du und deine mädchenhaften Sympathien», sagte sie etwas nervös. «Du bist viel netter und sensibler, als dir guttut. Jetzt laß uns aus diesem schauderhaften Loch verschwinden.»

58
Mauve Cottage

«EIN BEZAUBERNDES INTERMEZZO, finden Sie nicht?» Der Mann mit dem gelben Halstuch hatte sie eingeholt und streckte die Hand aus. «Fraicheur», sagte er. «Augustine Fraicheur.» Er drängte sich zwischen sie und hakte sich, als

Hermione ihm zulächelte, bei ihnen ein. «Finden Sie es auf dem Land nicht ziemlich laut, Miss Tupper, verglichen mit London? Uns gefällt es, aber für empfindlichere Ohren…»

«Es ist schrecklich nett von Ihnen, danach zu fragen. Natürlich leidet meine Assistentin, Miss Crisp, viel mehr als ich. Sie ist ziemlich zart, wie Sie sehen.» Augustine warf der untersetzten und mit einem dunklen Anzug bekleideten Gestalt neben sich einen Blick zu, und Evangeline fuhr fort: «Woher kennen Sie übrigens meinen Namen?»

Augustine quietschte auf. «Von unseren gemeinsamen Freunden natürlich! Den Hanovers. Ich bin ganz vernarrt in die beiden, Sie nicht?»

Evangeline nickte enthusiastisch. «Ich fühle mich manchmal so verbunden mit ihnen, es ist fast beängstigend.»

«Stimmt. Und sie sind von Ihnen auch so angetan. Nach ihrer Beschreibung hätte ich Sie beide überall erkannt.»

Das hörte sich für Evangeline nicht gerade wie ein Kompliment an, doch Hermione war gerührt. Außerdem waren Floey Hanovers Freunde auch ihre Freunde. «Auch einen Glimmstengel?» fragte sie.

«Bitte?»

«Eine Zigarette?»

«Oh, danke, lieber nicht. Ich fürchte, auf dem Land haben wir keinen so unverdorbenen Geschmack. Ich beneide Sie, wirklich.»

«Na ja», erwiderte Evangeline. «Ganz so unverdorben bin ich nicht.»

«Das bezweifle ich in keinster Weise.»

Die Unterhaltung wurde ihr unangenehm, und sie löste sich von Augustines Arm. Rasch wechselte sie das Thema: «Sagen Sie mal, wer war denn bloß das wüste Geschöpf in der ersten Reihe? Dort drüben.» Sie deutete auf

Mrs. Trout, die nun die Hauptstraße hinuntergeschleppt wurde, als sei sie Rumpelstilzchen, das man zu einem Freudenfeuer brachte.

«Das ist die teure Lola. Lola Trout. So was wie die ungekrönte Königin von Colcorum, wenn ich unter uns Klosterschwestern so sagen darf.» Die drei jungen Männer, die Mrs. Trout trugen, schwankten einen Moment lang unter der Last, und er lachte. «Wir hier auf dem Land müssen schrecklich dekadent wirken. Fast wie die Römer.»

«Gibt's eigentlich viele Königinnen in den Landgebieten, unter uns Klosterschwestern?» fragte Evangeline ohne den Ansatz eines Lächelns.

«Es heißt, daß in jedem Dorf eine ist. Aber woher soll ich das wissen?» Er lachte noch lauter als zuvor. «Und ich werde kein Wort mehr über Lola sagen, bevor Sie nicht zu einem Campari reinkommen.» Sie waren die Hauptstraße hinuntergegangen, und nun blieb Augustine vor der Tür eines Häuschens stehen. Er schaute zu dem Schild auf der Tür hinauf, in das kunstvoll der Name «Mauve Cottage» geschnitzt war. «Benannt nach einem großartigen Kumpel von mir, dem es gehörte. Mauve Freedom Hooper. Kannten Sie ihn?» Beide Damen schüttelten den Kopf. «Ein tragischer Tod. Absolut tragisch. Immer hinein in die gute Stube.» Sie betraten das Haus, das ein Museum im Regencystil hätte sein können – die weiß-rosa gestreifte Tapete, die zwei Armsessel aus dunklem Holz, die Tischchen aus Mahagoni, das mit blauer Seide überzogene Sofa, der Schemel mit Brokatbezug, der gebohnerte Holzfußboden, die Damastvorhänge. «Nehmen Sie irgendwo Platz», sagte Augustine. «Das tue ich auch immer.»

Evangeline blickte sich kurz um und hob dann die Hände zu einer kleinen Geste der Huldigung. «Ich habe in meinem *Leben* noch nichts Schöneres gesehen. Hier würde ich sterben wollen.»

«Ja. Das war auch bei Mauve der Fall.» Er bemühte sich, ernst zu bleiben, doch er konnte ein Lächeln nicht unterdrücken. «Es ist etwas Besonderes, nicht wahr?»

«Sie haben eine Begabung. Eine unvergleichliche Begabung. Ich möchte Sie berühren.»

Augustine Fraicheur wich nervös vor Evangeline zurück, obwohl sie in Wirklichkeit keineswegs beabsichtigte, ihn zu berühren. «Schließlich handle ich mit Antiquitäten», erklärte er, als wehre er einen Schlag ab. Dann wurde er wieder vertraulich. «Übrigens liegt mein Geschäft unter der Wohnung der beiden.»

«Der beiden?»

«Sie wissen schon. Der Clares. Der verkrüppelten Frau. Und Ihres Freundes, des Archäologen.»

«Die Frau ist so tapfer», verkündete Evangeline. «Das habe ich gerade zu meiner Assistentin gesagt. Stimmt's, Miss Crisp?» Hermione starrte sie an, gab jedoch keine Antwort, und Evangeline wandte sich sofort wieder an Augustine. «Ich möchte keinen Campari. Haben Sie echtes Ale?»

«Leider haben wir auf dem Lande kein echtes Ale, Miss Tupper. Unser natürlicher Geschmack ist arg verdorben worden. Wäre ein Malzwhisky auf zu erbärmliche Weise kultiviert?»

«Solange er pur ist, ist er in Ordnung.»

«Nicht mal ein bißchen Perrier?»

«Nein. So hart wie möglich.»

«Schnapp», sagte er. «Ich mag's auch gern hart.» Er verschwand leise kichernd, tauchte jedoch ein paar Sekunden später mit einem Silbertablett wieder auf, auf dem drei Drinks standen. Er machte es sich auf dem Sofa bequem. «Glauben Sie nicht auch», fragte er und hielt seinen Gin Tonic hoch, «daß das Klingen von Gläsern eines der ältesten Geräusche der Welt sein muß?»

«Für dieses Haus gilt das ganz bestimmt», antwortete Evangeline.

Das Gespräch begann Augustine Spaß zu machen. «Also, über wen wollten wir klatschen?»

«Sie erzählten uns gerade von der faszinierenden Lola Trout.»

«Haben Sie ein Taschentuch?»

Hermione nahm die Frage wörtlich und holte ein großes weißes Tuch aus der Brusttasche ihres dunklen Anzugs hervor. «Hier, blasen Sie hier hinein.»

«Ich meinte nur, daß es eine sehr traurige Geschichte ist», sagte Augustine und wies den angebotenen Gegenstand höflich zurück.

«Sagen Sie das nicht!» rief Evangeline. «Ich weiß, daß ich heulen werde wie ein Schloßhund. Das tue ich immer.»

Augustine nahm einen großen Schluck von seinem Gin. «Erinnern Sie sich an den hochgewachsenen Mann, der im Gemeindesaal gesprochen hat?»

«Der die schrecklich gute Idee hatte, die Armee zu rufen?»

Augustine nickte. «Das war Mr. Trout.»

Evangeline riß die Augen weit auf. «Sie meinen doch nicht...»

«Lolas Sohn.»

«Oh.» Es klang enttäuscht.

«Aber er hat seit sechsundzwanzig Jahren nicht mehr mit seiner Mutter gesprochen.» Er nahm einen weiteren großen Schluck. «Ist das nicht göttlich?»

Evangeline schwenkte den Whisky in ihrem Glas und betrachtete Augustine durch ihn hindurch. «Daß es so etwas nach den Borgias überhaupt noch gegeben hat. Los, erzählen Sie!»

«Es ist einfach zu schrecklich.» Er steigerte genießerisch die Spannung, indem er jäh das Zimmer verließ und mit

Getränkeflaschen zurückkehrte. «Aber solange es völlig *entre nous* bleibt?»

Evangeline neigte den Kopf. «Keine Kraft der Welt könnte es mir entlocken.»

«Also. Es gab drei Trouts. Vater. Sohn. Und Lola. Ich persönlich liebe schwierige Frauen, Sie nicht?»

«Ich glaube nicht, daß ich je einer begegnet bin», entgegnete Evangeline. «Sie etwa, Miss Crisp?» Hermione schüttelte langsam den Kopf.

«Wenn Sie keine Glückspilze sind!» Trotz der scharfen Bügelfalte in Augustines beiger Hose, trotz seines gelben Halstuches und seiner weißen Jacke – man hätte ihn für einen englischen Gentleman der Vorkriegsjahre halten können – begann Evangeline zu argwöhnen, daß er in Wirklichkeit ziemlich vulgär war. Und seine wäßrigen Augen schienen zu funkeln, während er die beiden Frauen über den Rand seines Glases hinweg musterte. «Entscheidend ist: Lola ist ein absolutes Biest.» Er sprach das letzte Wort mit großem Genuß aus. «Der verstorbene Mr. Trout, ihr Mann, war auch ein kleines Biest. Und dann...» Er nahm einen weiteren Schluck.

«Und dann?»

«Ging er dahin.»

«Er verließ Colcorum?» Bei Evangeline regte sich Ungeduld über Augustines rätselhafte Bemerkungen.

«Du liebe Güte, nein. Niemand verläßt Colcorum.» Er wedelte mit den Fingern zur Decke hinauf. «Er wurde von einem größeren Busen als dem Lola Trouts aufgenommen.»

«Er sprang also über die Klinge?»

«Mit einem gewaltigen Satz, meine Liebe. Alle sagten, daß es ein Herzinfarkt gewesen sein müsse. Das heißt, alle außer seinem Sohn. Simon Trout. Simon wußte, was für Biester» – wiederum ergötzte er sich an dem Wort –, «was für Biester seine Eltern waren, und er behauptete, daß die Mutter den Vater vergiftet habe. Ich weiß nicht, was für Beweise er hatte, aber Lola hat schon immer sehr viel von Kräutern verstanden. Hiervon ein Trank. Davon ein Trank. Geradezu wie im Dschungel. Egal, schreckliche Szenen folgen. Er beschuldigt sie. Und Sie kennen ihren Joan-Crawford-Blick?» Augustine Fraicheur riß die Augen weit auf, und so etwas wie ein Basiliskenblick glitt über die Wände des Mauve Cottage. «Ungefähr so. Dann gibt sie ihm eine Ohrfeige. Er gibt ihr eine Ohrfeige. Und dann wirft sie ihn aus dem Haus. Und *dann* verbrennt sie sein Bett und all seine Sachen. Ich weiß nicht, was danach geschah – hier auf dem Land wird nicht herumgeschnüffelt, haben Sie das schon festgestellt? Aber ich weiß, daß die beiden seither nicht miteinander gesprochen haben. Und das war vor sechsundzwanzig Jahren. Ist es nicht zum Schreien?» Er sprang auf, um Drinks nachzuschenken. «Wir sind wirklich böse auf dem Land, nicht wahr? Es muß Sie nach der primitiven Unschuld von London sehr schockieren.»

«Das ist die gräßlichste Geschichte, die ich je im Leben gehört habe.» Evangeline deklamierte die Worte fast. «Sehen Sie mich nur an! Ich höre gar nicht mehr auf zu zittern!» Sie streckte die rechte Hand aus, die nur einen Moment lang zu beben schien. «Aber erklären Sie mir eins.» Enttäuscht zog sie die Hand vor der öffentlichen Musterung zurück. «Erklären Sie mir nur eins: Weshalb wurde die Polizei nicht sofort benachrichtigt?»

«O nein.» Augustine war verwirrt. «Hier schert man sich den Teufel um die Gesetze. Verzeihen Sie die Derbheit. Die Polypen sind in Colcorum nicht willkommen. Außerdem hat Lola Verwandte.»

«Ich wußte es! Ich wußte, daß blaues Blut in ihr ist. Ich habe schon zu Miss Crisp gesagt, daß die Art, wie sie sich gibt, etwas sehr Aristokratisches an sich hatte.»

«Nein, meine Liebe.» Je betrunkener Augustine wurde, desto mehr Vertraulichkeit beanspruchte er. «Es hat nichts mit dem Adelsverzeichnis zu tun. Lola Trout ist mit den Mints verwandt.»

«Den Mints! Aber die Mints bete ich ja auch an!»

«Natürlich.» Augustine schien sich seiner eigenen Gefühle nicht allzu sicher zu sein. «Sind sie nicht wunderbar? Und so sauber.» Mit gespieltem Entsetzen schlug er sich die Hand vor den Mund. «Das habe ich doch wohl nicht gesagt? Es muß eine sehr große und sehr freimütige Person direkt hinter mir gewesen sein. Hoch die Tassen.» Er nahm noch einen großzügigen Schluck. «Es ist nicht klug, sich über die Mints auszulassen», erklärte er mit leiserer Stimme. «Hier sind nämlich alle miteinander verwandt. Das sind keine Leute, die Sie oder ich als normal bezeichnen würden.» Er hielt das leere Glas auf seinem Knie in der Balance, beugte sich vor und flüsterte: «Rituale. Wissen Sie, was ich meine? Und Inzest. Ich bin der einzige, der dem allgemeinen Trend widerstanden hat. Und Frank natürlich. Ein Junge aus Belfast übrigens. *Mein* Assistent.»

Er warf Hermione bei diesen Worten einen Blick zu, doch es war Evangeline, die antwortete. «Frank? Das ist ein schöner männlicher Name.»

«Wie man sich täuschen kann, nicht? Aber er kann sehr gut mit Stoffen umgehen. Es ist eine Freude, ihm zuzusehen, wenn er sie zusammennäht.»

Evangeline war nicht besonders an Franks Fertigkeiten interessiert. «Erzählen Sie mir mehr von den Mints.»

«Despoten, meine Liebe. Absolute Despoten. Das ganze Dorf wird von ihnen kontrolliert.» Er goß sich einen weiteren Gin ein und vergaß die Stimme zu senken. «Deshalb hassen sie alle Fremden.»

«Mich hassen sie nicht!» Davon war Evangeline fest überzeugt. «Mich beten sie an.»

«Ach ja?» Augustine hatte sich in sein Getränk vertieft. «Sie glauben wohl wirklich, die sind Ihnen dankbar, weil Sie das scheußliche Grab – oder was immer es ist – entdeckt haben?»

Seine Ironie war unverkennbar, und Evangeline, die immer tiefer in das Regencysofa sackte, rappelte sich auf. «Natürlich sind sie das.»

«Kommen Sie zur Besinnung, meine Liebe. Die beiden wußten seit Jahren davon. Und es sollte ein Geheimnis bleiben. Bis Sie kamen.»

Für andere Ohren hätte diese Nachricht von einiger Bedeutung sein können, doch Evangeline war so schlecht über die Ausgrabungsstätte informiert, daß die Worte sie kaltließen. «Natürlich», war alles, was ihr einfiel. «Das habe ich schon lange gewußt.»

Trotzdem schien Augustine zu glauben, daß er vielleicht zuviel gesagt hatte. «Woher haben Sie übrigens das Kleid?» fragte er rasch. «Es ist ein wunderbares Blau.»

Evangeline glättete es mit einer selbstzufriedenen Geste. «Nichts Besonderes. Bloß ein Kleid fürs Land. Ich brauchte etwas sehr Winterliches...»

«Und Sie haben es gefunden.» Er neigte den Kopf zur Seite und betrachtete sie prüfend. «Sie haben ungefähr meine Größe, oder?» Nun wurde er wieder vertraulich. «Wissen Sie, die Frauen in diesem Dorf ziehen sich an wie die Schlampen. Wirklich wahr. Es ist abscheulich.» Augustine schien aufrichtig erzürnt; seine Stimme hob sich um eine Oktave, und es war deutlich geworden, daß seine gute Laune rasch in Wut umschlagen konnte. «Ich finde, Frauen sollten auf ihr Äußeres achten. Sie sollten soviel wie möglich aus sich machen. Nicht wie die Weiber hier in der Gegend. Manchmal könnte ich sie erwürgen. Wirklich.» Seine verschwommenen Augen funkelten wieder; die plötzliche Aufwallung von Aggressivität schien ihn zu beleben. «Frank findet, daß Ihre Freunde recht laut sind», fuhr er mit kaum verhohlenem Ärger fort.

«Ich habe so viele Freunde, daß ich nicht weiß ...»

«Die Clares. Über meinem Geschäft. Er und die verkrüppelte Frau.»

«Die Clares sind wohl die besten Freunde, die ich auf der Welt habe.» Evangeline versuchte erneut erfolglos, sich aufrecht hinzusetzen. «Ein Laut von ihnen ist ein Laut von mir.»

«Aber sie poltert so sehr herum. Wie Kapitän Ahab, meine Liebe. Und außerdem weint sie. Sie weint dauernd. Schluchzt sich die Seele aus dem Leibe.»

«Warum?»

«Wahrscheinlich aus Einsamkeit», murmelte er. Sein Zorn war nun in Traurigkeit umgeschlagen. «Aus Verzweiflung. Melancholie. Wahnsinn. Ich weiß es wirklich nicht.»

Diese Worte schienen auch Evangeline zu deprimieren, und sie kam mit einer gewaltigen Anstrengung auf die Beine. «Es war wirklich sehr schön bei Ihnen», sagte sie. «Schön, mit einem echten Landmenschen zu sprechen.»

Er brachte sie zur Tür. «Wir müssen uns nächstes Mal ausführlicher unterhalten. Vor allem über Kleider.»

«Ich kann's kaum erwarten. Aber meine Assistentin ist die eigentliche Expertin. Sie ist eine Autorität für alles Weibliche. Auf Wiedersehen.»

«Du warst sehr still», sagte Evangeline, als sie die Hauptstraße von Colcorum hinuntergingen.

«So? Dafür hast du ja für zwei geredet.» In Wirklichkeit wurde Hermione, obwohl sie sich an das Benehmen ihrer Gefährtin gewöhnt hatte, allmählich klar, wie angespannt und schwierig Evangeline war; in dieser fremden Umgebung begann sie, Evangeline zu durchschauen. Aber sie sagte nichts, und ein paar Sekunden lang schritten sie schweigend dahin. «Und was war das mit dem Grabhügel?» fragte sie schließlich. «Was für ein Geheimnis meinte er?»

«Ich habe nicht jeder Einzelheit zugehört, Baby Doll.»

«Er sagte, daß die Mints schon immer von dem Grab gewußt hätten.»

«Tatsächlich?» Evangeline war zu müde, um über solche Dinge nachzudenken. «Nur ein Mißverständnis. Wahrscheinlich nur ein Mißverständnis.» Und sie war auch zu müde, um zu merken, daß sie beobachtet wurden, während sie in Richtung Gemeindesaal zurückkehrten.

59
Der Rattenkönig

MORGENDÄMMERUNG IM LAGER; ein graues Licht bricht über die Wohnwagen und die alten Autos und die behelfsmäßigen Zelte herein; ein Hund bellt irgendwo im Tal; ein Schwarm von Ringeltauben wird aufgeschreckt, und als sie aus der Buche aufflattern, ist es, als sei der Baumwipfel selbst auseinandergebrochen und habe sich in die Lüfte erhoben. Auch die Rufe anderer Geschöpfe markieren den Beginn dieses Wintertages, doch plötzlich werden die gewohnten Geräusche von einem einzigen lauten Schrei unterbrochen. Und von noch einem. Sie kamen aus Coronas Zelt, und im nächsten Moment rannte sie kreischend nach draußen. «Dort drinnen ist etwas!» rief sie, während Spica und Auriga, bleich und mit weit aufgerissenen Augen, hinter ihr hereilten. «Etwas ist über mich gekrabbelt.» Corvus und Cetus stürzten aus dem Lieferwagen, der ihnen zugewiesen worden war. «Ich konnte die Augen sehen!» schrie sie den Männern zu, als seien sie irgendwie dafür verantwortlich. Dann wurde sie starr und sagte mit trockener, ruhiger Stimme: «Hier sind sie. Seht euch um.»

Und als sie hinunterschauten, sahen sie mehrere große Ratten, die über den Boden hasteten; aber eigentlich hasteten sie weniger, als daß sie davonhüpften, verstört durch den Lärm und den Strahl der Taschenlampe, den Cetus nun auf sie richtete. Sie huschten in keine bestimmte Richtung – einige waren unter die geparkten Autos gekrochen, andere die Zeltwände hinaufgeklettert und wieder andere nahmen den direkten Weg über die nackten Füße der Himmelskinder. Corona, die sich zuerst nicht hatte bewegen können, beugte sich nun steif vornüber und erbrach sich auf den Boden. Ihre Schwestern klammerten sich aneinander und kreischten den beiden Männern zu: «Tut was! Schafft sie weg!»

Die anderen Pilger waren durch den Lärm geweckt worden, und als sie nun erschrocken aus ihren Betten sprangen, waren weitere kleine, dunkle Gestalten zu sehen, die davonhüpften oder -krochen. Das Lager war von einer Ratteninvasion heimgesucht worden. Zwei von ihnen schwangen an den buntgemusterten Vorhängen in einem der Wohnwagen, drei waren auf das Dach von Coronas Auto geklettert, standen nun auf den Hinterbeinen und steckten schnuppernd die Nase in die Luft, zwei hielten sich am Fell eines Cairn-Terriers fest, und drei weitere hatten sich in der allgemeinen Verwirrung unter den Masken des Theaters des Friedens versteckt. Und immer mehr von ihnen kamen hervor; sie schwärmten im Lager aus, und ihre langen Schwänze bogen sich über der harten Erde nach oben.

Die härter gesottenen Vagabunden versuchten, die Ratten fortzujagen. Zunächst hatten sie nicht die Absicht, die Tiere zu töten; doch als sie begannen, auf Töpfe oder Kessel zu trommeln, um die Ratten zu verscheuchen, und in einem Kreis vorgingen, um die noch versteckten Tiere aufzustöbern, ergriff allmählich der Vernichtungsdrang Besitz von ihnen. Mit großen Steinen und dicken Knüppeln schlugen sie auf jede Ratte ein, die sie entdeckten, so daß Haufen von braunem Fell und rosigem Fleisch auf dem Boden zurückblieben. Die überlebenden Ratten versuchten, am Pilgrin entlang zum anderen Talende zu fliehen, und die Vagabunden verfolgten sie mit wildem Gebrüll. Aber dann blieben sie stehen. Sie verstummten. Und sie wichen zurück. Man hörte einen gellenden Schrei von anderer Art, denn hier, am Rande des Lagers, war – deutlich sichtbar nun, da der Himmel sich aufgehellt hatte – der Rattenkönig.

Sieben Rattenmännchen, die Schwänze so ineinander verschlungen, daß sie nicht fliehen konnten, sondern quietschend auf der Erde lagen, in verschiedene Richtungen zogen und so die Gestalt eines Sterns beschrieben. Sieben in einem Knoten gefangene Ratten: dies war der Rattenkönig. Die Vagabunden hatten Angst, denn der Rattenkönig, so selten in der Natur, ist eine Warnung vor Katastrophen und unter jenen, die von Ort zu Ort ziehen, ein überaus gefürchtetes Symbol. «Wir können nicht hierbleiben.» Es sprach der junge Mann, der Evangeline in der Woche zuvor getadelt hatte. «Wir können ihn nicht berühren. Und wir können nicht hierbleiben.» Eines der Kinder wollte wissen, wie die Ratten ihre Schwänze so ineinander verschlungen hatten. «Das weiß niemand», sagte der junge Mann. «Aber du darfst es nicht ansehen. Du mußt fort von hier.» Die anderen waren froh, sich ebenfalls von dem Rattenkönig abwenden zu können, aber sie hörten sein Quietschen immer noch, als sie ins Lager zurückkehrten. Sie standen in kleinen Gruppen beisammen, achteten darauf, daß sie sich von den zerschmetterten Leichen der Ratten fernhielten, und fröstelten an dem kalten Wintermorgen. Nun, da an dieser Stelle Blut vergossen worden war, schien sich eine neue Stimmung auszubreiten. Der junge Mann, von aufrichtiger Furcht erfüllt, sprach als erster: «Wir werden weiterziehen. Wir fahren weiter nach Westen.» Sie begannen, ihre Habseligkeiten in die Wohnwagen zu laden, wobei sie es tunlichst vermieden, in die Richtung des Rattenkönigs zu schauen. Corona und ihre Gruppe waren sogar noch schneller. Sie waren es gewohnt, den Tag mit einer Hymne an die Große Mutter zu begrüßen, doch an diesem Morgen stiegen sie hastig in den blauweißen Lieferwagen und rasten davon. Das Theater des Friedens folgte; seine Mitglieder vergaßen sogar, sich von dem fahrenden Volk zu verabschieden.

Der Rest wartete geduldig, während der junge Mann eine kleine Grube aushob und die Rattenkadaver hineinwarf. Als er die Erde über ihnen glättete, schien das Kreischen des Rattenkönigs noch greller in die kalte Morgenluft zu steigen. Dann brachen auch die letzten auf – sie zogen weiter, über England hinweg.

Das Pilgrin Valley war wieder still. Nicht einmal der Rattenkönig gab einen Laut von sich. Nun, da kein Mensch mehr in seiner Nähe war, hörte er auf, sich abzumühen, und wartete geduldig auf sein Ende. Später, am selben Tag, näherten sich ihm zwei Männer. Sie trugen Säcke auf dem Rücken und amüsierten sich köstlich über ihren erfolgreichen Plan, die Fremden zu vertreiben und dadurch das Grab zu schützen.

«Du hast es ihnen gezeigt, Boy», sagte der eine, während er seinen Sack niederlegte und mit einer Schere auf den Rattenkönig zuging. «Du hast es ihnen wirklich gezeigt.»

60
Der Seele Mitternacht

DIE WINTERSONNE HATTE die Hälfte des Himmels durchquert, stand aber immer noch so niedrig am Horizont, daß sie knapp über den Bäumen zu schweben schien. Mark Clare blickte zu der Esche auf dem Kamm hinauf, und sie brannte: ihre Äste glänzten in der Glut, die Sonne darin war wie ein kaltes Feuer. Und das Licht des Feuers reichte bis zu den Schafen im angrenzenden Feld, die nicht auf Gras, sondern auf leuchtendgrüne Schatten traten. «Der Kreis ist das Entscheidende», sagte er plötzlich. «Das ist der Punkt, in dem wir uns irrten. Wir nahmen an, der Grabhügel liege im Zentrum, aber das tut er natürlich nicht. Die Steine bilden eine Ellipse mit einem Durchmesser von mehr als einer Meile, und das wirkliche Zentrum liegt über dem Tal. Der Grabhügel war nur das erste Stadium.»

Martha Temple schaute Julian Hill triumphierend an. «Ich wollte damals ja nichts sagen...»

«Versteht sich.» Julian war sehr wütend.

«Aber ich habe immer gewußt, daß das Grab nicht so wichtig war, wie du dachtest. Deine Theorie über den Astronomen gefiel mir sehr gut» – es gelang ihr, den Anschein zu erwecken, daß Julian allein die gesamte Erklärung für die Existenz des Grabes geliefert hatte –, «aber weshalb haben wir dann nur die Leiche des Erhängten gefunden? Das hatte doch nicht viel Sinn, oder?» Julians Miene war teilnahmslos, wenngleich er etwas blaß zu sein schien, doch Mark hörte ihr konzentriert zu. «Und warum war das Grab so leer?» fragte Martha nun. «Es blieb Tausende von Jahren unberührt, aber es enthielt relativ wenig Artefakte. Und kaum rituelle Gegenstände. Seltsam, nicht wahr?»

Unberührt – dies war das Wort, das Mark beunruhigte. Nichts deutete darauf hin, daß jemand das Grab betreten hatte – das war unmöglich –, und doch hatte das Grabinnere die undefinierbaren Merkmale einer menschlichen Präsenz aufgewiesen. Unberührt. Mark kannte den Unterschied zwischen der kargen Leere einer urzeitlichen Stätte und der hallenden, aufmerksamen Atmosphäre in einer Anlage, die zu irgendeinem Zeitpunkt der jüngeren Menschheitsgeschichte benutzt worden oder bewohnt gewesen war. Der Grabhügel im Pilgrin Valley war genau ein solcher Ort. Unberührt. Und doch schienen die Kammern sauber gefegt und die wenigen zurückgebliebenen Objekte nach einem früheren Plan sorgfältig arrangiert worden zu sein. Unberührt. Er war überzeugt davon, daß in den letzten tausend Jahren manche gekommen waren, um ihre Reverenz zu erweisen, aber wie hatten sie den Hügel betreten können? Und was waren das für Geräusche, die er hinter der Mauer der Endkammer zu hören gemeint hatte?

«Ich nehme an», sagte Martha zu Julian, «daß du deine Abhandlung korrigieren mußt. Oder deinen Artikel. Oder was immer es war. Meinst du, daß du dich auch entschuldigen mußt? Was *rede* ich denn da?» Sie blickte sich um, als habe sie sich plötzlich gespalten und beratschlage sich mit einer Doppelgängerin hinter ihrer Schulter. «Eigentlich war es ja nicht deine Schuld. Jeder von uns hätte den gleichen albernen Fehler machen können. Auch ich mache mich oft genug lächerlich.»

Weit davon entfernt, Julian zu trösten, schien dieses kleine Geständnis ihn eher noch mehr zu deprimieren. Er schüttelte den Kopf. «Die Theorie ist schlüssig», sagte er, ohne zu ihr aufzusehen. «Nur das Beweismaterial ist falsch.»

«Welch eine originelle Idee», rief Martha. «Wie das?»

Aber Julian ging ohne ein weiteres Wort davon.

In gewisser Hinsicht hatte er jedoch recht. Und in jener Nacht konnte Mark Clare in der Crooked Alley an nichts anderes denken. Es hatte während dieser Ausgrabung Phasen gegeben, da das Material unzuverlässig und widerspenstig erschien – manchmal schien es sich sogar ihm zu Gefallen auf eine bestimmte Weise anzuordnen; das Grab selbst nahm die Gestalt an, die gerade erforderlich war, um ihn zu erfreuen und dann wieder zu verwirren. Und deshalb fürchtete er den unausweichlichen Moment, in dem eine unerwartete Entdeckung gemacht würde – eine Entdeckung, welche die Folgerungen untergrübe, die sich aus früheren Funden herleiteten. Denn wenn die Theorie zusammenbrach, schloß sich das Material an. Alle Gegenstände waren noch da, doch sobald sie ihren Zusammenhang verloren, würden sie ihre Identität einbüßen; sie würden sofort in jenen ungeordneten und aufgelösten Zustand zurückkehren, in dem sie gefunden worden waren. Eine solche neue Entdeckung – ein plötzlich enthülltes Artefakt oder ein neuer Wert der Karbondatierung – war wie ein Stück ursprünglichen Dunkels, das jegliches Licht verschluckte. Es war wie eine Seuche, die alles andere zurück in den Abgrund wirbeln ließ. Und diese neuen Fragmente warteten stets knapp unter der Oberfläche, warteten auf jenen unvorhersehbaren Moment, wenn sie ihrerseits entdeckt werden würden. Als Mark von seinem Bett aufblickte, erkannte er, daß diese Fragmente des Dunkels Teil einer allgemeinen Erschütterung, eines allgemeinen Schmerzes waren. Er schaute zu Kathleen hinüber, die zu schlafen schien. Aber dann öffnete sie die Augen, und sie starrten einander eine Sekunde lang an. «Es tut mir leid», war alles, was sie sagte.

«Ich habe gerade an den Grabhügel gedacht.» Er verspürte eine gewisse Scham, weil seine Gedanken so fern von ihr waren, und er fuhr beschwichtigend fort: «Ich habe das Gefühl, ich verstehe überhaupt nichts mehr. Kannst du nicht einschlafen?»

«Das Merkwürdige ist, daß mir nichts einfällt, *worüber* ich einschlafen könnte. Begreifst du das?» Er sagte nichts. «Wie spät ist es?» fragte sie mit leiserer Stimme.

Er beugte sich hinüber, um auf seine neben dem Bett liegende Uhr zu blicken. «Drei Uhr.»

«Der Seele Mitternacht.»

«Ich habe nie gehört...»

«Das ist die Zeit, in der der Tod des Menschen am wahrscheinlichsten ist. Daher hat sie ihren Namen.» Kathleen drehte sich unruhig im Bett um, so daß sie ihn nicht mehr ansah. «Aber ich finde, es ist eine friedliche Zeit. Eine heilige Zeit.» Er streckte die Hand nach ihr aus, worauf sie sich wieder umdrehte und ihn direkt ansprach. «Fahr doch jetzt mal zum Grabhügel. Besuch ihn in der Nacht. In der Stille.» Es war, als habe sie all seine früheren Sorgen und sein Zögern durchschaut, denn auch er hatte den Gedanken gehabt, daß das Düster des Grabes sich vielleicht nur in der wirklichen Dunkelheit erhellen ließe – fern von den Erfordernissen und der falschen Klarheit des Tages. «Es gibt Dinge», fuhr sie fort, «die man nur bei Nacht sehen kann. Das ist die Zeit, wenn alle Geheimnisse der Welt enthüllt werden – also warum nicht auch die des Tals? Vielleicht ist dies die Zeit, in der er starb.»

«Du meinst...»

«Der Mann im Inneren des Grabes. Dies könnte seine Stunde gewesen sein.»

«Glaubst du...»

«Geh jetzt.» Sie drängte ihn, aber es widerstrebte ihm, sie allein zu lassen. Irgend etwas an ihrem Tonfall beunruhigte ihn. «Es macht mir nichts aus, allein zu sein», setzte sie hinzu, als beantworte sie wiederum seine unausgesprochenen Fragen. «Ich bin jetzt ganz zufrieden.» Sie versuchte, ihre eigene Rolle in seinem Leben herabzusetzen, aber sie konnte nicht ahnen, daß er sich ihrer um so unwürdiger fühlte, je unwürdiger sie sich darstellte.

«Es könnte schon etwas bringen», erwiderte Mark. «Ich bin noch nie nachts dort gewesen. Ich bin noch nie allein dort gewesen. Gut möglich...»

«Finde alles heraus und sag es mir beim nächstenmal.»

«Beim nächstenmal?»

Aber sie hatte wieder die Augen geschlossen, und Mark, der glaubte, sie wolle schlafen, verließ leise das Zimmer. Er zog sich an und fuhr langsam zum Pilgrin Valley. Etwas später hörte Kathleen das Ticken der Uhren in der Antiquitätensammlung unter sich. Es war das einzige Geräusch, das sie nun trösten konnte, und sie erhob sich behutsam aus ihrem Bett, so behutsam, als habe sie aufgehört zu existieren. Sie ließ den schlafenden Hund zurück, trat aus der Wohnung und ging die Treppe hinunter. Sie wußte, wo Augustine den Schlüssel versteckte, mit dem sich die Innentür des Ladens öffnen ließ, und ganz leise, wie um das Ticken der Uhren nicht zu stören, schritt sie in das staubige Zimmer. In der Dunkelheit konnte sie nur die Uhrgläser erkennen, die das Licht der Straßenbeleuchtung in der Crooked Alley und das Mondlicht reflektierten, das sich durch die Wolkenfetzen schob; sie sah nur Lichtstreifen, und die Zifferblätter blieben dunkel. Aber sie konnte sie überall um sich herum hören; sie konnte das Surren des Orrery-Planetariums hören, das Rieseln in der Sanduhr, das Klirren des Schiffschronometers, das schwache Ticken der Taschenuhren und den dunkleren Schlag der Standuhren. Und sie bewegte sich zwischen ihnen, streckte die Hände aus, um sich in der Dunkelheit zu orientieren, und fühlte sich noch immer federleicht, so leicht, daß sie überhaupt nicht zu existieren schien. Und was für einen Zweck hatte ihre Existenz auch in dieser Höhle der Zeit, an diesem

Ort, wo die Bewegung der Stunden und Jahre stetig, beharrlich, unerbittlich war? Aber dies tröstete sie, dieses Gefühl der Kontinuität, denn beim Verstreichen der Zeit konnte sie selbst ausgelöscht, völlig vergessen sein. Sie brauchte also keine Angst um sich zu haben, und während die Uhren um sie herum die Stunde schlugen, hob sie triumphierend die Arme.

Sie kletterte die Treppe hinauf, immer noch leise, und kehrte in die Wohnung zurück; sie kleidete sich an, wobei sie darauf achtete, daß sie die Sachen anzog, die sie immer trug; dann nahm sie das Fragment der Seelilie und steckte es in die Tasche ihres roten Mantels. Aber dann drehte sie sich um, fuhr sich mit der Hand durchs Haar und schlich in Marks Arbeitszimmer; sie zog die Seelilie hervor und legte sie auf seinen Schreibtisch. Sie wollte schon das Haus verlassen, ging jedoch zu dem Hund hinüber und küßte ihn, und er wachte sofort auf. «Leb wohl, Juda», flüsterte sie. «Leb wohl, alter Freund. Schlaf jetzt weiter.» Von dem Hund Abschied zu nehmen war so, als nehme sie von der ganzen Welt Abschied. Dann trat sie aus dem Haus und eilte durch die dunklen Straßen von Lyme ihrem Ziel entgegen.

61
Fogou

MARK CLARE STAND vor dem Grab, doch in dieser Dunkelheit war es schwer zu sehen, wo die Steine endeten und der Himmel begann. Er hielt seine Taschenlampe in der rechten Hand, aber er wollte sie nicht benutzen, noch nicht, und allmählich enthüllte das Sternenlicht ihm den wahren Umriß des Kammergrabes. Er hatte bereits die grüne Plane abgezogen, die es schützte, denn er wollte das

Bauwerk als Ganzes betrachten, wie es in genau so einer Nacht wie dieser vor Tausenden von Jahren gewesen war.

Er zitterte vor Kälte, und sogar das Rascheln seines Anoraks schien zu laut; aber dann hüllte die Stille ihn ein, und er konnte sich nicht bewegen. Er hatte das ganz seltsame Gefühl, belauscht zu werden. Er mußte sich überwinden, durch den Vorhof zu gehen, die Hände auf die Zeichen an dem blinden Eingang zu legen und die Wirbel und Spiralen mit den Fingern zu betasten. Er wußte nicht mehr als die Menschen, die diese Zeichen eingemeißelt hatten, und unter dem Gewölbe des Himmels, in dieser dunklen Nacht, schienen die Zeichen ihm das einzige wahre Wissen darzustellen. Nun, da er aufblickte, sah er dieselben Sterne: dort am Horizont, wie Damian Fall ihm gezeigt hatte, standen die Plejaden. Und dort, mit seinem schwachen roten Glühen, war Aldebaran.

Er schritt langsam um den Grabhügel herum, bis er den kleinen Seiteneingang zwischen den Steinen erreichte. Er kniete nieder und spähte einen Moment lang in die absolute Dunkelheit. Hatte Kathleen recht? Würde er nun, in den stillsten Minuten der Nacht, in denen das Grab sich am weitesten seinem Urzustand annäherte, würde er nun beginnen, jene Probleme zu lösen, welche die Ausgrabungen des Tages enthüllt hatten? Wie hatte sie sich ausgedrückt? Der Seele Mitternacht? Er neigte den Kopf und trat durch den Eingang.

Die Seitenkammer war jetzt völlig leer, denn die Artefakte waren bereits gesammelt und daraus entfernt worden, doch Mark durchschritt sie ganz vorsichtig, denn es war, als sei der Umriß der Schüssel auf dem Boden zurückgeblieben, so schwach, wie der Umriß des dunklen Steins vor dem dunklen Himmel. Er legte sich auf das Pflaster und kroch dann ganz vorsichtig durch die Luke in dem Trennstein, der die Kammer blockierte; er kam im Mittelgang hervor, stand langsam auf und ging, unter das niedrige Steindach geduckt, der Endkammer entgegen. Mark kannte den Weg durch die Dunkelheit, aber er hatte keine Ahnung, wie lange er brauchte, bis er die Kammer erreichte, denn an diesem Ort hatte er keine Spur von Zeitgefühl. Er hatte bereits bemerkt, wieviel wärmer als draußen im Tal es hier war, und nun kam ihm der Gedanke, daß die Steinwände die Kammer vielleicht nicht nur vor der Winterluft abschirmten. Vielleicht hielten sie auch die Zeit selbst fern, und einen Moment lang mußte er gegen seine Panik ankämpfen: Er könnte hier gefangen bleiben, nie wieder fähig, in jene andere Dimension zurückzukehren, aus der er stammte.

Er hatte die vieleckige Kammer erreicht, doch bevor er sie betrat, blickte er sich um, für den Fall, daß sich jemand hier versteckte. Aber er konnte nur seinen eigenen raschen Atem hören, und nun drang er mit ausgestreckten Armen in diesen Raum der Toten vor. Er konnte nichts sehen, doch ohne zu wissen, warum, und mit einem leisen Stöhnen, das er nicht verstand, kauerte er sich in der Stellung des Erhängten hin, dessen Überreste er hier gefunden hatte: den Körper zusammengekrümmt, die Hände auf den Knien, den Kopf zurückgeworfen. Er hörte das Pochen seines Herzens, das wie ein gedämpfter Trommelschlag durch die Kammer hallte, und ihm wurde schwindelig. Zwar konnte er immer noch nichts sehen, aber er hatte die Augen weit geöffnet und wußte, daß er auf die Stelle blickte, wo der Schlußstein des Daches geschickt mit den aufrechten Steinen der Wand verfugt war. Und er wartete.

Nichts geschah. Er wußte nicht, was er erwartete – einen Hinweis auf die Vergangenheit vielleicht, eine Verwandlung seines eigenen Wesens –, aber er lag in der Stellung des Erhängten auf dem Boden und spürte nichts. So war sie immer gewesen, diese Nacktheit, diese Leere des Steins.

War der Mann also mit einer Art Resignation dem Opfertod entgegengegangen? Aber wer war Mark, daß er an Opfer denken konnte?

Er sprach diese Worte laut aus: «Wer? Wer bin ich? Wer bin ich, daß ich daran denken kann? Wer bin ich, daß ich an Opfer denken kann?» Und nun fühlte er die Präsenz einer Macht – die Präsenz einer Macht hinter den Worten, die Präsenz einer Macht in seinem Blut, die Präsenz einer Macht, die Sekunde um Sekunde seinen Atemrhythmus aufrechterhielt. Diese Macht war wie ein Druck um ihn herum, und er spürte sie so deutlich wie die harte Erde des Bodens, die sein Gewicht trug. Konnte es also doch stimmen – daß er ebensosehr ein Teil der Erde war wie die Erde ein Teil von ihm? Auch sie wurde Sekunde um Sekunde von irgendeiner unvorstellbaren Kraft zusammengehalten, ständig erschaffen und neu erschaffen. Dies hatten sie gewußt. Deswegen hatten sie den Steinwall gebaut.

In seiner Nähe waren Stimmen – nein, nicht Stimmen. Etwas anderes. Gemurmel oder Geflüster, das jeglichen Inhalt verloren hatte. Und sein Schock war so groß, als sei er jäh aus dem Grab verschwunden und habe an der Stelle, wo er gekauert hatte, nur diese Laute zurückgelassen. Aber sie waren nicht in seiner unmittelbaren Nähe. Sie kamen wiederum von der Endwand, dem Ostwall, der gegen den Talhang gebaut war. Er stand auf und ging ruhig dorthin – er zeigte keine Furcht, weil er nicht daran glaubte, wirklich hier zu sein. Er spielte die Rolle eines anderen.

Jetzt erst knipste er seine Taschenlampe an, und in jenem flüchtig blendenden Licht schien die Oberfläche des Felsens vorzurücken, zu erzittern und zurückzuweichen. Und der Lichtstrahl vermochte es, seine Furcht zu vertreiben, ihm dabei zu helfen, auf dem hellen Pfad von Ursache und Wirkung vorwärts zu kommen. Nun begriff er, daß er vielleicht das Geräusch eines unterirdischen Stroms oder sogar eines plötzlich in den Grabhügel eindringenden Windstoßes falsch gedeutet hatte. Ja. Die Laute kamen eindeutig hinter der Ostwand hervor, von irgendeiner Stelle unterhalb des Tals. Er legte das Ohr an die Wand und wollte nicht atmen, bis er die Quelle des Geräusches identifiziert hatte. Er konnte jenes Gemurmel hören, das wie der ferne Rest laut hervorgestoßener Worte klang. Aber wenn die Steine dieser Endwand so massiv waren wie die in den übrigen Teilen des Grabes, hätte kein Echo sie durchdringen können. Im Schein der Taschenlampe war Mark nun ganz ruhig. Er erwog die Möglichkeit, daß sich gewisse Vibrationen im Grab an diesem Punkt konzentrierten, doch nein, die Geräusche kamen von irgendeiner Stelle jenseits der Wand. Wenn dies zutraf, mußte hinter den Steinen ein Hohlraum sein… und mit einemmal war ihm alles klar. Er befand sich auf der anderen Seite eines unterirdischen Raumes. Einer unterirdischen Passage. Eines Erdhauses. Eines Fogous.

Deshalb war das Kammergrab in den Talhang hineingebaut worden; man hatte seine Endkammer geradezu in den Hang eingesetzt, damit es leichter war, durch die Erde einen Tunnel zu graben. Und deshalb war das Kammergrab nicht im Zentrum des Steinkreises: es war ein Eingang, eine Öffnung in einen anderen Gang, der – Mark war sich nun sicher – ins Zentrum der Steine führen würde. Dieses Ganggrab war nicht der Höhepunkt irgendeines Rituals, sondern vielmehr sein Beginn, und der Erhängte markierte den Weg nach vorn. Er war der Türhüter der Welt unter der Erde.

Erst einige Zeit später schaute Mark auf die Uhr. Fünf. Aber nun, da er das Geheimnis des Ortes entschlüsselt hatte, konnte er ihn nicht verlassen. Er wußte, daß er bis zum Tagesanbruch hierbleiben würde, bis die anderen kamen, so daß sie sofort beginnen konnten, die Steine, hinter denen der unterirdische Gang verborgen war, zu entfernen. Die Geräusche waren jetzt verklungen – oder vielleicht hatte er sich so sehr an sie gewöhnt, daß er sie, wie die Nebengeräusche in der Außenwelt, nicht mehr zu hören brauchte.

Er mußte geschlafen und geträumt haben, denn seine Frau nahm ihn bei der Hand und führte ihn durch die Steine hindurch. Sie stiegen Stufen in die Erde hinunter, und er wußte, daß sie ihn zum Ziel seiner Suche brachte. Und doch bewegten sie sich nicht nach unten, in die Erde hinein, sondern nach oben; sie kletterten die Steinstufen von Swithins Säule hinauf. Als sie an die Spitze kamen, stand dort Damian Fall, der durch ein Teleskop Aldebaran betrachtete, während Kathleen mit roter Kreide Wörter auf eine zerbröckelnde Wand schrieb.

Das Abbild dieser Wörter war noch in die Dunkelheit eingeprägt, als Mark die Augen öffnete. Und sofort erfüllte ihn Grauen vor diesem Ort: hier geschlafen, hier geträumt zu haben war wie eine Art Tod. Er knipste die Taschenlampe an und blickte auf sein Handgelenk. Sieben Uhr.

62
Acht Uhr

SIEBEN UHR. Julian Hill stand auf dem großen Feld kurz hinter dem Pilgrin Valley. Er befand sich ganz in der Nähe von Damian Falls Häuschen – so nahe, daß er sehen konnte, wie eine Lampe von einem Zimmer ins andere getragen wurde; zwei Eulen ließen ihre Rufe von unterschiedlichen Seiten des Tals erklingen, und dann ging die Lampe plötzlich aus.

Julian knipste seine Taschenlampe an und studierte die Karte in seiner Hand. Es war ein Meßtischblatt der Gegend, und Julian hatte sorgfältig eine Computerprojektion des Steinkreises, der einst das beherrschende Merkmal dieses Tals gewesen war, darauf eingetragen. Seine ursprüngliche Form und Ausdehnung hatte der jetzigen Landschaft ihren Stempel aufgedrückt, und die Stelle, an der Julian nun stand, war vom Computer als Mittelpunkt des Kreises errechnet worden. Aber er stand auf einem kahlen, windgepeitschten Feld; unter seinen Füßen waren nur Gestrüpp und Disteln. Kleine weiße Steine lagen über die kalte Erde verstreut, und er trat heftig nach einigen von ihnen. Julian war wütend – wütend, weil Martha Temple ihn und seine Theorie verspottet hatte, wütend über sich selbst, weil er an einem so kalten Morgen hierhergekommen war und so wenig Erfolg geerntet hatte. Aber etwas war stärker als seine Wut: sein Wille. Er starrte auf die harte Erde, als könne er irgendwie in ihre Geheimnisse vordringen, prüfte die Karte von neuem und bemerkte im Licht der Taschenlampe zum erstenmal, daß ein Pfad, der von dieser Stelle aus nach Osten führte, ganz schwach verzeichnet war. Er blickte hoch, knipste die Taschenlampe aus und wartete, bis seine Augen sich an das frühmorgendliche Dunkel gewöhnt hatten; er konnte keinen Pfad durch das Feld selbst erkennen, doch knapp dreihundert Meter östlich sah er die Umrisse von ein paar verkümmerten oder abgebrochenen Bäumen. Sie waren kaum mehr als ein Fleck am Horizont, doch in dieser kahlen Landschaft deutlich sichtbar.

Er schritt auf sie zu; sein Mund war fest zusammengekniffen, und seine Entschlossenheit verdrängte jedes andere Gefühl. Nichts war ihm nun wichtiger als die Lösung dieses Geheimnisses. Dabei ging es ihm nicht um den Grabhügel an sich, denn er kannte keine uneigennützige Neugier; er wußte, daß er sich rasch einem neuen Problem zuwenden würde, sobald er dieses zufriedenstellend erklärt hatte. Es ging um seinen eigenen Stolz. Und er trat die Steine aus dem Weg, während er sich den alten Bäumen näherte.

Sie mußten einst ein Wäldchen gebildet haben, waren aber Jahre zuvor gefällt worden – oder, besser gesagt, ein kräftiger Wind mußte sie niedergeweht haben, denn die zerschmetterten, toten Stämme standen noch da; einige waren anderthalb bis zwei Meter hoch und mit Moos, Brombeeren und Kletterpflanzen bedeckt. Julian schaute wieder auf seine Karte und begriff sofort, daß diese Stelle ein Teil der früheren Steinumgrenzung war. Aber nun war sie vollkommen verlassen, und es herrschte der wilde Geruch von langsamer, stetig fortschreitender Fäulnis. Er schob ein paar Farnkräuter beiseite, die zwischen den Bäumen wuchsen, und die Wedel waren dünn mit Rauhreif überzogen, doch um sich herum sah er Schicht um Schicht verfaulender Vegetation. Auch dies machte ihn wütend, denn er hatte Steine gesucht und nur Verwesung gefunden. Er wischte sich über die Stirn und stützte sich mit einer Hand an einen toten Baum, dessen Rinde unter seiner Handfläche abbröckelte, und überlegte sich seinen nächsten Schritt.

Die ersten Strahlen der aufgehenden Sonne hatten das Wäldchen schon erreicht; die Spitze des Stammes, an den er sich lehnte, lag immer noch im Schatten, aber ein riesiges Spinnengewebe, das über die Aushöhlung gespannt war, glänzte in dem aufsteigenden fahlen Licht. Der Rauhreif schmolz, und ein Tropfen bebte und glitzerte neben dem Spinnengewebe, bevor er von der Rinde auf den moosbedeckten Boden fiel. Dies hätte ein Baum sein können, auf den er als Kind geklettert war, und einen Moment lang schien es Julian, als sei dies der Beginn eines hellen Pfades zu einer verzauberten Stätte. Durch den Baum hindurchzugehen und Schutz vor dem Wind der Welt zu finden – wie seltsam, daß er sich an die Empfindungen seiner Kindheit erinnerte. Einer plötzlichen Eingebung folgend, beugte er sich nieder und tauchte in die Aushöhlung des Baumes hinein.

Es war merkwürdig, denn Julian hatte erwartet, daß der Boden unter seinen Füßen weich und nachgiebig sein würde, doch er war recht hart. Und als er mit dem Fuß aufstampfte, klang es, als trete er auf Stein. Er bückte sich, kratzte mit beiden Händen den Dreck beiseite, der hier hineingeweht worden war, und spürte die Härte von Stein unter seinen Fingern. Mit frischer Energie scharrte er die toten Zweige, die Blätter und das Moos beiseite, bis er am Grund der Aushöhlung eine Steinplatte sehen konnte, die genau dem Innern des Baumstamms angepaßt war. Julian wußte, um welche Art von Stein es sich handelte: Es war der gleiche dunkle Feuerstein, den man auch zur Errichtung der Grabkammer benutzt hatte. Aber wie war das möglich? Wie kam der Stein hierher? Kein Baum konnte um ihn herumgewachsen sein und sich ihm so perfekt angepaßt haben. Aber wenn der Stein so säuberlich behauen und hierhergebracht worden war, dann mußte er gewiß als ein verborgenes Dach oder vielleicht sogar als Eingang dienen.

Julian stampfte darauf und meinte, ein dunkles, gedämpftes Echo zu hören. Dann kehrte er auf das Feld zurück, suchte sich einen großen Felsbrocken und trug ihn triumphierend in das Wäldchen hinein; er trat an den hohlen Baumstamm heran und schleuderte den Felsbrocken mit aller Kraft auf die Steinplatte, wobei er fast im selben Moment einen ganz schwachen Widerhall spürte. Dies genügte. Nun wußte er, daß unter diesem Stein ein Hohlraum oder sogar ein Gang lag. Und er benutzte die gleichen Wörter wie Mark Clare. «Ein unterirdischer Raum», sagte er laut, und der Klang seiner Stimme wurde von den toten Bäumen gedämpft. «Ein Erdhaus. Ein Fogou.»

Er kniete nieder und legte die Hände an beide Seiten des Steins. Aber er konnte ihn nicht anheben und gab den Versuch bereitwillig auf. Nicht, daß er bei der Aussicht, unter die Erdoberfläche zu kriechen, Furcht empfunden hätte – jedenfalls keine Furcht, die er sich hätte eingestehen wollen –, nein, er hatte schlichtweg genug gesehen. Seine Theorie war bestätigt, und der Triumph, den er verspürte, hatte weniger mit der Entdeckung als mit seiner eigenen Ehrenrettung zu tun. Die eigentliche Ausgrabungsarbeit konnte er anderen überlassen.

Also verließ er das Wäldchen mit dem Hochgefühl einer vollendeten Arbeit, einer bewiesenen Vermutung, und eilte über das Feld hinweg zum Pilgrin Valley. Kaum daß er den Kamm überquert hatte, sah er Mark Clare, der neben dem Kammergrab stand, mit den Armen in der Luft wedelte und etwas rief, das Julian nicht verstehen konnte. Doch als er den Osthang hinunterrannte, hörte er: «Eine unglaubliche Neuigkeit! Erstaunlich!»

Und Julian brüllte: «Ja!», während er sich Mark näherte.

Beide beruhigten sich, sobald sie dichter beieinander standen. «Hast du es erraten?» fragte Mark.

«Erraten? Was erraten? Überhaupt nicht. Ich muß dir nämlich etwas sagen.» Er packte Mark am Arm und ließ dabei seine Taschenlampe fallen. «Ich habe ihn gefunden.»

«Aber...» Mark beugte sich vor, um die Taschenlampe aufzuheben, und achtete darauf, daß sie ausgeknipst war.

«Ich hatte von Anfang an recht. Ich habe das Geheimnis gelöst.»

«Ja», sagte Mark. «Da ist ein Gang.»

«Was?» Julian trat zurück, verblüfft und keineswegs erfreut über diese Wendung der Dinge. «Woher weißt du das?»

Nun war es an Mark, überrascht zu sein, und er antwortete langsam: «Die Steine in der Endkammer verbergen einen Hohlraum. Aber du willst doch wohl nicht sagen, daß...»

«Ja. Ich habe auch einen gefunden.» Und als sie ihre Entdeckungen miteinander verglichen, wurde ihnen klar, daß sie zwei verschiedene Eingänge zu einem unterirdischen Tunnel gefunden hatten, der mindestens sechshundertfünfzig Meter lang sein mußte und sich zwischen dem Kammergrab und dem Wäldchen mit den zerschlagenen Bäumen erstreckte. Zweifellos waren diese Eingänge sorgfältig oder sogar äußerst geschickt verborgen worden, aber es schien unmöglich, daß man dieses Geheimnis seit dem Bau des Grabes nicht entdeckt hatte. Wenn das der Fall gewesen wäre und sich so viele tausend Jahre lang niemand um die Eingänge gekümmert hätte, wären sie mittlerweile zerstört oder sähen so anders aus, daß man sie nicht mehr erkennen würde. Sie hätten sich wieder mit der Erde vereint, und der unterirdische Gang selbst wäre zu einer Verwerfungslinie geworden – nur freizulegen, indem man die Erde aufbrach. Der Gang mußte also entweder in jüngerer Zeit gebaut oder über eine lange Periode hinweg instand gehalten worden sein.

Mark erwähnte nicht die Geräusche, die er in der vieleckigen Kammer gehört hatte. Er sagte nur: «Wir werden uns sehr behutsam vorarbeiten müssen. Da könnten unterirdische Ströme oder Abgründe sein oder...»

«Ja. Natürlich.» Julian hörte ihm kaum zu. «Aber entscheidend ist, daß wir den absoluten Mittelpunkt des Steinkreises erreichen können. Den Totpunkt.»

Mark konnte sich eines Gefühls der Gefahr oder der Bedrohung nicht erwehren. «Ich möchte wissen, was der Erhängte zu bedeuten hat...» Dann schien ihm jegliche Energie abhanden zu kommen, und er empfand ein so starkes Verlustgefühl, als sei ihm das Leben selbst entrissen worden. Er öffnete und schloß den Mund, versuchte zu schlukken und mußte gegen eine aufsteigende Übelkeit ankämpfen. «Wie spät ist es?» fragte er schwach.

«Acht Uhr.»

«Martha wird bald hier sein...» Mark bemühte sich verzweifelt, sein Gefühl für die Welt zurückzugewinnen, aber er konnte nicht weitersprechen. Er wußte nicht mehr, wer er war, und seine Furcht vor sich selbst war so groß, daß er nicht in Julian Hills Nähe bleiben wollte. Er taumelte zu Julians Erstaunen zurück, bis er sich gegen die Seitenwand des Grabes lehnen konnte.

«Was ist los?» rief Julian. «Was um Gottes willen ist denn los?»

Mark hatte die Augen geschlossen, und als er wieder zu Bewußtsein kam, war er von Entsetzen erfüllt. Er blickte auf seine Hände hinunter und verschränkte sie ineinander. Dann dachte er an Kathleen. «Ich muß fort. Irgend etwas stimmt nicht. Irgend etwas passiert.»

63
Der Fuchs

MARK RANNTE DIE Treppe des Hauses an der Crooked Alley hinauf und rief: «Kathleen! Kathleen!»; und seine Angst rannte neben ihm die Treppe hinauf. Kaum daß er die Wohnung betrat, wußte er, daß sie leer war; zudem hatte die Leere einen besonderen Charakter, als habe hier nie etwas atmen können. Trotzdem ging er von Zimmer zu Zimmer und flüsterte ihren Namen. Juda lief hinter ihm her, ließ ihn nicht aus den Augen, und als er in seinem Arbeitszimmer stand, schaute das Tier ihn besorgt an. Er hob den kleinen Hund auf und vergrub das Gesicht einen Moment lang in seinem Fell; dann setzte er ihn sanft ab.

Kathleen hatte all seine Bücher und Zeitschriften säuberlich auf seinem Schreibtisch aufgestapelt. Sie hatte ihm bedeuten wollen, weiterzuarbeiten, das begriff er sofort, und als er zu seinen Papieren hinüberging, sah er, daß sie das Fragment der Seelilie daraufgelegt hatte. Damit sie nicht fortgeweht wurden. Aber nichts sonst deutete hier auf ihre Anwesenheit hin, und er ging noch einmal, ihren Namen rufend, von Zimmer zu Zimmer. Sein Mund war nun ganz trocken. Er trat in die Küche, um sich etwas Wasser zu holen, doch alles hier kam ihm nun fremd vor: die Teller, die Tassen, die Löffel, die Gläser, der Kühlschrank. Diese Dinge waren ein Teil ihres gemeinsamen Lebens, aber sie hätten die Symbole eines jeden Lebens sein können. Alle Leben waren gleich. Die Teller klirrten leise, als er mit den Fingern an ihnen entlangfuhr. Im Pilgrin Valley hatten die Menschen ihre Nahrung einst am Feuer verzehrt und die Asche dann wieder in die Erde gestampft. Eine andere Zeit. Aber alles hier wurde fortgespült, jegliches Leben um ihn herum verebbte gleichzeitig. Er nahm sich ein Glas und bemerkte, daß es einen ganz feinen Riß hatte, der vom Rand bis zum gepreßten Boden verlief.

Swithins Säule. Plötzlich wußte er, wo er sie finden würde. Sie war vor der Dämmerung aufgestanden und zu dem verlassenen Turm gegangen. Aber bevor er dieser Erkenntnis entsprechend handeln konnte, fühlte er, wie ihn eine Art Fieber oder Übelkeit überkam. Er ließ das Glas fallen, und als er sich über den Ausguß beugte, sah er, daß ihm der Schweiß wie geschmolzenes Fett herabtroff. Dann gelang es ihm, sich loszureißen.

Mark fuhr nach Colcorum, aber ihm schien, daß er sich überhaupt nicht vorwärts bewegte, daß die Welt irgendwie an ihm vorbeiglitt. Seine Furcht war so groß, daß er das Gefühl hatte, zu keiner Handlung fähig zu sein. Es regnete, als er den Wald um Swithins Säule erreichte; die Buchen und Eichen blieben in dem Wolkenbruch ganz still und nahmen den Regen, der schon immer auf sie gefallen war, unbeweglich hin. Mark stürzte sich ins Unterholz, ohne sich seiner Richtung sicher zu sein, doch er folgte einfach den geheimen Pfaden, die den Wald durchzogen, und spürte keinen Schmerz, wenn die niedrigen Zweige ihm ins Gesicht peitschten. Er wollte Kathleen einfach nur wiedersehen, und in seiner Panik glaubte er, wieder in den Regenwald zurückgekehrt zu sein – den Regenwald, aus dem er vor so vielen Jahren auf eine strahlende Hochebene vorgedrungen war und von wo aus er dann den Ort gesehen hatte, an dem Menschen einst geflogen waren. Er betete, aber er wußte nicht, was seine Worte bedeuteten. Schweiß, Tränen und Regen vermischten sich auf seinem Gesicht, während er verzweifelt voraneilte.

Er blieb stehen, als er am Waldrand ankam und über das umgepflügte Feld hinweg Swithins Säule sah, die sich zwischen den Kiefern auf dem isolierten Hügel erhob. Er blickte nach unten und entdeckte Spuren in der schlammigen Erde, die dorthin führten. Mit einem Aufschrei folgte er ihnen. Es war, als laufe er ewig dahin. Am Fuß des Hügels angekommen, sah er zwei Männer unten am Turm stehen, und in seiner Not wollte er sie rufen, sich an ihnen festhalten, getröstet werden, Vergebung erlangen. Dann merkte er, daß sie etwas auf dem Boden Liegendes betrachteten. Mark wußte, was es war. Er beugte sich nieder und erbrach sich ins Unterholz. Nachdem er sich wieder aufgerichtet hatte, legte er die Hand über die Augen, wie um in die Ferne zu spähen, und schaute zu seiner Frau hinüber, die dort zwischen den beiden Männern lag. Jetzt wurde seine Furcht zum erstenmal an diesem Tag von Mitleid verdrängt – Mitleid, weil sie genau das geworden war, wovor sie sich stets gefürchtet hatte: Gegenstand der prüfenden Blicke anderer.

Langsam stieg er den Pfad zum Turm hinauf, und kaum daß die beiden Männer ihn sahen, traten sie instinktiv zurück. «Ich weiß», sagte er, um sie zu beruhigen. «Ich weiß, wer sie ist.» Er wollte die beiden weiter beobachten; er wollte sie von seiner Frau ablenken; er wollte Kathleen vor ihrem neugierigen Blick schützen. Doch zugleich wollte er sicher sein, daß er selbst nicht zum Gegenstand des Entsetzens anderer wurde.

Einer der beiden Männer mußte seinen Mantel ausgezogen und über die Leiche gelegt haben, doch aus irgendeinem Grunde hatte er Kathleens Gesicht unbedeckt gelassen. Mark lächelte, als er sie zum letztenmal betrachtete, denn er sah, daß jeglicher Kummer von ihr abgefallen war. So würde sie ihm in den folgenden Jahren im Gedächtnis bleiben. Und der Regen fiel genauso auf ihren Mund und ihre Stirn, wie er auf die stummen Bäume fiel. «Es muß sein», sagte er. «Darf ich?» Und ganz behutsam zog er seine Jacke aus, kniete sich hin und legte sie ihr übers Gesicht.

Nun konnte er den Blick abwenden, und er starrte über den Acker hinweg auf den Waldrand. Ein Rotfuchs, der vor den in Nebel gehüllten Bäumen entlangschnürte, geriet in sein Blickfeld. Der Fuchs schien sich nicht zu fürchten, und bevor er zurück in den Wald huschte, drehte er sich um und schien Mark direkt anzuschauen. In seiner Verstörtheit glaubte Mark, sie hätten einander irgendwie verstanden; das Tier und der Mensch gehörten demselben System an. Dem System des Ursprungs.

«Dieser Herr hier hat sie gefunden», sagte jemand. Mark erhob sich ungeschickt, wischte sich mit dem Hemdsärmel die Augen und begriff erst jetzt, daß der Waldbewohner hier war – der Landstreicher, den Kathleen beim Füttern der Waldvögel beobachtet und dessen Geschichte Mark erzählt hatte. Nun, da er mit seiner zerlumpten Kleidung neben ihrer Leiche stand, verlieh er ihrem Tode zusätzliche Feierlichkeit. Einen Moment lang war Mark beschämt – beschämt, weil er dies als ein privates Unheil hingenommen, weil er der Welt ihren Tod gestohlen hatte. Die Augen des Waldbewohners waren sehr hell; und doch hatte er jenen aufmerksamen, bebenden Blick, den man manchmal im Gesicht von blinden Menschen bemerken kann. «Sie bewegte sich nicht, als ich hinkam», sagte er sanft. «Sie war schon tot.»

«Haben Sie gesehen …»

«Sie ist einfach so gefallen. Vom Turm.»

Er stotterte leicht, aber merklich, und Mark begriff, weshalb er der Welt entflohen und zu einem Bewohner der Wälder geworden war. Aber es schien ihm seltsam, daß er in diesem Moment des Unheils das Leben dieses Mannes besser verstand als sein eigenes. Er wußte, daß er bald ein kaum zu ertragendes Gefühl des Verlustes und des Kummers empfinden würde, doch vorläufig konnte er noch aufrecht in der Welt stehen. Nur sie war gefallen. Er dachte an das Bild eines toten Vogels, der auf eine Wasseroberfläche fällt, so daß sich die Wellen bis zum äußersten Rand des Teiches kräuseln; und so war die Welt im Moment von Kathleens Tod erzittert und hatte Wellen in die Vergangenheit und in die Zukunft ausgesandt.

«Da sind sie», sagte der andere Mann. Es war der Bauer, dessen Feld Swithins Säule umgab. «Ich habe sie benachrichtigt.» Zwei Polizisten kamen langsam näher und schienen die Furchen im Boden zu mustern. Und als er die beiden beobachtete, wie sie schweigend über das Feld schritten, wußte Mark, wie Kathleen es überquert hatte – sie war erst langsam gegangen, unsicher, ob sie ihren Plan würde ausführen können –, aber dann hatte sie zur Spitze des Turms aufgeschaut und ihren Weg viel rascher fortgesetzt.

«Das ist die Verstorbene», sagte er, als sie schließlich auf ihn zutraten. Immer noch rührte ihn nichts. Nichts als die Anstrengung, den Schmerz abzuwehren. «Die Verstorbene war meine Frau.»

Ein paar unbeholfene einleitende Fragen wurden gestellt, doch allen war klar, daß sie sich selbst getötet hatte. Die Atmosphäre dieses Ortes hatte es ihnen sofort verraten: Es handelte sich nicht um ein Verbrechen. Nur um die Beendigung eines großen Kummers, der sich nun der Erde mitgeteilt hatte.

«Gibt es einen Abschiedsbrief?» fragte einer der Polizisten. Alle wandten den Blick von Mark ab, um sein Elend nicht zu vergrößern.

«Ich weiß nicht...»

«Niemand ist dort oben...» begann der Bauer und betrachtete dann den Turm. Die beiden Polizisten gingen zu der kleinen Holztür an seinem Fuß hinüber; sie war angelehnt, und die Polizisten öffneten sie vorsichtig, bevor sie die Wendeltreppe hinaufstiegen. Mark konnte ihnen nicht folgen. Er wollte nicht den Raum sehen, den Kathleen und er gemeinsam besucht hatten und aus dem sie sich nun hinuntergestürzt hatte. Hatte sie es schon damals vorgehabt? Hatte sie gewußt, daß dies der letzte Ort sein würde, den sie auf Erden besuchen würde? Hatte sie es an jenem Tag beschlossen? Und ihm fiel ein, daß Juda den Turm nicht hatte betreten wollen; selbst der Hund hatte es gewußt. Und der Waldbewohner hatte es gewußt, als er aufstand, um sie zu begrüßen. Alle hatten es gewußt, außer ihm selbst. Einer plötzlichen Eingebung gehorchend, folgte er den Polizisten, eilte die Stufen hinauf, wie sie es ein paar Stunden zuvor getan hatte – und hörte das Echo seiner eigenen Schritte auf dem alten Stein, während er zur Spitze emporkletterte.

Als er den kleinen, kreisförmigen Raum mit den kahlen Bogenfenstern erreichte, beugten die beiden sich über einen Sims. Aber sie hörten ihn eintreten und drehten sich rasch um. «Hier ist nichts, Sir», sagte einer von ihnen. «Ihre Frau muß...»

«Ich weiß. Ich verstehe.» Er spürte, wie Urin an seinem Hosenbein hinab in seine Socke lief. «Es tut mir leid. Es tut mir so leid.»

Sie halfen ihm die Treppe hinunter, fuhren ihn zurück zur Crooked Alley, vernahmen ihn so behutsam wie möglich, und dann waren sie fort.

Es war, als seien sie nie dagewesen. Die Ereignisse des Morgens waren so schnell vergangen; Mark konnte kaum glauben, daß überhaupt etwas geschehen war. Nun war er allein. Vielleicht war ja wirklich nichts geschehen. Natürlich. Er mußte darauf beharren, daß sich nichts geändert hatte. Kathleen würde die Tür öffnen, und sie würden wieder glücklich sein. Er ging in ihr Schlafzimmer und öffnete den Kleiderschrank. Dort hing einer ihrer Hüte, und Mark setzte ihn auf. Dann begann er, mit sich selbst und Kathleen zu sprechen, wobei er unablässig die Krempe des blauen Hutes betastete. Nein. Das durfte nicht geschehen. Das war Wahnsinn. Er nahm den Hut ab und wollte ihn schon in eine Zimmerecke schleudern, als er sich besann. Er küßte ihn und hängte ihn sorgfältig in den Kleiderschrank. Und erst jetzt, als er die Hand ans Gesicht legte, merkte er, daß er weinte.

An der Tür war ein Kratzen zu hören, und einen Augenblick lang glaubte er, es sei der Rotfuchs, den er im Wald gesehen hatte. Der Fuchs hatte seinen Kummer gespürt und war gekommen, um ihn zu trösten, um ihn auf seinem Rücken in den Wald reiten zu lassen. Er öffnete die Tür. Es war Juda, der winselnd Einlaß begehrte. Also hob er den kleinen Hund auf, wiegte ihn in seinen Armen und roch Kathleens Parfum, während er das Tier an sich drückte.

64
Lud Mouth

«HABEN WIR UNSEREN Schönheitsschlaf gehalten?» Augustine Fraicheur saß auf einem Ebenholzhocker im Antiquitätengeschäft und polierte mit einem kleinen Tuch eine silberne Taschenuhr. Er ließ kein Erstaunen über Marks aufgelöste Erscheinung oder die Tatsache erkennen, daß dieser Juda in den Armen hielt. «Haben Sie ausgeschlafen?»

Mark war nun ganz ruhig, aber aus irgendeinem Grunde fiel es ihm schwer zu sprechen; er setzte an, hustete und setzte noch einmal an. «Können Sie auf den Hund aufpassen?» Dies war der erste Gefallen, um den er Augustine je gebeten hatte, und in einer Mischung aus Verlegenheit und Impulsivität trat er auf Augustine zu und setzte ihm den Hund auf den Schoß. Eine Uhr hinter ihm schlug die Stunde. «Es ist nur für kurze Zeit.»

Augustine hielt den Hund mit seiner freien Hand fest, obwohl das Tier keinen Versuch machte, sich zu widersetzen oder zu entkommen; Juda schien sich auch mit dieser neuen Trennung abzufinden. «Ist es eine Hündin?» fragte Augustine. «Ich hasse Hündinnen.»

Aber Mark war bereits fort. Er hatte begonnen, durch den Ort zu gehen, und obwohl ihm die Richtung gleichgültig war, merkte er, daß er aus den engen Straßen floh und auf das Meer zueilte. Ohne jeglichen Gedanken oder Plan betrat er den Pfad zwischen Lyme und Lud Mouth, einen kahlen Küstenstreifen, der durch Verwerfungen und häufige Erdrutsche gefährlich geworden war. Es gab Schilder, die den gelegentlichen Wanderer vor den Gefahren warnten, doch Mark sah sie nicht.

Der Regen hörte auf, während er weiterging, doch erst als der Dunst sich verzogen hatte, blieb er stehen und blickte von der Höhe nieder, die er bereits erreicht hatte; er war auf der grauen Klippe von St. Gabriel's Point, das Meer und die Felsen etwa hundert Meter unter ihm. Er konnte die zwölf Steine sehen, über die so viele Geschichten umliefen, doch er hatte keine Angst. Er schaute bloß interessiert hinunter, da ihm der Boden unter seinen Füßen nicht weniger fern schien als der Strand, gegen den er die Wellen schwappen hörte. Warum also sollte er sich nicht hinunterstürzen? Hinter sich hörte er die Vögel, die in dem zerstörten, seit langem verlassenen Dorf St. Gabriel sangen, und in diesem Moment der Entscheidung sangen sie zu ihm. Er trat vom Rand der Klippe zurück und wanderte weiter.

Die Entscheidung, ob er leben oder sterben wollte, kam ihm im Grunde nicht sehr wichtig vor. Wenn er überhaupt etwas verspürte, dann war es die Sicherheit, daß er ohne Substanz und sogar ohne Identität kein Recht hatte zu springen. Und doch begriff er, daß er sich in jenem Moment frei gefühlt hatte. Dies war die Wahl, die Kathleen getroffen hatte, und er empfand ein Hochgefühl. Wenn sie ihre eigene Wahl getroffen hatte, dann war es nicht nötig, sie zu bemitleiden oder um sie zu trauern. Aber nur in jenem Moment der Entscheidung hatte sie diese Freiheit besessen: Kaum war Kathleen aus dem Bogenfenster von Swithins Säule gestürzt, hatte sie aufgehört, frei zu sein, genau wie Mark sich nun sein eigenes Urteil gebildet und sich dem Leben überantwortet hatte.

Es gab keine Freiheit im Leben und schon gar keine im Tode; nur in jenem Moment des Zweifels hatte er Freiheit gekannt. Aber wenn die Wahl zwischen Leben und Tod auf irgendeine andere Weise hinausgezögert werden könnte, so daß es nicht mehr auf die individuelle Entscheidung ankäme, dann würde das wahre Wesen der Welt vielleicht offenbar. Nun erinnerte er sich an den Gang im Pilgrin

Valley, der unter der Erde verlief; der Gang aus Stein war auch der Gang der Zeit, und vielleicht war wirkliche Freiheit nur dort zu finden. War Kathleen etwa in dem Augenblick, als er ihn entdeckt hatte, zu Tode gestürzt?

Mark wanderte bis nach Lud Mouth, einer schwachen Biegung in der Klippe, wo Kalkstein und Lehm, die für diese Gegend typisch sind, von orangefarbenem Grünsand abgelöst werden; dort führte ein Pfad von der Spitze der Klippe hinunter zu einem Sand- und Kiesstreifen direkt am Meer. Ja. Er eilte den Hang des Steilufers zum Strand hinunter. Er zog sich weder Schuhe noch Socken aus, sondern schritt einfach ins Wasser, bis es um seine Knöchel plätscherte. Hierher war Kathleen als Kind gekommen, hier hatte er sie zum erstenmal gesehen. Zur rechten Zeit. In einer anderen Zeit. «Irgend jemand wird immer am Strand zurückgelassen.» Das war es, was sie als Kind gehört hatte. Doch nun hatte sie Mark zurückgelassen. Sie war jetzt in Sicherheit.

Der Himmel hatte sich aufgeklart, und in der Wintersonne schienen die Wellen selbst Licht auszusenden. Oder waren es nur die Lichtstrahlen in seinem Gesicht? Er drehte sich um und betrachtete die orangefarbene Klippe. Orangefarbener Fels mit dem sich darüber erhebenden hellblauen Himmel. Und das Orange und das Blau beruhigten ihn, denn so war die Welt gewesen, bevor es Menschen darauf gab. Orangefarbener Stein und blaue Luft. Der Friede hier war ein Relikt der verlorenen Zeit, und als er darüber nachdachte, verstand er auch, daß sein eigenes Leben einfach nur der Zeit entliehen war. Er hatte gar nicht das Recht, es fortzuwerfen.

Mark watete aus dem Wasser und ging auf den Steilhang zu. Dort angekommen, streckte er die Arme aus und legte Gesicht und Hände an den orangefarbenen Stein. Er fühlte sich warm an, wärmer als die ihn umgebende Luft, oder war es seine eigene Körperwärme, die reflektiert wurde? Mit auf dem Stein ausgebreiteten Handflächen schien er zu schlafen. Und während er schlief, nahm er die Wärme der Natur in sich auf. Der orangefarbene Stein verschluckte seine salzigen Tränen. Als er die Augen öffnete, sah er, daß sich ein Möwenschwarm in den Klippen niedergelassen hatte und daß die Vögel nun auf den seltsamen, wie hineingemeißelten Knoten und Vorsprüngen hockten. Sie schauten voll Interesse auf ihn hinunter, und als sich Mark von Lud Mouth entfernte, wußte er, daß Kummer und das Gefühl von Schuld bald folgen würden. Aber er begriff auch, daß er in die Welt zurückkehren mußte.

65
Verbindungen

DREI TAGE SPÄTER erhielt Mark Clare, der über die gerichtliche Untersuchung und die Beerdigung nachdachte, einen Brief von Damian Fall. Darin stand nur: «Lassen Sie uns zusammen die Sterne betrachten. Kommen Sie Montag abend ins Holblack Moor.» Also am selben Abend. Mark wußte nicht, ob Damian die Nachricht von Kathleens Selbstmord gehört hatte, doch die Aussicht, das Observatorium zu besuchen, tröstete ihn ein wenig. Vielleicht, sagte er sich, würde er die Dinge in einem anderen Licht sehen.

Deshalb fuhr er am Abend den Sandweg entlang, der ins Moor und in die Nähe des Gebäudes mit der Kuppel führte. Erst als er den Motor abgeschaltet hatte und von der Dunkelheit eingehüllt war, merkte er zu seinem Schrecken, daß er bei seiner Fahrt über das Moor die Scheinwerfer angelassen hatte. Es war immerhin möglich, daß die irrenden Strahlen Damian bei der Beobachtung des Himmels gestört hatten – aber gleichzeitig wunderte er sich darüber, daß er sich so kurz nach dem Tod seiner Frau über solche Dinge Gedanken machte.

Er ging auf das kleine Büro neben der Kuppel zu und pochte leise an die Metalltür. Sie wurde rasch geöffnet, aber in der Dunkelheit konnte er nicht erkennen, wer vor ihm stand.

«Oh, hallo.» Es war Brendas Stimme. «Kommen Sie schnell rein. Ich steh nicht gerne in der Dunkelheit.» Sie kicherte und schloß die Tür, kaum daß er eingetreten war. «Man kann ja nie wissen.»

«Was kann man nie wissen?» Mark war verblüfft.

Brenda beschloß, seine Frage zu überhören. Sie tastete sich zum Lichtschalter vor, wobei sie leise stöhnte und quietschte, wenn sie diesen oder jenen Gegenstand streifte. «Ich muß das tun», fuhr sie fort. «Wir können nämlich draußen kein Licht gebrauchen. Haben Sie mich gerade angefaßt?»

«Nein. Ich bin hier drüben.»

«Na ja, egal.» Es klang enttäuscht, aber immerhin gelang es ihr jetzt, das Licht anzuknipsen. «Oh, hallo», sagte sie wieder, als hätten sie sich gerade erst getroffen. «Sie sind's, nicht?»

«Wer dachten Sie denn...»

«Woher soll ich das wissen? Ich wußte nur, daß es ein Mann war.» Ihr Haar war zerzaust, als sei sie gerade aufgewacht, und sie warf den Kopf zurück. «Wollen Sie mit Seiner Hoheit sprechen?»

Mark nahm an, daß sie Damian meinte, und nickte. «Ich glaube, daß er mich erwartet.»

Brenda gestattete sich ein schwaches Lächeln. «Bleiben Sie hier. Ich komme sofort wieder.« Sie öffnete die Schiebetür, betrat den kleinen Gang, der ins Observatorium führte, und kehrte erst ein paar Minuten später zurück.

«Er sagt, daß er nicht mit Ihnen sprechen kann», erklärte sie mit ausdrucksloser Stimme. «Er sagt, es tut ihm sehr leid. Aber er kann nicht.» Sie klang verärgert, und es war klar, daß Damian sie auf irgendeine Weise aufgebracht oder beunruhigt haben mußte.

Mark war erstaunt. «Aber er hat mir einen Brief geschickt.» Er zog den Brief aus der Tasche und hielt ihn Brenda hin. «Er wollte mit mir sprechen.» Mark fühlte sich wieder isoliert. Diese plötzliche und unerwartete Zurückweisung ließ ihn von neuem an Kathleens Tod denken, und er fürchtete sich, weil es niemanden auf der Welt zu geben schien, der bereit war, ihm zu helfen.

Doch in diesem Moment wurde die Schiebetür wieder geöffnet, und Alec, Damians Assistent, tauchte auf. Er warf Brenda einen kurzen Blick zu und trat dann zu Mark hinüber. «Wollen wir nach draußen gehen?» fragte er. «Es ist eine schöne Nacht.» Er legte den Arm um Marks Schulter, steuerte ihn sanft auf die Tür zu und schloß sie leise hinter sich, bevor die beiden auf das Moor hinausschritten. Sie schwiegen ein paar Sekunden lang. «Es tut mir leid, daß...» begann Alec.

«Nein. Es braucht Ihnen nicht leid zu tun. Dazu gibt es keinen Grund.»

Dies schien Alec zu erleichtern. Er nahm den Arm des älteren Mannes und sagte munterer: «Wollen wir unter Sternen wandeln?» Dabei versuchte er, Mark unbemerkt ins Gesicht zu blicken, doch dieser schaute nun nach oben, und Alec konnte seinen Gesichtsausdruck nicht erkennen.

«So weit fort», sagte Mark schließlich.

«Und sie entfernen sich noch weiter. Die Galaxien bewegen sich mit 44000 Meilen pro Sekunde von uns fort. Ein rasantes Tempo.»

«Es ist so schwer zu verstehen.» Mark schaute immer noch in die Höhe, während sie die Kuppel hinter sich ließen und ins offene Moor hinausgingen. «So schwer zu glauben.»

«Sehen ist glauben. Das sagt man doch?»

«Und wie groß ist das Universum?»

Alec war klar, daß Mark in der Betrachtung dieser Unermeßlichkeit Trost fand. «Wir können endlos hinaussehen», sagte er mit leiserer Stimme. «Wir können Quasare entdecken, die Tausende von Millionen Lichtjahre entfernt sind.»

Mark hob die Hand, als wolle er sich am Himmel festhalten. «Und was gibt es noch?»

«Pulsare. Neutronensterne. Rote Riesen. Interstellare Gase. Sternenwolken. Konstellationen. Galaxien. Abertausende von Millionen Galaxien, gleichmäßig über das All verteilt. Unsere eigene Galaxis enthält einhunderttausend Millionen Sterne. Himmlisch, was?» Er lachte über seinen eigenen Witz.

«Weshalb ist der Himmel dann nicht von Sternen bedeckt?» fragte Mark. «Warum gibt es immer noch soviel Dunkelheit?»

«Wenn Sie das Universum lichterfüllt sehen wollten, müßten Sie in eine unvorstellbar ferne Zeit zurückblikken.» Alecs Ernst war der eines jungen Mannes, der nicht genau wußte, wie weit er gehen konnte, der nicht genau wußte, ob er verspottet werden würde. Er war ein Romantiker, was seine Arbeit betraf, aber einer, der dabei stets an der Grenze zu befangenem Gelächter verharrte. «Wir müßten in die Zeit der Entstehung schauen. Wir können Tausende von Millionen Jahren zurückblicken, aber so weit nicht. Noch nicht. Und wenn wir es könnten...»

«Was dann?»

«Dann würden wir meiner Meinung nach aufhören zu existieren», erwiderte Alec gewichtig. «Wer den Beginn sieht, sieht auch das Ende.»

Mark staunte darüber, daß dieser junge Mann solche Gedanken hegen konnte, denn er hatte so lebhaft, so energiegeladen gewirkt. Aber vielleicht war die Dunkelheit über ihnen die Ursache seiner Fröhlichkeit. «Gibt es einen solchen Moment?» fragte Mark. «Gibt es einen Moment der Entstehung?»

«O ja.» Plötzlich vollführte Alec auf dem Moor einen kleinen Tanz und stieß dabei Freudenschreie aus. «O ja. Wir empfangen noch immer die kosmische Strahlung von diesem Moment. Sie können sie auf Ihrem Fernsehbildschirm beobachten.»

«Sie meinen, daß wir das Beweismaterial für die Entstehung des Universums sehen können?»

«Kein Zweifel, es ist überall. Es wird immer bei uns sein.» Ein Wind strich über das Moor, aber er legte sich so jäh, wie er aufgekommen war. «Alles ist nämlich miteinander verwandt», fuhr Alec fort. «Die Erde entstand aus dem Sonnennebel, der Sonnennebel aus den galaktischen Gasen. Alles ist ein Teil von allem anderen. Sogar die fernsten Sterne könnten Einfluß auf uns haben.» Wiederum war er verlegen über seinen eigenen Tonfall und machte ein paar Tanzschritte. «Ich kann mir nicht helfen», sagte er, «ich muß mich dauernd bewegen.» Sie hatten sich nun recht weit von der Kuppel entfernt, und der junge Mann wandte den Kopf, um sie im Sternenlicht glänzen zu sehen. «Sie müssen Damian verzeihen.» Es war offenkundig, daß er sich Sorgen um Damian machte; tatsächlich hatte sich dieser am heutigen Abend höchst merkwürdig benommen. Er hatte sehr laut gesprochen und sich dann immer wieder in seine eigene Gedankenwelt zurückgezogen. Auch hatte er Alec gefragt, ob er irgendwelche Mikrophone entdeckt habe, und schließlich, vor ein paar Minuten, hatte er sich nun geweigert, Mark zu empfangen. «Manchmal kapselt er sich ab», erklärte Alec. «Ich habe schon immer gedacht, daß er ein sehr enttäuschter Mann sein muß. Wissen Sie, manchmal hat er einen so klaren Blick, eine solche visionäre Kraft. Und hierher abgeschoben zu werden...»

«Die meisten Menschen sind enttäuscht», antwortete Mark. «Vielleicht blickt er deshalb gerne zu den Sternen auf.» Seine Stimme wurde etwas leiser. «Auch Kathleen hat dauernd die Sterne beobachtet. Von unserem Schlafzimmerfenster aus. Und bis heute habe ich nicht verstanden, weshalb.»

«Tut mir leid.» Alec war verlegen. «Ich wollte nicht...»

«Nein. Es braucht Ihnen nicht leid tun. Was war das noch für eine Geschichte, in der es heißt, daß sich die Seele im Moment des Todes in einen Stern verwandelt? Haben Sie davon gehört?»

«Nein.» Aus irgendeinem Grund schienen Marks Worte Alec zu amüsieren. «Aber vielleicht ist etwas Wahres daran. Vielleicht sind Seelen aus dem gleichen Stoff.»

Mark lachte. «Wie wäre das möglich?» Und dann merkte er, daß er zum erstenmal seit Kathleens Tod gelacht hatte.

«Ich habe Ihnen doch gesagt, daß alles miteinander zusammenhängt, stimmt's? Also, sogar unsere Körper entstehen aus dem versteinerten Schutt von toten Sternen. Von Sternen, die Millionen von Jahren bevor die Erde gebildet wurde, aufhörten zu existieren.»

«Ich verstehe nicht.»

«Wußten Sie denn nicht, daß wir aus der Asche toter Sterne entstanden sind? Alle Stoffe des Lebens kommen aus kosmischen Spurenelementen.» Alec legte die Hand auf Marks Schulter. «Sie haben ein Universum in sich, mein Freund. Im wahrsten Sinne des Wortes.»

«Dann stimmt es vielleicht doch, was in der Geschichte steht. Vielleicht werden unsere Seelen wirklich zu Sternen.»

«Da ist wieder etwas anderes.» Alec hörte sich an, als habe er all diese Dinge als erster entdeckt und brenne darauf, sein Wissen mit einem anderen zu teilen. «Wenn Sie Blutplasma durch das Mikroskop betrachten, wissen Sie, wie es aussieht?»

«Nein.»

Alec triumphierte. «Es sieht genauso aus wie ein Sternenhaufen.»

Und wieder spürte Mark einen plötzlichen Anflug von Freude. «Und so ist alles miteinander verbunden», sagte er. «Alles ist ein Teil des Musters.»

«Ja. Wenn wir nur wüßten, was es ist. Aber ich nehme an... ich nehme an...» Er versuchte, seine Gedanken zu ordnen. «Ich nehme an, daß wir das Muster nur sehen könnten, wenn wir uns außerhalb von ihm befänden. Und dann hätten wir aufgehört zu existieren. Folglich bleibt uns nichts anderes übrig, als Geschichten zu erfinden. Das ist es, was Damian mir einmal erklärt hat.» Alecs Stimme klang nun wieder besorgt. «Er sagte, wir wüßten auch nicht mehr als die alten Astronomen. Wir wissen nur andere Dinge, genau wie wir andere Kleidung tragen und andere Sprachen sprechen.»

Mark hörte ihm nur mit halbem Ohr zu, denn auch er hatte sich bemüht, seine Gedanken zu ordnen. «Aber wenn wir alle ein Teil desselben Musters sind, dann wird nichts zerstört. Die Dinge ändern bloß ihre Gestalt und nehmen einen anderen Platz in dem Muster ein. Niemand stirbt wirklich.» Er hob die Hand ans Gesicht und empfand eine Glückseligkeit, die zugleich Unglück war, und beide vermischten sich und waren ein und dasselbe.

Ein Laut erklang, der sich in der Stille des Moors wie ein langer Seufzer anhörte. Doch Alec wußte, was es war; er drehte sich sofort um und sah, daß sich die große weiße Kuppel des Observatoriums langsam öffnete. «Ich muß zurück.» Und er setzte hinzu, fast als spreche er mit sich selbst: «Ich weiß nicht, was er da macht.»

«Natürlich. Gehen Sie zurück. Ich kenne den Weg.» Alec berührte einfach nur Marks Arm, bevor er davoneilte, und Mark lächelte ihn an. Dann blieb er ruhig stehen und blickte zum Himmel empor.

66
Buchstaben

«IST DIES DIE ÖFFNUNG?» Evangeline Tupper stand in dem Wäldchen hinter dem Pilgrin Valley, wo Julian Hill den zweiten Eingang entdeckt hatte.

«Übrigens», sagte Martha Temple liebenswürdig, «gibt es anderswo auch ein breiteres Loch.»

Evangeline ignorierte die Bemerkung. «Werden Sie denn selbst hinunterkriechen, Miss Temple?»

«Nein. Mark und ich werden die Ausgrabungen am anderen Ende leiten.» Sie sah mißbilligend, daß Evangeline ein Gähnen unterdrückte, und schritt in das Feld hinein. «Aber ich langweile Sie mit den trivialen Einzelheiten...»

«Ganz und gar nicht. Nichts ist zu trivial für mich.»

«Möchten Sie sich uns vielleicht gleich anschließen? Der Gang dürfte wirklich breit genug sein.»

«Nur allzu gern. Wie Sie wissen. Aber leider muß ich erst die Menschen besuchen, die mir auf der ganzen Welt am liebsten sind.»

«Sie meinen doch wohl nicht...» Martha hatte keine Ahnung, was Evangeline meinte.

«Natürlich! Die Mints!» In Wirklichkeit hatte sie eine recht heikle Mission vor sich: Da der Gang unter den Feldern der Mints verlief, würde ein noch größerer Teil ihres Grund und Bodens von den Archäologen in Mitleidenschaft gezogen werden. «Deshalb habe ich mich so herausgeputzt. Haben Sie das nicht erraten?»

Martha lächelte. «Ich dachte, Sie trügen Trauer wegen der lieben Mrs. Clare.»

Seit Kathleens Tod war erst eine Woche vergangen, aber allen war klar, daß man die Erforschung des unterirdischen Ganges nicht länger hinauszögern durfte; zuviel Aufregung war verursacht worden. Mark selbst war vier Tage zuvor, unmittelbar nach seinem Besuch im Observatorium, an seine Arbeit zurückgekehrt. Das Gespräch mit Alec im Holblack Moor hatte ihn verändert, aber er wußte noch nicht, wohin diese Veränderung führen würde. Ihm schien, daß ihm vielleicht alles klargeworden wäre, wenn er nur in jener Nacht lange genug die Sterne betrachtet hätte. Er hätte das Muster erkannt. Aber sie hatten ihn vorwärts geleitet, nur um ihn dann im Dunkeln zu lassen; wie begierig er auch zum Himmel emporstarrte, er wurde stets von der Erde zurückgehalten, und in jener Unvereinbarkeit verbarg sich das unauflösliche Rätsel. Er hatte das Licht gesehen, aber er wurde von der Schwerkraft beherrscht – obwohl beide, wie Alec ihm erklärt hatte, ein Teil derselben Kraft waren. Die neu entdeckte Passage, der blinde Eingang mit seinem Schema der Sternbilder, der Erhängte, die Tatsache, daß der Stein selbst sich aus dem Schutt toter Sterne zusammensetzte, sogar Kathleens Selbstmord – all diese Dinge waren irgendwie miteinander verbunden, doch er konnte den Charakter dieser Verbindung noch nicht durchschauen. Er glaubte nicht mehr, daß er Kathleen «verloren» hatte, doch er wußte auch nicht, wie er sie wiederfinden konnte. Deshalb war er so schnell ins Pilgrin Valley zurückgekehrt, und deshalb hatte er es so eilig, seine Reise in das Erdhaus zu unternehmen.

Wenn es ein Haus war. In den letzten Tagen hatte Julian eine Reihe von elektronischen Messungen durchgeführt, um alle Hohlräume und Anomalien in dem Bereich zwischen den beiden Steineingängen zu finden, aber das Bild, das der Computer lieferte, war in mancher Hinsicht unvollständig. Ein langer Gang war zu erkennen, aber es gab Abschnitte, wo er unterbrochen oder völlig verschwunden zu sein schien, und es gab andere Bereiche, wo er blinde Abzweigungen aufwies. Die Messungen an der wichtigsten Stelle, genau in der Mitte zwischen den stehenden Steinen, ließ auf eine gewaltige Vertiefung irgendwo unterhalb der Erdoberfläche schließen. Doch auch dies war nicht völlig klar, da gewisse magnetische Anomalien die Echos und Signale in alle Richtungen zerstreuten.

Die einzige Möglichkeit war, in den Gang hinabzusteigen und sich mit zwei Teams von beiden Enden her methodisch zum Zentrum vorzuarbeiten. Dieses Unterfangen würde jedoch nicht ungefährlich sein. Der Gang war vielleicht seit Hunderten – wenn nicht Tausenden – von Jahren nicht mehr betreten worden; sie konnten es mit tiefen Spalten, Felsstürzen oder einem größeren Erdrutsch zu tun bekommen. Mark war sich dieser Risiken bewußt, aber er mußte weiterarbeiten. Und es war, als treibe Kathleen ihn an.

Und nun stand er in der vieleckigen Kammer. Der Eingangsstein war ohne jegliche Beschädigung der Grundstruktur des Grabes entfernt worden, und noch bevor man eine Bogenlampe zur Öffnung des Ganges gebracht hatte, spürte Mark, daß es vor ihm kein weiteres Hindernis gab: der Weg in die Erde war frei. Nach ihrem kurzen Gespräch mit Evangeline stand Martha nun bereit, ihm zu folgen. «Wie heißt es so schön?» Sie setzte ihren gelben Schutzhelm auf. «Laßt jede Hoffnung, wenn ihr eingetreten? Du geh voran, und ich folge dir.» Er beugte den Kopf, sagte kein Wort und trat in den Gang.

Im Gang war es nicht kälter als im Grab, aber er schien Mark viel feuchter zu sein; als er die Hand an die Mauer legte, stellte er fest, daß sie naß und ein wenig pulverig war. «Kalkstein.» Aus irgendeinem Grunde flüsterte er. «Dies ist ein Kalksteingang.» Sie drangen langsam vor, wobei sie über den unebenen Boden stolperten; als sie außerhalb des Lichtkegels der Bogenlampe waren, knipste Mark seine Taschenlampe an. Etwas schimmerte in ihrem Strahl, und er nahm an der Decke, höchstens dreißig Zentimeter über seinem Kopf, glitzernde schwarze und silberne Erzablagerungen wahr. Er streckte die Hand aus, und die beiden blieben stehen, um den Gang näher in Augenschein zu nehmen. Der Kalkstein wirkte in dem ungewohnten Licht grau, eine ungesunde Farbe; Wasser tröpfelte an den Wänden hinunter und hatte sie gefurcht, und auf der Oberfläche des Steins wuchs in Klumpen dunkles Moos. Weiter hinten im Gang, genau an der Stelle, wo das Licht verblaßte und die unterirdische Dunkelheit anfing, konnte Mark an der Wand Streifen von rotem und braunem Lehm erkennen, die wie Spalten im Kalkstein wirkten. Zu seinen Füßen folgte ein schmales Rinnsal dem Gefälle des Ganges in die Erde hinein.

Vielleicht war es das Plätschern dieses Rinnsals gewesen, das er in der Kammer gehört hatte; vielleicht waren es doch keine Stimmen gewesen. Aber es war ihm bereits klar, daß dies keine natürliche Passage war. Sie war gezielt in den Stein gehauen worden, und während er weiterging, hatte er den Eindruck, widerrechtlich ein Terrain zu betreten, das ihm nicht gehörte, das keinem noch lebenden Menschen gehörte. Er blieb jäh stehen, als er im Strahl der Taschenlampe zwei kleinere Tunnel sah, die in entgegengesetzten Richtungen vom Hauptgang abzweigten.

«Meine Güte.» Er hatte vergessen, daß Martha hinter ihm war und erschrak, als er ihre Stimme hörte. «Meine Güte», wiederholte sie. «Wir sind in einem Irrgarten, nicht wahr?» Sie schien Gefallen an der Situation zu finden.

«Vielleicht in einem Labyrinth.» Mark schaute unschlüssig von einer Öffnung zur anderen. Und dann roch er einen schwachen Duft, etwas wie Parfüm, aus dem rechten Tunnel. Der Duft erinnerte ihn an Kathleen, und in diesem Augenblick kamen ihm alle Einzelheiten ihres Todes wieder zu Bewußtsein. Er fühlte sich plötzlich matt und lehnte sich gegen die Wand des Ganges. Wie seltsam es ist, dachte er, sich hier an solche Dinge zu erinnern. Aber möglicherweise war es gar nicht so seltsam. Vielleicht eilte die Zeit an diesem Ort nicht einfach voran, vergaß und wurde vergessen, sondern bewegte sich auch in andere Richtungen.

«Stimmt was nicht?» Martha hatte eine Hand an den Kalkstein gelegt und betrachtete nun das graue Pulver auf ihrer Handfläche. «Ist was passiert?»

«Nein. Nichts.» Er gab sich Mühe, wieder aufrecht zu stehen. «Außer, daß wir uns von Anfang an über die Stätte getäuscht haben könnten.»

Martha lachte, aber es klang im Tunnel so sonderbar, daß sie sofort wieder verstummte. «Natürlich wollte ich damals nichts sagen, aber ich halte Julians Theorie für absurd.»

«Nein. Wir alle könnten uns getäuscht haben. Die Erbauer des Grabes beteten vielleicht doch nicht die Sterne an.» Er blickte in die Öffnung des Tunnels, wo er Kathleens Gegenwart gespürt hatte. «Vielleicht beteten sie die unterirdischen Mächte an. Dieser Ort hat etwas Seltsames an sich. Fühlst du es nicht?» Martha schaute ebenfalls in die Tunnelöffnung, antwortete jedoch nicht. «Laß uns weitergehen», sagte er. «Tiefer hinein.»

«Meinst du wirklich...»

Aber er war schon vorangeschritten. Ja. Es gab hier etwas Seltsames – es war seltsam, unter der Erde zu sein. Irgendein Gewicht, unsichtbar, aber deshalb nicht weniger drückend, lastete auf ihnen; obwohl sie in der Passage hätten aufrecht stehen können, neigten sie den Kopf, während sie weitergingen. Auf ihre Schritte und ihr Flüstern antwortete kein Echo, sondern die Laute schienen von dem weichen Stein, der sie umgab, geschluckt zu werden.

Etwas funkelte im Licht der Taschenlampe, etwas zu Marks Rechter. Er hielt inne und sah zu seinem Erstaunen drei kleine Münzen auf einem Sims, der in die Kalksteinwand gehauen war. Er richtete den Strahl direkt auf die Münzen, aber er wollte sie nicht berühren. «Ich hoffe, du willst mir nicht weismachen», flüsterte Martha, «daß unsere neolithischen Freunde schon ein Münzsystem erfunden hatten.»

Er lächelte, aber sein Gesicht drückte weiter Nervosität aus. Es war, als wären sie einem privaten Scherz aufgesessen und als verberge sich der dafür Verantwortliche womöglich hinter der nächsten Ecke. «Nein», erwiderte Mark. «Die Münzen sind offensichtlich jüngeren Datums. Also müssen Menschen hier gewesen sein, nachdem das Grab versiegelt wurde. Lange danach.»

Mark schwenkte die Taschenlampe, und in der plötzlichen Bewegung glaubte er etwas an der Decke zu sehen. Er richtete die Taschenlampe nach oben, und dort, mit rotem Ocker an das Steindach gekritzelt, waren mehrere Buchstaben zu erkennen. Und in dem bebenden Licht las er: «L. M. 1586.»

Er schluckte, um seine Furcht zu überwinden. «Ich glaube», verkündete er mit lauter Stimme, «ich glaube, wir sollten die anderen holen.»

Also zogen sie sich langsam zurück, ohne ein Wort miteinander zu sprechen. Er war sich nicht sicher, ob Martha die Schrift ebenfalls gesehen hatte, aber er wollte nicht darüber reden. Noch nicht. Diese Entdeckung war so eigenartig, so unerwartet, daß er in aller Ruhe bei Tageslicht darüber nachdenken wollte. Nicht hier. Nicht an diesem Ort. Nicht in dem Fogou, wo die Jahrhunderte ineinander zu stürzen schienen.

67
Man kann nie wissen

«ES IST DIE WOCHE der guten Nachrichten!» Evangeline Tupper stand bei den Mints auf der Schwelle. «Und ich bin der fliegende Bote!»

«So, so, gute Nachrichten?» Farmer Mint war außer Atem, und irgendein graues Pulver schien ihm übers Haar gerieselt zu sein. Evangeline hatte den Eindruck, daß er rasch durch das ganze Haus gelaufen und mit dem Kopf an die Decke gestoßen war, bevor er die Tür geöffnet hatte. «Boy Mint ist draußen auf den Feldern.»

«Wo er bestimmt etwas Köstliches zum Mittagessen besorgt.» Evangeline hatte sich mittlerweile an das Benehmen des Bauern gewöhnt und betrat das Wohnzimmer ohne weitere Einladung. «Alles sieht so wunderbar aus wie immer», sagte sie und unterdrückte einen Brechreiz, den ein eigenartiger Geruch aus einer der Zimmerecken hervorrief. Statt dessen betrachtete sie das vertraute Sammelsurium des Haushalts – es war kurz zuvor durch eine Kollektion alter Eimer und Rundfunkgeräte ergänzt worden, die bunt durcheinandergewürfelt vor dem alten Herd lagen. «Und immer, wenn ich Ihre Vorfahren sehe», fuhr Evangeline fort, nachdem sie an die Gemälde und Miniaturen über dem Kamin herangetreten war, «denke ich an England, das niemals, niemals versklavt sein wird.»

«Ich weiß nichts zu England zu sagen, Miss Tupper. Das ist hier kein Thema.»

Evangeline war klar, daß Farmer Mint sich von ihren

Scherzen nicht ablenken lassen würde und auf die Nachricht wartete, die sie ihm zu überbringen hatte. «Wenn *Sie* kein Glück haben», sagte sie und tat so, als schaue sie immer noch die Porträts an. «Unter Ihrem Land verläuft nämlich ein richtiger Tunnel.» Sie hatte beschlossen, die Sache im besten Licht darzustellen. «Frau Natur scheint Sie mit guten Karten bedacht zu haben.»

«Ist das die gute Nachricht?» Er schien nicht besonders überrascht über ihre Enthüllung.

«Natürlich! Mein Lieber, es könnte ein neues Cheddar Gorge sein. Bilder von Bisons und so weiter.»

«Tatsächlich?» Farmer Mint legte den Kopf zur Seite und schenkte ihr ein fast zahnloses Lächeln. «Wir wissen auch nichts über irgendwelche Tunnel.»

«Dieser trieft geradezu vor Alter.» Sie versuchte, nicht auf seinen Mund zu sehen. «Wirklich primitiv.» Dann fiel ihr ein, daß sie die Sache positiv darstellen mußte. «Aber primitiv auf eine sehr nette Art. Ich bin sicher, daß Sie dort später etwas anbauen könnten.»

«Wir stochern in keinen Löchern rum.»

«Nicht einmal in einem schönen großen?»

«Keine Löcher. Keine Bisons. Keine Tunnel.»

Evangeline war unschlüssig, wie sie dieses Gespräch fortsetzen sollte, denn weit davon entfernt, sich über diesen neuen Übergriff auf sein Land aufzuregen, schien der Bauer gänzlich uninteressiert an der Entdeckung. Aber in diesem Moment platzte Boy Mint ins Zimmer, und Evangeline begrüßte die Unterbrechung buchstäblich mit offenen Armen. «Da ist er ja», rief sie. «Mein herrlicher Freund Boy. Verraten Sie mir Ihr Geheimnis.»

«Geheimnis?» Er wich zurück und blickte zu seinem Vater hinüber. «Was für ein Geheimnis?»

«Das Geheimnis der ewigen Jugend natürlich. Hat es etwas mit Schafsdrüsen zu tun?»

Farmer Mint antwortete an seiner Stelle: «Er kennt keine Geheimnisse.»

«Noch eine Verneinung, und ich werde *ohnmächtig.*»

«Und er weiß nichts über irgendwelche Tunnel.»

«Fangen Sie mich auf.» Sie tat so, als taumele sie zurück, doch da keiner der beiden Männer auch nur eine Bewegung auf sie zu machte, setzte sie sich jäh auf einen etwas feuchten Sessel.

«Das ist der Platz des Schweins», sagte Farmer Mint. «Wenn es zu Hause ist.»

Sie sprang rasch auf, argwöhnte jedoch, daß die beiden sich über sie lustig machten. «Ich gehe also davon aus, daß die Archäologen weiterarbeiten können? Weitermachen wie vorher?»

«Das ist ein weißer Schimmel», erwiderte Farmer Mint.

Evangeline begriff, daß sie keine hilfreichere Antwort bekommen würde, und sie ging auf die Tür zu. «Wir bleiben in Verbindung. Man kann nie wissen…»

«Nein. Man kann wirklich nie wissen.» Farmer Mint hielt ihr die Tür auf. «Man kann nie wissen.»

«…was aus dem Tunnel kommen mag.»

Er lachte. «Was reingeht, muß rauskommen. Da sind wir uns einig.»

«Ich bin ja so froh, daß wir uns wenigstens über etwas einigen können.» Evangeline warf beiden eine Kußhand zu. «Das versetzt mich in einen viel glücklicheren Gemütszustand.»

Kaum daß sie den Pfad hinuntergegangen war, schlug Farmer Mint die Tür zu und verriegelte sie. «Die alte Kuh hat recht», sagte er glucksend. «Was reingeht, muß rauskommen.»

Boy Mint näherte sich den Porträts und nahm die Mütze ab. «Wollen wir es heute abend mit den anderen besprechen?»

«Ist doch egal, was irgendwer von uns sagt. Kommt auf das an, was wir tun. Und wir tun nichts. Jedenfalls nicht sofort.» Er trat neben seinen Sohn, und die beiden musterten die lange Ahnenreihe der Mints. «Sie können noch ein bißchen warten. Noch ein kleines bißchen.»

68
Am Telefon

«LIEBER HIMMEL. Sie hätten sehen sollen, wie sie in den Gemeindesaal marschierten, mit Lola Trout an der Spitze», sagte Augustine Fraicheur an jenem Abend am Telefon zu Evangeline Tupper; es war eines von vielen Gesprächen seit ihrer ersten Begegnung in Colcorum.

«Ich möchte unbedingt wissen, was sie anhatte.»

«Aha.» Ein leises Schlürfen von Gin. «Kennen Sie diese alten fleckigen Sachen, die die Heilsarmee praktisch verschenken muß?»

«Die aussehen, als seien sie durch die Hölle gezogen worden?»

«Genau so ein Kleid hatte sie an. Ungefähr die Farbe von schimmeligem Schnupftabak. Sie wurde von zwei kräftigen Jungen getragen, wie üblich, aber der Rock war so lang, daß sie immer wieder darüber stolperte. Sie stolperte die ganze Straße hinunter.»

«Kaum zu glauben!»

«Sie fiel im wahrsten Sinne des Wortes die Straße hinunter. Und dann bleibt sie an meiner Tür stehen, hämmert dagegen wie der Pförtner in *Macbeth* und schreit: ‹Pissen! Pissen!› Ehrlich. Anscheinend regt es ihre Blase an, wenn sie getragen wird, und sie mußte mal für kleine Mädchen. Ausgerechnet auf meinem Klo. Und ich hatte gerade einen neuen Teppich legen lassen.»

«Mit Regencystreifen?»

«Jetzt ja.»

«Das ist fürchterlich!» Evangeline preßte vor Entzükken die Beine zusammen. «Es ist wie etwas aus den sechziger Jahren!»

«Und dann, als sie *wirklich* fertig ist, folgen ihr alle in den Gemeindesaal. Mit den Mints vorneweg. Die sind nicht aus den sechziger Jahren, mein Kind. Die sind aus dem finstersten Mittelalter.»

«Ich habe heute morgen mit ihnen gesprochen. Sind sie nicht gräßlich?» Da sie nun den Verdacht hegte, daß die beiden sich über sie lustig machten, hatte sie ihre Meinung über sie völlig geändert. «Allein die schreckliche Gesichtsbehaarung.»

«...und dann läuft Ihr Freund, der Komiker, ihnen nach.»

«Joey Hanover? Ist er nicht unbezahlbar?»

«Ich wüßte schon, was ich für ihn zahlen würde.»

Offensichtlich war Augustine nicht mehr sehr von Joey beeindruckt, weshalb Evangeline rasch fortfuhr: «Er ist übrigens nicht mein Freund. Meine Assistentin kennt seine Frau. Und Sie wissen ja, wie unschuldig Hermione ist.»

«Von gesegneter Unschuld. Sie sollte immer noch an der Brust saugen.»

«Jaja. Das wollen wir jetzt lieber nicht vertiefen.»

Augustine kicherte. «Und sie stürmen also buchstäblich in den Saal. Haben Sie je Thomas Hardy gelesen?»

«Nicht daß ich wüßte. Aber wie ich höre, ist er absolut himmlisch, wenn es um Dorset geht.»

«Es gibt da eine wunderbare Szene bei einem Essen auf dem Land. Darf ich um die Rübe bitten, und so weiter. Genauso ist es heute abend.»

«Und Sie sagen, daß sie sich einmal im Jahr versammeln?»

«Wie am Geburtstag der Königin, meine Liebe. Alle Mints und ihre Verwandten legen Kriegsbemalung an und stampfen mit ihren rustikalen Füßchen auf. Ich kann sie schon hören...»

«Hören Sie auf. Das wäre zu köstlich.»

«Wirklich.» Augustines Stimme hob sich ein wenig. «Wenn sie das Fenster offenlassen, kann ich jedes Wort hören. Schließlich bin ich nur einen Steinwurf von...»

«Was die Mints bestimmt ausnutzen.»

«...einen Steinwurf vom Gemeindesaal entfernt. Hier, bitte.» Augustine hielt den Telefonhörer dicht ans geöffnete Fenster, doch Evangeline vernahm nur das Geräusch des in seinem Glas klirrenden Eises, als er sich einen weiteren großen Schluck gönnte. «Haben Sie das gehört?»

«Auf jeden Fall habe ich etwas sehr Merkwürdiges gehört.»

«Das war Farmer Mint. Er gibt seinen Jahresbericht.»

«Was in aller Welt kann man denn groß über Kühe sagen? Oder was das für Dinger sind.»

«Bis jetzt spricht er über Ratten.»

«Igitt.»

«Er sagte etwas darüber, daß Ratten dieses Jahr knapp seien, und dann hörte ich die Trout deutlich lachen. Kein angenehmes Geräusch, wie ich Ihnen versichern kann. Moment.» Ein Schweigen, in dessen Verlauf Evangeline immer ungeduldiger wurde; sie wollte gerade den Hörer niederlegen, als Augustine zurückkehrte. «Er hat gerade *Ihren* Freund Joey vorgestellt. Ein Spätankömmling, sagte er, aber lange erwartet. Nun gibt er irgendwelche Erklärungen über ihn ab.»

Augustine schien wieder ans geöffnete Fenster treten zu wollen, und Evangeline unterbrach ihn: «Übrigens, haben Sie eine Ahnung, was dort gegessen wird?» Was andere aßen, war stets faszinierend für sie.

«Wohl die übliche derbe Landkost, denke ich. Pizzas und so weiter.» Er schwieg von neuem und lauschte.

«Und was passiert nun?»

«Joey Hanover hält eine kleine Rede. Ein Redchen. Er sagt, welch eine Ehre es ist, ihnen allen zu begegnen. Nach so langer Zeit, in der er nichts von ihnen wußte. Nun hat die Trout etwas gerufen.»

«Jetzt ist ein steifer Drink angesagt», erklärte Evangeline. Augustine setzte seinen Kommentar fort, ohne zu merken, daß sie das Telefon verlassen hatte und an den kleinen Kühlschrank in ihrem Hotelzimmer getreten war. Als sie zurückkam, stieß sie ihm zu Gefallen ein vernehmliches erregtes Keuchen aus.

«Ich *weiß*», rief er. «Und nun hat der kleine Mint angefangen. Er redet über irgendeinen Tunnel. Einen unterirdischen Gang.»

«Natürlich. Ich war diejenige, die ihnen davon erzählt hat. Sie waren völlig überrascht.»

«Und nun brüllt er etwas über einen Baron oder über einen alten Baron.»

«Tatsächlich?»

«Und nun haben sie das Fenster geschlossen.»

«Verdammt.»

Augustine war von den Mints längst so gelangweilt, daß es ihn nicht mehr kümmerte, ob er noch etwas von ihrem Tischgespräch hörte. «Sagen Sie», fuhr er entspannter fort, «was trinken Sie da?»

«Gin mit.»

«Oh, schnapp. Ich auch. Ist das nicht wunderbar?»

«Es gibt nichts Wunderbareres.» In diesem Moment kam Hermione ins Zimmer. «Aber ich muß jetzt Schluß machen, Schätzchen.» Evangeline wurde nun förmlicher, geradezu abweisend. «Sie wissen ja, wie es für uns berufstätige Frauen ist.»

Augustine war verärgert über den plötzlichen Wechsel ihres Tons, obwohl er sich an ihr Benehmen gewöhnt hatte. «Wem sagen Sie das, Kindchen. Ich nehme an, daß ich von Ihnen hören werde, wenn Sie weitere Informationen brauchen?»

«Natürlich werden Sie das. Aber nun muß ich mich wirklich sputen.»

Evangeline legte den Hörer auf, während Hermione sie musterte. «Was hatte das alles zu bedeuten?»

«Nichts, Baby Doll. Überhaupt nichts.»

69
Die Abendgesellschaft

ES WURDE SPÄT bei der Abendgesellschaft der Mints. Unter dem festlichen Moos und Farnkraut, das über die dunklen, kahlen Deckenbalken des Gemeindesaals drapiert war, blickten die meisten Verwandten einander verdrießlich an oder gähnten still in irgendwelchen Winkeln. Farmer Mint und Boy Mint hingegen waren bester Stimmung. Beide hatten große Mengen von ihrem selbstgebrauten Apfelwein getrunken, der sehr stark war und mit Kuhfladen angereichert zu sein schien. Nun umklammerten sie einander, hatten die Köpfe zusammengesteckt und flüsterten etwas, das sie periodisch in grölendes Gelächter ausbrechen ließ.

Joey Hanover, zur Feier des Tages in einem hellblauen Samtanzug, saß neben ihnen. Er sprach mit Lola Trout, die ihm gegenüber an dem schmalen Holztisch saß, der fast die gesamte Länge des Gemeindesaals einnahm. Joey war inzwischen so betrunken, daß er den Text eines seiner alten Lieder zu zitieren schien, ohne es zu merken.

«Weißt du, Lo», sagte er. «Es verriet mir der Rauch, voll

Anmut sich kräuselnd. Über den Ulmen so grün. Daß ein Häuschen war nah.»

«Blödsinn!» Lola fuhr sich immer wieder mit der Zunge über die Oberlippe, was denen, die sie gut kannten, ein Zeichen dafür war, daß ihr dieses Gespräch Spaß machte.

«Ich weiß, was du meinst. Ich respektiere deine Meinung. Aber darf ich kurz hinzusetzen, daß ein Häuschen war nah? Und ich sagte, wenn sich Frieden finden läßt auf dieser Welt, Lo, könnte ein Herz...»

«Scheiß drauf.» Lola leerte ihr Glas und schwenkte es nun wild vor sich her.

«Ein Herz, Lo, das demütig ist, könnte hier ihn erhoffen. Und dann sah ich meine Schutzengel. He. Was ist das?» Farmer Mint hielt ein Geweih, das an einer Art Holzhelm befestigt war, über Joeys Kopf. «Wenn ich mich nicht sehr irre, ist hier jemand gehörnt worden.»

Farmer Mint lachte. «Mach schon, Boy. Sag ihm, was er tun muß.»

«Du mußt es aufsetzen. *Du* und kein anderer.»

«Ich? Im wahrsten Sinne des Wortes das Idol des Tages?»

«Onkel, es ist Familienbrauch.»

«Na gut. Ich bin ganz wild darauf.» Joey stand auf und nahm die Hörner von Farmer Mint entgegen; unter dem Holzhelm war ein Lederriemen, und Joey benötigte ein paar Sekunden, um die ganze Vorrichtung auf seinem Kopf zu befestigen. Er hob die Hände, um die Hörner zu berühren, und plötzlich überkam ihn eine ungestüme Freude. «Du hast wohl nicht damit gerechnet, mich mal als Steifftier zu sehen?» fragte er Lola und sprang auf seinen Stuhl. «Und noch was.» Er blickte die im Gemeindesaal Versammelten an, als seien sie ein Publikum, wie er es einst gekannt hatte. «Meine Frau. Gott hab sie selig.» Das Geweih lastete schwer auf seinem Kopf, und er schwankte ein wenig auf dem Stuhl hin und her. «Sie lebt zwar noch, aber ich bin zuversichtlich.» Lola kreischte vor Lachen. «Hast du einen Schlüpfer an, Alte?» Er bedachte sie mit dem berühmten Joey-Blick. «Ich komme in einer Minute runter. Also meine Frau, meine Frau...» Er war nun ganz in eine frühere Darbietung vertieft. Der Schweiß strömte ihm über Stirn und Gesicht, doch er wischte ihn mit dem Ärmel seiner neuen Samtjacke ab. «Ich würde nicht sagen, daß sie häßlich ist, aber dauernd muß ein Mann mit einer roten Fahne vor ihr hergehen. Wirklich. Und sie ist so gemein, daß...»

Während Joey seine Show abzog, nahm Farmer Mint neben Simon Trout Platz. «Deine alte Mutter scheint sich ja gut zu amüsieren», sagte er. Seit zwanzig Jahren sah er es als seine Aufgabe an, eine Versöhnung zwischen Mutter und Sohn herbeizuführen.

«Ich habe nichts davon bemerkt. Ich gucke nicht in ihre Richtung.»

«Sie sieht gut aus für ihr Alter, nicht?»

«Verschrumpelt, würde ich sagen.»

«Verschrumpelt, ja. Aber trotzdem kräftig. Ausgemacht kräftig.»

«Die ändert sich nie. Die wird sich niemals ändern. Und damit du's gleich weißt» – er schaute Farmer Mint herausfordernd ins Gesicht –, «ich auch nicht.»

Bei aller Trunkenheit sah Farmer Mint ein, daß seine Bemühungen wohl kaum erfolgreich sein würden, und er wechselte das Thema. «Weißt du», fragte er mit viel leiserer Stimme, «daß sie den Tunnel entdeckt haben?»

«Hab's gehört.»

«Sie sind sehr nahe dran.»

«Haben sie schon...»

«Nein. Noch nicht. Aber sie werden in ungefähr einer Woche soweit sein.» Er warf einen Blick zu Joey Hanover hinüber, der immer noch auf dem Holzstuhl schwitzte und schwankte. Farmer Mint lachte und klatschte in die Hände, bevor er sich wieder Simon Trout zuwandte. «Wir müssen was unternehmen», fuhr er fort. «Wir müssen Maßnahmen ergreifen, unbedingt. Bevor sie …»

«Weiß Joey schon Bescheid?»

«Boy und ich warten auf den richtigen Moment. Er muß er erfahren. Wo er jetzt doch einer von uns ist.»

«Sie haßt mich nämlich.» Joey war noch immer am Bramarbasieren. «Ja, wirklich. Sie muß mich einfach hassen. Schließlich lebt sie seit zwanzig Jahren mit mir zusammen. Und fett.» Joey fuhr sich mit der Hand über das Gesicht. «Sie ist so fett, daß …» Er hielt jäh inne. «Tut mir leid. Ich kann mich einfach nicht erinnern, wie es weitergeht.» Er stieg vom Stuhl und setzte sich schwer, und unter dem Gewicht des Geweihs sank ihm der Kopf auf die Brust. Unbeholfen schnallte er es ab und stellte es vor sich auf den Tisch.

Boy Mint beobachtete ihn aufmerksam und sah zu seiner Überraschung, daß Joey sich nicht vor Enttäuschung oder Verlegenheit, sondern vor Lachen schüttelte. Er glaubte, Joey lache über den Helm, und streckte empört die Arme nach ihm aus. «Das ist kostbar», sagte er. «Das ist unser Familienerbstück.»

Joey musterte das Geweih nun aufmerksamer und merkte, wie alt die geschnitzten und polierten Knochen wirkten. «Ich fühle mich geehrt. Wirklich. Geehrt. Ich habe nur über mich selbst gelacht, weil mir mein Text entfallen ist. Aber egal. Völlig egal. Ich bin frei.»

«Joey!» Er zuckte erschrocken zusammen, als der laute Ruf an seiner rechten Schulter ertönte. Irgendwie hatte Lola Trout es geschafft, ohne fremde Hilfe von ihrem Stuhl aufzustehen und um den Tisch zu gehen. «Weißt du, was du tun kannst, Joey?» Er schüttelte den Kopf und rechnete mit irgendeiner schrecklichen Beleidigung. «Du kannst mich durch den Saal tragen!» Es erhob sich überraschtes Beifallsgemurmel; offenbar war es eine große Ehre, eine solche Einladung zu erhalten, und Joey Hanover stand lächelnd auf, um Lola auf die Arme zu nehmen. Er taumelte unter dem unerwarteten Gewicht, richtete sich jedoch sofort auf und trug sie mit einer gewaltigen, trunkenen Anstrengung von einem Ende des Saals zum anderen, wobei er das Gesicht in den Falten ihres schnupftabakbraunen Gewandes vergrub. «So», sagte er, als er sie schließlich wieder auf ihren Platz setzte. «War das schön?» Er rang nach Atem.

«Das war jämmerlich!» Aber sie freute sich anscheinend über ihren Ausflug. «Du mußt ein bißchen Unterricht nehmen. Dann darfst du mich überallhin tragen.»

Joey verbeugte sich, um für das freundliche Angebot zu danken, und wollte gerade zu seinem Platz zurückkehren, als Farmer Mint ihn am Arm packte und in eine Ecke des Saals führte. «Hier lang. Hab dir was zu sagen.» Er spuckte sich in die Hände, fuhr sich durchs Haar und fing an, Joey sehr ernst und sehr langsam etwas zu erklären. Aber beide Männer waren längst so betrunken, daß keiner von ihnen mehr genau wußte, wovon eigentlich die Rede war, obwohl sie einander nachdrücklich zustimmten. «Ich bin auf deiner Seite!» rief Joey. «Ich werde dich nie, nie im Stich lassen!»

«Du bist ein braver Junge!» brüllte Farmer Mint zurück. Es war, als spreche er mit seinem Hund. «Ein ganz braver Junge!» Mit letzter Anstrengung griff er nach einem alten Moosfetzen, der vom Dachgebälk über ihm hing, zog ihn herunter über Gesicht und Schultern und klappte dann im Vollrausch zusammen. Boy Mint hatte das Schauspiel verfolgt, und kaum war sein Vater gestürzt, sprang er hoch, setzte sich die Mütze auf, ging hinüber und warf ihn sich so mühelos über die Schulter wie einen Sack Torfkompost. «Ist alles wahr», sagte er zu Joey, während er seinen Vater hinaustrug. «Alles, was er dir erzählt hat, ist wahr.»

«Natürlich ist es wahr!» bestätigte Joey kategorisch, obwohl er keinen Schimmer hatte, wovon Boy Mint sprach.

Der Aufbruch der Mints war das Zeichen für den allgemeinen Auszug der Gäste, aber erst als Joey nach draußen taumelte und sein Auto vor sich sah, fiel ihm wieder ein, daß Floey ihn hatte abholen wollen. Sie wartete bereits auf ihn und trommelte mit den Fingern auf den Rand des Lenkrades, doch als er sich nun dem Wagen näherte, warf er ein Bein in die Luft und begann lauthals zu singen: «Bis zum Morgen gehn wir nicht nach Haus, liebste Floey. Nein, bis zum Morgen gehn wir *nicht* nach Haus. Bis zum Morgen gehn wir nicht nach Haus. Bis was-war-es-noch auftaucht.»

«Ich tauche gleich auf», sagte sie und öffnete ihm die Tür. «Ich tauche gleich mit einer Axt hinter dir auf.»

«Familienfest, liebste Floey.»

«Weißt du, wie lange ich schon warte? Mir bleibt wirklicht nichts erstarrt.»

«Sehr, sehr schönes Familienfest.»

«O ja.» Sie sah zu, wie er auf den Rücksitz sackte. «Hoffen wir, daß du deine Erstgeburt nicht für ein Erbsengericht verkaufst.»

«Linsen», erklang es schwach vom Rücksitz, doch Floey hörte nicht zu und kutschierte ihren Mann mit einem grimmigen Lächeln der Befriedigung durch die dunklen Straßen von Colcorum.

Augustine Fraicheur hatte die Szene durch einen Spalt in seinen gestreiften Vorhängen beobachtet. «Was für ein Schauspiel», sagte er laut vor sich hin. «Ich kann kaum erwarten, Evangeline davon zu erzählen. Sie wird sich *kaputt*lachen.»

Als die Hanovers am Pilgrin Valley vorbeifuhren, lag Joey auf dem Rücksitz und säuselte: «Ein Küßchen für Mutter. Küß mich, Mutter, bevor ich sterb.» Plötzlich setzte er sich auf. «Flo. Er hat mir erzählt, daß etwas im Tunnel ist.»

70
Im Zentrum

SIE ARBEITETEN SEIT drei Wochen in dem unterirdischen Gang. Zwei Teams bewegten sich langsam von den beiden Eingängen auf den Mittelpunkt zu, auf den sie all ihre Hoffnungen gesetzt hatten – Hoffnungen, die von der Entdeckung der drei Münzen und den roten Zeichen an der Kalksteindecke des Tunnels geweckt und dann im Lauf ihres langsamen Vordringens durch andere «Funde» verstärkt worden waren. Sie hatten bereits einen Teil eines blattförmigen Schwertes aus der frühen Bronzezeit ausfindig gemacht und sichergestellt; zwei unverzierte Schüsseln aus dem frühen Neolithikum; einige geriffelte Tonwaren aus dem späten Neolithikum; eine kugelförmige Urne aus der mittleren Bronzezeit; Stecknadeln und eine Knochenpinzette aus der frühen Bronzezeit. Zu ihrem Erstaunen gab es Hinweise auf eine Kontinuität über viele tausend Jahre; entweder waren all diese Artefakte zunächst gesammelt und erst später in den Tunnel gebracht worden, oder der Gang war, mit dem Grabhügel als Eingang, über viele Generationen hinweg als eine heilige Stätte angesehen worden.

Aber es gab noch etwas Rätselhafteres. Rote Zeichen, wie die, die Mark gesehen hatte, wurden bald auch an anderen Stellen entdeckt – manchmal mit roter Ockerfarbe getupft, manchmal mit schwarzem Schiefer gekritzelt. Mark hatte

«L. M. 1586» gelesen, doch mittlerweile waren andere auf «T. M. 1750», «O. M. 1690», «J. M. 1827» und ein primitiv hingeworfenes «George. 1894» gestoßen. Der Sinn dieser Buchstaben war zunächst nicht klar, doch ihre Bedeutung lag auf der Hand: Der Gang war noch im 19. Jahrhundert bekannt gewesen und benutzt worden, also in einer Zeit, als der Grabhügel selbst völlig von dem Eschenwald bedeckt gewesen war. Aber weshalb war, wenn dies zutraf, im Grab selbst nichts angerührt worden? Warum hatte man den Erhängten, den Hüter des Geheimgangs, nicht gestört?

Dies waren Fragen, die noch im Raum standen, als sie an einem kalten Februarmorgen zusammenkamen. Sämtliche Meßdaten deuteten darauf hin, daß es ihnen an diesem Tag gelingen könnte, ins Zentrum durchzubrechen – vielleicht im buchstäblichen Sinn, denn auf dem Weg zu ihrem Ziel waren sie auf diverse Hindernisse – Haufen von Kalksteingeröll, Sackgassen, große Felsbrocken – gestoßen, die ihnen den Weg versperrten. Aber sie hatten sich stetig vorgearbeitet, und nun waren sie bereit, den letzten Schritt zu tun.

Sie standen in kleinen Gruppen zusammen, und ihr Atem schien in der eiskalten Luft zu soliden Splittern zu gefrieren. «Also, wofür steht dieses M?» fragte Julian Hill. «Weiß das jemand? Natürlich», fuhr er hastig fort, ohne eine Antwort abzuwarten, «braucht es gar kein Initial zu sein. Vielleicht ist es irgendein rituelles Zeichen.»

«Könnte es ‹Mißverstanden› heißen?» erkundigte sich Martha freundlich. «Oder ‹Maulheld›?»

«Was ist der heilige Name Gottes?» Mark hatte schon früher an diese Möglichkeit gedacht, erwähnte sie jedoch nun zum erstenmal. «Der, wenn er ausgesprochen wird, das Ende der Welt herbeiführt.»

«Wenn ich es wüßte, würde ich es dir bestimmt nicht in aller Öffentlichkeit sagen», erwiderte Martha.

Owen Chard hatte auf dem Mundstück seiner unangezündeten Pfeife herumgekaut, die er nun ganz langsam aus dem Mund nahm. «Ich werde euch sagen, was M bedeutet», erklärte er. «Es steht für Mint.»

«Ich glaube», sagte Mark in die plötzliche Stille hinein, «wir sollten jetzt anfangen.»

Also begannen sie mit der Arbeit. Owen und Julian machten sich zu dem im Wäldchen verborgenen Eingang auf, während Mark und Martha ihren Weg von der Endkammer des Grabhügels aus fortsetzten. Die verschiedenen Helfer, die monatelang an dieser Ausgrabungsstätte gearbeitet hatten, würden an den beiden Eingängen auf sie warten. Irgendwann im Lauf des Tages würden sie aufeinandertreffen und sich unter der Erde die Hand schütteln.

Mark bewegte sich immer noch sehr behutsam vorwärts; selbst in denjenigen Abschnitten der Passage, die sie schon erforscht hatten, bestand noch die Gefahr von Erdrutschen oder Felsstürzen, und er sagte kein Wort, während er vor Martha herging. Nur das Gescharr ihrer Stiefel auf dem Kalksteinboden war zu hören, während sie in die Erde vordrangen; obwohl der Gang sich ständig nach unten zu neigen schien, wurde die Decke höher, und bald kamen sie fast mühelos voran, ohne den Kopf beugen oder sich ducken zu müssen. Und Mark hatte den Eindruck, daß dies kein Zufall war: Die Erbauer hatten dafür gesorgt, daß die Gläubigen erst ungehindert ausschreiten konnten, wenn sie sich möglichst weit von der Erdoberfläche entfernt hatten und sich dem Zentrum dieses rituellen Weges näherten.

Sie hatten nun den letzten Abschnitt erreicht, doch das Zentrum war immer noch hinter einer Mauer aus Kalksteinbrocken verborgen, die seit Jahrhunderten hier gelegen haben mochten. Mark kam es jedoch so vor – warum, konnte er nicht erklären –, als sei die Mauer erst vor kurzem oder recht hastig errichtet worden. Aber dies erwähnte er den anderen gegenüber nicht. Eine ähnliche Mauer blockierte den Gang auf der anderen Seite, und nun unternahmen sie eine letzte gemeinsame Anstrengung, um die Brocken Stück für Stück zu entfernen. Keine der beiden Gruppen konnte die andere hören, da der zentrale Raum kein Geräusch durchzulassen schien, doch sie kamen ungefähr gleich schnell voran. Es war eine harte und beschwerliche Arbeit, aber ihre Begeisterung verlieh ihnen zusätzliche Kräfte, obwohl sich in diese Begeisterung ein wenig Furcht mischte, denn sie wußten ja nicht, was sie hinter den Barrieren finden würden. Sie waren tief unter der Erde, an einem Ort, den niemand betreten sollte, und die Steinbrocken schienen schwerer, als sie hätten sein sollen, sperrig, fremdartig. Einmal, als beide Gruppen das Echo einer Bewegung irgendwo über ihren Köpfen hörten, hielten sie inne; aber es verklang, und sie setzten ihre Arbeit noch rascher fort. Bis sie schließlich durchbrachen.

Sie traten gleichzeitig ins Zentrum und fanden sich in einem runden Raum wieder, der völlig leer war, von dem jedoch ein kleiner, in die Seite des Felsens getriebener Tunnel abging. Die Decke war hier noch höher, und sie konnten in die glänzenden Kalksteinfluchten hineinblikken; sie schienen sich am Fuß eines gigantischen Kegels zu befinden, und als sie in den Schlund über ihren Köpfen spähten, kam ihnen der Boden, auf dem sie standen, plötzlich nicht mehr fest vor. Sie befanden sich in einer Höhle unter der Erde, aber es war, als schwebten sie, als habe sich der sie umgebende Stein in Wasser und Wolken verwandelt. Obwohl niemand sprach, wußten alle, daß die anderen das gleiche empfanden. Felstrümmer waren über den Boden verstreut, und ein dünnes Wasserrinnsal lief an einer Wand hinab, bevor es schräg in den Tiefen unter ihnen versickerte. Die vier standen schweigend da, nachdem sie instinktiv einen Kreis gebildet hatten, und hörten nur das Geräusch des Wasser, das unablässig herabtröpfelte.

Sie hätten ewig so stehenbleiben können, doch dann löste Mark sich aus dem Kreis. «Wartet», sagte er. «Ich habe eine Idee.» Er ging zu der kleinen Öffnung an der Seite hinüber und kauerte sich daneben hin. Er schien auf etwas zu lauschen, doch die anderen, vielleicht entmutigt von der Leere des Raumes, machten keine Anstalten, ihm zu folgen. «Ich komme gleich wieder.» Dann duckte er sich und kroch in den Seitentunnel. Er hatte einen der Handscheinwerfer mitgenommen, und da es nun plötzlich viel dunkler war, knipste Martha ihre Taschenlampe an und richtete sie auf die Öffnung, durch die Mark verschwunden war. Die feuchten Wände schimmerten um sie herum, doch kurz darauf begann die Taschenlampe zu flackern und ging schließlich aus.

Höchstens ein paar Sekunden konnten verstrichen sein, als sie aus dem kleinen Tunnel einen Schrei – oder einen Ausruf – hörten, der in der Höhle über ihren Köpfen widerhallte. Julian ließ erschrocken seinen Handscheinwerfer fallen, der ebenfalls ausging. Einen Moment lang ließ eine Dunkelheit ohnegleichen, eine intensivere Dunkelheit als die der Nacht, sie verstummen. Sie konnten sie riechen, dumpf, schwer, bedrohlich; sie konnten sie sogar schmecken.

«O mein Gott!» sagte Martha schließlich. «Wessen Schuld ist das?»

«Niemand hat schuld», schnauzte Julian sie an, denn die Furcht verstärkte seinen Zorn. Er streckte die Hand aus, um nach dem Scheinwerfer zu tasten, kam jedoch an Marthas Bein, und Martha schrie entsetzt auf. «Keine Panik», flüsterte er. «Ich bin's nur.»

«Was heißt hier Panik? Faß mich nicht an.»

«Bleibt ruhig», sagte Owen. Er schien recht weit von ihnen entfernt zu sein, doch dies war eine Täuschung des Echos, denn er stand direkt neben ihnen. «Julian und ich haben doch noch unsere Taschenlampen.» Trotzdem dauerte es eine Weile, bis die beiden sie gefunden hatten, obwohl sie an ihre Hüfte geschnallt waren, denn in dem Stockdunkel war ihnen jegliches Gefühl für den eigenen Körper abhanden gekommen. Schließlich knipsten sie die Taschenlampen an. Selbst in deren doppeltem Strahl fiel es ihnen schwer, sich zu orientieren. Sie bewegten sich äußerst vorsichtig, als könnten sie, von der Dunkelheit umwabert, jederzeit in einen Abgrund stürzen. Und selbst als sie den Tunnel, in den Mark gekrochen war, wieder gefunden hatten, durchdrang das Licht ihrer Taschenlampen nicht die Finsternis darin. «Das war ohne Zweifel seine Stimme», sagte Owen. «Wir brauchen Seile. Und vernünftige Lampen. Ich bleibe hier – für den Fall, daß er zurückkommt. Ihr beide holt Hilfe.»

Julian Hill brauchte nicht lange zur Umkehr bewogen zu werden, aber Martha war verärgert darüber, daß Owen plötzlich das Kommando übernommen hatte. «Ich will mich ja nicht einmischen», gab sie zurück. «Aber meinst du nicht, wir sollten versuchen, ihn jetzt gleich zu finden?»

«Sieh her.» Owen richtete seine Taschenlampe in den Tunnel, doch der Strahl drang nur ein paar Zentimeter hinein und wurde dann von der Dunkelheit verschluckt. «Dort könnte eine tiefe Spalte sein. Oder andere Gänge. Wir könnten uns verirren.»

«Da hast du wohl ausnahmsweise recht.» Also eilten Martha und Julian zum Haupteingang zurück, wo die anderen sie erwarteten. Owen setzte sich ins Zentrum des kreisförmigen Raumes, holte seine Pfeife heraus, klemmte sie sich fest zwischen die Zähne und wartete auf ihre Rückkehr.

ud Mark Clare? Er war in den Tunnel gekrochen, ohne sicüber die möglichen Folgen Gedanken zu machen. Er h sich einfach nur für kurze Zeit von den anderen entfen wollen, denn an diesem heiligen Ort benötigte er ie Gesellschaft. Kaum hatte er sich durch den Eingang wängt, war er vom Klang ihrer Stimmen abgeschirmt d verspürte tiefen inneren Frieden. Deshalb drang er versichtlich weiter vor, richtete den Strahl des Handeinwerfers auf den Boden vor ihm und beugte Kopf und hultern, während er sich voranschob. Es war ein schmar Gang, höchstens einen Meter breit, und als er die ände an die Seite der Passage legte, merkte er sofort, daß e aus trockenerem und festerem Stein war als der Hauptunnel. Der Stein selbst hatte sich verwandelt; er schien so hart zu sein wie Granit.

Rechts und links von Mark gab es offenbar keine Vertiefungen oder weiteren Passagen, deshalb ging er immer weiter. «Dies ist der Weg», sagte er laut. Tatsächlich schien es ihm, als bewege er sich auf einer heiligen Straße voran, fort von dem Kreis, in dem die anderen standen. «Dies ist der Weg», wiederholte er ein paar Minuten später. «Dies ist der Weg, die Wahrheit und das Licht.» Plötzlich hatte er das Gefühl, eine Gestalt stehe vor ihm. Er blieb stehen und versuchte, sich aufzurichten. Aber da bekam er einen Schlag gegen den Kopf; er stolperte vor und stürzte zu Boden.

71
Silhouette

IM SCHOCK TRÄUMTE Mark, er fiele tiefer und tiefer, doch als er die Hand ausstreckte, um den Aufprall zu dämpfen, begriff er, daß er auf dem Boden lag. Er wußte nicht, wie lange er so dagelegen hatte, doch nun begann er sich widerwillig und vorsichtig aufzurappeln. Nicht etwa, weil er den Wunsch gehabt hätte, sich zu bewegen, sondern nur, um sich davon zu überzeugen, daß er es überhaupt noch konnte – daß die Freude, die ihn plötzlich erfüllte, ihn nicht für irgendeine Verletzung entschädigen sollte. Aber er merkte sofort, daß ihm nichts passiert war. «Wie von Engeln getragen», sagte er mit lauter Stimme. Und dann dachte er an Kathleen.

Der Scheinwerfer lag, zwischen zwei große Steine eingeklemmt, kaum einen Meter weit von ihm entfernt; der Lichtstrahl war schräg nach oben gerichtet und sah aus wie eine Lichtleiter. Mark folgte ihm mit den Augen bis zu dem Punkt oberhalb seines Kopfes, von dem er herabgestürzt sein mußte. Er sah den gezackten Rand des Ganges, über den er gestolpert war, den niedrigen Kamm, an dem er sich den Kopf gestoßen hatte, und, auf der anderen Seite, die Fortsetzung des Ganges. Die Passage wurde also durch diese Vertiefung – oder diesen Krater – geteilt; es konnte fast, wenn so etwas in dieser unterirdischen Welt möglich war, eine Art Falle sein. Aber er wußte, daß seine Retter ihn mühelos finden würden. Sie würden mit ihren Stimmen, ihren Lichtern und ihren Seilen kommen; sie würden ihn von hier fortbringen, an die Oberfläche und die Luft draußen. Doch war er sich noch nicht sicher, ob er das überhaupt wollte.

Ihre Lichter. Plötzlich störte ihn der elektrische Strahl des Scheinwerfers, und er ging hinüber, um ihn auszuschalten; die Leiter verschwand und hinterließ ein Nachbild, das einen Moment lang wie eine Halluzination vor ihm schwebte. Er setzte sich wieder – genau dorthin, wo er gelegen hatte – und lehnte sich gegen den Stein. Die willkommene Dunkelheit schien wie eine Gefährtin um ihn zu sein. Und doch konnte er nicht einfach im Dunkeln sitzen bleiben: Szenen und Bilder der Außenwelt stiegen vor ihm auf – Farben, Bewegungen, Bilder – und begannen ihm Geschichten zu erzählen. Gestalten schritten schweigend dahin – nicht eigentlich Gestalten, sondern Schemen mit Gesichtern, die miteinander verschmolzen und unkenntlich blieben. Und dann waren da Lichträder. Spiralen. Streifen von Helligkeit. Bunte Blitze. Sogar an diesem Ort wimmelte es von Geistern, aber sobald er versuchte, sie aufzuspüren, sie zu vertreiben, wußte er schon nicht mehr, woher sie gekommen waren. Sie mußten aus den größten Tiefen seiner Seele stammen, und doch waren sie ganz unpersönlich, schienen keinen wahren Ursprung zu besitzen.

Andere Bilder stiegen stumm vor ihm auf: Kinder, die auf einem Feld spielten, die zerbrochenen Statuen in Augustines Hinterhof, der Hang des Pilgrin Valley. Und er wußte, daß er auf alle diese Dinge für immer verzichten konnte; doch dann sprang plötzlich aus der Dunkelheit Juda hervor. Ja, der Hund war ein weiteres Geschöpf, das von Kathleen abhängig gewesen war. Aber es konnte nur eine flüchtige, unwillkürliche Erinnerung gewesen sein, denn Juda löste sich ebenso auf wie das Nachbild des Lichtstrahls. Alles war so zart und vergänglich, so vergänglich wie diese Bilder, die sich zusammenfügten und dann wieder auflösten, so vergänglich wie die elektrischen Hirnströme in Marks Kopf. Doch außer dieser Zartheit und Vergänglichkeit existierte nichts. Sie war das Leben selbst, und er begriff, daß der kleine Hund die allgemeine Hilflosigkeit symbolisierte, die auch Mark teilte. Vielleicht wäre es leicht, auch darauf zu verzichten, aber würde eine Art Mitleid – eine Art Wissen um die Conditio humana – ihn nicht stets daran hindern?

Und nun dachte er zum erstenmal ohne Grauen über Kathleens Beerdigung nach. Sie war für die folgende Woche angesetzt, doch der sich hinschleppende Prozeß der gerichtlichen Untersuchung hatte für ihn gleichsam außerhalb des normalen Zeitverlaufs stattgefunden, denn er hatte nicht sein eigenes, sondern Kathleens Leiden verlängert. In dieser ganzen Zeit war ihm das Begräbnis nicht als Gang zur letzten Ruhe, als Abkommen mit der Ewigkeit erschienen, sondern als ein Ende, nicht weniger abrupt und willkürlich als ihr Tod. Alles hatte unvollständig, unversöhnlich, untröstlich ausgesehen. Aber nun, da er in der Dunkelheit unter der Erde saß, brauchte er diese Unvollständigkeit, diese Vergänglichkeit nicht länger zu fürchten oder auch nur zu bedauern. Sie mußte akzeptiert werden. Er wurde ruhig, er begann die Erde zu spüren, die ihn umgab und die Bruchstücke und Gedankensplitter seines Bewußtseins in gnädiges Dunkel hüllte. Es war, als seien dies poröse Steine, die menschliche Phantasien so leicht aufsaugten wie Wasser.

Mark mußte geschlafen haben, denn als er den Kopf wieder hob, merkte er, daß er zusammengerollt auf dem Boden lag. Als er jetzt die Augen aufschlug, hatten sie sich an die Dunkelheit gewöhnt. Sie war nicht länger ein undurchsichtiges, widerspenstiges Medium, sondern sie schien infolge eines inneren Drucks abzusinken und dahinzutreiben, anzuschwellen oder schwächer zu werden. Und als er sich vollends wachrüttelte, entdeckte er vor sich einen Streifen fahlerer Dunkelheit, wie das Licht eines ersterbenden Feuers, wie das Phosphoreszieren von verwittertem Stein, wie das Gespenst eines Lichtes. In den Felsen vor ihm war ein Bogen eingemeißelt, und dahinter sah er eine Nische, wo der kaum sichtbare Lichtnebel auf der Oberfläche der Dunkelheit zu schweben schien. Mark stand auf und ging darauf zu. Er trat unter dem Bogen hindurch und blieb dann ganz plötzlich stehen, denn er spürte, daß er das Endes seiner unterirdischen Pilgerfahrt erreicht hatte. Die Nische war das eigentliche Haus unter der Erde.

Vor ihm befand sich eine rechteckige Steinplatte von ungefähr zwei Metern Länge, die in der fahlen Finsternis einem Altar glich. Und auf ihr lag etwas. Er bewegte sich mit ausgestreckten Händen unsicher darauf zu, schrak jedoch keuchend zurück, als er merkte, daß das Ding nicht aus Stein bestand. Es war etwas anderes. Zögernd berührte er es und spürte Holz unter seinen bebenden Fingern. Es war eine knapp anderthalb Meter lange Holzkiste. Ein Holzsarg. Er legte die Hände darauf und konnte mit den Fingern Kerben oder Rillen ertasten, die in das Holz eingeschnitzt waren. Unter seiner Berührung schienen sie sich zu Buchstaben zu fügen.

Mark wich zwei Schritte zurück, starrte den Altar einen Moment lang versonnen an, wie um zu einer Entscheidung zu kommen, und ging zu dem Scheinwerfer, der immer noch zwischen den Steinen eingeklemmt lag. Dann kehrte er in den kleinen quadratischen Raum zurück, und als er das Licht anknipste, sah er, daß die Kiste so geschickt verschlossen war, als bestünde sie aus einem einzigen Stück Holz. Nur eine hauchdünne Ritze markierte die Position des Deckels, und er war mit soliden Holzkeilen auf der Kiste fixiert – so, als sei etwas darin eingesperrt. Und als Mark an den Altar herantrat, sah er, daß auf den Deckel des Sarges mit roter Ockerfarbe die Silhouette einer Gestalt gezeichnet war, die gekrümmt dalag, die Knie an die Brust gezogen. Und die Buchstaben, die er ertastet hatte? Die eingeschnitzten Buchstaben? Er kniete sich hin, richtete den Scheinwerfer auf die Seitenwand des Sarges und las dort die deutliche Inschrift: «Alter Baron.» Mark konnte nicht einschätzen, wie alt die Inschrift war, aber wenigstens wußte er jetzt, daß er an dem Zentrum – dem Ursprung – angekommen war, nach dem er gesucht hatte. Dies mußte die Leiche sein, für die man vor rund viereinhalbtausend Jahren den Grabhügel gebaut hatte; die Silhouette in rotem Ocker stellte die Gestalt im Inneren dar – falls es überhaupt noch eine erkennbare Gestalt gab. Er wußte, daß organische Überreste, wenn sie so eingeschlossen waren, viele, viele Jahrhunderte lang erhalten bleiben konnten. Aber wie lange genau?

Und warum war die Leiche so lange verborgen worden? Warum wurde sie immer noch verborgen? Er war am Ende seiner Suche, doch er konnte weder zurück noch vorwärts blicken. Er knipste den Scheinwerfer aus, senkte den Kopf und legte die Hände wieder auf die Holzkiste. Alec hatte ihm gesagt, daß der menschliche Körper kosmische Reste enthalte und ein Relikt toter Sterne sei. Wenn dies irgendwo zutraf, dann gewiß hier, denn über und unter der Erde war Sternenlicht. Die Menschen, die ins Pilgrin Valley gekommen waren, hatten der Leiche ihre Verehrung bezeigt und gleichzeitig die Sterne angebetet; dadurch hatten sie einen Lichtzirkel geschaffen, der dem Steinkreis über seinem Kopf glich. Und er hatte auch die Ewigkeit gesehen, denn hier unten gab es keinen Anfang und kein Ende. «Kathleen», sagte er.

Mark hatte eine andere Zeit betreten, eine Zeit, in der seine Frau weiterlebte. Er konnte für immer hierbleiben, und in diesem Moment des Sichfügens fühlte er sich nicht nur mit Kathleen, sondern mit allen Toten ausgesöhnt. Und wenn er an sie dachte, wenn er an die Vergangenheit dachte, sah er nur die immerfort gleiche Bewegung des Sternenlichts, das still – so still wie diese Stätte – durch den Weltraum trieb. Und ja, die Stille hier war das Schweigen der Toten, das Schweigen derjenigen, die vor ihm gekommen waren und ihn, gleichsam, als sei er an der Hand genommen worden, unter die Erdoberfläche geführt hatten. Sie waren die Steine, an denen er lehnte, der Fels, auf dem er stand. Sie waren die Welt geworden. Er wußte nun, was Zeit war: Es war das Wort für das, was kein Lebewesen verstehen konnte, denn es zu verstehen hieß, außerhalb der Zeit zu existieren. Nur wer gestorben war, konnte die Zeit begreifen, denn die Zeit war Gott. Und in dem Haus unter der Erde verspürte er keine Furcht mehr.

Dann hörte er das Stimmengemurmel. Dies waren seine Retter, und er kehrte widerwillig in die Grube zurück und wartete darauf, in die Oberwelt geführt zu werden.

Sechster Teil

Es ist daher ein Gemeinplatz, fast eine Tautologie, wenn man behauptet, jegliche Magie sei notwendigerweise falsch und unfruchtbar. Denn sollte sie jemals fruchtbar werden, so wäre sie eben nicht mehr Magie, sondern Wissenschaft.

Der goldene Zweig
J. G. FRAZER

72
Aldebaran

ALDEBARAN. ALTER. BARON. Dies waren die Worte, die Damian Fall einfielen, während er durch das Fenster seines Häuschens die untergehende Sonne betrachtete. So ging auch sein eigenes Leben unter. Er beobachtete sie, wie sie am Horizont zitterte, so nahe, daß sie direkt ins Pilgrin Valley zu versinken schien. Dann leckte er behutsam an seinem Zeigefinger und hielt ihn dem sterbenden Stern entgegen. Er hatte heute abend jedes einzelne Geräusch im Tal hören können: die Rufe und das Lachen, als Mark Clare aus der Höhle unter der Erde gerettet wurde; dann, viel später, die Mints, die sich laut neben dem Grabhügel stritten. Aber nun war es still, und er war allein. Und während er zusah, wie die Dämmerung die Luft vor ihm gleichsam verdichtete, rührte sich eine vertraute Unruhe unter seiner Kopfhaut. Es war, als sei dort etwas abgelenkt worden und habe die Richtung geändert.

In seinem Kopf vernahm er Geräusche – nein, nicht Geräusche, sondern Stimmen, und sie erhoben sich wie ein Wind, der eine Krankheit heranträgt. Und ihm schien, daß auch dieses Häuschen ein Grabhügel sei, doch einer, der außer ihm noch andere beherbergte. Schatten bewegten sich im Zimmer; es waren die der Menschen, die einst hier gelebt hatten. Plötzlich ertönte gellendes Gelächter: Damian schlug sich die Hand vor den Mund und starrte wild um sich.

Aber die Schatten hatten ihn nicht gehört. Sie waren jäh verschwunden; an ihre Stelle war eine mächtigere Dunkelheit getreten, und Damian merkte entsetzt, daß sich die Fenster selbst verfinstert hatten – daß sie lebendig geworden waren. Sie bebten vor Leben, und als er einen Schritt vorwärts machte, sah er, daß Schwärme von großen Fliegen das Licht blockierten. Und dann begriff er, daß sie ihn zu erreichen suchten; ihre Augen ruhten auf ihm, sogar in der Dunkelheit. Er fuchtelte heftig mit den Armen, als hätten die Fliegen sich bereits durch das Glas gefressen und seien ins Zimmer eingedrungen. Er drehte sich schwankend um die eigene Achse, und als er sich danach umblickte, waren die Fliegen fort. Die Fenster waren wieder klar und ließen das letzte matte Tageslicht ein.

In diesem grauen Licht musterte er nun die Stiche an der Wand seines Häuschens; sie schienen plötzlich mit Leben erfüllt. Die Karte der Plejaden begann sich zu bewegen und zu schimmern; Ptolemäus blickte zu Damian hinüber, bevor er triumphierend ein glänzendes Sonnenmodell hob; Kopernikus drehte das Astrolabium mit dem Zeigefinger der rechten Hand, von dem er dann den Staub ableckte; Tycho Brahe griff nach den künstlichen Sternen, die an dem Samtvorhang angebracht waren, und im selben Moment spähte der alte Mann in Mönchskutte staunend durch ein Holzrohr. Zwei Männer mit kurzen Perücken gingen im Dunkeln über einen Holzfußboden, und Damian konnte das Ticken von zwei großen Uhren hören, deren Gehäuse an der Wand befestigt waren. Seine Augen gewöhnten sich an das Sternenlicht, und er sah, daß sie in einem achteckigen Zimmer standen, und nun trat ein Mann neben einen mächtigen Messingquadranten neben einem offenen Fenster. «Siehst du», fragte er seinen Gefährten, «wie sich der Winkel des Äquinoktialgradienten geändert hat?» Damian wußte, daß dies seine eigenen Worte und zugleich doch nicht seine eigenen Worte waren. Er wich zurück und konnte das Geräusch seiner Schuhe auf dem Holzboden hören. «Ja», sagte er. «Er hat sich geändert.» Doch das einzige, was er nun noch wahrnahm, war das Ticken der Uhren.

Es war Zeit, aus dem Haus zu gehen. Vielleicht wäre er draußen in der Nacht sicher. In der Dunkelheit konnte er sich vor seinen Angreifern verbergen. Denn geschah es ihm nicht recht, daß er angegriffen wurde – er, der nichts geleistet hatte, der keinerlei Existenzberechtigung besaß? Er konnte nicht hierbleiben, nicht in diesem Haus über der Erdoberfläche, wo er so ungeschützt war. Schon wollte er die Vorhänge schließen, doch dann überlegte er es sich anders: Nein, denn dadurch könnte er etwas im Haus einsperren. Kein Licht, kein elektrisches Licht; das war die Beleuchtung eines Gefängnisses. Wenn er es einschaltete, würde er womöglich seinen eigenen Schatten erblicken – er hatte Angst, buchstäblich Angst vor seinem eigenen Schatten. Er griff nach seiner Jacke und rannte aus dem Haus, wobei er darauf achtete, daß die Tür geöffnet blieb. Heute noch sollte das Tal freien Einlaß haben.

Damian stieg in seinen Wagen und fuhr durch die einbrechende Dunkelheit zum Observatorium im Holblack Moor. Dort würde er bestimmt Ruhe finden. Bald würde er unter der Kuppel in Sicherheit sein, und während er aus dem Pilgrin Valley hinausfuhr, amüsierte ihn die Überlegung, wie er wohl auf einen Beifahrer wirken mochte. Er drehte den Kopf und lächelte seinem unsichtbaren Gefährten zu; das Profil seines dunklen Gesichtes zeichnete sich vor dem dunklen Fenster ab. So bin ich überhaupt nicht, sagte er. Dies bin ich eigentlich gar nicht.

Als er im Observatorium eintraf, war noch niemand da. Es war noch zu früh für Brenda und Alec, die um 22 Uhr kamen und die Nacht durcharbeiteten. Damian begab sich in sein Büro, wobei er leise vor sich hin summte, und ging dann rasch durch den Korridor ins Observatorium. Er drückte auf einen Knopf und wurde von rotem Licht überflutet, als er sich umdrehte, um die Verbindungstür zuzuschlagen und abzuschließen. Dann lehnte er sich mit dem

Rücken gegen die Wand. Er stand auf der Klippe seines Selbst, schaute hinunter und fürchtete abzustürzen.

Aldebaran. Der Riesenstern wartete auf ihn, wie er es stets getan hatte. Aldebaran war der Stern, der über alle Seufzer und Tränen der Erde herrschte, so wie der Mond über ihre Gezeiten herrschte. Damian mußte dies von Anfang an gewußt haben, aber warum war es nun plötzlich so wichtig? Er mußte den roten Aldebaran beobachten, für den Fall, daß ihm die Zeit ausging. Aber wie konnte die Zeit ausgehen? Wohin konnte sie gehen? Sie war doch die Gestalt des Universums.

Er stieg die Metalltreppe zum Kontrollraum im Untergeschoß des Observatoriums hinunter, wo ihn das leise Summen des Objektspektrographen begrüßte. Das rote Licht aus dem Observatorium drang auch in diesen trüben Winkel, und er betrachtete die Spektrallinien, die, erzeugt von der Unendlichkeit über ihm, aus dem Drucker kamen; dieses Sternenlicht war Tausende von Jahren alt, doch nun wurde es in Farblinien und -streifen umgewandelt, wiederhergestellt, in neuen Mustern angeordnet, nachdem die verlorene Farbe wiederbelebt und den Impulsen Gestalt verliehen worden war. Wo andere zum Nachthimmel emporschauen und nur ein schwaches Licht wahrnehmen würden, das von den Böen thermischer Winde verweht und von der schwindelerregend zitternden Atmosphäre verdunkelt wurde, konnte Damian in diesen Linien Aldebarans wahre Identität erkennen. Sie glichen der geisterhaften Handschrift eines längst Verstorbenen. Ja, das war es. Er wurde vom Geist Aldebarans verfolgt. Der Geist war mit ihm in diesem Raum. Damian taten die Augen weh, und er fuhr sich mit der Hand über das Gesicht.

Aber was war das? Das konnte doch nicht sein. Während er zusah, begannen die Spektrallinien, sich zu den kürzeren, blauen Wellenlängen am Ende des Spektrums zu verschieben; sie vereinigten sich, wurden von einer enormen Kraft zusammengepreßt. Und er wußte, weshalb. Die Blauverschiebung zeigte, daß der Riesenstern sich nicht mehr fortbewegte, sondern auf die Erde zuraste, und zwar mit ungeheurer Geschwindigkeit. In seiner Panik rannte Damian zu dem Photonenzähler hinüber, der im selben Moment schnatternd zum Leben zu erwachen schien, und dort, auf dem Bildschirm, bewegten sich die Ziffern, die das Maß der Hintergrundstrahlung des Universums angaben, in rasender Geschwindigkeit. Die Zahlen wuchsen vor seinen Augen ins Riesenhafte, und die Ziffern gingen so schnell ineinander über, daß sie wie eine Reihe miteinander verschmelzender Gesichter aussahen.

Damian hätte sie stundenlang beobachten und in den verwirrenden Spiralen vertraute Gesichter Revue passieren lassen können. Aber nun wußte er Bescheid. Endlich war die lange Agonie des Universums vorbei. Die Flucht vor dem Moment seines Ursprungs ging zu Ende. Es hatte aufgehört, sich auszudehnen, und stürzte nun auf ihn zu. Auf ihn, Damian. Er klammerte sich an den Apparat, als sei er in Gefahr, fortgeblasen zu werden. Dies war der Augenblick, den er stets erwartet und stets gefürchtet hatte.

Er riß sich von dem Photonenzähler los und kletterte in die Kuppel hinauf. Dort blieb er plötzlich wie angewurzelt stehen, weil er meinte, das Stöhnen des Nachthimmels hören zu können. Deshalb also hatte er die zitternden Fliegen gesehen. Deshalb hatte er in seinem Häuschen die alten Stimmen gehört; die Hitze des nahenden Universums hatte sie geweckt, und sie hatten begonnen, das Ende des Kosmos, der sie so lange gefangengehalten hatte, zu feiern. Der Boden bebte unter seinen Füßen: Ja, sie waren aus der Erde gekommen, um den bleiernen Himmel zu begrüßen, der sie hervorgebracht hatte. Dies waren die Schatten, die er vor sich gesehen hatte. Und als er die Augen schloß, konnte er die Bäume im Pilgrin Valley sehen, die vom Feuer umschlossen waren, noch immer in Flammen.

Aber warum war das Ende noch nicht gekommen? Wenn das Universum sich zusammenzog und zum unvorstellbaren Moment seiner Geburt zurückkehrte, dann doch bestimmt von einem Augenblick zum anderen? Wenn sich der Druck von Zeit und Raum umdrehte und das Universum in sich selbst zusammenfiel, würde dies doch gewiß außerhalb der Zeit – in gewissem Sinne nach dem Ende der Existenz von Zeit – vor sich gehen? Vielleicht also war es bereits passiert. Vielleicht hatte der Zusammenbruch des Universums bereits stattgefunden. Vielleicht war es über den Moment seiner Entstehung hinaus und nahm eine neue Gestalt an.

Nein. Das war unmöglich. Es gab immer noch eine Welt um ihn herum. Er lebte und bewegte sich. Er existierte noch, weshalb sonst litt er solche Qualen? Nein. Es war nur Aldebaran. Nur der Rote Riese war aus der gewohnten Bahn geworfen worden. Irgendwie war Aldebaran aus seiner Sphäre gestürzt, und mit der Hellsichtigkeit eines Menschen, der Zeuge einer Katastrophe wird, brachte Damian Aldebarans Sturz mit den Erscheinungen im Pilgrin Valley in Verbindung. Die Schatten und Stimmen waren also doch real gewesen; sie hatten ihn warnen wollen. Alter. Baron. Er trat an den Monitor, der die schwachen, von der elektronischen Kamera eingefangenen Impulse interpretierte. Hier war das Bild des großen Sterns auf dem Schirm zu sehen; weiße und dunkle Flecken darauf zeigten, daß er nicht mehr einheitlich hell leuchtete, sondern in einem gigantischen Krampf auseinanderbrach. Zugleich wurde das gesamte Bild blasser, was abermals ein Zeichen dafür war, daß der Stern sich bei ständiger weiterer Erhitzung auf die Erde zubewegte. Nicht das Universum stürzte ein, nur der eine Rote Riese entfernte sich aus seiner Konstellation und fiel auf Damian zu. Damian meinte, seine Eingeweide schmölzen in der Hitze. Er blickte wieder auf den Monitor und sah, wie die vom Computer erzeugten Lichtquadrate an den Rändern des Schirms flackerten und sich auflösten. Und er erhaschte einen Blick auf sein eigenes, vom Bildschirm reflektiertes Gesicht, in Rot getaucht, doch Mund und Augen ganz dunkel.

Er ging zur anderen Seite des Observatoriums und öffnete mit einem tiefen Seufzer die Kuppel. Langsam schoben sich die beiden Hemisphären des Daches auseinander, und Sternenlicht flutete in den Innenraum wie sonst auch. Damian wünschte sich, wie immer ruhigen Blicks emporschauen und die vertrauten, auf ihn herabscheinenden Sternbilder begrüßen zu können, aber er sah nichts als willkürliche Lichtpunkte, schwankend über seinem Kopf und bereit zum Sturz. Und er blickte in die Abgründe zwischen ihnen, in die dunklen Abgründe,die nicht in diese Zeit – in diese Zeit von Damians Dasein – gehörten. Und da waren keine Sterne, sondern nur die Wörter, mit denen wir so gern den Himmel schmücken. Ihr Sternenglanz ging von längst toten Objekten aus, das sichtbare Firmament war nichts als eine Welle sterbender Energie, die durch unvorstellbare Räume einem unbekannten Ziel entgegenlief. Das Universum war ein Gebilde, errichtet auf… ja, worauf? Auf nichts. Und als er so emporschaute, erfüllte ihn die Furcht vor der Leere, die Furcht vor dem Nichtsein. Und er wurde ein Nichts. Er kroch in eine Ecke des Observatoriums und kauerte mit an die Brust gezogenen Knien unter der gewaltigen Leere des Universums.

73
Leichenräuber

«GEHT VORSICHTIG MIT ihm um. Schüttelt ihn nicht so.» Drei Männer liefen durch den unterirdischen Gang; zwei von ihnen trugen einen großen, in schwarze Plastikplanen gehüllten Gegenstand, während der dritte mit einer Lampe voranging. Aber sie benötigten das Licht eigentlich gar nicht, denn die beiden Träger schienen den Weg so gut zu kennen, daß sie trotz ihrer Last jede Kurve und Neigung des Tunnels mühelos bewältigten. Sie waren auch an den Wandel gewöhnt, den sie in sich selbst verspürten, wann immer sie sich unter die Erde begaben: Sie verließen das Reich der normalen Zeit, und das Echo ihrer Stimmen gesellte sich zu den anderen Echos, die sie überall um sich herum erahnten. Die Zeit spannte einen Bogen um sie, umzingelte sie und beschützte sie zugleich. Es war, als verlören sie ihre eigene Persönlichkeit und würden zu Dienern dieser Kraft – vielleicht nicht anders als jene, die diesen Gang erbaut hatten und von denen sie abzustammen glaubten.

«Er ist in sicheren Händen. Es gibt keine sichereren. Nicht auf dieser Erde.» Der erste Träger blieb für einen Moment stehen und schaute zu seinem Gefährten zurück. «Was meinst du, Boy?»

«Darauf kannst du Häuser bauen. Nennen diese Dummköpfe das nicht so? Das Haus unter der Erde?»

«Sprecht nicht zu laut.» Simon Trout, der die Lampe vor den Mints hertrug, legte den Finger an die Lippen. «Vielleicht hören sie zu.»

«Die einzigen, die uns zuhören, wissen sowieso über uns Bescheid», sagte Farmer Mint. «Sie kennen unsere Stimmen.» Und wirklich konnten nur die Toten sie gehört haben, denn sie befanden sich in dem runden Raum im Zentrum des Steinkreises, wohin die Leichen der Dorfbewohner stets gebracht wurden; in dieser Aushöhlung des Felsens, wo die Archäologen ihre Lampen verloren hatten, wurden die Toten zur Verbrennung vorbereitet, und der Rauch der Scheiterhaufen stieg in jene Schächte und Spalten auf, die so sehr einem Kegel ähnelten.

«Ich rede von denen, die noch am Leben sind», erklärte Simon Trout ungeduldig. «Sie könnten zuhören. Ich rede von denen über der Erde, die vielleicht noch Wache halten.»

«Niemand hält Wache. Keine Sorge.» Farmer Mint gab seinem Sohn ein Zeichen, und die beiden nahmen ihre Last wieder auf. «Die sind längst nach Hause gegangen.»

Es war die Nacht nach Mark Clares Rettung aus der verborgenen Kammer, wo er die Holzkiste mit der an einer Seite eingeschnitzten Inschrift «Alter Baron» gefunden hatte. Dies war die Entdeckung, auf die seine Kollegen gehofft hatten, und kaum war Mark aus der Grube geborgen und an die Luft gebracht worden, begannen sie, die Ausgrabungsarbeiten dort zu organisieren. Man würde die Grube sorgfältig räumen müssen. Ferner hatten die Archäologen bemerkt, daß der zentrale Raum zwar vollkommen leer war, die Seiten der Felsen jedoch Spuren von Asche aufwiesen; und die Decke der darüberliegenden Höhle schien, wie die erste Untersuchung zeigte, versengt oder rußgeschwärzt zu sein. Feuer mußten dort gebrannt haben – genau an der Stelle, wo sich die Gänge trafen. Aber das wichtigste Objekt war der Sarg, den Mark Clare gefunden hatte; man würde diesen Holzbehälter entfernen, öffnen und seinen Inhalt untersuchen müssen. Damian Fall hatte also in seinem Häuschen tatsächlich Gelächter gehört: Es war das der Archäologen gewesen, die ihre Suche endlich abgeschlossen und das Geheimnis des Grabhügels gelöst sahen. Wer immer in dem Sarg lag – König, Astronom oder Zauberer –, war offensichtlich Gegenstand des im Pilgrin Valley existierenden Kultes; der Grabhügel bildete den Eingang zu seinem Geheimnis, der Steinkreis das Symbol seiner Macht.

Es war inzwischen lange nach Mitternacht, und die drei Männer kletterten im Schutz der tiefsten Dunkelheit aus dem Gang, den sie so gut kannten. Aber sie brauchten nicht zu befürchten, entdeckt zu werden, denn die anderen waren, wie Farmer Mint erraten hatte, schon vor Stunden nach Hause gefahren. Simon Trout kroch vorsichtig aus dem im Wäldchen verborgenen Eingang und achtete darauf, die Lampe mit den Händen abzuschirmen, bevor er sich in die kalte Nachtluft hinauswagte. Farmer Mint und Boy Mint folgten ihm, wobei sie den Holzsarg abwechselnd hochwuchteten und zogen, bis auch er draußen war. Sie ließen ihn in der dicken Plastikfolie und stellten ihn behutsam auf dem harten Boden ab. «Laß ihn sachte runter», flüsterte Farmer Mint. «Laß ihn sachte auf seine Heimaterde runter.»

«Er sollte nicht wegmüssen», flüsterte sein Sohn zurück. «Er sollte nicht in die Nacht rausgetragen werden müssen. So nicht.» Seine Gefährten verstanden, was er meinte – der Holzsarg und sein Inhalt waren am falschen Ort, fast in der falschen Dimension. Der falschen Zeit. Und eine Sekunde lang glaubte Boy Mint, Geräusche aus dem Sarg zu hören.

«Er kommt zurück, Boy. Wenn es soweit ist. Er hat Verständnis.»

Simon Trout blickte sich nervös um, und sein Blick fiel auf Damian Falls Häuschen jenseits des Feldes. «Wer wohnt jetzt dort?» fragte er und deutete hinüber. «Wer ist es?»

Boy Mint lachte glucksend. «Der macht uns keine Schwierigkeiten, bestimmt nicht. Ich habe vor Stunden gesehen, wie er wegfuhr. Als wäre er auf dem Weg zur

Schlachtbank. Nur die Engel sind noch dort. Die Schutzengel.»

Während sein Sohn sprach, beugte Farmer Mint sich nieder und strich ehrfürchtig über den Sarg. «Wir können ihn nicht mit nach Haus nehmen», sagte er, als habe er ihre Gedanken erraten. «Denn dort werden sie vielleicht nach ihm suchen. Und nach Colcorum können wir ihn auch nicht bringen. Zu viele Auswärtige. Mit Verlaub», fuhr er fort und zog die Mütze vor Simon, der im Dorf wohnte, «aber dort sind wirklich viele Fremde. Deshalb haben Boy und ich uns einen wunderschönen Plan ausgedacht.»

Simon Trout konnte seine Ungeduld kaum unterdrükken. «Was für einen Plan?»

Boy Mint streckte eine Handfläche aus und klatschte dann mit der anderen Hand darauf. «Wir bringen ihn zu Onkel Joey», sagte er. «Joey Hanover.»

«Aber...»

Farmer Mint übernahm die Begründung. «Gehört er etwa nicht zur Familie? Er ist einer von uns. Er hat das Geweih getragen.» Lachend setzte er hinzu: «Niemand würde ihn verdächtigen, oder? Und keiner weiß, daß es da eine Verbindung gibt, stimmt's?»

«Genau!» Boy Mint klopfte seinem Vater auf die Schulter. «Man würde Onkel Joey genausowenig im Verdacht haben wie... wie...» Er suchte nach einem geeigneten Namen. «Wie Miss Evangeline Tupper persönlich.»

«Habt ihr es ihm denn gesagt?» Simon Trout schien immer noch Zweifel zu haben. «Habt ihr ihn vorgewarnt?»

«Nicht ausdrücklich. Aber er ist ein guter Kumpel. Er wird's einsehen.» Farmer Mint gab Boy Mint wieder ein Zeichen, und die beiden hoben den Sarg wieder an. «Vorsicht. Wir wollen ihn nicht aufwecken. Noch nicht.»

74
Mein Alter

DER TAG BRACH gerade an, als sie vor dem Haus der Hanovers am Cobb anhielten, doch Joey war schon wach. Er stand in seinem kleinen Vorgarten, trug trotz der Kälte nur einen scharlachroten Morgenrock und stocherte in dem vom Frost gehärteten Boden. Dabei sang er:

Oh, am Meer, da geht's hoch her,
Und ist es noch so kalt.
Oh, am Meer, da geht's hoch her.

«Zum Gruß», sagte er, als Simon Trout und die beiden Mints die Gartenpforte öffneten. «Wer hat denn da Gold im Munde?»

«Wir haben eine kleine Überraschung für dich, Joey.» Farmer Mint sah ihn todernst an. «Wirklich.»

«Nichts verraten.» Joey schloß die Augen. «Es ist meine Schwiegermutter. Ihr habt sie ausstopfen lassen.»

«Fast. Aber nicht ganz. Sag's ihm, Boy.»

«Es ist ein Familienmitglied, Onkel. Da hast du recht.»

Joey wurde plötzlich blaß und ließ seinen Stock auf den frostigen Boden fallen. «Es hat doch nichts...» Er hustete, schüttelte den Kopf und begann von neuem: «Es hat doch nichts mit meiner Mutter zu tun?»

«O nein.» Farmer Mint wandte die Augen nicht von ihm ab. «Es liegt viel weiter zurück. Viel, viel tiefer.»

Joey war seltsam erleichtert. «Das ist also die Überraschung?»

«Er ist dahinten drin.» Boy Mint zeigte auf den zerbeulten grünen Lastwagen, mit dem sie gekommen waren. «Er braucht nämlich ein gutes Heim.»

Joey blickte in die angegebene Richtung und lachte.

«Mein Alter sagte immer, erst wägen, dann wagen. Kennt ihr das?»

Nun war es Farmer Mint, der lachen mußte. «Der Alte ist *auf* dem Wagen, er wagt nichts mehr.»

«Doch nicht mein Va...»

«Nein. Ich hab's dir doch gesagt. Geh weiter zurück. Viel weiter zurück.»

«Soll ich ihn also hereinbitten?» Joey Hanover lächelte. «Es ist schrecklich kühl hier, findet ihr nicht? Wenn der Wind weht?»

«Die Kälte macht ihm nichts aus. Ihm nicht. Wie nennt man noch mal einen, wenn er die Kälte nicht bemerkt, Boy?»

«Unempfindlich, Vater.»

«Genau. Er ist unempfindlich, ganz richtig.»

«Er ist tot», sagte Simon Trout kummervoll. «Und das schon ziemlich lange.»

Joey Hanover musterte sie überrascht und brach dann in Gelächter aus. «Ich weiß. Das ist wieder einer von euren Tricks, stimmt's?» Er nahm an, dies sei eine weitere rituelle «Prüfung» – wie die Sache mit dem Geweih, das er bei der Abendgesellschaft in Colcorum getragen hatte. «Also bringt ihn rein. Was soll ich mit ihm anfangen? Ihn mir auf den Kopf setzen?» Joey ging voran ins Haus.

«Er scheint sich ja ganz gut mit der Sache abzufinden», flüsterte Simon Farmer Mint zu.

«Er findet sich mit gar nichts ab. Noch nicht. Aber wir werden tun, was Joey sagt. Wir werden ihn reinbringen. Ich hab das Gefühl, es wird ihm hier gefallen.»

Die drei gingen zum Lastwagen zurück und trugen den Sarg, immer noch in seiner schwarzen Umhüllung, über den Gartenpfad ins Haus. Mit ihrer Last kamen sie nur langsam voran, und über die unmittelbare Umgebung schien sich Stille zu senken; kein Vogel sang, als sie den

Sarg über die Schwelle hoben. Floey Hanover, die einen leuchtendblauen Morgenrock anhatte, wartete im Vorderzimmer. Sie starrte die drei finster an, während sie die Kiste auf dem Fußboden absetzten. «Es war doch nicht der Husten, der half, ihn wegzupusten?» Aber es klang nicht sehr amüsiert.

Joey, der erst jetzt den Witz zu kapieren schien, betrachtete das Bündel mit geübtem Blick. «Es sieht ganz nach dem alten Teppichtrick aus, Flo», sagte er. «Erinnerst du dich an die menschliche Haarnadel?»

Farmer Mint fing an, behutsam die Plastikumhüllung zu entfernen, und Floey rümpfte die Nase. «Das riecht ja so wie manchmal auf dem Fernsprechamt. Ihr kennt doch die Dinger. Sie reimen sich auf Duett.» Joey hörte ihr nicht zu. Er sah fasziniert zu, wie die Holzkiste langsam enthüllt wurde. Floey war verstummt und starrte ebenfalls verblüfft den Sarg an. Die Atmosphäre im Zimmer hatte sich geändert; es schien den Hanovers breiter und dunkler geworden zu sein und sachte hin und her zu schwanken, als balanciere es auf einer schlanken Säule.

«Also dies ist das Familienoberhaupt», erklärte Farmer Mint stolz. «Das ist der erste Mint, Joey. Der Alte. Sag's ihm, Boy.»

«Ja. Sag's mir.» Joey bestaunte die mit rotem Ocker gemalte Silhouette, die Gestalt mit den an die Brust gezogenen Knien.

«Wir wissen nicht, wie alt er ist», begann Boy Mint. «Nicht aufs Jahr genau.»

«Oder aufs Jahrhundert, Boy. Vergiß nicht, daß wir auch das Jahrhundert nicht kennen.» Farmer Mint ergänzte dies triumphierend, als trage die weitere Verwirrung nur dazu bei, die Bedeutung des Gegenstandes zu erhöhen, den sie alle nun umringten. Als sei das Chaos ein Teil des allgemeinen Schemas.

«Aber wir wissen jedenfalls, daß er so alt ist wie der Friedhof. So alt wie die Steine. Er ist immer bei uns gewesen. Immer unter der Erde.»

«Hat immer für uns gesorgt, Joey.»

«Er ist ein Mint. Klarer Fall. Und die Mints haben sich gut um ihn gekümmert.»

Joey erinnerte sich an die Porträts seiner Vorfahren, die über dem Kamin seines Cousins hingen. «Sagtest du, daß ihr ihn unter der Erde versteckt hattet?»

«Seiner Erde. Unter seiner Erde.» Farmer Mint steckte die Hände mit einer bedächtigen Geste in die Taschen. Und dann erklärte er Joey, daß der alte Sarg schon immer in der unterirdischen Kammer verborgen gewesen sei; daß Generation um Generation sich hier eingefunden habe, um ihrem Ahnen zu huldigen oder ihn zu beschwichtigen. Er wisse nicht genau, wann man den unterirdischen Raum entdeckt habe, und es gebe sogar die Möglichkeit, daß er überhaupt nicht entdeckt, sondern ständig benutzt worden sei. Von der Zeit an, als man ihren Ahnen durch das Tal getragen und hier begraben habe. Und er berichtete Joey von Geschichten – Historien –, die sich um die Ruhestätte rankten. Geschichten über Menschenopfer, über Blut, das in eine kleine Grube im Mittelpunkt der stehenden Steine gegossen worden sei, von Prophezeiungen im Augenblick der rituellen Tötung.

«Heutzutage tun wir so was aber nicht mehr, Onkel», beruhigte Boy Mint Joey. «Das ist schon ganz lange her.»

«So lange nun auch wieder nicht», setzte Farmer Mint rasch hinzu. Joey sagte nichts, sondern hörte bloß aufmerksam zu. Die Leiche jedes Verwandten sei in den Tunnel gebracht und unter dem Zentrum des Steinkreises verbrannt worden; danach habe man die Asche der Toten über die Felder um Colcorum und das Pilgrin Valley ausgestreut. Alle fünf Jahre vollzögen die Dorfbewohner einen rituellen Abstieg in den Gang, durchquerten in feierlicher Prozession die kreisförmige Zentralfläche und schritten dann durch den kleinen Tunnel in den heiligen Raum – dort umringten sie den Sarg, um zu dem Geist, den er barg, zu beten. Natürlich hätten sie alle von dem Grabhügel gewußt, der bis zu dem Feuer unter dem Eschenwald verborgen gewesen sei. Aber der Zutritt sei stets tabu gewesen. Der Grabhügel sei nie angerührt oder geöffnet worden, weil es noch andere Geschichten gebe – darüber, daß man zu gewissen Zeiten sehen könne, wie die ursprünglichen Bewohner durch das Tal zum Grab gingen; daß es ein unheilvoller Ort sei, an dem die Toten Gewalt über die Lebenden gewinnen könnten.

«Meine eigenen Eltern», warf Joey ein, «meine eigenen Eltern starben dort.»

Und eine weitere Geschichte besagte, daß die Toten auferstehen und das Pilgrin Valley an sich bringen würden, wenn man diesen Sarg je öffne. «Deshalb mußten wir ihn wegbringen», erklärte Farmer Mint. «Von *seinem* Land. Aus *seinem* Tunnel. Um ihn zu beschützen. Vor denen.»

«Du meinst?»

«Vor denen. Den Experten oder wie sie sich nennen. Sie haben den Frieden gestört. Sonst nichts.» Man hörte, wie Floey Hanover versuchte, ein Lachen oder Stöhnen zu unterdrücken; sie hatte ein Tuch aus der Tasche ihres Morgenrocks gezogen, während Farmer Mint sprach, und hielt es sich nun vor den Mund. «Deshalb mußten wir ihn wegbringen», wiederholte er langsam.

«Was sagtet ihr, wie alt er ist?» Joey starrte wieder die mit roter Ockerfarbe gemalte Silhouette an.

«Ganz, ganz alt.» Farmer Mint trat zu dem Sarg hinüber und betrachtete ihn fast mit Besitzerstolz. «Er stammt aus den Anfängen.»

«Den Anfängen?»

«Ich kann's nicht genau sagen. Als die Dinge anfingen. Begannen. Du weißt schon…» Er hielt inne und schwieg.

«Aber woher wißt ihr, daß überhaupt noch jemand drin ist?» fragte Joey.

«Wir spüren das Gewicht. Wir können sein Gewicht immer noch spüren. Da mach dir mal keine Sorgen.»

Das war zuviel für Floey. Sie nahm das Taschentuch vom Mund und brach in Gelächter aus. Sie sprang jäh auf und ging zur Tür. «Entschuldigt mich. Ich muß mal eben für kleine Mädchen.»

Die vier Männer schwiegen ein paar Sekunden lang. «Was wollt ihr also von mir?» Joey hob das Taschentuch auf, das seine Frau hatte fallen lassen, und wischte sich damit die Stirn ab.

Boy Mint blickte seinen Vater an, als bitte er um Erlaubnis zu sprechen. «Wir möchten, daß du ihn hierbehältst.»

«Hier!»

«Nur für eine Weile. Nur, bis sie nicht mehr nach ihm suchen. Und dann kommen wir und schaffen ihn dir vom Hals.»

«Er wird mir doch nicht an die Gurgel gehen?»

«Nur eine Redewendung, Onkel. Nur eine Wendung.»

«Aber wo soll ich das Ding unterbringen? Ihn.»

Simon Trout, der nicht zu Worte gekommen war, seit sie das Haus betreten hatten, nutzte die Gelegenheit. «Wo es kühl ist», sagte er. «Und dunkel.»

Farmer Mint schaltete sich ein. «Es ist schließlich Winter. Es ist kühl genug. Hast du so was wie einen Gartenschuppen?»

«Ja.»

«Bring ihn dort unter. Da wird er glücklich sein. Sehr glücklich.»

Floey kehrte ins Zimmer zurück. «Es ist das erste Mal,

daß ich eine Leiche im Garten habe.» Sie ging zu ihrem Mann hinüber und packte ihn mit festem Griff am Arm.

«Er gehört zur Familie», sagte Farmer Mint leise zu Joey. «Zu deiner Familie. Er ist einer von uns.» Joey dachte an seine verlorenen Eltern, an seine Herkunft, an die ferne Zeit, aus der er gekommen war, an den Frieden, den er hier empfand, und er nickte.

75
Grünzeug

«SAGEN SIE NICHTS. Lassen Sie mich raten.» Evangeline Tupper saß im Wohnzimmer der Hanovers. «Ich liebe solche Spielchen.» Sie hielt den großen Ammoniten hoch, den Floey ein paar Monate zuvor im blauen Lias von St. Gabriel's Shore gefunden hatte. «Es liegt mir auf der Zunge.»

Hermione nahm ihr das Fossil ab und hielt es sich ans Ohr. «Ich glaube, es hat etwas mit Amazonen zu tun...»

«Aber es ist rosa!»

«...oder mit einem religiösen Orden.»

«Es ist ein Ammonit.» Joey kam aus dem Garten herein, blieb aber auf der Schwelle des Wohnzimmers stehen, um seine dicken Gärtnerhandschuhe auszuziehen. Evangeline beobachtete diese Zeremonie mit einigem Abscheu. «Lieber Joey, Sie haben's wohl mit dem Grünzeug?»

«Ich bin nur im Schuppen gewesen», sagte er.

«Knollen und so?»

«Und so.»

«Joey ist ein wandelndes Herbarium», sagte Floey. «Das weiß doch jeder.» Aber ihr Tonfall verriet, daß sie nicht weiter auf das Thema Garten eingehen wollte, und sie forderte Evangeline auf: «Erzählen Sie Joey, was im Observatorium passiert ist.»

«O nein.» Evangeline preßte die Hände zwischen die Knie. «Sie wissen doch, daß ich niemals klatsche.» In Wahrheit hatte sie in den vergangenen zehn Minuten kaum etwas anderes getan. «Wirklich, es ist so schauderhaft, daß man's kaum erwähnen möchte.» Die Hanovers warteten geduldig auf den Zusammenbruch ihrer Prinzipien. «Also gut. Sie haben gewonnen. Tja...» Sie bedachte Joey mit ihrer unschuldigsten Miene. «Sie kennen doch das seltsame Menschlein, das im Pilgrin Valley wohnt?»

«Farmer Mint?» Joeys Ton drückte eine gewisse Zurückhaltung aus.

«Nein. Nicht den Sensenmann.» Hermione hatte Evangeline nichts von den verwandtschaftlichen Banden zwischen Joey und den Mints erzählt, weshalb Evangeline ihre Abneigung recht deutlich zum Ausdruck brachte. «Der ist zwar auch abscheulich genug. Ich meine den anderen. Sie wissen schon. Den, der in dem häßlichen kleinen Häuschen wohnt. Den Astronomen.»

«Ich habe ihn nie kennengelernt.»

«Tatsächlich nicht? Hm. Jetzt ist es zu spät.»

«Komm zur Sache.» Hermione kannte die Geschichte bereits und wurde ungeduldig.

«Der Astronom.» Evangeline zog eine Woodbine hervor und tippte das obere Ende einige Male gegen ihre Handfläche, bevor sie den Satz vollendete. «Der Astronom ist im Observatorium verrückt geworden. Übergeschnappt, lieber Joey. Völlig übergeschnappt. Man fand ihn zu einer kleinen Kugel zusammengerollt, und er schrie, daß der Himmel gleich einstürzen werde. Wie die Märchenfigur. Und er redete dauernd von einem alten Baron oder irgendwelchen anderen Alten.»

Joey wurde plötzlich hellhörig. «Wie bitte?»

«Sie wissen schon. Altes Zeug.»

«Du solltest darauf achten, daß deine Geschichte Hand

und Fuß hat», sagte Hermione etwas schroff. «Er sprach von einem Stern. Aldebaran.»

«Eben. Von irgend so einem Unsinn.» Evangeline stöberte in ihrer Handtasche nach ihrem kleinen goldenen Rolex-Feuerzeug. «Schließlich mußte man ihm eine Spritze geben. Ist das nicht schrecklich?»

«Armer Kerl», sagte Joey. Er schaute zu Flo hinüber. Sie betrachtete ausdauernd ihre Hände, die fest in ihrem Schoß lagen.

«Ich weiß.» Evangeline seufzte und stieß einen Rauchkringel aus, der zur Decke emporstieg. «In der guten alten Zeit hätte man ihn mit der Peitsche traktiert. Aber der Fortschritt ist wohl unvermeidlich. Also. Was gibt's bei Ihnen Neues?»

Floey blickte immer noch auf ihre Hände hinab. «Nichts. Wir scheinen nie etwas zu erleben.»

«Und dann», fuhr Evangeline fort, nachdem sie nur kurz Atem geschöpft hatte, «gibt es natürlich noch das andere gewaltige Drama. Bei der Ausgrabungsstätte.» Floey und Joey wechselten nur einen ganz kurzen Blick, doch Evangeline entging dieses Zeichen ihrer Komplizenschaft nicht. «Ich nehme an, irgendein Schandmaul hat Ihnen schon davon erzählt? Die Menschen können ja so gemein sein.»

«Uns davon erzählt? Was denn?» Joey summte eine kleine Melodie, doch Evangeline merkte sofort, daß er rot geworden war.

Auch Hermione sah es. «Laß gut sein», sagte sie zu Evangeline. «Halt den Rand.»

«Du freche Göre. Du solltest nie Rand sagen. Sag lieber Schnüß.» Sie sprach das Wort sehr langsam aus und wandte den Blick nicht von den Hanovers. «Oder, wenn's unbedingt sein muß, Mäulchen. Aber nicht Rand. Auf keinen Fall Rand. Also. Wo war ich stehengeblieben?» Sie zog wiederum genüßlich an ihrer Woodbine, während die anderen stumm blieben. «O ja. Etwas ist gestohlen worden. Ein gräßlicher alter Gegenstand ist verschwunden.» Und sie bemerkte, daß nun auch Floey errötete und daß Joey unwillkürlich einen Blick zu den Gärtnerhandschuhen hinüberwarf, die er vor der Tür hatte fallen lassen. «Wir alle verdächtigen die Mints, nachdem wir so ein paar komische Initialen im Grab gefunden haben. Aber dabei fällt mir ein.» Sie legte den Kopf schief und lächelte Joey an. «Ich *wußte* doch, daß da noch etwas war. Wurden Sie nicht im Dorf bei der berühmten Abendgesellschaft der Mints gesehen?»

«Ja», erwiderte Joey recht bekümmert. «Man brauchte einen Künstler für den Abend.»

«Wie kultiviert.» Sie musterte ihn ein paar Sekunden lang. «Dieser Gegenstand hat natürlich enormen Wert. Ich will die Mints ja nicht bezichtigen, aber wer immer das Ding geklaut hat, wird bestimmt ins Gefängnis wandern.»

Floey stand auf. «Ich muß mich ein bißchen hinlegen», sagte sie. «Ich habe leichte Schmerzen im Schlüsselbein.»

«Schonen Sie es.» Evangeline war geradezu aufgekratzt. «Man hat ja nur wenige Schlüsselbeine.»

Als Floey das Zimmer verließ, setzte ein langes Schweigen ein, das am Ende von Joey gebrochen wurde. «Apropos Särge. Das erinnert mich an einen Witz...»

«Ich habe keinen Sarg erwähnt», sagte Evangeline streng. «Wie kommen Sie darauf?»

Joey geriet etwas aus der Fassung. «Doch, das haben Sie. Sie sagten Särge. Ich habe es gehört. Särge, ganz bestimmt.»

Hermione, die ja von seiner Verbindung zu den Mints wußte, erriet nun, daß er irgendwie mit dem Diebstahl zu tun haben könnte. «Ich will dir ja keinen Knüppel zwischen die Beine werfen, Evangeline...» Ihre Freundin erschauderte bei dieser Wendung. «Aber du hast mindestens zweimal von Särgen gesprochen.»

«Ist das wahr? Wie seltsam. Ich muß wohl spinnen. Wie der Astronom. Total spinnen.» Sie sah, daß Joey sich auf die Unterlippe biß. «Ich muß mal nach Floey sehen», fuhr sie fort und stand sehr rasch auf. «Ich mach mir Sorgen um ihr Schlüsselbein.» Sie verließ das Zimmer, doch statt zu Floey hinaufzugehen, schlich sie auf Zehenspitzen durch die kleine Küche und öffnete die Hintertür in den Garten: Irgend etwas stimmte hier nicht. Sie spürte es. Wahrscheinlich hatte es mit den scheußlichen Mints zu tun. Sie trat in den Garten hinaus, duckte sich unter dem Fenster vorbei und eilte zum Gartenschuppen. Aber als sie sich dem Schuppen näherte, fühlte sie sich plötzlich sehr schwach und lehnte sich einen Moment lang gegen die morsche Tür; sie sah ihren Vater vor sich, tot. Evangeline fuhr sich mit der Hand über das Gesicht und drehte sich um; sie wollte die Schuppentür nicht öffnen – irgend etwas hielt sie zurück. Statt dessen spähte sie durch das gesprungene und verschmierte Fenster. Zuerst konnte sie nur zwei grüne Kompostsäcke, ein paar Blumentöpfe, einen alten Rechen und den kaputten Motor eines Rasenmähers erkennen. Aber dann sah sie unter einem niedrigen Bord auf dem Boden ein großes Objekt, das halb von mehreren Kartoffelsäcken bedeckt war. Sie wußte sofort, was es war. Und sie hatte Angst. Deshalb rannte sie zurück in die Küche und stieß auf Floey, die ihr mit einem Messer in der erhobenen Hand den Weg versperrte. «Tun Sie's nicht!» schrie Evangeline.

«Was denn?» schrie Floey zurück. Beide Frauen waren gleichermaßen erschrocken. «Soll ich den Kuchen nicht anschneiden?» Sie hielt einen Kümmelkuchen in der anderen Hand.

«Tun Sie's nicht...» Evangeline versuchte, sich von ihrem Schrecken zu erholen. «Beschneiden Sie bloß nicht die

Rosensträucher. Sie werden nächstes Jahr ganz wunderbar sein.» Die beiden Frauen starrten einander an, ohne sich sicher zu sein, was die andere wußte oder ahnte.

Beunruhigt über den Lärm, kam nun Joey in die Küche. «Hat jemand etwas fallen lassen?»

«Nur eine Bemerkung», sagte Evangeline und ging zur Tür. «Über Ihre göttlichen Blumen.» Aus irgendeinem Grunde wollte sie nicht mehr mit den Hanovers allein sein und rief zu Hermione hinüber: «Miss Crisp!» Ein schneller Blick auf ihre Armbanduhr. «Miss Crisp! Es wird Zeit, daß wir uns auf den Weg machen!» Sie schaute zu den Hanovers zurück, die nun beeinander standen. «Es wird hier so früh dunkel, finden Sie nicht? Und kalt. Zu kalt.»

76
Denk positiv

DAS TELEFON KLINGELTE, als sie ihr Zimmer im «Blauen Hund» betraten, und Evangeline eilte an den Apparat. «Ich bin's», rief sie. «Miss Tupper!»

«Wirklich? Sie klangen eben wie Winston Churchill.» Augustine Fraicheur, der sich gerade einen spätvormittäglichen Drink genehmigte, war gut aufgelegt. «Stimmen können so trügerisch sein, nicht?»

«Und nicht nur Stimmen.»

Er lächelte in seinen Gin. «Irgendwelche *Neuigkeiten*?» Augustine betonte das letzte Wort, als rechne er mit etwas höchst Schockierendem.

«Wie's der Zufall will», antwortete sie und kramte automatisch in ihrer Handtasche nach einer Woodbine, «habe ich ganz wunderbaren neuen Klatsch gehört.» Sie hielt inne, um die Zigarette anzuzünden. «Aber ich weiß nicht, ob ich ihn weitertragen soll.»

«Sie foltern mich!» Er kreischte vor Vergnügen.

«Wirklich. Sie müssen warten.»

«Ich kann's nicht *aushalten.*»

«Aber ich verspreche, daß Sie einer der ersten sein werden, die davon erfahren.»

«Ich glaube, ich werde verrückt.»

«Wie der arme Damian Fall?»

«Fall war Astronom. Ich bin Antiquitätenhändler. Ein viel zäherer Menschenschlag. Sagen Sie's schon, bevor ich die Polizei rufe.»

«Übrigens sollte die Polizei tatsächlich *au courant* gehalten werden. Ist das der richtige Ausdruck?»

«Ja, das ist der richtige Ausdruck.» Augustine wurde ungeduldig.

«Gut.» Sie nahm einen langen Zug von ihrer Zigarette. «Erinnern Sie sich an den Sarg, der aus dem Tal gestohlen wurde?»

«Das gräßliche alte Ding, das Ihre Freunde ausgegraben haben?»

«Wir haben es nicht ausgegraben. Wir wußten, wo es zu finden war.» Sie schlug einen Ton an, als hätte sie selbst die gesamte Ausgrabung organisiert. «Aber das Herrliche ist, daß wir den Sarg jetzt wiedergefunden haben. Und sie werden nie erraten, wo.»

«In der Hotelküche?»

«Im Gartenschuppen der Hanovers.» In diesem Moment machte Hermione Crisp einen Schritt auf sie zu, streckte die Hand aus, zögerte dann jedoch. «Mitten in ihrem Schuppen. Erinnert Sie das nicht an eine von Sakis Kurzgeschichten?»

«Ich dachte, Sake sei ein Getränk.»

«Für Sie, mein Lieber, ist wohl alles ein Getränk.» Augustines Reaktion darauf war weniger überschwenglich, als sie erwartet hatte. Sie war seiner schnell überdrüssig. «Hören Sie zu. Ich muß jetzt auflegen, um Mark Clare anzurufen und ihm die gute Nachricht zu übermitteln.»

Sie legte auf, bevor Augustine sich von ihr verabschieden konnte, und war schon dabei, Marks Nummer zu wählen, als Hermione die Hand auf den Apparat legte. «Nicht.»

«Sieh an, Baby Doll, was für schöne rote Nägel du heute hast.»

«Tu es nicht. Sag ihm nichts von Joey.» Sobald sie das Haus der Hanovers verlassen hatten, hatte Evangeline ihr in glühenden Farben die Entdeckung des alten Sarges im Gartenschuppen geschildert. Hermione war nicht besonders überrascht gewesen, aber sie machte sich Sorgen um ihre neuen Freunde. Floeys Enthüllung, daß ihr Mann seine Familie wiedergefunden habe, hatte Hermione sehr gefreut, und sie sah keinen Grund, weshalb diese Zusammenführung von Evangeline behindert werden sollte. Und noch während sie dem Gespräch mit Augustine zuhörte, hatte sie beschlossen, Floey zu warnen, daß der Sarg entfernt werden müsse. Bevor es zu spät war. «Ruf Mark Clare nicht an», sagte Hermione.

«Ich muß ihn informieren, Baby Doll. Diese Dummköpfe wissen ein schönes Drama zu schätzen.» Hermione schüttelte den Kopf, blickte zur Decke empor, seufzte und kam zu einem Entschluß: Sie ging zur Tür, schloß sie ab und ließ den Schlüssel hinter ihrer gestärkten weißen Hemdbrust verschwinden. Dann trat sie zu einem Koffer in der Zimmerecke und zog die beiden dicken Seile hervor, mit denen der Koffer gewöhnlich verschnürt wurde. Sie lief zurück zu Evangeline, packte deren Handgelenke und preßte sie aneinander. Evangeline beobachtete dies alles ganz erstaunt, als geschehe es mit jemand anderem. «Baby», flüsterte sie. «Das ist aber nicht besonders feminin.»

«Es gibt eben Momente, in denen eine Frau ihre Pflicht tun muß.» Sie fesselte Evangelines Handgelenke mit dem einen Seil.

«Ist dies ein köstliches neues Spiel, Baby Doll? Wenn ja, solltest du mir besser die Regeln erklären.»

«Dies ist kein Spiel.» Nun band sie Evangelines Knöchel mit dem anderen Seil am Stuhl fest. «Du mußt die Hanovers eine Weile in Ruhe lassen. Sie brauchen Zeit.»

«Baby.» Evangelines Stimme wurde strenger. «Wenn ich mich nicht sehr irre, werde ich hier gerade gefesselt. Wie eine Mormonin.»

«Sei doch still. Nur ein einziges Mal.»

Sie ging ins Badezimmer und kehrte mit einer Rolle Heftpflaster zurück. «Hermione, Liebling.» Evangeline war entsetzt über diese neue Entwicklung. «Vergiß nicht, was ich dir immer sage. Denk positiv.» Hermione schnitt einen Streifen Heftpflaster ab. «Denk positiv!» Und sie klebte ihn über Evangelines Mund.

Ein paar Sekunden später nahm Hermione den Telefonhörer ab und wählte die Nummer der Hanovers, doch niemand antwortete. Also setzte sie sich hin, wartete und betrachtete mit versteinerter Miene ihre Gefährtin, die dramatisch mit den Augen rollte und ein paar erstickte Protestlaute von sich gab.

In diesem Moment verließ Augustine Fraicheur sein Antiquitätengeschäft, um sich zum «Hungrigen Esel» zu begeben. Als er sich daranmachte, die Außentür abzuschließen, fiel ihm der keck in die Stirn gezogene Strohhut zu Boden. Er hatte ihn gerade wieder aufgehoben, als plötzlich Mark Clare und Martha Temple neben ihm standen. «Hallo», sagte er mit etwas unsicherer Stimme. Beide waren schwarz gekleidet, und er kicherte. «Meine Guten, Sie sehen ja so aus, als kämen Sie gerade von einer… Oh. Tut mir leid.» Ihm war plötzlich eingefallen, daß dies der

Morgen von Kathleens Beerdigung war. «Tut mir schrecklich leid. Ich hatte ganz vergessen...»

«Keine Ursache, Mr. Fraicheur.» Martha Temple schien auch unter den Trauernden die Hauptrolle übernommen zu haben. Nach der Beerdigung hatte sie verkündet, daß sie sich um Mark «kümmern» werde. Er hatte sich allein und möglichst unbemerkt entfernen wollen, doch sie war feierlich mit ihm zu dem wartenden Auto marschiert und hatte während der gemächlichen Rückfahrt nach Lyme Regis all jene Kollegen aufgezählt, die nicht zur Trauerfeier erschienen waren. «So eine Nebensächlichkeit», fuhr sie nun, an Augustine gewandt, mit beißender Ironie fort, «könnte schließlich jedem entfallen.»

Augustine hatte es eilig, das Thema zu wechseln. «Zufällig», sagte er rasch, «war ich ziemlich *préoccupé*. Unsere liebe Freundin Miss Tupper hat gerade angerufen.»

«Ach ja?» Martha Temple blickte ihn mit gesteigertem Groll an. «Mit der hatten wir heute eigentlich auch gerechnet.»

«...sie hatte eine ganz unglaubliche Neuigkeit.» Seine Augen waren feucht – eine Folge des Gins –, und er betupfte sie mit seinem Taschentuch. «Ganz unglaublich.»

Mark wartete mit gesenktem Kopf darauf, an Augustine vorbei in seine Wohnung gehen zu können. Aber Marthas Interesse war nun geweckt. «Was für eine Neuigkeit?»

«Eigentlich sollte ich's wohl ihr überlassen.» Augustine zögerte, aber er konnte der Versuchung nicht widerstehen. «Es betraf den verlorenen Sarg. Sie hat ihn gefunden.»

Mark sah ihn nun zum erstenmal an, und Augustine zuckte zusammen. «Gefunden?»

«Sie sagt, sie hat ihn bei den Hanovers gefunden. Im Gartenschuppen.»

«Ich wußte es!» In Wirklichkeit konnte Martha Temple sich kaum an die Hanovers erinnern und hatte die letzten

Tage damit verbracht, dunkle Verdächtigungen über alle anderen zu verbreiten. «Und dann noch im Schuppen.»

Mark blieb ruhig. «Wann hat sie Ihnen das gesagt?»

«Vor ein paar Minuten. Ich hatte mir gerade einen großen Gin eingeschenkt. Wie man es eben so tut. Und da rief sie an. Sie war sehr aufgeregt.»

Mark drängte sich an ihm vorbei und stieg, gefolgt von den beiden anderen, die Treppe hinauf. Als er die Wohnung betrat, wartete Juda schon, um ihn zu begrüßen, und der Anblick des kleinen Hundes ließ den ganzen Kummer, den er bei der Beerdigung verspürt hatte, wieder aufsteigen. Er hob den Hund auf und vergrub das Gesicht in seinem Fell.

«Meinst du nicht, daß du Evangeline sofort anrufen solltest?» fragte Martha. «Es gibt mehrere Personen, die eigentlich schon im Gefängnis sitzen müßten.»

Widerwillig setzte er den Hund ab und ging zum Telefon. Er sprach ganz kurz und leise in den Hörer, und Martha bemühte sich ungeduldig, zu lauschen. «Das war Miss Crisp», erklärte er. Martha schüttelte mißbilligend den Kopf. «Sie sagt, Evangeline sei nach London zurückgekehrt.»

Augustine, bereits überzeugt, daß er für all diese rätselhaften Vorgänge verantwortlich war, schien empört. «Evangeline vertraut mir immer alles an, und London hat sie nicht einmal erwähnt! Mit keiner Silbe.»

«Die Polizei.» Martha wurde energisch. «Wir müssen sofort die Polizei anrufen. Es gibt da einiges, was ich zu Protokoll geben möchte.»

«Nein. Noch nicht. Laß mich nachdenken.» Schon tauchten die Bilder der Beerdigung wieder auf. Er stand neben dem offenen Grab und schaute zu, wie man den Sarg seiner Frau hinunterließ; nun konnte er die Erde sehen, die daraufgeschaufelt wurde. Und einen Moment lang schien es ihm in seiner Verwirrung, als hätten die Hanovers den Sarg seiner Frau gestohlen. «Martha. Wir beide gehen jetzt zu den Hanovers. Evangeline hat vielleicht etwas mißverstanden. Ich weiß einfach nicht...» Er rieb sich heftig mit der Hand über die Stirn. «Mr. Fraicheur, würde es Ihnen etwas ausmachen...»

«Ich tue alles für Sie. Alles.»

«Würde es Ihnen etwas ausmachen, zwei meiner Kollegen anzurufen und ihnen mitzuteilen, was geschehen ist?» Und doch schien Mark alles sinnlos. Und während er sprach, lag der Hund still zu seinen Füßen.

77
Ammonit

DIE HANOVERS WAREN gerade von einem Spaziergang am Cobb zurückgekehrt, als Mark Clare und Martha Temple zu ihnen kamen. Während die Archäologen in das kleine Hinterzimmer geführt wurden, spielten beide mit dem Gedanken, daß entweder Evangeline Tupper sich völlig vertan oder – was wahrscheinlicher war – Augustine Fraicheur ihren Verdacht übertrieben haben könnte. Jedenfalls hätte niemand gelassener wirken können als Floey, die ihnen Kaffee einschenkte. Die Hanovers schienen nicht allzu überrascht über diesen unerwarteten Besuch, doch es war klar, daß sie auf eine Erklärung warteten. Aber weder Mark noch Martha wußten, wie sie beginnen sollten – bis Martha der Schuppen einfiel. Langsam ging sie hinüber zu dem Fenster, das auf den Garten hinausging. «Wie schön das hier im Frühling aussehen muß. Wenn alles wiedergeboren wird.» Sie unterbrach sich. «Haben Sie auch Fingerhut?»

«Im Moment brauche ich keinen.» Floey betrachtete

ihre Finger, die nun leicht zitterten. «Aber wir haben Wichtnelken und Ackerlemming.»

«Lichtnelken», übersetzte Joey. «Und Ackermennig.»

Martha lächelte Floey mitleidig an. «Ich beneide Menschen, die so viel Zeit haben.»

«Joey liegen seine Schabracken sehr am Herzen.»

«Ich würde sie zu gern sehen. Darf ich wohl mal hinausgehen?» Ihr entging nicht, wie zurückhaltend die Hanovers plötzlich geworden waren, doch in diesem Moment klingelte im Nebenzimmer das Telefon. Joey ging hinüber. Es war Hermione, die rasch berichtete, daß Evangeline den Sarg gefunden und dann Augustine angerufen hatte. «Evangeline wird eine Weile den Mund halten», sagte sie. «Aber nicht mehr lange.»

«Das ist wirklich gut zu wissen», erwiderte Joey, ohne nachzudenken. «Schönen Dank auch.» Aber als er auflegte, war er schon recht blaß. Er blieb einen Moment lang stehen, starrte durch das Fenster ins Leere und strich sich über die Wange. Dann rief er die Mints an, und während er die Sachlage schilderte, gab Farmer Mint seinem Sohn, der die Hühner im Hof fütterte, ein Zeichen. Sie würden in fünfzehn Minuten eintreffen. Joey summte undeutlich eine Melodie und kehrte ins hintere Zimmer zurück.

«Wir sagten gerade», verkündete Martha munter, «daß wir uns wirklich sehr gern Ihren Garten anschauen würden. Stimmt's, Mark?»

Mark hatte nichts dergleichen gesagt, und er blickte kaum auf. «Ja.» Er hatte an die Blumen bei Kathleens Beerdigung gedacht – Blumen, die abgeschnitten worden waren, als inszenierten die Trauernden einen symbolischen Tod, um dem menschlichen Tod zu huldigen. «Ja. Natürlich.»

«Der Garten zeigt sich zu dieser Jahreszeit nicht von seiner besten Seite.» Joey schloß fest die Tür hinter sich. Er wußte, daß er die beiden hier zurückhalten mußte, bis die Mints eintrafen und den Sarg entfernten. «Aber das erinnert mich an ein Lied, das ich mal kannte. Vor Jahren schon. Möchten Sie es hören?» Joey breitete die Arme aus und ließ sich auf ein Knie sinken, erstarrte dann jedoch in dieser eindrucksvollen Haltung. Er konnte sich nicht mehr an den Text erinnern. «La la la», sang er. «Dingsbums, la la, mit einem kleinen Kunststück. Wie albern von mir. Und irgendwo kam auch noch eine Leiche vor.» Er verstummte jäh und rappelte sich unbeholfen auf.

«Das war wunderbar», rief Martha und klatschte in die Hände. «Und es hatte sogar eine echte Moral. Für uns alle.»

«Noch etwas Kaffee?» Floey widmete den Gästen nun ihre gesamte Aufmerksamkeit.

«Aber gern.» Martha schaute zu Mark hinüber, als wolle sie ihn zum Reden auffordern, aber er schwieg weiter. Deshalb gab sie sich ihrerseits fröhlich für zwei. «Es ist so schön, sich ein bißchen von den Ausgrabungen auszuruhen. Ich nehme an, Sie haben von unseren Schwierigkeiten gehört?»

Floey umklammerte den Griff der Kaffeekanne fester. «Oh. Nur Gerüchte. Sie wissen ja, wie das ist.»

«Natürlich. Dann haben Sie wohl auch erfahren, daß ein altes Artefakt gestohlen wurde?»

«Gestohlen?»

«Weggeschafft. In der Nacht entfernt. Es war bestimmt eines der wertvollsten Artefakte, die je in diesem Land gefunden wurden.»

«Woher wissen Sie denn, wie wertvoll...» begann Joey.

Seine Frau brachte ihn mit einem schnellen Blick zum Schweigen. «Davon haben wir nichts gehört, nicht wahr, Joey?»

«Keinen Piep, Floey.»

«Tatsächlich?» Martha war sich nun sicher, daß irgend etwas nicht stimmte, und fand Gefallen an der Situation. «Nicht einmal ein kleines Zwitschern hier oder dort?»

«Nein», sagte Joey schroff. «Wir wissen nichts davon.»

Martha wandte sich wieder an Mark. «Ich glaube, ich sollte es ihnen sagen. Fairerweise.» Ihr war klargeworden, daß ihr kein Vorwurf gemacht werden konnte, falls Evangelines Verdacht sich als unbegründet erwies; deshalb ging sie die Sache jetzt ganz entspannt an. «Sie haben ein Recht, es zu erfahren.»

«Was zu erfahren?» Floey schien empört.

Mark wußte nicht, wie er sich ausdrücken sollte. Er hielt den Kopf gesenkt und zupfte an einem Faden des Sesselbezugs, während er sprach. «Es könnte sein... es ist nur eine Möglichkeit...»

Das ging Martha zu langsam. «Evangeline Tupper hat uns mitgeteilt, daß Sie einen Sarg im Gartenschuppen haben. So seltsam es klingt.»

«Wenn das kein Witz ist.» Joey war völlig hilflos.

«Ja, wenn das kein Witz ist», echote seine Frau.

«Wirklich sehr witzig», erwiderte Martha. «Aber ich bin sicher, daß es eine völlig plausible Erklärung dafür gibt. Warum um alles in der Welt sollten Sie einen Sarg im Garten verstecken?»

Joey schluckte mühsam. «Ich glaube nicht...»

Martha kam ihm zuvor, indem sie aufsprang. «Wenn Sie uns also gestatten würden, ein Blickchen hineinzuwerfen, damit wir alle beruhigt sind.»

«Das geht nicht», antwortete Floey und erhob sich ebenfalls. «Die Gartentür ist abgeschlossen. Und ich habe den Schlüssel verloren.»

«Wie merkwürdig.» Martha trat ans Fenster. «Aber der Haufen dort...»

«Holzscheite», sagte Joey mit leiser Stimme.

«Aber der Haufen Holzscheite sieht so aus, als sei er gerade erst dort hineingebracht worden.» Sie reckte den Hals und stellte fest, daß die Gartentür nur angelehnt war. «Ob ich mir wohl mal eben die Nase pudern könnte?» fragte sie mit honigsüßer Stimme und verließ das Zimmer, ohne auf eine Antwort zu warten. Ein paar Sekunden später nahm Floey etwas vom Kaminsims und ging ihr nach.

Damit blieben die beiden Männer allein zurück, und keiner wußte, was er sagen sollte. Joey konnte das Schweigen nicht ertragen. «Sie wissen wohl Bescheid?» fragte er.

Mark seufzte und lächelte ihn an. «Manchmal glaube ich, daß ich überhaupt nichts *weiß*.»

Joey musterte ihn verstohlen und bemerkte zum erstenmal, daß Mark einen Trauerflor an seinem dunklen Anzug trug. «Tut mir leid, mir war nicht klar...» Er hatte von Kathleens Selbstmord gehört, doch nicht mehr daran gedacht, seit die Mints mit dem Sarg erschienen waren.

Mark hob die Hand. «Nein. Es braucht Ihnen nicht leid zu tun. Es ist alles vorbei.» Nun begann er, die Worte zu finden, die ihm seit der Beerdigung gefehlt hatten. «Solange ich es als etwas Natürliches, als etwas Unvermeidliches ansehen kann, bin ich in der Lage, weiterzumachen. Haben Sie gehört, daß ich eine Zeitlang in der unterirdischen Passage gefangen war?» Joey nickte. «Dort habe ich es begriffen. Ich habe zum erstenmal verstanden, daß nichts wirklich stirbt. Weil wir in der Zeit gefangen sind, glauben wir, wir könnten uns nur in eine einzige Richtung bewegen. Aber wenn wir tot sind und damit außerhalb der Zeit, kehrt alles zurück.» Joey lauschte ihm konzentriert. «Alles ist ein Teil von allem anderen...» Mark unterbrach sich. «Ich weiß nicht. Klingt das plausibel?»

«Natürlich. Wie könnte es nicht? Nach dem, was uns allen zugestoßen ist?»

Mark bekam diese Worte kaum mit. Er wollte seinen Gedanken zu Ende führen. «Und wissen Sie», fuhr er fort, «jemand hat mir einmal etwas Wunderbares gesagt. Er meinte, unser Körper besteht aus toten Sternen. Wir tragen ihr Licht in uns. Also kehrt alles zurück. Alles ist ein Teil des Musters. Wir tragen unseren Ursprung in uns, und wir können nicht ruhen, bis wir zurückgekehrt sind.»

Joey Hanover hatte die Hände zusammengelegt wie zum Gebet. «Ja. Das weiß ich auch. Weshalb bin ich wohl sonst hierher zurückgekommen? Ich habe meine eigene Vergangenheit gesucht.» Er schwieg einen Moment lang. «Und warum mußten wir ihn wohl wegschaffen?»

«Ihn?»

«Den Alten im Sarg. Er ist nämlich auch einer von uns.»

Von draußen war plötzlich Lärm zu vernehmen; eine Rauferei schien im Gange zu sein. Die beiden Männer schauten sich erschrocken an und eilten in den Flur hinaus. Martha Temple lag auf dem Fußboden, und Floey Hanover stand über ihr und schwang den Ammoniten. «Sie hat versucht, in den Garten zu kommen», sagte Floey. «Deshalb habe ich ihr eins übergezogen, über die – Joey, wie heißt es noch, es reimt sich auf Dirne?»

78
Endlich

FLOEY ÜBERREICHTE MARK Clare gerade mit einer feierlichen Geste den Ammoniten. «Sie können ihn als Beweisstück gegen mich verwenden», sagte sie. Da ertönte die Türklingel, und Mark war so überrascht, daß er das Fossil fallen ließ. Es schlug dumpf auf dem Teppich im Flur auf. Floey dachte aus irgendeinem Grund, die Polizei sei bereits eingetroffen; sie marschierte zur Tür und öffnete sie schwungvoll. Vor ihr standen die Mints und drehten ihre Mützen in den Händen. «Wo ist er?» fragte Farmer Mint.

«Genau vor euch.»

«Nein. Nicht Joey. Wo ist *er*. Der Alte?»

«Er ist im Schuppen.» Sie trat zur Seite, um die beiden einzulassen. «Aber nun ist es zu spät.»

Die Mints wollten ungeachtet ihrer Worte gerade ins Haus stürmen, um den Sarg in ein neues Versteck zu bringen, als zwei Autos auf der Straße heranrollten: Owen Chard und Julian Hill, von Augustine Fraicheurs etwas hysterischen Anrufen alarmiert, waren eingetroffen, um Mark Clare zu helfen. Sie trugen noch ihre schwarzen Anzüge von der Beerdigung. Farmer Mint wandte sich kurz zu ihnen um und flüsterte dann seinem Sohn zu: «Hol die Mistgabeln raus.» Boy eilte zum Lastwagen, sprang auf die Ladefläche, tauchte mit den Geräten wieder auf, drängte sich zwischen Julian und Owen hindurch, als sie gerade die Gartenpforte öffnen wollten, und bezog zusammen mit seinem Vater auf der Schwelle des Hauses von Joey und Floey Hanover Position.

«Ach, du meine Güte!» Owen schüttelte den Kopf über die beiden Männer, die ihnen gegenüberstanden. «Wir sind also wieder im 17. Jahrhundert?»

«Mir egal, welches Jahrhundert», erwiderte Farmer Mint. «Kommen Sie ja nicht näher. Keinen Schritt.»

«*Sie* nicht», bekräftigte Boy. In diesem Moment stieß Floey, überwältigt von den Ereignissen der letzten Minuten, einen schwachen Schrei aus und schlug die Haustür zu.

Julian Hill versuchte den Moment auszunutzen, doch Boy Mint schwang die Mistgabel, und er wich zurück. «Wir sind bloß Archäologen», sagte er. «Wir wollen nur einen Fund untersuchen.»

«Das ist kein Fund», brüllte Farmer Mint. «Das ist ein Mint. Er ist einer von uns. Joey! Joey!» Dieser hörte den

Ruf und öffnete die Haustür. «Joey! Verbrenn ihn. Verbrenn den Alten, bevor sie ihn kriegen. Laß ihn zurückkehren.»

«Ihn verbrennen?» fragte Joey ungläubig.

«Nein!» rief Julian. «Überlassen Sie ihn uns. Wir müssen ihn untersuchen!»

«Du weißt, was du zu tun hast, Joey.» Farmer Mint sprach sehr langsam. «Er darf uns nicht weggenommen werden. Schick ihn heim.»

Joey schloß die Tür und drehte sich zu Mark um. «Werden Sie versuchen, mich aufzuhalten?» fragte er leise.

Mark trat zurück. «Ich weiß nicht.» Seltsamerweise sah *er* jetzt Joey flehentlich an. «Ich weiß es einfach nicht.»

«Es ist meine Familie. Wie Ihre.»

Mark legte Joey die Hand auf den Arm, doch nicht um ihn zurückzuhalten. «Es ist Ihre Entscheidung. Jeder muß seine eigenen Toten begraben.»

Joey lächelte. «Ja. Das stimmt. Was hatten Sie noch über die Sterne gesagt?» Er ging in die Küche, trat über Martha Temple hinweg, die eben stöhnend zu sich kam, und lief in den Garten.

Er öffnete den Schuppen und kniete sich neben den alten Holzsarg. Dann fuhr er mit dem Finger über die eingeschnitzte Inschrift an der Seite und sagte laut: «Ich bin der letzte. Ich bin der letzte auf der Welt, der zu dir spricht. Deine Existenz geht zu Ende.»

Der Sarg war zu sperrig, als daß er ihn hätte anheben können, und so schleifte er ihn über den Boden des Schuppens in den Garten; dann erhob er sich keuchend und musterte die rote Silhouette der kauernden Gestalt. «Ich muß dich sehen», sagte er. «Nach Tausenden von Jahren muß irgend jemand dein Gesicht sehen. Du kannst uns nicht verlassen, ohne gesehen worden zu sein.» Mit einem tiefen Seufzer kehrte er in den Schuppen zurück und kam mit Hammer und Meißel wieder heraus. Er blickte über die Schulter hinweg zum Haus, fast als sei es ihm peinlich, aber dann sah er zu seiner Erleichterung, daß Floey die Vorhänge zugezogen hatte. Behutsam schob er den Meißel in die schmale Kerbe zwischen Sarg und Deckel, hämmerte ihn hinein und hebelte ihn hoch, wodurch im Holz ein kleiner Spalt entstand. Kein Geräusch war zu hören. Er hatte mit einem Laut wie dem eines tiefen Atemholens gerechnet, aber der Sarg blieb stumm. Joey hatte das seltsame Gefühl, daß jemand auf ihn wartete. Er ging um den Sarg herum und stemmte den Deckel, wo immer möglich, sacht auf. Und endlich war er gelockert.

Einen Moment lang brachte Joey es nicht fertig, ihn zu öffnen. Er kniete sich auf den harten Boden und legte mit gesenktem Kopf die Hände auf den Sarg. «Vergib mir», sagte er. Dann nahm er den Deckel ab.

Er sah ihn. Der Körper war nicht zusammengekauert, wie die Silhouette hatte vermuten lassen. Eine kleine menschliche Gestalt lag auf dem Rücken, die dünnen Arme und Hände über der Brust verschränkt. Und als Joey sich schließlich dazu in der Lage fühlte, das Gesicht zu betrachten, schienen die hohlen Augen ihn fast mitleidig anzusehen. Dann begann etwas. Joey starrte überrascht auf das welke Gesicht und die verdorrten Glieder, denn es gesellte sich ihnen eine andere Kraft zu – als ob er ein Radio anstarrte, das plötzlich Musik sendete. Stimmen waren zu hören. Joey, die Hände vor dem Mund, drehte sich um die eigene Achse. Es waren menschliche Stimmen, aber sie hatten irgendeinen anderen Beiklang, und in diesem Augenblick schien es Joey, daß dies die ursprünglichen Stimmen waren – Stimmen, die eine Sprache, noch keine Schrift gekannt hatten. Wie ein Himmel ohne Wolken. Und während er die kleine Gestalt anschaute, hüllten ihn andere Geräusche ein oder, besser gesagt, Gedanken, die sich zu Geräuschen erhoben, so wie ein Schläfer sich nach einem Traum erhebt und zu sprechen beginnt.

Zeit. Eine andere Zeit. Er hebt die Hand zum Himmel, und Seine Stimme steigt über dem Tal empor, ruft die Tiere mit ihren eigenen Lauten, macht das Geräusch von Wasser und von Bäumen im Wind. Denn in dieser Welt ist der Klang die Seele aller Dinge und steigt durch Ihn auf. Den Führer. Im Delirium macht Er den Klang von Stein, welcher der Klang der Prophezeiung ist. Er erzählt ihnen von ihren Träumen; Er reckt die Hände empor und spricht zu ihnen. Wir sind dem Beginn so nahe, daß wir vom Ursprung und der Dunkelheit träumen, aus der wir kommen. Deshalb versuchen wir, das Licht über unseren Köpfen zu erreichen. Er erzählt ihnen vom Himmel. Er reckt die Hände empor und erzählt ihnen von der Nacht. Über uns sind nicht Feuer, sondern Seelen – die Seelen derjenigen, die vor uns kamen und unseren Weg erhellen. Es sind die Augen der Toten, die uns unablässig beobachten. Es sind unsere Hoffnungen. Deshalb sind sie so fern von uns, und deshalb ist Dunkelheit zwischen ihnen. Sie sind das Wort für «fern». Sie sind das Wort für «Traum». Ihr müßt eure Feuer nach demselben Muster machen. Legt eure Feuer hier, im Tal, nach dem Muster des Himmels an. Und macht die Sterne dadurch zu eurem Heim.

Joey hört dies alles und weint. Er dreht sich, und die Zeit dreht sich um ihn; verstört streckt er die Hand zum Sarg aus. Aber der Sarg ist nicht mehr da. Die Zeit dreht sich. Es gibt eine Zeit, sagt Er, es gibt eine Zeit, da die sieben blauen Feuer über den Horizont steigen und das rote Auge über sie wacht. Sie stehen für die Zeit der Wärme, und damit diese Zeit zurückkehrt, mußt du sie in den Stein meißeln. Meißele ihr Muster in den Stein. Himmelsstein. Im Tal der sieben Sterne. Ich habe diesen Ort gewählt. Ich habe der

Erde gelauscht und ihn gewählt. Ich habe das kräftige Grün gewählt, das auf den Hügelspitzen glüht, und ich habe den heiligen Pfad unter der Erde gewählt. Baut hier. Läutert den Boden mit Feuer und schreitet den Kreis ab. Meßt den Boden aus, der Trance und Prophezeiung bringt. Baut das Haus aus Stein innerhalb des Kreises. Und bringt mich an diesen Ort, wenn ich von euch fortgerufen werde. Also wurden die Steine an der Küste herausgehauen, aufgehoben und über die Holzbahnen getragen; vor ihnen wurde eine Gasse durch die schweifenden Pfade von Strom und Wald und Hügel gebrannt. Scharren von Füßen und Gesang. Sie bauen das Haus aus Stein. In eine Richtung weisend. Nur in eine einzige Richtung. Hinab. Und nur Er darf den Weg unter der Erde beschreiten.

Zeit. Mehr Zeit. Der unteilbare Moment Seines Abschieds von uns. Er starb, und wir verwandelten die Stille mit unseren Schreien. Wehklagen auf dem Kamm des Hügels. Eine Abwesenheit. Eine Krümmung nach innen. Und so trugen wir Ihn durch das Tal, in einem Sarg aus geschnitztem Holz. Rauch in der Ferne, um die Prozession zu grüßen, und die Tiere senken ehrfürchtig den Kopf. Die Vögel, Flügel über Flügeln, erheben sich von ihren Bäumen. Er wird zu Seinem letzten Heim gebracht – wunderbare Reise unter die Erde, in der der Führer sterben muß.

Er, der uns führte, berührt die Hand desjenigen, der vor Ihm ist, und desjenigen, der Ihm folgt. Wie die kreisenden Sterne und die kreisenden Generationen der Erde. In den Kreis eingeschlossen. Ein Testament. Wir recken die Hände empor, Handflächen nach außen, der Sonne entgegen, zu Ehren dessen, der niedergeht.

Zeit. Eine andere Zeit. Joey dreht und dreht sich, seine Gesichtszüge verschwimmen im Wind aus dem Tal. Er hört sie dort, aber er kann nicht sprechen. Er kann den aus der Zeit kommenden Stimmen nicht antworten. Den alten Stimmen.

Windgeräusch. Luftgeräusch. Was macht das Licht zur Dunkelheit und läßt den Fluß in nur eine Richtung strömen? Wir sprechen leise zueinander, denn dies ist das Gesetz, und unsere Stimmen vermischen sich mit denen der Tiere, die sich unter uns bewegen. Wir kennen nur das, was sie kennen: das Gewicht der Welt und die unzähligen Gerüche um uns. Haut. Fell. Das Meer. Den Fluß. Den Duft derjenigen, die auf dem Boden schlafen, und derjenigen, die in Höhlen Zuflucht suchen. Derjenigen, die unter den Tieren leben, und derjenigen, die unter ihren Artgenossen leben. Blut. Den Geruch derjenigen, die, gegen das Licht anschreiend, gerade zu uns gekommen sind, und derjenigen, die im Begriff sind, uns zu verlassen. Dies ist die Summe unseres Wissens.

Alles fällt. Vom Stein getroffen, fällt das Tier. Und dann fällt der Stein aus der Hand. Der Tod kommt und geht. Er hütet uns, wie ein Hund das Vieh hütet, er eilt die Hügel hinunter, schleicht am Flußufer entlang, schlägt uns mit der flachen Hand nieder. Mit der Hand ins Genick. Warum wurden wir hier zurückgelassen, als Unbekannte, die ein paar kurze Schritte über die Erde tun? Die Erde ist uns immer noch fremd, jeder Horizont der Beginn einer Gefahrenzone. Betrachtet einen jeden Menschen im Lauf seiner Tage: die Sonne hinter ihm, die Sonne vor ihm. Gezwungen, dazwischen zu wandern, durch das wechselnde Licht, bis er ins Dunkel fällt. Nicht mehr als das. Nicht mehr. An die Welt gebunden wie ein toter Vogel an einen Baum.

Dies ist die Zeit des Wandels, die seltsame, von Seinem Tod angekündigte Zeit. Wir starren den riesigen Grabhügel an, den Schrecken des Steins und der dunklen Welt unter ihm. Unsere Verzweiflung ist wie ein Stein. Wir schwanken wehklagend hin und her. Zeit. Eine andere Zeit. Eine andere Morgendämmerung. Große Sonne. Rote aufgehende Sonne. Die den weißen Frost mit Flammen berührt, die die Hügel in Purpur verwandelt. Über die Felder fallen die Schatten des Steins, die Schatten der Tiere, die schmalen Schatten unserer Körper. Während die Sonne aufgeht und das Tal mit ihrem Licht überströmt. Dies ist unser Zuhause. Es gibt kein anderes.

Joey betrachtet immer noch das Gesicht, als er aus seinem eigenen Traum zu erwachen scheint. Er ist in den Garten zurückgekehrt und beugt sich noch einmal über den Sarg. Und nun sieht er in diesem alten Gesicht noch andere Gesichter – er sieht die Züge seiner Mutter, streckt die Hand aus und ruft nach ihr. Er sieht seinen Vater, der ihn von einem Beet mit purpurnen Blumen hochhebt. Er sieht in diesem Gesicht auch die Gesichter all derer, die vor ihm gekommen sind. Und die Gesichter all derer, die er kennt. Dies ist das menschliche Gesicht, das er in all denen erkennt, die er geliebt hat. Joey weint, und seine Tränen fallen auf die uralte menschliche Gestalt.

Und während er das Gesicht im Sarg betrachtete, sah er, wie sich eine Landschaft darüber hinwegbewegte. Aber es war das Gesicht selbst, das sich verwandelte, umgewandelt wurde. Das alte Gesicht begann sich zu rühren und sich aufzulösen, so wie Wind über Sand streicht und dessen Konturen verwischt. Eintritt in eine andere Zeit. «Du hast uns also auch gesehen», sagte Joey. «Du hast uns endlich gesehen.»

79
Licht

IN DIESEM AUGENBLICK fuhr Evangeline Tupper in einem Taxi vor dem Haus vor und stieg zusammen mit Hermione triumphierend aus. «Bist du jetzt nicht froh, daß du mich freigelassen hast?» fragte sie. «Sieh dir nur all diese albernen Männer an.» Evangeline ging den Gartenpfad hinunter. «Sie mußte meine Fesseln lösen.» Offenbar sprach sie niemand Bestimmten an. «Frauenbefreiung!» Sie blieb stehen, als sie sah, wie die Mints ihre Mistgabeln schwangen. «Was um aller Welt ist denn hier los?»

Julian fuhr zu ihr herum. «Sehen Sie das denn nicht? Die wollen uns nicht reinlassen. Drinnen haben sie den Sarg.»

«Das hätte ich Ihnen schon früher verraten können», sagte Evangeline lachend. «Schon vor Stunden.» Sie ging einfach zu den Mints und legte die Hände auf die Mistgabeln. «Diese Art gefällt mir. Aber es muß Grenzen geben. Sogar auf dem Land.» Sie schritt an den beiden vorbei, klopfte an die Tür der Hanovers und drehte sich um, um den anderen zuzuwinken.

Kaum hatte Floey aufgeschlossen, öffnete Evangeline mit einem Stoß die Tür und marschierte, ohne auf Floey zu achten, in die Küche, wo sich Mark über Martha beugte. Evangeline lächelte bei diesem Anblick. «Ist sie betrunken?»

Martha, die schwach in sich hineingewimmert hatte, kam nun rasch zu sich. «Wenn Sie es unbedingt wissen wollen, man hat mir gerade etwas ziemlich Solides über den Kopf gezogen.»

«Wir sehen wohl Sterne? Wie schade.» Sie musterte die Beule an Marthas Stirn mit geradezu klinischer Distanz und wollte sie schon mit dem Finger berühren, als Martha den Kopf ruckartig zur Seite bewegte. «Aber in Zeiten wie diesen», fuhr Evangeline enttäuscht fort, «müssen sogar die schrecklichsten persönlichen Tragödien hintangestellt werden.» Sie blickte Mark an, als versuche sie, sich an etwas zu erinnern. «Wo ist die Leiche? Die echte Leiche, meine ich.»

«Draußen.»

Evangeline huschte zur Küchentür, doch die war abgeschlossen. Sie wandte sich um und sah, daß Floey mit verschränkten Armen hinter ihr stand. «Bis hierher, Miss Evangeline Tupper, und keinen Schritt weiter.»

«Da würde ich mir an Ihrer Stelle nicht allzu sicher sein.» Evangeline ging an Floey vorbei ins Hinterzimmer, das zum Garten hin lag. Sie öffnete die schweren Vorhänge, die Floey zugezogen hatte, gerade rechtzeitig, um zu sehen, wie Joey den Sarg auf einen großen Stapel Holzscheite schleppte. «Das ist ja wohl...» Ihr fiel kein passendes Wort ein. «Ich muß ihn aufhalten.» Aber es war zu spät; vor ihren Augen steckte Joey die Scheite an. Sie rannte in die Küche und warf sich mit einem lauten Schrei gegen die Tür. Sie gab nicht nach, und Evangeline taumelte rückwärts gegen Martha Temple, die ihrerseits einen lauten Schmerzensschrei ausstieß. «Dies ist nicht der Moment, an unser persönliches Wohlbefinden zu denken», sagte Evangeline. «Ich muß meine Arbeit tun.»

Sie schaute sich eilig um und schnappte sich dann den Toaster vom Küchentisch. Sie wollte ihn gerade durch das Fenster der Gartentür schleudern, als Mark Clare ihr Einhalt gebot. «Nein», sagte er. «Jetzt nicht mehr. Es ist zu spät.»

Sie kehrten gemeinsam ins hintere Zimmer zurück und blickten aus dem Fenster. Die Flammen züngelten bereits über den Sarg. Sie konnten Joeys blassen Atem vor seinem Mund aufsteigen sehen; er sang, während der Sarg und die uralte Leiche von den Flammen verzehrt wurden. Floey half Martha ins Zimmer, und alle schauten zu, wie der Rauch zum Himmel stieg. Auch die Mints sahen es. Sie legten ihre Mistgabeln fort und nahmen mitten im Garten Aufstellung. Hermione und mit ihr Owen und Julian gesellten sich zu ihnen. Sie alle sahen zu, wie der Rauch in die Luft wallte.

Und plötzlich wußte Evangeline, daß ihr Vater neben ihr stand; lächelnd drehte sie sich zu ihm um. Sie sprach mit ihm, gab dabei aber keinen Laut von sich. Mark war wieder mit Kathleen zusammen, und er wußte, daß sie immer zusammensein würden. Joey umarmte seine Eltern, die endlich zu ihm zurückgekehrt waren. Und Hermione war von den Kindern von St. Gabriel umringt – den Kindern, die einst zu fliegen versucht hatten. Die Mints brauchten sich nicht umzudrehen, um zu wissen, daß sich auch zu ihnen andere gesellt hatten – ein ganzes Spalier von Menschen, die dastanden und schweigend zuschauten. Aber sie hatten keine Angst. Es war so, wie man ihnen immer gesagt hatte. Niemand ist je tot, und in diesem Moment der Gemeinsamkeit stieg ein tiefer Seufzer von der Erde auf und erhob sich zu den Sternen.

Nun waren sie wieder allein. Und nun sind sie Kinder, deren Eltern hinter ihnen stehen und die Hände sanft auf ihren Schultern ruhen lassen. Und nun sind sie zugleich alt, der Erde überdrüssig, und sehnen den Schlaf herbei. Die Jahre sind sanft an ihnen vorbeigestrichen, wie Flügel von Flügeln. Dies alles geschah in einem Moment außerhalb der Zeit, und außerhalb der Zeit war es beendet. «Alles ist vorbei», sagte Farmer Mint zu seinem Sohn und beobachtete den Rauch, der immer blasser wurde. «Nun ist er in Sicherheit.»

Sie verstummten, während die alte Gestalt in die Lüfte hinaufflog – hoch über Lud Mouth, wo Mark Clare wieder in die Welt eingetreten war, über die Klippe von St. Gabriel, wo die verlorenen Kinder abgestürzt waren, über Swithins Säule, wo Kathleen Clare gestorben war, über das Pilgrin Valley und seine alte Ruhestätte. Endlich war er befreit worden. Er war in das Muster des Ursprungs zurückgekehrt. Die Asche stieg in den Himmel empor, höher und höher, Aldebaran und den anderen Sternen entgegen, bis sie sich schließlich im Licht auflöste.

80
Das Ungewißheitsprinzip

ZIEH MICH HINEIN in die Unendlichkeit. In die Dunkelheit, wo nichts bekannt ist. Einst gab es Lichtgeschöpfe, die über das Firmament huschten, und das Muster ihrer Bewegung füllte den Himmel. Aber die Geschöpfe flohen bald, und an ihrer Stelle erschienen große Kristallsphären, die sich ineinanderdrehten, und ihr Gesang vibrierte durch alle Saiten der Welt. Diese Harmonien waren zu schön, um andauern zu können. Eine Uhr tickte in Gottes bleichen Händen, und es war bereits zu spät. Ja. Die Räder des Mechanismus begannen sich zu drehen. Wie hieß das Gemälde von Joseph Wright aus Derby? Ich habe es einmal gesehen. Hieß es *Das Experiment*? Ich erinnere mich, wie das Licht durch eine Glasglocke glitt, nach oben ausbrach und den gesamten Himmel bedeckte. Aber dann ging es aus: Die Kerzenflamme wurde von einem Wind aus riesigen Schmelzöfen ausgeblasen, als die elektrischen Kräfte über das Firmament fegten.

Aber es gab stets Felder, Felder von ebenmäßiger Zeit jenseits der Feuer. Leerer Raum, der in die Ewigkeit hineinreichte. Wenigstens glaubte ich das als Kind. Dann kam ein Beben der Ungewißheit. Keine Zeit war übriggeblieben. Kein Raum, in dem man schweben konnte. Und alles begann sich zu entfernen. Nichts als Wellen nun, und ihre Furchen folgen dem Pfad von Gegenständen, die nicht existieren. Hier ist ein Stern namens Seltsam. Hier ist ein Stern namens Bezaubert. Und dann, nachdem dieser Traum vorbei ist, was dann? Welche Gestalt wird die Dunkelheit annehmen? Ich... Damian Fall wandte sich an seinen Schatten. Du weißt natürlich, was sie beobachten werden? Ja, Aldebaran. Einhundertzwanzigmal heller als die Sonne.

Brennender Stern. Scheinbar rot, doch die Farben wechselten wie in einer Halluzination. Im selben Stück Himmel sah er kleine Lichtkegel, Hyaden genannt und vermutlich weiter von der Erde entfernt – kühle rote Sterne, glühend innerhalb der Gaswolken, die um sie herumwirbelten. Nahe bei ihnen die als Plejaden bekannten Lichter, umhüllt von einem blauen Nebel, der an jedem einzelnen Stern zu haften schien und dessen blaue Fasern und Fäden über die endlose Dunkelheit gewischt waren. Hinter diesen Konfigurationen konnte er den gewaltigen Krebshimmel sehen, so weit von der Erde entfernt, daß er von hier aus nicht mehr als ein Hauch oder eine Wolke war, ein verschwommener Schleier im Auge wie das Nachbild einer Explosion. Und doch konnte Damian weiter sehen. Er blickte auf und konnte sehen. Galaxien. Nebel. Fremde Planeten. Rotierende Scheiben. Glühenden interstellaren Schutt. Spiralen. Fasern von Helligkeit, die Millionen Sonnen enthielten. Dunkelheit, wie dichte Pinselstriche auf einer bemalten Oberfläche. Bleiche Monde. Lichtpulse. Sie alle kamen aus der Vergangenheit, dunstumhüllte Geisterbilder, die Damian verwirrten. Ich bin in einem sturmgeschüttelten Boot auf dem Meer, umgeben von dunklen Wellen. Dies war es, was die ersten Menschen im Himmel über sich sahen – ein unergründliches Meer, auf dem sie dahintrieben. Nun sprechen auch wir von einem Universum, das von Wellen erfüllt ist. Wir sind zum ersten Mythos zurückgekehrt. Und wenn die Sterne in Wirklichkeit Fackeln sind, die meinen Weg erhellen sollen? Ich sehe, was sie zu Anbeginn sahen, noch bevor die Lichtgeschöpfe am Himmel erschienen. Ich kann den ersten menschlichen Himmel sehen.

Ja, Aldebaran. Einst dachte man, daß dieses Gebiet den Umriß eines Gesichtes im Sternbild des Stieres bildete. Damian lächelte seinem Schatten zu. Aber die Plejaden bestehen aus dreihundert Sternen, die kein wirkliches Muster bilden. Sie brennen nur, werden zerstört, rasen nach außen. Die letzten Wolkenspuren waren nun fortgeweht, und der ganze Nachthimmel zeigte sich wieder, so hell und so klar, daß Damian Fall die Hand nach ihm ausstreckte; dann drehte er das Handgelenk, als könne er den Himmel irgendwie auf einem großen Rad kreisen lassen. Und einen Moment lang, während er den Kopf bewegte, schien es tatsächlich, als bewegten sich die Sterne mit ihm. Weshalb halten wir die Kreisbewegung für die vollkommenste? Vielleicht deshalb, weil sie keinen Anfang und kein Ende hat?

Zeit. Eine andere Zeit. Er blickt, ans Bett gefesselt, aus dem Fenster. Aber nun kann er nichts sehen. Nur den lichterfüllten Himmel.